EFECTOS DE LA LEY 42-08 DE DEFENSA DE LA COMPETENCIA EN EL ORDENAMIENTO JURÍDICO DE LA REPÚBLICA DOMINICANA

EFECTOS DE LA LEY 42-08 DE DEFENSA DE LA COMPETENCIA EN EL ORDENAMIENTO JURÍDICO DE LA REPÚBLICA DOMINICANA

2024

Dr. Víctor Eddy Mateo Vásquez

Prólogo

Dra. Zulima Sánchez Sánchez

COLEX
UNIVERSITAS

EDITORIAL UNIVERSITAS, S.L.

COLEX

Calle Costa Rica, número 5, 3.º B (local comercial)
A Coruña, C. P. 15004
info@colex.es
www.colex.es

I. S. B. N.: 978-84-1194-368-0
Depósito legal: C 416-2024

A mis padres, hermanos y sobrinos, en especial a Fernando Javier, que está en el cielo, y a mi hijo César Eliam.

SUMARIO

ABREVIATURAS

DEFINICIONES

PRÓLOGO

INTRODUCCIÓN

CAPITULO I
INTRODUCCIÓN AL DERECHO DE LA COMPETENCIA

CAPITULO II
DERECHO *ANTITRUST*

CAPÍTULO III
ORIGEN DEL DERECHO DE LA COMPETENCIA EN LA REPÚBLICA DOMINICANA

CAPÍTULO IV

PROCEDIMIENTO ADMINISTRATIVO DOMINICANO COMÚN EN LAS LEYES 42-08 DE DEFENSA DE LA COMPETENCIA Y 107-13 SOBRE LOS DERECHOS DE LAS PERSONAS EN SUS RELACIONES CON LA ADMINISTRACIÓN Y DE PROCEDIMIENTO ADMINISTRATIVO

CAPITULO V
CASOS SANCIONADOS POR EL CONSEJO DIRECTIVO DE PROCOMPETENCIA

CAPITULO VI
LA JURISDICCIÓN CONTENCIOSA COMO GARANTÍA DE LOS DERECHOS DE LAS PERSONAS EN SUS RELACIONES CON PROCOMPETENCIA

CONCLUSIONES Y RECOMENDACIONES

BIBLIOGRAFÍA

NORMATIVAS

JURISPRUDENCIA

RESOLUCIONES SANCIONADAS

ANEXO 1
NUEVOS REGÍMENES DE LA COMPETENCIA SEGÚN LA OCDE

ANEXO 2
ESTUDIOS PUBLICADOS POR PROCOMPETENCIA

ANEXO 3
ARTÍCULOS DEL CÓDIGO PENAL DOMINICANO

ANEXO 4
PRIMERAS VECES DE LA DIRECCIÓN EJECUTIVA DE PROCOMPETENCIA

ABREVIATURAS

ADPIC	Acuerdos sobre los Aspectos de la Propiedad Intelectual referidos al Comercio.
ANC	Autoridad Nacional de Competencia.
BOE	Boletín Oficial del Estado.
CE	Comunidad Europea.
CEPAL	Comisión Económica para América Latina y el Caribe.
CCAA	Comunidades Autónomas.
CIDH	Corte Interamericana de Derechos Humanos.
CNMC	Comisión Nacional de los Mercados y la Competencia.
DC	Dirección de Competencia.
DGCP	Dirección General de Contrataciones Públicas (DGCP)
DOJ	United States Department of Justice
DR-CAFTA	Tratado de Libre Comercio entre República Dominicana, Centroamérica y los Estados Unidos.
ENC	European Competition Network
FTC	Federal Trade Commission
GATT	Acuerdo General de Aranceles Aduaneros y Comercio.
INTRANT	Instituto Nacional de Tránsito y Transporte Terreste.
LCD	Ley 3/1991, de 10 de enero, de Competencia Desleal.
LDC	Ley 15/2007, de 3 de julio, de Defensa de la Competencia.
LGDCU	Ley General de Defensa de los Consumidores y Usuarios
LOPJ	Ley Orgánica 6/1985, de 1 de julio, del Poder Judicial.
LPAC	Ley 39/2015, de 1 de octubre, del Procedimiento Administrativo Común de las Administraciones Públicas.
LRJSP	Ley 40/2015, de 1 de octubre, de Régimen Jurídico del Sector Público.
OEA	Organización de los Estados Americanos.
ONAPI	Oficina Nacional de la Propiedad Industrial

ONDA	Oficina Nacional de Derecho de Autor.
PROCONSUMIDOR	Instituto Nacional de Protección de los Derechos del Consumidor.
PROCOMPETENCIA	Comisión Nacional de Defensa de la Competencia.
RDC	Reglamento de Competencia.
SIDH	Sistema Interamericano de Derechos Humanos.
STC	Sentencia del Tribunal Constitucional.
STS	Sentencia del Tribunal Supremo.
TCE	Tratado de la Comunidad Europea.
TSA	Tribunal Superior Administrativo.
TJUE	Tribunal de Justicia de la Unión Europea.
TRCU	Texto Refundido de Consumidores y usuarios.
UE	Unión Europea.
URSS	Unión de Repúblicas Socialistas Soviéticas.

DEFINICIONES

Agente económico: toda persona o grupo de personas, físicas o jurídicas, que participan en la actividad económica y que compiten dentro de un mismo mercado relevante.

Barreras: Aquellos impedimentos de entrada o expansión ya sean legales, naturales o estratégicos, que limiten la libre competencia en un mercado relevante.

Barreras de mercado: factores de tipo regulatorio, natural, estructural o creadas por los propios agentes económicos participantes en el mercado, que retrasan, dificultan o impiden la expansión o entrada de competidores o limitan su capacidad para competir en los mercados, con lo que se restringe u obstaculiza la competencia.

Barreras injustificadas: Barreras que tienen como objeto o efecto impedir o distorsionar la libre competencia, de lo cual resulta alguna o algunas de las infracciones tipificadas por la ley.

Bienes o servicios sustituibles: comprende los bienes o servicios que los consumidores consideran intercambiables por otros, al ser similares en cuanto a función, precio y atributos.

Competencia efectiva: Es la participación competitiva entre agentes económicos en un mercado, a fin de servir una porción determinada del mismo, mediante el mejoramiento de la oferta en calidad y precio en beneficio del consumidor.

Competencia imperfecta: Situación en la que los vendedores individuales tienen la capacidad de afectar de manera significativa sobre el precio de mercado de sus productos o servicios.

Competencia perfecta: Situación en la que ninguno de los agentes puede influir en el precio del bien o servicio.

Eficiencia asignativa: Es aquella que se alcanza cuando el inventario de productos ha sido asignado a través del sistema de precios a los compradores que más lo valoran, en términos de disponibilidad para pagar o disponibilidad de sacrificar otras posibilidades de consumo.

Eficiencia dinámica: Es que se refiere a la existencia de incentivos y habilidades apropiadas para aumentar la productividad y llevar adelante innovaciones que puedan resultar en productos mejores y más baratos o nuevos productos, que permitan a los consumidores alcanzar noveles de satisfacción mayores que las opciones de consumo previas.

Eficiencia económica: Se refiere la eficiencia asignativa, productiva y dinámica de los mercados.

Eficiencia productiva: Es aquella que se logra cuando el nivel de producción de bienes y servicios se alcanza con el menor costo posible

Empresa: unidad económica que integra racionalmente factores o medios tangibles e intangibles para la explotación de una actividad generadora de bienes y servicios, la cual puede ser administrada o explotada por una o varias personas físicas o jurídicas.

Empresa vinculada: Es cualquier entidad legal que tenga relación de socio o accionista, matriz, subsidiaria, afiliada, tenedora, controladora, controlada o dependiente de otra.

Estudios de mercado: comprende los estudios, trabajos y otras actividades de investigación o diagnóstico, con el fin de determinar las condiciones de Competencia de los mercados.

Información confidencial: A la luz de lo que dispone el artículo 41 de la Ley 42-08, se entenderá por información confidencial aquella información de un agente económico cuya divulgación implicaría una ventaja significativa para otro agente económico o que tendría un efecto significativamente desfavorable para el agente económico que proporcione la información o para un tercero del que este último lo haya recibido.

Libre competencia: Es la posibilidad de acceder a los mercados, a ofertar bienes y servicios, dada la inexistencia de barreras artificiales creadas al ingreso de potenciales competidores.

Mercado:

Mercado relevante: El ramo de la actividad económica y la zona geográfica correspondiente, definido de forma que abarque todos los bienes o servicios sustituibles, y todos los competidores inmediatos, a los que el consumidor podría acudir a corto plazo si una restricción o abuso diera lugar a un aumento significativo de los precios.

Poder de mercado: Capacidad que tiene una empresa para aumentar los precios por encima de un cierto nivel competitivo, o precio de referencia, de manera rentable.

Posición dominante: El control del mercado relevante que disfruta un agente económico, por sí o conjuntamente con otros, y que le brinda el poder de obstaculizar el mantenimiento de una Competencia efectiva o le permita actuar en dicho mercado con independencia del comportamiento de sus competidores, clientes o consumidores. La posesión de una posición dominante en el mercado o su incremento, por sí solo, no constituye una violación a la presente ley.

Práctica concertada: Todo comportamiento de hecho entre agentes económicos competidores voluntariamente dirigido a anular, restringir o falsear la Competencia entre ellos.

Stakeholder: Diferentes grupos de personas que influyen e interesan en una empresa para su completo funcionamiento.

PRÓLOGO

El auge del Derecho de la Competencia es notable. Es necesaria intervención con instrumentos jurídicos para para garantizar derechos y conseguir un equilibrio económico que beneficie a todos los operadores y satisfaga el interés general. Su impacto recae en personas físicas y jurídicas, incluyendo asociaciones u organizaciones sin fines de lucro, siempre y cuando intenten violentar la libertad de empresa consagrada en una gran cantidad de Constituciones.

República Dominicana ha vivido un importante cambio jurídico como consecuencia de la aprobación de su actual norma Fundamental. Toda reforma constitucional supone un cambio sustancial en los instrumentos jurídicos de defensa y garantía de los derechos. En este sentido, la ley 107-13, reconoció una serie de derechos para los ciudadanos y consolida al fin un procedimiento común, con plenas garantías y aplicable a todos los ámbitos en los que se debe utilizar el derecho Administrativo, como lo es también el de la competencia. Además, el país se sumó a una serie de tratados internacionales que impactan en el modelo de garantía de la competencia y han supuesto cambios que también se operaron después de la reforma constitucional.

Puede decirse, por tanto, que en materia de Derecho de la Competencia hemos asistido en los últimos diez años a un desarrollo trasformador que requiere una labor de reflexión. Es cierto que quien conoce la realidad del jurista dominicano puede afirmar que tiempo es lo único que le falta. Quien se dedica a la batalla por el derecho en los tribunales es también quien se dedica a la docencia en las universidades. Poco tiempo queda para la reflexión, sistematización y transferencia del conocimiento jurídico. El autor de la obra que tiene entre sus manos, ha decidido dedicarse al país dejando por escrito una importante reflexión sobre el estado de la cuestión y publicarla, para que sirva de herramienta con la que ir afianzando la doctrina que el país necesita en muchas materias, pero también en esta que nos ocupa. En el texto se pueden encontrar reflexiones importantes, bien estructuradas basadas en bibliografía, jurisprudencia y documentos internacionales y nacionales.

Desde la Edad Media hasta la actualidad, la evolución del Derecho de la Competencia es notable. Sucesos internacionales han marcado su desarrollo en unos países más que en otros. La influencia de Estados Unidos a partir de la Ley Sherman, así como los aportes jurisprudenciales de la Corte Suprema estadounidense, sirvieron de plataforma para que décadas más tarde en Europa surgieran las primeras manifestaciones.

En la tercera década del siglo XX, Alemania se convierte en el primer país de Europa en disponer de un instrumento legal en la materia, creando el precedente de que la posición dominante no es sancionable, sino su abuso. Ese criterio es el que actualmente prevalece. Sin embargo, otras naciones como España promulgaron leyes de Competencia a partir del Tratado de Roma del 25 de marzo de 1957.

En tal sentido, el artículo 38 de la Constitución de España establece la libertad de empresa. A partir de los noventa, países de América Latina contemplaron en sus Cartas Magnas disposiciones al respecto. Colombia fue uno de ellos, cuya Constitución fue promulgada en 1991, siendo una de las naciones pioneras en la región.

Por su parte, el primer esfuerzo en la difusión y comprensión de la relevancia de esta rama del Derecho en la República Dominicana corresponde a la comunidad jurídica. Algunos académicos vanguardistas, promovieron su idoneidad en momentos de liberalización económica y conforme a una ola de reformas que a partir de 1990 en el país caribeño se llevó a cabo, dentro de las que es propicio destacar: Ley 8-90 sobre el Fomento de Zonas Francas, Ley 11-92 que conforma el Código Tributario dominicano, Ley 16-92 que contempla el Código del Trabajo, Ley 16-95 de Inversión Extranjera, entre otras.

Sin embargo, el contexto político de la época se enfocó en una difícil crisis que dio al traste una reforma constitucional que, entre otros avances, recortó el período electoral en dos años (1994-1996) y creó el Consejo Nacional de la Magistratura, órgano responsable de la escogencia de los integrantes de las Altas Cortes en República Dominicana.

Ahora bien, aquellos intelectuales visionarios diseñaron lo que denominaron un Código de Ordenamiento del Mercado, discutido entre los años 1997-2003, el cual abordaba asuntos de Competencia, Derecho del Consumidor y Propiedad Intelectual. Pese a sus grandes esfuerzos, sus propuestas no fueron materializadas. Posteriormente, se fue desintegrando dicho anhelo en legislaciones separadas. Las primeras fueron las Leyes 20-00 sobre protección de la Propiedad Industrial y 65-00 sobre Derecho de Autor.

Más adelante, y como pilares del Tratado de Libre Comercio entre República Dominicana, Centroamérica y El Caribe, mejor conocido como DR-CAFTA, en 2005 se promulgó la Ley 358-05 General de protección de los Derechos del Consumidor o Usuario, mientras que, en enero de 2008, la Ley General de Defensa de la Competencia número 42-08. Su entrada en vigor no fue inmediata, por lo que, sus efectos fueron postergados en el tiempo.

El Poder Ejecutivo tenía la tarea de nombrar el Consejo Directivo, lo cual sucedió en 2011. Sin embargo, para la norma entrara en vigor pleno y pudieran llevarse a cabo investigaciones, era necesario designar por decreto, previo a una terna sometida por el pleno del órgano decisor, lo que pasó en enero de 2017. Es entonces cuando se registra un antes y un después en el ámbito de la Competencia en la República Dominicana.

Por otro lado, a inicios del siglo XX se registra la evolución del Derecho Administrativo dominicano. Pese a que existía la Ley 1494 de 1947 que instituye la jurisdicción Contencioso-Administrativa, no se registraban grandes avances en dicha materia de Derecho Público. Es con la Ley 13-07, mejor conocida como la ley de traspaso de competencia, que se logra cierto progreso en la materia, a los fines de dar funcionamiento a esa jurisdicción.

La Constitucionalización de la Jurisdicción Contenciosa-Administrativa (JAC) en 2010, marcó un hito en la historia judicial dominicana. Con el paso de los años, es evidente el dinamismo de dicha instancia. Y ni se diga de la Ley 107-13 sobre los Derechos de las Personas en sus Relaciones con la Administración y de Procedimiento Administrativo, con la que se crean las garantías fundamentales propias de un Estado Social y Democrático de Derecho.

En tanto, la Ley 42-08 General de Defensa de la Competencia, posee un procedimiento administrativo sancionador que ya ha sido aplicado en varias ocasiones. Aunque este es uno de los aspectos más importantes a revisar en una posible modificación de tal norma, éste, reforzado con el procedimiento administrativo contemplado en la Ley 107-13, resultan ser garantías procesales relevantes para las personas en territorio dominicano.

El texto que el lector hoy contempla es el resultado de sus estudios de Doctorado en la Universidad de Salamanca en el programa Administración, Hacienda y Justicia en el Estado Social, bajo la coordinación del Profesor Lorenzo Bujosa Vadell, Catedrático de Derecho Procesal. Un programa que aglutina a un importante número de Profesores de la Universidad de Salamanca plenamente comprometidos con la transferencia de conocimiento y la necesidad de apoyo a la investigación en otras latitudes.

En colaboración con la UASD, se identificó hace unos años a un grupo de juristas interesados en realizar el programa de Doctorado, entre ellos estaba el Doctor que ahora presenta este libro. Bajo la dirección de quien escribe este prólogo y de la Profesora Eva María Domínguez Pérez, Catedrática de Derecho Mercantil en la UNED, y que hizo una encomiable, generosa y concienzuda labor de codirección, apoyo y guía en la reflexión de los aspectos relativos a la competencia, se realizó una tesis doctoral que alimenta esta publicación. El trabajo es el resultado de años de esfuerzo intelectual del autor, quien, con empeño y esmero la pone a disposición del público como aporte a la doctrina. Es una de las pocas obras de Derecho de la Competencia en la República Dominicana, y también es un interesante producto literario para el Derecho Comparado a este importante tema.

A Víctor Eddy Mateo Vásquez le conozco desde que cursó el Máster en Derecho de la Administración del Estado, en el período 2009-2011, donde fui una de sus profesoras y posterior asesora de trabajo de fin de máster. Su experiencia en el ámbito público habla por sí sola, pues ha ocupado posiciones de relevancia en el Estado dominicano, precisamente en áreas de Derecho Mercantil, como la Propiedad Intelectual y Competencia. Ese conocimiento adquirido ha servido para reflexionar y analizar asuntos de gran interés para el desarrollo institucional de su país.

Es un honor poder contar con esta obra en el país. Obra que encarecidamente recomiendo.

En Salamanca, a 13 de marzo de 2024

Dra. Zulima Sánchez Sánchez

INTRODUCCIÓN

Se ha debatido constantemente el tema de Competencia en diversos foros nacionales e internacionales. Es innegable que el mercado constituye el escenario donde las personas tienen libertad para escoger cómo vender y cómo comprar. En términos económicos, la Competencia es un conjunto de actos desarrollados por agentes económicos independientes, que luchan con el fin de asegurar la participación efectiva de sus bienes y servicios en un mercado determinado. El mayor beneficiario de un sistema claro, equitativo y sano de libre Competencia es el país, de la mano de las empresas, los órganos estatales y el consumidor.

Desde inicio de la última década del siglo XX, tras la caída del Muro de Berlín y la disolución de la URSS, el acuerdo sobre las disposiciones del GATT y la posterior creación de la OMC, los países participantes en todos estos avances en materia comercial entendieron y asumieron la responsabilidad de crear agencias de Competencia en sus respectivas naciones.

Por tanto, República Dominicana no fue la excepción, pese a que tardó mucho más de una década la creación de la institución que se encargaría de tal misión, es decir, Procompetencia. Además, fue años después cuando entró en vigor la Ley 42-08 de Defensa de la Competencia, por lo que, ha sido un camino tortuoso poner a funcionar de manera plena dicha entidad gubernamental del Estado.

En la actualidad, ya va más de un lustro desde la entrada en vigor de la Ley 42-08 de Defensa de la Competencia, aunque fue promulgada en el 2008. Esto se debió a que nunca el Poder Ejecutivo cumplió con los plazos otorgados por la misma Ley, tanto para conformar el Consejo Directivo y, una vez elegido, éste último recomendar el nombramiento de la Dirección Ejecutiva, cargo necesario para cumplir con un mandato de la legislación, en torno a conducir la fase de instrucción del proceso de investigación contenido en el procedimiento administrativo sancionador contemplado en la Ley 42-08 de Defensa de la Competencia y completando por la Ley 107-13 Sobre los Derechos de las Personas en sus Relaciones con la Administración y de Procedimiento Administrativo.

Por consiguiente, la Ley núm. 42-08 de Defensa de la Competencia sentó la base para un nuevo enfoque institucional que amerita un rigor técnico, alta especialización del talento humano y la asignación presupuestaria adecuada para lograr un efectivo ejercicio del Derecho de la Competencia en la República Dominicana.

Tanto la Constitución como la Ley núm. 42-08 de Defensa de la Competencia, prohíben el monopolio y el abuso de la posición de dominante, respectivamente. En el caso de la Ley núm. 42-08 de Defensa de la Competencia, plantea en su artículo 4.g, al definir la posición dominante, que se refiere a:

> El control del mercado relevante que disfruta un agente económico, por sí o conjuntamente con otros, y que le brinda el poder de obstaculizar el mantenimiento de una competencia efectiva o le permita actuar en dicho mercado con independencia del comportamiento de sus competidores, clientes o consumidores. La posesión de una posición dominante en el mercado o su incremento, por sí solo, no constituye una violación a la presente ley.

En consonancia con lo anterior, el Consejo Directivo de Procompetencia, mediante Resolución 018-2018, estableció como criterio que la posición dominante puede ser el resultado de un buen desempeño empresarial de un agente económico que, al competir con otros, logró una posición de superioridad en uno o varios aspectos determinados del mercado; que, en efecto, la posición dominante se puede dar por políticas empresariales que tenga una compañía respecto a la fidelización del consumidor a una empresa o producto a través de estrategias de precios y calidades[1].

Además, contempló que:

> La posición dominante no constituye por sí sola una infracción, pero sí es la plataforma para que se puedan producir otras actuaciones que podrían considerarse como ilícitas en un determinado mercado de bienes y servicios[2].

Es preciso señalar, que ya se cuenta con varias resoluciones, pero, sobre todo, una por abuso de posición dominante que sanciona al mayor contri-

---

1 Párrafo 233 de la Resolución 018-2018, publicada en el portal web de Procompetencia: www.procompetencia.gob.do

2 Párrafo 233 de la Resolución 018-2018, publicada en el portal web de Procompetencia: www.procompetencia.gob.do, donde señaló que: «sin que ello suponga ningún reproche a la dominancia per se, que la noción de posición dominante implica que a los agentes que detenten dicha posición les sea aplicado un régimen especial de responsabilidad al que no estarían sometidas las demás empresas que compiten en el mismo mercado. Esta responsabilidad especial se fundamenta en la influencia que los agentes dominantes tienen en el mercado, y la consiguiente transcendencia que sus conductas implican en el mismo. De tal suerte, las conductas de los agentes dominantes suponen un rigor y gravedad superior que el exigido a las empresas sujetas a una competencia sin las distorsiones que implica la presencia de una agente dominante».

buyente fiscal de la República Dominicana. El Consejo Directivo de la Comisión Nacional de Defensa de la Competencia (Procompetencia) dictaminó un monto de tres (3) mil salarios mínimos del período correspondiente, siendo el tope máximo que se impone según la referida norma[3].

Más que la suma que representan dichos salarios, el aspecto moral y de reputación de las empresas son las preocupaciones que generalmente expresan sus ejecutivos cuando saben que posiblemente serán sancionados.

Asimismo, existe otra por prácticas concertadas. Un cartel que se dedicó a fijar precios de medicamentos, lo que constituye acuerdo anticompetitivo. Al igual que la anterior, ésta se encuentre en el ámbito jurisdiccional, ya que fue solicitada en su contra medidas cautelares de parte de los distintos agentes económicos[4].

También, fue conocida en sede administrativa otra resolución relativa a información falseada, que previamente había iniciado en una denuncia por Competencia desleal, pero que durante el proceso de investigación, Procompetencia consideró que el agente económico en cuestión utilizó maniobras de dilación y entregó información que no se correspondía con las que fue solicitada cuando la Dirección Ejecutiva (fase de instrucción) la requirió, con el fin de que se agotara el plazo de investigación y no existiera objeto para indagar[5].

3 Resolución 018-2018 que decide sobre el procedimiento administrativo sancionador iniciado mediante la resolución núm. 001-2018 del Consejo Directivo de la Comisión Nacional Defensa de la Competencia (Pro Competencia), con motivo de la observación de indicios razonables de la existencia de prácticas contrarias a la Ley General de Defensa de la Competencia, núm. 42-08, en el mercado de producción, comercialización y distribución de cerveza en la República Dominicana por el agente económico Cervecería Nacional Dominicana, s. A., publicada en el portal web de procompetencia: https://procompetencia.gob.do/resoluciones/consejo-directivo/

4 Resolución núm. 010-2021, que decide sobre el procedimiento administrativo sancionador iniciado mediante la Resolución núm. 003-2019 del Consejo Directivo de la Comisión Nacional de Defensa de la Competencia (Pro-Competencia), con motivo de la observación de indicios razonables de prácticas contrarias a la Ley General de Defensa de la Competencia, núm. 42-08 por parte de los agentes económicos Profarma Internacional, S.R.L., Sued & Fargesa, S.R.L., J. Gassó Gassó, S.A.S. y Mercantil Farmacéutica, s.a., consistentes en la realización de prácticas concertadas y acuerdos anticompetitivos en la comercialización, venta y/o distribución de medicamentos de la marca GlaxoSmithKline (GSK) en la República Dominicana.

5 Resolución número 005-2022, que decide el Recurso de Reconsideración y la solicitud de suspensión interpuestos por Sodetransp, S. A., en contra de la Resolución núm. 001-2022, que decide sobre el procedimiento iniciado mediante Resolución núm. 019-2021 del Consejo Directivo de la Comisión Nacional de Defensa de la Competencia (Procompetencia) con motivo de la alegada entrega de información falsa a la Dirección Ejecutiva por parte de Sodetransp, S.A., en el marco del procedimiento de investigación iniciado mediante la Resolución núm. DE-002-2020 de fecha 31 de enero de 2020.

Sin embargo, es preciso decir que, en el plano institucional, Procompetencia ha llevado a cabo interesantes avances desde el plano de promoción, creación y difusión de una política de Competencia. En ese sentido, se han alcanzado importantes acuerdos, realizado visitas institucionales, recibido otras agencias de Competencia, así como charlas, conferencias e impresión de material gastable con la Ley, las guías y los reglamentos.

En tal sentido, la presente investigación pretende arrojar conocimiento sobre el impacto de la vigencia de la Ley 42-08 de Defensa de la Competencia, lo que constituye un antes y un después en la materia en República Dominicana. Esta norma, que en principio podría solo ocuparse de los asuntos entre empresas, vela porque exista un consumidor razonable y que los agentes económicos creen efectos positivos en los mercados, a los fines de que tanto los consumidores como los usuarios, puedan gozar de beneficios ofertados por una diversidad de comercios sin que se restrinja la libre competencia.

No obstante, existe cierta resistencia de la mayoría de las instituciones del Estado que aún no entienden el rol o no les conviene entenderlo. Es notable leer a diario como entidades del mismo Gobierno dominicano, hacen declaraciones que muestran el poco conocimiento y limitaciones sobre temas que evidentemente comprometen su accionar. Funcionarios que aparentemente desconocen o pretenden desconocer que existe una legislación como la 42-08, que prohíbe malas prácticas en el ámbito empresarial, las cuales muchas veces son promovidas por los propios funcionarios del Gobierno.

En diciembre de 2014, un grupo de ciudadanos empezó a reunirse a los fines de abordar distintas problemáticas sociales de República Dominicana. A ese conjunto de hombres y mujeres se le denominó «Gazebo» y años más tarde decidieron publicar sus reflexiones y conclusiones sobre el presente y el futuro de República Dominicana. En dicho texto, indicaron lo siguiente:[6]

> «La debilidad institucional y la desconfianza tienen como consecuencia la falta de competencia económica, ya que los agentes privados pueden aprovecharse del sistema para obtener monopolios a través de la regulación y el proteccionismo».

Asimismo, señalaron que un estudio realizado por la Dirección General de Impuestos Internos (DGII) en 2017, arrojó que, según estándares internacionales, el 44.9 % de los sectores son alta de concentración[7]. Esta realidad no ha cambiado hoy en día. Lamentablemente, la falta voluntad política y la complicidad de sectores ha permitido que esta realidad sea la que se imponga.

---

6 Prazmowski, P. & Sala-I-Martin, X. (2020). *Gazebo: Retos que enfrenta la República Dominicana y las acciones para enfrentarlos.* Amigos del Hogar, Primera edición, República Dominicana. Pág. 28.

7 *Idem*.

Por otro lado, una amenaza latente es el desconocimiento del tema en otros Poderes del Estado, como el Legislativo. Hace un tiempo, un senador de la República sometió un proyecto de ley con la finalidad de que se modificara la forma de elección de los miembros del Consejo Directivo. Al parecer, solo le inquieta eso. Procura que sea el presidente de la República quien los designe, no como se lleva a cabo en la actualidad, donde el Poder Ejecutivo propone una terna con varios nombres y el Congreso selecciona a los mismos.

En otro orden, un sinnúmero de dificultades y errores materiales contempla la mencionada norma. Sin embargo, Procompetencia está realizando un trabajo de acuerdo con las disposiciones contenidas. La idea es crear precedentes que sirvan como referencia para futuros casos y, sobre todo, para manifestación de la debida institucionalidad. Poco importa si sus principales funcionarios de dicha organización son cambiados como manda la ley. Lo esperado es que la Comisión Nacional de Defensa de la Competencia de la República Dominicana opere sin contratiempos, sin intervención política partidaria, tal y como establece el literal e) del artículo 28[8].

En tanto, con la colaboración de la Agencia de Estados Unidos para el Desarrollo Internacional (USAID, por sus siglas en inglés), se lleva a cabo una importante tarea de modificar la Ley 42-08 de Defensa de la Competencia, procurando identificar aquellas anomalías y deficiencias que actualmente presenta la norma, con la única misión de contar con una legislación a la vanguardia y que posea las garras necesarias para enfrentar los grandes intereses que actúan en su contra.

En ese tenor, el presente trabajo de investigación procura ser un análisis comparado de disposiciones legales de Estados Unidos, Europa —en especial España—, Colombia y República Dominicana, sumado a menciones de otras naciones, cuyo contexto social, político y económico refleja un interesante panorama como objeto de esta investigación. Lo primordial es desarrollar un trabajo objetivo que refleje las fortalezas y debilidades, así como las oportunidades que puedan identificarse de otras legislaciones de Competencia, a los fines de ser tomadas en cuenta como buenas prácticas a favor de una futura legislación robusta y adaptada al contexto sociopolítico y jurídico del país.

8 Artículo 28.- Incompatibilidades de los miembros del Consejo Directivo. No podrán ser designados como Presidente o miembro del Consejo Directivo: e) Tener militancia política activa.

CAPITULO I

INTRODUCCIÓN AL DERECHO DE LA COMPETENCIA

El presente capítulo comprende lo relativo a la empresa como unidad económica de producción y su comportamiento en el marco de la Competencia. También, se desarrolla el concepto de la misma, su evolución y su vínculo con el Derecho de la Competencia. Se pretende esbozar los antecedentes de los *trusts* o monopolios, y cómo surge el Derecho de Defensa de la Competencia.

1.1. La empresa en el marco de la libre competencia

Para desarrollar este apartado, se hace necesario definir los agentes económicos[9] que interactúan tanto como persona física, como personas jurídicas, esto es, empresario (empresario individual y empresario social, como distingue Muñoz Delgado *et. al.*)[10] empresa, así como asociaciones con y sin fines de lucro. La idea es establecer, que es a partir de la actividad comercial o empresarial y sus efectos, que se puede evaluar el comportamiento en el mercado de estos sujetos activos.

El Código Laboral dominicano, Ley 16-92, plantea a partir de su artículo 3, que «se entiende por empresa la unidad económica de producción o dis-

---

9 La Ley 42-08 de Defensa de la Competencia de la República Dominicana, plantea en su artículo 4.b, que se entiende por Agente Económico: Toda persona o grupo de personas, físicas o jurídicas que participan en la actividad económica. El Reglamento 252-20 de aplicación de la precitada norma de competencia dominicana, comparte la misma definición, pero le agrega en la parte in fine: «... y que compiten dentro de un mismo mercado relevante».

10 Muñoz Delgado, C. *et. al.* (2015). *Introducción al derecho mercantil (ADE)*. Manuales Universitarios. Editorial Thomson Reuters Aranzadi, España.

tribución de bienes o servicios». Por su lado, la Ley 479-08 de Sociedades Comerciales y Empresas Indivuduales de Responsabilidad Limitada, en su artículo 2, señala lo siguiente:

> Habrá sociedad comercial cuando dos o más personas físicas o jurídicas se obliguen a aportar bienes con el objeto de realizar actos de comercio o explotar una actividad comercial organizada, a fin de participar en las ganancias y soportar las pérdidas que produzcan.

Bercovitz Rodriguez-Cano plantea que, la empresa, entendida como conjunto organizado de elementos personales, materiales e inmateriales para la producción o intercambio de bienes o servicios en el mercado, está integrada por elementos de diversa naturaleza, cada uno de los cuales está sometido al régimen jurídico propio de esa naturaleza[11].

Aunque, es importante señalar que, algunos de los elementos citados por Bercovitz Rodriguez-Cano se encuentran sujetos a normas por su vinculación dentro del conjunto organizado que es la empresa. De allí que, dichos elementos personales son integrados por contratos laborales, con lo que crea valor el Derecho del Trabajo.

Sin embargo, esos elementos personales citados por el autor resultan ser los más relevantes, ya que son capaces de «desarrollar la actividad de producción y oferta de bienes y servicios en el mercado». Además, contempla como «facetas del régimen» para aquellos elementos personales que se vinculan con el Derecho Mercantil, con lo que se pretende determinar cómo impacta la interacción los mencionados elementos con otros operadores económicos o con los consumidores o usuarios en el mercado.

Como se estableció al inicio, el empresario podrá ser una persona física o jurídica, siendo esta última denominada «empresa», por lo que su actividad, necesariamente tendrá que ser ejecutada por personas físicas, quienes, a su vez, serán representantes en términos legales de la persona jurídica, es decir, gerentes y administradores.

Asimismo, el empresario debe esforzarse constantemente para hacer mejores ofertas o al menos competitivas a la de los competidores, porque de lo contrario, de no hacer ofertas atractivas no captará y perderá clientela, dando al traste la posible desaparición de su empresa.

Obviamente, las ofertas deben procurar ventajas, pero éstas últimas no necesariamente se refieren al precio, sino que, pueden resultar de la calidad misma de los materiales, la tecnología aplicada, la terminación o acabado del producto, la presentación diseño o publicidad, el servicio y la garantía, entre otras.

---

11 Bercovitz Rodriguez-Cano, A. (2021). *Apuntes de Derecho Mercantil.* Ed. 22.ª, Editorial Aranzadi, España. Pág. 161.

Para el Derecho Mercantil, es objeto de interés la actuación de los trabajadores de la empresa, en la medida en que la misma se vincule de forma directamente jurídica en la relación entre una empresa y los demás participantes en el mercado, sean empresarios, consumidores u otros operadores económicos. Es importante conocer los principios que configuran el modelo económico, las normas que con el objeto de velar por aquellos intereses relacionados con: la protección de los consumidores, propiedad industrial, derecho de la Competencia, entre otros.

Respecto a la autonomía, es preciso señalar que, la empresa como conjunto organizado de medios de distinta naturaleza posee independencia frente al empresario, ya que en cualquier momento puede cambiar este último. Por tanto, es sabido que la actividad empresarial se lleva a cabo normalmente a través de una empresa, pese a que su accionar en el mercado sólo se realiza por individuos con capacidad jurídica, pues solo estos pueden contraer obligaciones y tener derechos.

En ese tenor, existen aspectos éticos y legales que definen el comportamiento de los agentes económicos. Hoy en día, las normas de Competencia han integrado presupuestos a los fines de señalar a las empresas sus límites. El legislador ha entendido la relevancia de plantear leyes, aunque las mismas no necesariamente son claras al momento de definir el debido comportamiento, pero hay que sostener que la mayoría procura proteger a los consumidores y demás operadores que intervienen.

1.2. Concepto de Defensa de la Competencia o *antitrust*

Coloma expone que, la Defensa de la Competencia o *antitrust* puede definirse como una clase de regulación indirecta cuyo objetivo es controlar el ejercicio del poder de mercado en situaciones en las que dicho control depende de la existencia de varias empresas que compiten entre sí[12].

Asimismo, admite el propio autor que existen dos (2) modos generales de llevar a cabo la Defensa de la Competencia, que se conocen bajo los nombres de «política de comportamiento» y «política estructural». Y es que, a su entender, tanto la política de comportamiento como la política estructural, son modos de intervención del Estado que operan por excepción.

En ese mismo tenor, D´Amore señala que en materia de Defensa de la Competencia hay dos formas de intervención. Por un lado, se encuentran las intervenciones de conducta, mientras que, por el otro, las intervenciones estructurales, principalmente el control de fusiones[13].

12 Coloma, G. (2009). *Defensa de la Competencia.* (2.ª ed.). Buenos Aires-Madrid: Ciudad Argentina, págs. 17-18.

13 D´Amore, M. (2015). *Defensa de la competencia y propiedad intelectual.* Argentina. Pág. 106.

La idea es que, en la generalidad de los casos los mercados deben funcionar libremente, y que la Defensa de la Competencia sólo debe actuar cuando se dan determinados hechos que pueden hacer presuponer que la Competencia como proceso está amenazada[14].

De hecho, es necesaria la intervención del sector público en el ámbito económico, precisamente, a través de actividades de índole económica para alcanzar ciertos objetivos. Incluso, puede acontecer que sus actuaciones obstaculicen y hasta distorsionen la Competencia en los mercados.

En apoyo al criterio anterior, López Vallés plantea que la Competencia es un elemento básico para el correcto funcionamiento de las economías de mercado. A su entender, es el elemento que introduce los incentivos esenciales para que las empresas innoven, inviertan, mejoren la calidad de sus productos y reduzcan sus precios y sus márgenes[15].

El mismo autor indica que:

> Para que exista competencia, es imprescindible asegurar que las empresas tomen sus decisiones estratégicas y comerciales de manera inteligente pero autónoma respecto a sus competidores y sin abusar de su poder de mercado. Las conductas que rebasan esos límites suelen estar prohibidas por la legislación de defensa de la competencia.

Como es sabido, el entorno competitivo fomenta a los agentes económicos para fines de mejorar la calidad de productos y servicios, así como ajustes de precios. Es así, como la Competencia resulta ser un incentivo importante para fines de innovación, progreso tecnológico y medios más eficientes de producción.

En ocasiones, pese a los beneficios, muchas veces por el conjunto de la sociedad del funcionamiento competitivo de los mercados, los intereses particulares de algunas empresas pueden no coincidir con los principios motivadores de la libre competencia y los estímulos para ejecutar prácticas restrictivas de la misma puede ser relevantes. Es precisamente allí cuando se hace necesaria la intervención de las autoridades de Defensa de la Competencia para garantizar el funcionamiento competitivo de los mercados y que sus beneficios abarquen la sociedad.

Baño León, sostiene que el Derecho de la Competencia se ha convertido en uno de los sectores de referencia del Derecho Público, tanto por la dificul-

14 *Ibidem.*

15 Javier García-Verdugo Sales es director de la Asesoría Económica de la Comisión Nacional de los Mercados y la Competencia (CNMC), y participó como expositor del primer módulo de la XVI.ª Edición de la Escuela Iberoamericana de la Competencia 2020-2021, denominado «Aspectos Generales de la CNMC y de Competencia», en la cual participa el autor de esta propuesta de investigación doctoral.

tad de hacer compatible la potestad sancionadora con conceptos jurídicos indeterminados de carácter económico, como por la afectación del Derecho Europeo de la Competencia al principio de separación de poderes y la introducción de nuevas técnicas jurídicas de origen norteamericano, como el Programa de clemencia y los acuerdos de exención[16].

Por su parte, la Comisión Nacional de los Mercados y la Competencia (CNMC), plantea que la Política de Competencia es una de las medidas de intervención pública necesaria para favorecer una recuperación económica duradera, puesto que, procura mayores niveles de Competencia en los mercados donde sea posible aportar importantes beneficios para el conjunto de la sociedad.

Estos, se materializan de forma directa para los ciudadanos, a través de menores precios o mayor calidad y variedad de los productos disponibles y, para el conjunto de la economía, dado los efectos dinámicos de largo alcance de la Competencia, en estímulo a la inversión, la innovación, la competitividad y la productividad, creando empleos y oportunidades de emprendimiento, lo que también beneficia finalmente a los ciudadanos[17].

Es menester resaltar, un criterio que la doctrina comparte en torno a que la tutela de la Competencia no es meramente un fin en sí mismo, sino que, es un medio de promoción del bienestar general de la sociedad, es decir, consumidores y usuarios finales.

Según Coloma, en economía, se dice que una situación es eficiente si no resulta posible mejorar el bienestar de ninguna persona sin empeorar el de alguna otra. Ese concepto se inspira en las ideas del economista italiano Vilfredo Pareto, por lo cual a esta definición de eficiencia se la conoce comúnmente como «eficiencia en el sentido de Pareto» u «óptimo de Pareto»[18].

Tras años de estudio, se considera que la Defensa de la Competencia como disciplina juega un importante rol en aquellos países de economía de mercado. Nipperdey[19] fue quien propuso el *Leistungenwettbewerbsrecht* o Principio de Competencia por las prestaciones como forma de participar en el mercado.

En ese mismo orden, Álvarez Rubio sostiene que, el objetivo de las normas que tutelan la libre competencia no se reduce a permitir que cualquier persona que lo desee pueda acceder al mercado, desarrollando la actividad

16 Baño Leon, J. (2016). «La evolución del Derecho de la competencia y su irradiación en el Derecho público». *Revista de Administración Pública*, núm. 200. Madrid, España. Pág. 295.

17 CNMC (2021). *Los beneficios de la competencia para los consumidores: preguntas y respuestas sobre competencia y regulación.* https://www.cnmc.es/novedades/2021-04-19-guia-sobre-los-beneficios-de-la-competencia-para-los-consumidores-preguntas-y

18 Coloma, G. (2009). *Defensa de la Competencia. Op. Cit.* Págs. 37-38.

19 Nipperdey, C. (1930). *Wettbewerb und Existenzvernichtung,* e. C.H. Beck, Berlin.

económica que elija, sino que persigue, asegurar que tal actividad se desarrolle de acuerdo a las mismas normas que sus competidores y, sobre todo, garantizar que tales operadores económicos, una vez en el mercado, compitan efectivamente, impidiéndoles la utilización de tácticas que, de una u otra forma, permitan eliminar, restringir o falsear la Competencia entre ellos[20].

Es importante señalar que, el objetivo primordial de la Política de Competencia es precisamente velar por el correcto funcionamiento de los mercados. Es por ello que las autoridades en la materia analizan dos tipos de actuaciones empresariales: los denominados procesos de concentración económica, tales como las fusiones y adquisiciones de control de empresas o partes de las mismas, así como aquellas conductas contrarias a la libre competencia, dígase, colusión y abusos de posición dominante.

Es precisamente de acuerdo a lo anterior que, para profundizar en las actuaciones empresariales, las entidades de Competencia procuran determinar los límites de los aspectos económicos que influyen en la interacción de las empresas y posibles restricciones que amenazan al momento de definir su estrategia de mercado. Es preciso indicar que, puede ser más de un mercado relevante para estudiar las actuaciones empresariales.

Por su parte, Beconi define el Derecho de la Competencia como el conjunto de normas que regulan la libertad de desarrollar actos de comercio en forma leal dentro del mercado. Las legislaciones actuales implementan un marco regulatorio capaz de controlar o eliminar los convenios o acuerdos restrictivos entre empresas, las fusiones y adquisiciones o el abuso de una posición dominante en el mercado, y tengan efectos perjudiciales para el comercio nacional o internacional o el desarrollo económico[21].

Asimismo, sostiene Laguna de Paz, que, en el presente siglo, con pocas excepciones, los países se organizaron en economías de mercado[22]. Tal afirmación se evidencia en el texto constitucional del 26 de enero de 2010, artículo 50, en el que la República Dominicana asumió la Libertad de Empresa como derecho fundamental y regló el tema de los monopolios y concesiones, así como, el ejercicio de dicha prerrogativa.

Es importante comprender que, las leyes y otras normas que regulan los mercados pueden establecer barreras al acceso y al ejercicio de las actividades económicas. Estas regulaciones son necesarias y deben ajustarse a los principios de regulación económica eficiente.

---

20 Álvarez Rubio, J. (2017). *La protección del consumidor en el Derecho de la competencia*. Editorial Comares, S.L., Granada, España. Pág. 7.

21 Véase Derecho de la competencia, por Fernando Beconi, doctor en Ciencias Jurídicas por la Universidad Nacional de Asunción, y Profesor de Derecho Civil y Derecho Mercantil en la Facultad de Derecho de la Universidad Nacional de Asunción.

22 Laguna de Paz, J.C. (2020). *Derecho Administrativo Económico.* (3.ª ed.). España: Aranzadi SAU.

Asimismo, las barreras al acceso y ejercicio de actividades económicas benefician a las empresas ya instaladas, que se enfrentan a menores niveles de Competencia. Las empresas que no perciben nuevas fuentes de Competencia real o potencial tienden a relajarse, a ser menos eficientes e innovadoras y a disfrutar de mayores márgenes a costa de los consumidores[23].

Por consiguiente, se ha concluido que la Competencia fundamentada en los méritos promueve que las empresas se enfoquen hacia el lanzamiento de ofertas con precios más competitivos, mejores calidades o productos novedosos, y que su éxito dependa de las decisiones del consumidor, y no de las del regulador.

Para lograr una Competencia basada en méritos, es necesario que los poderes públicos mantengan una regulación que respete la neutralidad competitiva. Esto implica evitar que existan injustificadamente empresas beneficiadas o protegidas por la normativa a costa de perjudicar a otras empresas y, también, a los consumidores.

Además, la normativa puede dañar la neutralidad competitiva, generalmente, a través de disposiciones que otorgan privilegios, ventajas o beneficios injustificados a las empresas establecidas frente a las entrantes, a las empresas que adoptan una determinada forma societaria, a las empresas que tienen una determinada nacionalidad o residencia, a las sociedades públicas frente a las privadas (o al revés) y, a las empresas que utilizan una determinada tecnología[24].

Es criterio de la CNMC, que la libertad de empresa y el libre juego competitivo entre los operadores, permiten, idealmente, que la asignación de recursos sea eficiente. Sin embargo, muchas veces se producen situaciones en las que el mercado no funciona correctamente.

Cuando existe un fallo de mercado, existen variables que no pueden ser solucionadas sin intervención pública. En otras ocasiones, puede ser necesario intervenir en los mercados para alcanzar resultados o asignaciones más equitativas, o para alcanzar objetivos de interés general relacionados con el medio ambiente, la seguridad o la salud pública[25].

Es menester entender que, las normas de Competencia, sea de orden comunitario o nacional, tienen un fundamento meramente económico, ya que esas disposiciones procuran preservar una situación de rivalidad entre agentes económicos, precisamente por su motor de funcionamiento del mercado.

---

23 Ver: https://www.cnmc.es/sites/default/files/editor_contenidos/Promocion/3735021_0.pdf (CNMC, 2022).

24 Esto sin perjuicio de que las políticas públicas puedan establecer objetivos en materia del medio ambiente o de la calidad en las prestaciones, entre otros, cuya garantía suponga una mayor valoración de algunas tecnologías frente a otras.

25 Ver: https://www.cnmc.es/sites/default/files/editor_contenidos/Promocion/3735021_0.pdf (CNMC 2022).

Lo anterior, en el entendido de que cuando hay Competencia entre las empresas, con la finalidad de maximizar sus beneficios, incrementa el bienestar de los consumidores o usuarios, así como de la sociedad en su conjunto, puesto que gozan de precios bajos y mayor calidad o variedad de bienes y servicios. De lo contrario, si se atenúa la rivalidad empresarial, ese bienestar esperado por la sociedad y, en especial, por los consumidores, se ve reducido.

Asimismo, una de las razones principales para entender por qué y para qué existen legislaciones de Competencia es cuando se compara cómo se afecta el bienestar de los consumidores y el bienestar social, al momento de contrastar un caso de Competencia perfecta frente a un monopolio de cierto mercado. Dos modelos valiosos para comprender el impacto de la falta de Competencia y los perjuicios que genera en contra de los consumidores y la sociedad.

Por tanto, es preciso resaltar, que la política de Defensa de la Competencia procura defender la misma frente inconductas empresariales que buscan reducir el bienestar de los consumidores y usuarios por sus efectos en el mercado.

Para D´Amore, un concepto que resulta fundamental en el análisis económico de Defensa de la Competencia es el poder de mercado, ya que resulta ser un indicador de la intensidad competitiva presente en un mercado. Agrega que, si bien desde una perspectiva estática (corto plazo) el poder de mercado puede resultar una situación subóptima en términos de eficiencia asignativa, ello no significa que el Estado deba intervenir para eliminar el poder de mercado existente en diversos mercados[26].

Es necesario señalar que, las leyes de Defensa de la Competencia actuales en distintas partes del mundo comparten como objetivo proteger la Competencia en los mercados. Un asunto a destacar es que generalmente dichas disposiciones legales no contemplan un concepto de Competencia propiamente dicho, sino que, establecen prohibiciones absolutas o relativas de un sinnúmero de actos que restringen dicha Competencia.

En ese sentido, la Oficina de Libre Comercio del Reino Unido, en sus lineamientos sobre interpretación de la norma antitrust, define la Competencia como:[27]

> El proceso por el cual las empresas intentan constantemente obtener una ventaja sobre sus rivales y ganar oportunidades de negocio, a través de ofrecer términos más atractivos a sus clientes o desarrollar mejores productos o formas más efectivas de satisfacer los requerimientos de dichos clientes.

---

26 D´Amore, M. (2015). *Defensa de la competencia y propiedad intelectual. Op. Cit.* Pág. 104.

27 Office of Fair Trading (1998), sección I.

Por su parte, Cabanellas, quien se identifica con la doctrina alemana, define la Competencia como[28]:

> «El esfuerzo de una empresa para lograr, mediante sus propios actos, una ventaja respecto de la concurrencia, principalmente mediante la ampliación o la conservación del círculo de sus abastecedores o clientes».

Es relevante indicar que, ni la jurisprudencia norteamericana ni la doctrina definen la Competencia como un concepto jurídico, sino que, lo usual en Estados Unidos es apelar a la literatura económica para evaluar si una práctica se aparta o no de los estándares competitivos, partiendo de la evaluación de la existencia y del grado de ejercicio del poder de mercado[29].

1.3. Antecedentes del Derecho de la Competencia: *Antitrust* y Competencia Desleal

Sandel plantea que, a lo largo de la historia estadounidense, políticos, activistas y reformadores varios han debatido sobre las consecuencias cívicas del gran capital. También, indica que en sus orígenes el antimonopolio aspiraba a acortar el poder político de las grandes empresas. Evitar la subida de los precios al consumo no estaba entre sus preocupaciones principales[30].

Sin embargo, sostiene que, tras la Segunda Guerra mundial, esa motivación cívica de las iniciativas antimonopolio perdió fuerza y estas se justificaron cada vez más desde la defensa de los intereses de los consumidores. Dentro de los efectos que describe Sandel, cita que cuando la industria farmacéutica es demasiado poderosa, obstruye los intentos de reforma de la sanidad y pone el máximo énfasis en las protecciones a lo largo de las patentes para prohibir la fabricación de vacunas y medicamentos genéricos, incluso aunque se haya declarado una pandemia[31].

De manera puntual, el *antitrust* de Estados Unidos parte de la *Ley Sherman* de 1890. Se trata de una norma aún vigente y que solo contiene dos (2) artículos. Uno que prohíbe los contratos, combinaciones en forma de *trusts* que procuren restringir la Competencia, mientras que, el segundo, sanciona aquellos actos que procuren «monopolizar, o intentar monopolizar, o combinar o conspirar con otras personas para monopolizar el comercio».

---

28 Coloma establece que esta definición es atribuida a Müller, Gries Giessler (1968).

29 Coloma, G. (2009). *Defensa de la Competencia.* (2.ª ed.)., *op. cit.* Pág. 68.

30 Sandel, Michel J. (2023). *El descontento democrático*. (2.ª ed.). Barcelona, España, págs. 24-25.

31 *Ibidem.*

Pese a su incomprensión inicial, dada la ambigüedad de su contenido, cobran gran interés distintos fallos entre los siglos XIX y XX, tales como: EE. UU. c/Traans-Missouri Freight Association (1897), EE.UU. c/Addyston Pipe y otros (1898) y EE.UU. c/Standard Oil (1911). Cada caso creó precedentes importantes para la posterior aplicación de la ley.

También, un aspecto particular del sistema de Estados Unidos en materia de Defensa de la Competencia, distinta a otras normas, es en cuanto a la admisión de casos *antitrust* meramente privados, en los cuales las agencias estatales no intervienen, por lo que, no se sanciona monetariamente con multas, sino que, se indemniza a la parte acusadora[32].

Respecto a su aparición, en Europa la legislación de Defensa de la Competencia surgió tres (3) décadas después que en USA. De hecho, Alemania fue el país pionero en Europa. Dispuso en 1923 una Ordenanza contra el abuso de las posiciones de poder económico que, frente al principio de la prohibición norteamericano, estableció el principio del abuso europeo. De allí que, no se prohíbe la posición de dominio, sino sólo el abuso que se haga de la misma.

Respecto a Alemania, según Terol Gómez, «la economía social de mercado es el sistema que combinan libertades económicas con fuertes poderes interventores, cuyo referente se puede ubicar en la Constitución de Weimar de 1919, que incorporaba a las tradicionales libertades que reconocía el Estado liberal aspiraciones de carácter social»[33].

Ahora bien, la primera condena por concentración económica fue confirmada por un fallo de la Corte Suprema estadounidense, a partir del asunto EE. UU. c/Northern Securities (1904) donde sancionó la fusión de dos ferrocarriles (Great Northern y Northern Pacific). Esa operación fue considerada como un acuerdo que restringió el comercio el artículo 1 de la *Ley Sherman*. Con el asunto EE.UU. c/Union Pacific (1912) apareció por vez primera la definición de mercado relevante.

Asimismo, es precisamente este enfoque el que más adelante se incorporó al Tratado Constitutivo de la Comunidad Europea (TCE), actualmente TFUE, el cual influyó y se plasmó en la Ley de Defensa de la Competencia española, así como en las correspondientes legislaciones de los Estados miembros de la Unión Europea.

Baño León plantea que, el Reglamento 81 y el vigente Reglamento 1/2003, más que desarrollar los Tratados, ordenaron un sistema de control público de la actividad anti- competitiva de las empresas basado en tres ejes: la lucha

32 El artículo 4 de la *Clayton Act* establece el derecho de que la parte acusadora reciba una indemnización correspondiente al triple del daño causado por la parte demandada (treble damages).

33 Terol Gómez, R. (2023). *Competencia y derecho administrativo.* (Primera edición). Editorial Aranzadi. Director: Palomar Olmeda, Las 10 esenciales del Derecho Administrativo.

contra los cárteles, la prohibición del abuso de posición dominante y, el control de las concentraciones económicas (a partir del Reglamento de 2004)[34].

Ahora bien, en España tal cual sucede en la Unión Europea, existe un sistema de economía de mercado, es decir, basado en la libre competencia. Ello implica libertad de acceso al mercado de todo aquel que quiera operar, sin barreras u obstáculos que impida el surgimiento de nuevas empresas que deseen dedicarse a una actividad específica.

1.4. Justificación y relevancia de la libre competencia

La libre competencia procura que todos los operadores económicos en el mercado se encuentren bajo las mismas reglas y puedan interactuar de forma independiente entre ellos, con el propósito de captar clientela por las ventajas vinculadas a los bienes o servicios que ofrecen.

Por tanto, la libre competencia, así como implica el nacimiento de nuevas empresas, también provoca la desaparición constante de las mismas, sobre todo, de aquellas que no se esfuerzan lo suficiente por innovar y competir en mercados cada vez más complejos. Por ello, se considera que es natural también y es elemento fundamental del sistema competitivo, el cierre de agentes económicos.

En ese tenor, es evidente que el sistema competitivo resulta ser dinámico, ya que el empresario debe ocuparse por completo a mantener la competitividad de su empresa, con el fin de no perder sus clientes y de continuar ganando espacio. Debe estar al tanto de los progresos tecnológicos e ir realizando los ajustes necesarios para aplicarlos en sus espacios de servicio o producción.

En consecuencia, no debe sorprender que constantemente los empresarios procuren minimizar riesgos y esfuerzos en el ámbito competitivo, acordando reducir o eliminar Competencia entre ellos mismos, lo cual provoca que el sistema de economía de mercado no opere de forma correcta, por lo que, impide alcanzar los objetivos de eficiencia económica.

En principio, de tales prácticas pueden beneficiarse empresas, pero van en detrimento de la sociedad y del consumidor, especialmente. Este es el motivo por lo que se encuentran prohibidas a través de leyes protectoras de la libre competencia o *antitrust*. Con el tiempo, estas legislaciones protectoras de la libre competencia han significado un cambio trascendental en el liberalismo económico.

---

34 BAÑO LEON, J. (2016). *La evolución del Derecho de la competencia y su irradiación en el Derecho público. Op. Cit.* Pág. 296.

En su momento, la gran conquista histórica fue el liberalismo decimonónico de la Revolución Francesa, pues, se consagró el derecho a participar en el mercado y a competir. Aquel reconocimiento del derecho de la libertad de industria y comercio, consistente en que cualquiera podía ejercerlo y constituirse en empresario, sin ninguna limitación o exigencia. Así lo contempla el artículo 1 del Código de Comercio dominicano, el cual fue asumido por República Dominicana desde 1884 hasta la actualidad[35].

En tanto, los acuerdos restrictivos de la Competencia resultan ser el mayor peligro del sistema de mercado, por lo que, aquellas legislaciones que procuran proteger la Competencia adicionan al derecho de competir consagrado a partir de la Revolución Francesa, la obligación de competir. Las leyes de Defensa de la Competencia protegen fundamentalmente el interés público, aunque no se puede obviar que también resguardan el interés privado de todo aquel que resulte perjudicado por las restricciones de la Competencia.

Asimismo, las legislaciones que protegen la Competencia son indispensables para el correcto funcionamiento del mercado. Resguardan al consumidor, puesto que estos son los primeros interesados en que el mercado funcione de manera correcta y también en no permitir que empresarios acuerden restringir la Competencia en perjuicio de los demás participantes en el mercado.

De allí, la importancia de resaltar la evolución del Derecho Mercantil, pues, ello ha acarreado, la creación de legislaciones que permiten buen funcionamiento de los mercados de libre competencia. Cuando un ordenamiento jurídico asume el sistema de economía de mercado, el Derecho de la Competencia pasa a ser una parte primordial para fines de regulación económica.

En ese tenor, Álvarez Cantalapiedra y Villarejo Galende, sostienen que «el Estado realiza una tarea fundamental en la configuración y mantenimiento de un marco institucional y de unas reglas de juego sin las cuales no sería posible, o sería costosísimo y sumamente incierto, realizar transacciones económicas»[36].

En tal sentido, la operación del mercado demanda transparencia. Principios como el de protección al consumidor lo hace viable. Y es que el sistema competitivo consiste en que los consumidores/clientes son lo que hacen que el mercado opere de forma eficiente. Son precisamente los consumidores quienes procurarán adquirir bienes y servicios de los empresarios que oferten mejores condiciones.

---

35 Art. 1.- Son comerciantes todas las personas que ejercen actos de comercio y hacen de él su profesión habitual.

36 Álvarez Cantalapiedra, S. & Villarejo Galende, H. (2003). «La regulación de los grandes centros comerciales: una aproximación sociológica y jurídica». *Revista de derecho (Valdavia)* Vol. 15, núm. 2. Valdavia, España. Págs. 131-132.

CAPITULO II

DERECHO *ANTITRUST*

Este apartado contempla todo lo relacionado al Derecho *antitrust* o antimonopolio, cómo surgió, las escuelas que sustentan diversas teorías, así como su evolución y tendencias, no solo en Estados Unidos —país pionero en promulgar la primera legislación moderna en la materia— sino, en Europa.

También, se abordan las distintas etapas del Derecho *antitrust* en Estados Unidos según la doctrina estadounidense, las instituciones responsables del tema y sus atribuciones. Además, contempla el rol en Europa a través del estudio de las Directivas dictadas en la materia por la Unión Europea (UE), haciendo hincapié en España y otros países de América.

Se concluye que es innegable el auge que ha tenido la materia y cómo sus figuras e instituciones creadas participan e interactúan en el espectro de esta, creando precedentes importantes que sirven como referentes, no solo a nivel local, sino, también a nivel internacional.

2.1. Estados Unidos

Hay quienes ubican los orígenes de las Políticas de Competencia en la Edad Media. Autores como sir Edgard Coke han afirmado que existen evidencias de que los monopolios estaban prohibidos desde el Derecho romano. Para Witker, los abusos de la monopolización generada por las normas que imperaban en la Edad Media generaron la expedición en el Reino Unido de la Ley de Monopolios, en inglés, *Statute of Monopolies,* durante el Gobierno de Jaime I en 1623.

Ahora bien, el Derecho de la Competencia actual tiene su origen en Estados Unidos con la aprobación de la *Sherman Act* de 1890, con una economía proteccionista en la cual proliferaron los monopolios y los carteles. La denominación de esta norma se debe al senador John Sherman del Estado de Ohio, quien la presentó ante el Congreso de los EE.UU. Esta importante área del Derecho surge como reacción a la formación de trusts o en español, monopolios.

Sandels sostiene que:

> «...en un momento en que la industrialización a gran escala estaba forjando una economía nacional, comenzaron a alternarse más los argumentos liberales y republicanos en los debates de aquel momento sobre cómo enfrentarse a los monopolios y al gran capital»[37].

2.1.1. *Sherman Act*

La *Ley Sherman*, que según el encabezado de la misma, es «una ley para la protección del comercio contra las restricciones ilegales y los monopolios», constituye más de un siglo de jurisprudencia en temas de monopolio, concentraciones empresariales, carteles y prácticas restrictivas, así como a todo lo relacionado con el Derecho *antitrust,* aunque existen registros de que Canadá había promulgado su primera ley de Competencia en 1889, pero sin un impacto mayor[38].

Como ya es sabido, el Derecho de la Competencia hay quienes lo definen como el conjunto de normas que regulan la libertad de desarrollar actos de comercio en forma leal dentro del mercado. La doctrina concuerda que sus orígenes se encuentran en el Derecho *Antitrust* de los Estados Unidos de América, que a partir de las prácticas en la época consideradas lesivas a la libre competencia consumadas por la famosa compañía Standard Oil, encuentra eco en la histórica *Ley Sherman*, conocida también como *Sherman Act*, presentada por el Senador John Sherman ante el Congreso norteamericano en el año 1890, y promulgada bajo la Presidencia de Benjamín Harrison.

En palabras de Posner, la primera sección aborda los contratos prohibidos, combinaciones, así como conspiraciones en restricciones de comercio; la sección dos, contempla lo relativo a monopolización y conspiraciones e intentos para monopolizar. Otras partes de la *Ley Sherman* impone sanciones criminales por violaciones. También, autorizó demandas cautelares por el Departamento de Justicia y agudos casos sobre daños sometidos por las partes[39]. En palabras llanas, la *Sherman Act* plantea sanciones para los contratos que atenten al libre comercio y promuevan el monopolio.

Es precisamente Posner quien indica que, la *Ley Sherman* trataba de afrontar el problema del monopolio mediante sanciones penales y civiles para los contratos y otras combinaciones que restringen el comercio, la monopolización, y las conspiraciones e intentos de monopolización.

---

37 Sandel, Michel J. (2023). *El descontento democrático*. *Op. Cit.* Pág. 32.

38 Miranda Londoño, A. & Gutiérrez Rodríguez, J.D. «Historia del Derecho de la Competencia». *Revista Boliviana de Derecho*, núm. 3, 2007. Págs. 215-267.

39 Posner, R. (2001). *Antitrust Law*. (2.ª ed.). United States of América: University of Chicago.

Cuenta el antes citado autor que, las primeras decisiones interpretaban que la ley prohibía los carteles, pese a que las sanciones de la violación eran muy débiles al principio, considera que dicha norma fue razonablemente eficaz para impedir que los participantes en el cartel emplearan ciertos instrumentos eficientes, pero a la vez, visibles para la eliminación del fraude de los miembros del mismo[40].

Por su parte, plantea Mota, en su texto *Política de Competencia* (2018), que, en la segunda mitad del siglo XIX, Estados Unidos atravesó por una serie de sucesos que dieron lugar a la transformación de las industrias manufactureras. La razón primordial: la mejora en el transporte, especialmente los ferrocarriles que se extendieron rápidamente por todo el territorio, así también el telégrafo y los servicios telefónicos. Agrega, que la última parte de ese siglo se caracterizó por precios bajos e inestables[41].

Ahora bien, un efecto ineficiente de la *Ley Sherman* fue el concerniente a lo que sucede en un mercado monopolizado donde la reproducción es menor que la de un mercado competitivo. Por lo que, cuando se forma un cartel, gran parte de la capacidad productiva del mercado se vuelve excesiva y debe ser retirada para economizar recursos. Lo que esta ley castiga, sobre todo, es el intento de fijación de precios.

Es preciso señalar que, la *Ley Sherman* contempla los acuerdos de fijación de precios y reparto de mercado entre empresas independientes, así como de las prácticas de monopolización por parte de empresas individuales, pero no de las fusiones, las cuales eran legales al menos que se formaran con la intención de monopolizar el mercado a través de métodos desleales de Competencia.

Miranda, afirma que, en la actualidad, La *Ley Sherman* continúa siendo la legislación principal del Derecho de la Competencia en los EE.UU. La citada norma contiene varias prohibiciones de carácter general, como:

1. Prohíbe toda clase de acuerdos que tiendan a restringir la competencia entre los diversos Estados o con naciones extranjeras.

2. Prohíbe tanto la monopolización como el intento de monopolizar cualquier parte del comercio interestatal o internacional[42].

Por su lado, Kovacic y Shapiro, sostienen que la *Ley Sherman* se diferencia de las otras normas que regulan el comercio en EE.UU., por ser bastante

40 *Ibidem.*

41 Motta *Op. Cit.* 16

42 Miranda Londoño, A. (2002). «Anotaciones sobre el Derecho Antimonopolístico en los Estados Unidos de Norteamérica». En *CEDEC III*, Colección Seminarios 10. Javegraf, Reimpresión, Bogotá. Pág. 149.

genérica, ya que «prohíbe, limita y castiga penalmente todo contrato, combinación o conspiración que restrinja el comercio al igual que la monopolización»[43].

Sin embargo, en torno al segundo efecto mencionado por los autores citados anteriormente, parte de la doctrina entiende que no se debe a lo general de las prohibiciones contenidas en la *Ley Sherman*, sino, a la evidente referencia que la norma hace a temas económicos.

Agregan que, como consecuencia de esta importante característica, el análisis económico y la evolución de la teoría económica han tenido una influencia determinante sobre el desarrollo y la estructuración del moderno Derecho de la Competencia. Sostienen que son las cortes federales y la Corte Suprema las encargadas de concretar estas reglas generales en reglas específicas, que evolucionan a partir de la jurisprudencia enmarcada en el sistema del Derecho consuetudinario, mejor conocido en inglés como *Common Law*.

Asimismo, Baker amplia la crítica y coincide con Kovacic y Shapiro, añadiendo otra consecuencia a la forma genérica en que están escritas las leyes «antitrust». En tal sentido, considera que no son una «guía clara para las empresas que quieran cumplirla y tampoco son claras las normas para los jueces que deben interpretarlas y aplicarlas»[44].

2.1.2. *Clayton Act*

Esta norma complementó la referida *Ley Sherman*. La también icónica *Ley Clayton*, o la *Clayton Act* de 1914, establece la ilegalidad de la discriminación de precios, los contratos perjudiciales de exclusividad y las llamadas cláusulas atadas, así como la integración de los órganos de gobierno (accionistas y directores) por personas vinculadas.

Asimismo, por medio de ésta se regulan las fusiones y adquisiciones que pudieran reducir la Competencia, al igual que prohíbe la fijación y discriminación de precios. La idea con esta norma era ampliar la legislación de Competencia, puesto que no se descartó la posibilidad de que fuera la *Ley Sherman* la que haya provocado el aumento en el número de fusiones en los Estados Unidos.

En ese sentido, la *Clayton Act* procuró prohibir prácticas que disminuían la Competencia, tales como la discriminación de precios y que empresas com-

43 Kovacic, W. y Shapiro, C. (1999). *Antitrust Policy: A Century of Economic and Legal Thinking*. Competition Policy Center. University of California, Berkeley. Pág. 2. Documento consultado el 3 de junio de 2022 en: http://www.haas.berkeley.edu/groups/cpc/ pubs/Publications.htmal

44 Baker, J. (2001). *A Preface to Post-Chicago Antitrust.* Washington Collage of Law, America University. Pág. 2. Ensayo consultado el 4 de junio de 2022 en: http: //ssrn.com/abstract=296119

petidoras tuvieran consejeros en común. La *Clayton Act* ha sido modificada en varias ocasiones, dentro de las que se puede citar la *Robinson Patman* de 1936, que versó específicamente en la discriminación de precios.

En tanto, las características principales de algunos de sus preceptos, parten desde la discriminación de precios[45], prohíbe, tanto ofrecer descuentos o tratos preferenciales a los consumidores, como las fusiones y las adquisiciones entre empresas competidoras, cuando tales fusiones o adquisiciones tengan el efecto de restringir la Competencia o de formar un monopolio, y establece un régimen de inhabilidades e incompatibilidades para los miembros de las juntas directivas de las empresas del sector real de la economía[46].

Es preciso sostener que, la Federal Trade Commission (FTC) o en español, la Comisión Federal de Comercio de Estados Unidos, fue creada en 1914 como una entidad independiente que regularía prácticas comerciales desleales, así como responsabilidades de hacer cumplir la ley, conjuntamente con el Departament of Justice (DOJ) o popularmente conocido en español, como Departamento de Justicia.

Ahora bien, hay quienes difieren en que las grandes empresas de finales del siglo XIX realizaran prácticas anticompetitivas. Al contrario, para el economista Dilorenzo[47], la nueva *Ley Sherman* habría sido impulsada por grupos de interés que buscaban protegerse de compañías que crecían de forma rápida y ofrecían precios bajos gracias a las economías de escala que alcanzaban.

Algo parecido sostiene Mota, quien plantea que las grandes inversiones realizadas por las empresas con el fin de disfrutar de economías de escala y de alcance, provocaron costos y precios bajos. Chandler (1990) citado por Mota (2018), relata que el aumento en la producción y el exceso de capacidad intensificaron la Competencia e hicieron bajar los precios. De hecho, indica que la disminución del precio de los productos manufacturados caracterizó a las economías de los Estados Unidos y las naciones de Europa Occidental desde mediados de 1870 hasta el fin del siglo[48].

Más adelante, a mediados del siglo XX y, especialmente luego de la Segunda Guerra Mundial, se crean nuevas instituciones del Derecho de la Competencia en el marco del nacimiento de la Unión Europea, como el abuso de posición de dominio y no el monopolio en sí, lo cual permitió al surgimiento de normas internacionales en este sentido.

---

45 Esta sección fue derogada por la Ley Robinson-Patman en 1936.

46 Véase el Caso de Standard Oil Co. v. United States de 1931.

47 DILORENZO, THOMAS J. (2003). «The Case Against All Antitrust Legislation». Cátedra en Mises University 18, Ludwig Von Mises Institute.

48 MOTTA, *op. cit.* 17

Es preciso indicar que, en los Estados Unidos, ha sido muy importante el rol desempeñado por la Casa Blanca, que para 1981 aprobó la Orden Ejecutiva número 12.291[49], que obligaba a todas las agencias estatales a realizar una evaluación de impacto en toda medida de alcance regulatorio. Como señalan J.B. Auby y T. Perroud[50] o C. Sunstein[51], esta disposición, sin perjuicio de añadidos posteriores realizados por sucesivos presidentes, ya contenía los elementos fundamentales del análisis coste-beneficio. La vigilancia de su puesta en práctica correspondía —y aún corresponde— a la Oficina de Información y Asuntos Regulatorios (OIRA, en inglés).

En cuanto a Reino Unido, no obstante, ciertos intentos en los años ochenta del siglo pasado por mejorar la evaluación de los costes de la regulación para las empresas, ha desarrollado un marco para la implantación de un sistema de mejora regulatoria a través del trabajo desarrollado, entre otros, por la *Better Regulation Executive* (BRE) y el *Regulatory Policy Committee* (RPC). En ese mismo orden, los principios de buena regulación aplicables guían el conjunto de propuestas regulatorias presentadas desde el año 2006, en que se aprueba la *Legislative and regulatory reform Act*[52].

---

49 Esa Orden plantea que: «Para la elaboración de nuevos reglamentos, la reforma de los reglamentos en vigor, el desarrollo de propuestas legislativas que afecten al reglamento, todas las agencias, hasta donde permita la ley, deberán cumplir los siguientes requisitos: a) todas las decisiones administrativas deberán basarse en la información adecuada sobre la necesidad y las consecuencias de las acciones de gobierno propuestas, b) la regulación no podrá llevarse a cabo salvo que los potenciales beneficios de la sociedad superen los costes que pudieran recaer sobre la misma [...]» (traducción libre). Para conocimiento, debe señalarse además que la orden ejecutiva aprobada por el presidente tiene rango de ley. No precisa de la aprobación del Poder Legislativo (de las cámaras) y, como toda ley, podrá ser revisada por los tribunales y no debería atentar contra otras leyes en vigor o la propia Constitución. El Congreso no tiene la potestad de suspender estas leyes o declararlas inválidas, pero sí puede aprobar otras que limiten su ámbito de actuación. Ante dichas limitaciones, el presidente podría interponer su veto y, para levantar ese veto presidencial, sería necesaria una mayoría de dos tercios en ambas cámaras del Congreso. Es decir, en el Senado y en la Cámara de Representantes. Tales mayorías son poco frecuentes y por eso, la mayoría de las órdenes ejecutivas suelen seguir en vigor hasta el final de la legislatura del presidente en el cargo. Después, su sucesor sí podrá revocar el decreto del antecesor.

50 «La evaluación de impacto regulatorio». Colección Cuadernos universitarios de Derecho administrativo. Coedición de Global Law Press y el Instituto Nacional de Administración Pública (INAP), 2013.

51 «The cost-benefit revolution» de Cass R. Sunstein (2019). Su autor fue antiguo administrador de la Oficina de información y asuntos regulatorios de la Casa Blanca en la presidencia de Obama (OIRA).

52 Consultar el artículo «Better Regulation-The UK experience» de I. Bishop, «Head of Better regulation Framework, Better regulation Executive». Revista de Economía ICE. n.° 907 marzo-abril 2019.

2.2. Etapas del Derecho de la Competencia

En este apartado, se expondrán las Etapas del Derecho *antitrust,* según Kovacic y Shapiro, dos expertos estadounidenses en la materia que se han dedicado al estudio de esta rama del Derecho. De una forma organizada y cronológica, los autores explican cómo cada época ha creado figuras jurídicas y términos del Derecho de la Competencia de los Estados Unidos, que han sido adoptadas por otros países y continentes, a través de sus legislaciones.

2.2.1. Primera etapa

Kovacic y Shapiro han divido en etapas la evolución del Derecho de la Competencia. En realidad, consideraron que inicialmente la *Ley Sherman* «no fue una herramienta útil y eficaz para controlar las conductas anticompetitivas». Sitúan una primera etapa entre 1890-1914. Indican que, durante las primeras dos décadas de su vigencia, la *Ley Sherman* no fue aplicada en forma decidida, pero los tribunales dieron los pasos iniciales en el camino de su interpretación[53].

En ese sentido, establecen que:

> «El lenguaje de la Ley Sherman y su historia legislativa indican que el Congreso no condena el estatus de monopolio. En cambio, la crucial tarea analítica de las cortes era definir la conducta que, unida con el poder de monopolio, constituía una monopolización ilegal»[54].

De hecho, Baker establece que los primeros jueces que aplicaron la *Ley Sherman* consideraban que la interferencia que su aplicación ocasionaba al proceso competitivo era negativa, ya que tendía a disminuir la eficiencia de las empresas. Sostiene, además que, para aquellos que tuvieron a su cargo la aplicación inicial de la *Ley Sherman*, el objetivo de la norma no era otra que proteger los derechos naturales a la libertad económica, la seguridad en la propiedad privada y en el proceso competitivo, y el libre cambio en vez de interferencia artificial[55].

Kovacic y Shapiro plantean que, la Corte Suprema de Justicia solamente modificó su posición inicial en 1904, esto en virtud del caso Northern Securities v. United States, por medio del cual se demostró que, vía la *Ley Sherman*, la Corte podía impedir la realización de integraciones que condujeran al monopolio.

---

53 Kovacic, W. y Shapiro, C. (1999). *Antitrust Policy: A Century of Economic and Legal Thinking*. Competition Policy Center. University of California, Berkeley. Pág. 2. Documento consultado el 3 de junio de 2022 en: http://www.haas.berkeley.edu/groups/cpc/ pubs/Publications.htmal

54 *Ibidem.*

55 Baker, J. *Ob. Cit.* Pág. 4.

Sin embargo, durante los años posteriores las autoridades estadounidenses se vieron en la necesidad de archivar varios casos contra las empresas más grandes de EE.UU. No obstante, para 1911, la Corte sentenció la muy conocida decisión de Standard Oil Co. v. United States, por medio del cual ratificó su posición en cuanto a controlar la alta concentración del mercado en una empresa. Consistió en una empresa de la familia Rockefeller, que concentraba el noventa por ciento del mercado del combustible y, a la que la Corte obligó a dividirse en treinta y cuatro (34) compañías diferentes[56].

Pese al fallo emitido por el tribunal, el Congreso de los Estados Unidos consideró que la Suprema Corte de Justicia disminuyó la rigidez en la aplicación de la *Ley Sherman*. Esta fue la razón primordial para que se promulgara la *Ley Clayton* de 1914 y se creara la Comisión Federal de Comercio, en inglés Federal Trade Commission (FTC). Un gran avance de la *Ley Clayton* fue la reducción de la discreción de los jueces, a partir de la prohibición específica de ciertas conductas[57].

2.2.2. Segunda etapa

En ese tenor, una segunda etapa planteada entre 1915 hasta 1936, comprende cierta flexibilidad en cuanto a la aplicación de la norma antimonopolio, por lo que, cita la permisividad exhibida por la Corte Suprema en los asuntos de *antitrust*, precisamente por la manera en que determinaba el mercado relevante en la mayoría de casos, como resultado de que encontraba que la participación en el mercado de las empresas investigadas era tan baja, que le permitía desestimar su dominio y el respectivo abuso de dicha posición dominante[58].

Como ya es sabido, las razones que motivaron la denominada «tolerancia» de esa Alta Corte, fueron meramente de menester político y económico. Según Kovaciv y Shapiro, en primer lugar, como resultado de las relaciones que surgieron entre la industria y el gobierno en virtud de la Primera Guerra Mundial, pues se estimó que la forma de colaboración que se dio durante el tiempo de guerra era ideal también para los tiempos de paz.

En ese tenor, los citados expertos consideran que:[59]

> Fue Herbert Hoover quien, como Secretario de Comercio y como Presidente, persuadió a los empresarios de cooperar entre ellos a través de asociaciones gremiales para intercambiar información y para limitar las características derrochadoras de la Competencia.

---

56 Kovacic, W. y Shapiro, C. Ob. Cit. Pág. 4.

57 *Ibidem.*

58 Asunto Standard Oil Co. v. United States de 1931.

59 Kovacic, W. y Shapiro, C. Ob. Cit. Págs. 5-6.

Para muchos, la Gran Depresión fue determinante para que Estados Unidos diera un giro hacia la intervención y programación de su economía, contrario a las estipulaciones de la *Ley Sherman*, ya que consideraron que el colapso económico fue consecuencia del esquema de libre competencia, por lo que, se legitimó la política de que el gobierno y la industria tuvieran gran cercanía.

Se puede mencionar el caso «Appalachian Coals. v. United States (1933)», con el cual «se permitió que 137 productores de carbón en Appalachia designaran a un agente vendedor exclusivo en respuesta a las llamadas "prácticas de comercio destructivas" que bajaban los precios».

Es más, Baker sostiene que se suspendió la aplicación de la normativa de libre competencia por un tiempo, en virtud de la Ley de Recuperación de la Industria Nacional (National Industrial Recovery Act – NIRA) que «permitió a las industrias desarrollar y aplicar códigos de "leal competencia", que usualmente en la práctica eran carteles para fijar precios». Aunque al poco tiempo de entrar en vigencia, esta Ley de Recuperación fue declarada inconstitucional[60].

Según Miranda, esta etapa ve su final, con la expedición de la *Ley Robinson-Patman* de 1936, con la que se deroga el apartado segundo de la *Ley Clayton* y prohíbe la discriminación por medio del precio entre diferentes compradores de bienes similares en grado y calidad, cuando el efecto de dicha discriminación sea el de reducir la Competencia o el de formar un monopolio[61].

2.2.3. Tercera etapa

Ahora bien, una tercera etapa del Derecho de la Competencia según Kovacic y Shapiro, corresponde a 1936 hasta 1972, en la que se considera que nuevamente las decisiones políticas dirigidas por la coyuntura económica del momento dieron un giro importante en la aplicación del Derecho de la Competencia en EE.UU. Se le atribuye al entonces presidente Franklin D. Roosevelt, haber buscado la restauración de la economía por medio de la Competencia económica[62].

A partir de esta política se aplicó la ley *antitrust* de manera rígida. Se le adjudica a Simons y a otros economistas de la Universidad de Chicago, sustentar la necesidad de dejar atrás los programas del *New Deal* y la aplicación rígida de las leyes de Competencia a los fines de desconcentrar la industria estadounidense[63].

60 Baker, J.B. Ob. Cit. Pág. 7.

61 Miranda Londoño, Alfonso. Ob. Cit. Pág. 150

62 Kovacic, W. y Shapiro, C. Ob. Cit. Pág. 9.

63 *Ibidem.*

Miranda plantea que, el criterio «sociopolítico» que fue aplicado por la Corte Suprema de Justicia en esta etapa puede describirse en los siguientes términos[64]:

> «Durante la primera época de la aplicación de las leyes antimonopolísticas se utilizó un criterio eminentemente sociopolítico o populista, que tendía a condenar a las grandes empresas con el objeto de proteger a las pequeñas, sin consideración por las condiciones de eficiencia del mercado ni por el bienestar de los consumidores...»

También, establece lo siguiente:

> El espíritu de esa época se resume en el famoso anatema pronunciado en 1945 por el juez Learned Hand del Segundo Circuito Federal, con ocasión del caso UNITED STATES V. ALUMINUM CO. OF AMERICA (ALCOA) y según el cual '... existe la creencia de que los grandes conglomerados industriales son inherentemente indeseables, independientemente de sus resultados económicos.

Se estima, que la decisión de aplicar la normativa de Competencia se basó en el empleo de la regla *per se*, también conocida como «regla de la ilegalidad per se» (RIPS), con la cual se prohíbe ciertas conductas pese a sus efectos en el mercado. Se comprobó que, por la aplicación de dicha regla, bajó considerablemente la carga probatoria para condenar a los infractores de la ley.

Es importante indicar que la regla *per se,* fue creada por la Corte Suprema de Estados Unidos, y consiste en que, si una determinada conducta se sujeta al presupuesto fáctico de una legislación, se considerará restrictiva de la Competencia, lo que se traduce en ilegal, siendo la única salida del imputado poder probar que no cometió dicha conducta.

En ese mismo sentido, hay que señalar que la regla *per se* procura que en los procesos judiciales se disminuya la carga probatoria para el Estado en la medida en que la sencilla comprobación de la realización de la conducta prohibida *per se,* sea suficiente para imponer la sanción al infractor, sin que la autoridad de Competencia tenga que probar los daños y efectos negativos producidos a los mercados.

Para Miranda, una práctica se prohíbe *per se* cuando de conformidad con la experiencia y la teoría económica, su naturaleza y efectos son tan evidentemente anticompetitivos «que no necesita realizar un elaborado estudio de la industria respectiva para concluir que son ilegales»[65].

Más adelante, específicamente en 1950, fue promulgada la *Ley Celler-Kefauver*, con la que el Congreso intentó reforzar el control de integraciones. En

---

64 Miranda Londoño, A. Ob. Cit. Págs. 152-157

65 *Ibidem.*

esa norma se entendía que la integración entre empresas rivales era dañina para la Competencia. Este nuevo enfoque provocó fallos como el «caso Brown Shoe Co. v. United States de 1962», en el que la Corte Suprema de Justicia revocó una concentración económica que hubiera generado una participación horizontal en el mercado nacional de tan sólo el 5 %[66].

Al respecto, el alto tribunal argumentó que, aunque la participación en el mercado nacional era baja, en algunos «sub-mercados» la participación podría ser muy excesiva. Kovacic y Shapiro, argumentan que «la Corte también sostuvo que algunas metas no relacionadas con la eficiencia, como es el caso de preservar pequeñas empresas, eran relevantes para aplicar la Ley»[67].

Para concluir con esta etapa, hay que señalar que, a partir de 1960, la Corte Suprema de EE.UU., utilizó el análisis estructuralista para fines de fallos de casos. Es entonces, cuando se analizó la estructura del mercado relevante con la intención de identificar cuando éste es concentrado o no[68].

Ya para 1968, el Departamento de Justicia emitió un documento contemplado como Manual de Integraciones (Merger Guidelines) que facilitó de alguna manera la comprensión de las legislaciones a las empresas. La publicación de estas guías sirve como una práctica de Abogacía y Promoción de la Competencia.

2.2.4. Cuarta etapa

Esta etapa comprende de 1972 a 1991. Durante décadas, abogados y economistas de la «Escuela de Chicago», entre ellos: Bork, Posner, Easterbook, Stigler y Director, entre otros, criticaron duramente a las Cortes de Justicia estadounidense. Kovacic y Shapiro sostienen que aquellos profesionales aborrecían la regulación de la entrada a los mercados y la regulación de precios, pero reconocen que apostaban a la eficiencia para explicar ciertos fenómenos como la concentración industrial, las integraciones y las restricciones contractuales, que anteriormente fueron desfavorecidas.

Es entonces, cuando bajo la influencia de la nueva «Escuela de Chicago», las Cortes estadounidenses empezaron a tomar en cuenta la eficiencia creada por la conducta analizada. A partir de allí, los tribunales comenzaron a tomar en consideración la eficiencia creada por dicha conducta analizada que generan beneficios para los consumidores.

Es cuando hay un cambio en el objetivo de las leyes antimonopolio, por lo que se buscaría el bienestar del consumidor. Hoy en día, la OCDE considera

---

66 Baker, J. B. Ob. Cit. Pág. 9.

67 Kovacic, W. Y Shapiro, C. Ob. Cit. Pág. 11.

68 Miranda Londoño, Alfonso. *Op. Cit.* Pág. 152. En el mismo sentido véase también Baker, J.B. *Op. Cit.* Pág. 9.

que «la protección al consumidor es el mandato más común añadido a las responsabilidades de una autoridad de competencia en la región»[69].

En este aspecto, legislaciones como la Ley 42-08 de Defensa de la Competencia de República Dominicana, han tomado como precedente ese hecho, puesto que plantea en su artículo 1:

> La presente ley tiene por objeto, con carácter de orden público, promover y defender la competencia efectiva para incrementar la eficiencia económica en los mercados de bienes y servicios, a fin de generar beneficio y valor en favor de los consumidores y usuarios de estos bienes y servicios en el territorio nacional.

En ese sentido, cuestiones que habían sido decididas desde la década de 1940 hasta inicios de 1970, fueron revocadas por la Corte Suprema de Justicia, pues, según abogados y economistas de la referida Escuela de Chicago, algunas conductas prohibidas bajo la regla *per se* tenían efectos pro competitivos relevantes y, en ese tenor, deberían ser estudiadas bajo la *regla de la razón*[70], situación que sin lugar a dudas cuestionó la seguridad jurídica de la nación, así como el principio de irretroactividad de la ley. Esta, se diferencia de la *per se,* en que se aplica a prácticas donde las consecuencias no siempre son anticompetitivas y depende de cómo se estructuren los mercados.

Es decir, pudo más la percepción de que los agentes económicos estaban perdiendo protagonismo en los mercados internacionales. El uso de la regla *de la razón* imperó en esta etapa, por lo que se hace importante señalar que ésta surgió de una discusión a lo interno de la Corte Suprema de Justicia sobre el alcance de la *Ley Sherman* de 1890, aunque es preciso aclarar que esta regla no guarda relación directa alguna con dicha ley, cuyos fundamentos constitucionales no son claros y que, como menciona Palacios, «evolucionó hacia una doctrina judicial cuyo contenido no ha sido estable», además de no mencionar nada respecto a eficiencia económica o Competencia, por lo que se trata más bien, de un estándar y no una regla en sentido propio[71].

---

69 OCDE (2022). *Tendencias sobre competencia en Latinoamérica y el Caribe 2022, OECD Business and Finance Policy Papers*, OECD Publishing, Paris, https://doi.org/10.1787/f19a5033-es

70 Andrés Palacios Lleras la define: como una de las instituciones jurídicas más exitosas y controversiales del Derecho de la Competencia estadounidense. Sostiene que su éxito puede explicarse en que apela a lo razonable en vez de estar basado en una interpretación literal de la ley. Señala que: «Sin embargo, el contenido y alcance de esta institución es incierto y su desarrollo histórico marcado por la controversia». Palacios, A. (2018). «La regla de la razón en el Derecho de la Competencia de los Estados Unidos de América: historia, críticas y perspectivas de trasplante». En *¿Regla per se y Regla de la razón? Interpretación de las normas de competencia*. Editor: Emilio José Archila Peñalosa. Universidad Externado de Colombia. Primera edición. Colombia. Pág. 17.

71 *Ibidem.*

Según Palacios, esta regla considera primordial tomar en cuenta las condiciones del mercado antes y después del desarrollo de dicha práctica, las empresas afectadas, el tipo de la restricción que la práctica conlleva, sus efectos probables o ciertos, la razón por la que se adoptó, y los objetivos o finalidades que se buscan con ella.

Es menester agregar que, las investigaciones por abuso de posición dominante e integraciones empresariales, en gran mayoría fueron decididas a favor de los investigados. En tal sentido, en 1982 circuló un Manual o como se conoce en otras naciones, una *Guía de integraciones o concentraciones* que reemplazó la de 1968, por lo que se logró contemplar ciertos elementos en cuanto el análisis de los efectos competitivos que podría causar la transacción.

2.2.5. Quinta etapa

Esta última etapa, según Kovacic y Shapiro, corresponde a partir de 1992 hasta la actualidad. Aquí predominan la Escuela estructuralista y la Teoría de la eficiencia[72]. A partir de aquí, las autoridades de Competencia han procurado un balance medio entre la aplicación de la regla *per se* y la regla *de la razón.* Cabe señalar en cuanto a esta última, ha sufrido transformaciones en Estados Unidos y en otras jurisdicciones donde ha sido adoptada o rechazada[73].

Es relevante señalar que el contexto estadounidense y la aplicación de esta regla nacida en su territorio, es distinto al de cualquier otra nación que procure aplicarla. Este es el motivo por el cual no necesariamente la aplicación de la misma no alcanza sus cometidos. Claro está, resulta ser una institución muy importante del Derecho de la Competencia y, por ende, debe ser tomada en cuenta en cualquier análisis justo sobre evolución y desarrollo de la materia.

Para Kovacic y Shapiro, la Teoría de juegos ha tenido un papel muy importante en las Políticas de Competencia en las últimas décadas. Esta es una metodología desarrollada por John Von Neumann y John Nash a mediados del siglo XX. La misma procura estudiar el comportamiento de los agentes económicos en casos de incertidumbre[74].

Los programas de delación o *leniency programs* del Departamento de Justicia, son el mejor ejemplo de la adopción de dicha herramienta económica.

72 Miranda Londoño, A. Ob. Cit. Pág. 154.

73 Joliet, R. (1967). *The Rule of Reason in Antitrust Law: American, German and Common Market Laws in Comparative Perspective*. Países Bajos: Springer.

74 Samuelson y Nordhaus plantearon que la teoría de juegos «analiza la forma en que dos o más jugadores o agentes eligen curso de acción o estrategias que afectan conjuntamente a cada uno de los participantes» La teoría de juegos aporta importantes conclusiones sobre la racionalidad conducta de los agentes económicos de un oligopolio o de un duopolio, lo cual, sin duda, es de gran utilidad para el Derecho de la Competencia. Samuelson, P. y Nordhaus, W. *Op. Cit.* Pág. 250

Se entiende que estos crean un mayor incentivo para que el cartel se disuelva a medida que el mismo denuncie ante la autoridad de Competencia los detalles del o los acuerdos, por lo que, entonces adquiere inmunidad en cuanto a las sanciones que podrían haberle impuesto.

En fin, la situación política y económica de los Estados Unidos ha sido determinante para la aplicación del Derecho de la Competencia. Es la realidad que viven actualmente otras naciones, en las que los intereses y compromisos políticos atentan el leal comportamiento de los mercados, pues siempre buscan cobija en sectores de poder para actuar libremente, sin respetar los derechos de los usuarios y consumidores.

En ese mismo orden de ideas, respecto a competencia y política, Fernández Ordoñez sostiene que[75]:

> Para los norteamericanos, la competencia no es sólo un medio para conseguir que funcionen mejor los mercados sino que es un fin en sí misma. La sociedad americana está en contra de que alguien tenga demasiado poder, y eso explica, por ejemplo, el auténtico equilibrio que hay en ese país entre los tres poderes del Estado, asó como toda la estructura federal y descentralizada de su sistema político.

2.3. Autoridades de Defensa de la Competencia en los Estados Unidos

En la actualidad, dos órganos actúan en el ámbito de aplicación de las normas antimonopolio: la Federal Trade Commission y la Antitrust Division del Departamento de Justicia de los EE.UU. En cuanto a la primera, puede emitir decisiones sobre cese y desistimiento con características de actos administrativos singulares en la aplicación de la *Clayton Act* y *Federal Trade Commission Act*.

Sin embargo, la Division Antitrust vela por la persecución de las violaciones más graves, incluyendo algunas consideradas delitos, en aplicación de la *Sherman* y *Clayton Act*, mediante sus potestades de iniciar procesos en lo civil o en la jurisdicción penal[76].

Asimismo, se ha establecido que los primeros órganos de Defensa de la Competencia surgieron en los Estados Unidos con el establecimiento de las *independent commissions* de los estados federados que fueron al principio comisiones parlamentarias ad hoc, creadas para regular el sector ferrocarril[77].

---

75 Fernández Ordoñez, Miguel A. (2000). *La Competencia.* EFCA, S.A., Madrid, España. Pág. 20

76 Hylton, K. (2003). *Antitrust Law: Economic Theory and Common Law Evolution*, ed. Cambridge University Press. Págs. 48- 50.

77 Neale, A. D. (1970). *The Antitrust Laws of the United States of America*. 2.ª, ed. Cambridge Univ. Press, Cambridge. Págs. 11-12.

2.3.1. Federal Trade Commission (FTC)

Es importante señalar, que la FTC lleva a cabo diversas actividades en distintos campos, a partir de atribuciones legislativas, ejecutivas y judiciales, como objetivo de una lucha contra el poder económico. Esta es una de las nueve Comisiones Reguladoras Independientes, que llevan a cabo importantes tareas en la organización y la ejecución de la política pública de los EE. UU[78].

Es relevante señalar que, los miembros del órgano colegiado de la Federal Trade Commission (FTC), son nombrados por el Presidente con la aprobación del Senado[79]. Asimismo, la creación de las Agencias Independientes, en general, se debe a una estrategia política del Congreso con la finalidad de evitar que se eleve un Poder Ejecutivo fuerte en el que todo el poder de ejecutar las normas se centralice en la figura del Presidente.

Ahora bien, en cuanto al Presidente, este mantiene una considerable influencia sobre la Federal Trade Commission (FTC), puesto que dispone de facultades para elegir a los comisionados, aunque necesite ratificación del Senado, puede hacer cesar a los consejeros por alguna de las causas establecidas por la ley, nombra y destituye al Director, puede interferir en la presentación al Congreso del proyecto de presupuesto, entre otras.

2.3.2. División *Antitrust* del Departamento de Justicia de los E.E. U.U.

La División Antitrust del Departamento de Justicia de los Estados Unidos ha procurado promover, así como proteger los procesos competitivos en los mercados y favorecer la economía de los Estados Unidos, a través de normas antimonopolio a conductas que distorsionan de una manera grave el proceso de Competencia.

Por igual, durante las últimas décadas, desde la División han surgido tendencias relacionadas con la persecución de las infracciones *antitrust*. Aún se defiende la postura de que la persecución de las infracciones más graves *antitrust* es un problema con raíces políticas. La División es un órgano de la Administración que cuenta con holgada discrecionalidad, aunque se debe tener en cuenta que, a diferencia de la FTC, el DOJ es un departamento ejecutivo.

---

78 Civil Aeronautics Board, Federal Communications Commission, Federal Maritime Commission, Federal Reserve Board, National Labor Relations Board, Nuclear Regulatory Commission, Federal Energy Regulatory Commission, Securities Exchange Commission, Federal Trade Commission. 80 véase la sentencia Humphrey Executor v. U. S., 295 U. S. 602(1935).

79 «With the advice and consent of the Senate-15 USC 41».

Schwartz ha establecido que, dentro de las principales diferencias entre una agencia independiente como la FTC y un departamento ejecutivo, consisten en la propia actividad administrativa, que en el primer supuesto la FTC opera a partir de un órgano colegiado, compuesto por técnicos altamente calificados. Por consiguiente, como se ha indicado, las agencias independientes se han creado para cumplir una misión específica[80].

No obstante, es distinta la posición de un departamento ejecutivo, cuyo Director (Assistant Attorney General) y administración son jerárquicamente subordinados a la autoridad del Presidente de los Estados Unidos. El Presidente tiene la facultad de supervisión y control sobre la División Antitrust del Departamento de Justicia, inclusive la facultad de destituir al Assistant Attorney General a diferencia del caso de la FTC que se ha analizado.

De igual modo, es importante indicar, que tanto la División y la Federal Trade Commission (FTC) reparten atribuciones en la aplicación de la Sec. 7 de la *Clayton Act* – 15 USC &18/1994, por cuanto se han visto en la necesidad de aprobar procedimientos internos para determinar el reparto de facultades y están obligadas a resolver dicho conflicto, en un plazo de nueve (9) días laborables, los cuales transcurren desde la notificación de la fusión.

En cuanto a su composición y estructura[81], la División es presidida por el Assistant Attorney General (AAG), quien a su vez es elegido por el Presidente con la aprobación del Senado. El AAG dirige a cinco Director´s Assistant Attorney General (DAAG) y a la Oficina de Operaciones (Office of Operations). Blau y Scott han realizado grandes críticas respecto a la organización[82].

Asimismo, el sistema de aplicación de la Competencia de los Estados Unidos se caracteriza por una estructura con cierta complejidad en la que, además de las dos principales agencias federales de aplicación, la División Antimonopolio del Departamento de Justicia (DOJ) y la Comisión Federal de Comercio (FTC), también existen cincuenta agencias estatales de aplicación (más cinco distritos o territorios federales), así como la posibilidad de ejecución mediante litigio privado[83].

Las dos agencias federales, el DOJ y la FTC, comparten ciertas atribuciones, como, por ejemplo, la jurisdicción sobre la revisión de fusiones, y se complementan entre sí.

Es menester establecer que, el DOJ es una división del poder ejecutivo que sigue el modelo judicial bifurcado, investigando casos y entablando accio-

80 Schwartz, B. (1991). *Administrative Law*, 3 ed., ed. Little, Brown and Co, Boston, Págs. 18-19.

81 Ver anexo.

82 Blau, P. y Scott, R. (1962). *Formal Organization*, ed. Chandler, San Francisco, 1962, pp. 60- 74 y 244- 247.

83 Fox, E Et. Trebilcoc, M. *The Design of Competition Law Institutions:* Global Norms, Local Choices (Oxford, 2012) DOI: 10.1093/acprof:oso/9780199670048.001.0001.

nes de cumplimiento en los tribunales federales. Procesa las violaciones de las leyes antimonopolio mediante la presentación de demandas penales que pueden dar lugar a grandes multas y penas de cárcel. En algunos casos, el DOJ puede iniciar una acción civil solicitando una orden judicial que prohíba futuras infracciones de la ley y requiera medidas para remediar los efectos anticompetitivos de infracciones pasadas[84].

También, la FTC es una agencia reguladora independiente, compuesta por cinco (5) comisionados. Sigue el modelo de agencia integrada, con el poder de investigar y adjudicar casos internamente, sujeto a la revisión posterior de las Cortes de apelaciones.

Asimismo, es la única agencia federal con jurisdicción tanto de protección al consumidor como de Competencia en amplios sectores de la economía, sobre todo, en aquellos donde el gasto del consumidor es considerablemente alto: atención médica, productos farmacéuticos, servicios profesionales, alimentos, energía y ciertas industrias de alta tecnología como la tecnología informática y los servicios de internet.

Además de los ejecutores federales, los fiscales generales del estado pueden hacer cumplir la ley antimonopolio federal y la ley antimonopolio estatal cuando los residentes de la citada demarcación resultan lesionados.

2.4. Programas de clemencia

Importantes herramientas han sido desplegadas por Estados Unidos en el tiempo, cuya intención es evitar efectos negativos y adversos a la economía estadounidense. Esas herramientas han sido emuladas por otras naciones, como buenas prácticas a tomar en consideración para combate de prácticas restrictivas de la Competencia.

Del latín *clementia,* quiere decir, compasión, moderación al impartir justicia[85]. Asimismo, puede definirse como: Acto del jefe de Estado (presidente de la república o monarca) o del órgano legislativo (Congreso, Asambleas Legislativas) en el que por razones políticas o de conveniencia se desaplica, de manera individual o colectiva, la ley penal a sus infractores.

Ahora bien, cuando se hace alusión a «Programa de clemencia» en Derecho de la Competencia, se trata de aquella exención o reducción llamativa de la multa que posiblemente se le impondría, siempre y cuando, empresas y directivos que participen en un cartel colaboren con una autoridad de Competencia.

Por su parte, la Organización para la Cooperación y el Desarrollo Económico (OCDE), sostiene que una herramienta fundamental en la lucha contra

---

84 Departamento de Justicia de los Estados Unidos, División Antimonopolio, Misión. Ver: https://www.justice.gov/atr/mission

85 Real Academia Española. (2022, 11 de octubre). RAE: https://dle.rae.es/clemencia

los cárteles es, sin duda, el Programa de clemencia, y lo define como aquella herramienta destinada a otorgar a las personas o empresas que renuncien a participar de un cártel la posibilidad para que acudan a la autoridad y presten toda su colaboración a fin de investigar esta infracción y sancionar a sus integrantes, obteniendo la reducción o exoneración de las multas que le serían aplicables. En el documento se encuentran las multas impuestas en América Latina y El Caribe en comparación con los países OCDE[86].

Es importante señalar que, ni en la Ley 42-08 de Defensa de la Competencia, ni en su Reglamento de aplicación núm. 252-20[87], se establece la figura de «clemencia» o, al menos, «Programa de clemencia», lo que llama poderosamente la atención, puesto que lo que si existe es un reglamento interno de Procompetencia, denominado «Reglamento para el Establecimiento de un Régimen de Reducción de Sanciones».

Sin embargo, es preocupante que ni siquiera en el Reglamento de aplicación de la Ley 42-08 se haya contemplado una definición al respecto, puesto que, aunque un decreto no está por encima de la norma, lo cierto es que, si está por encima de un reglamento interno y, dado que fue en 2021 la publicación de este último, debió hacerse constar en el Reglamento 252-20, la intención de la institución en considerar esta herramienta de facilitación del proceso.

En ese sentido, lo que si existe es la oportunidad de que en una moderna legislación en la materia —que está en fase de revisión—, se integre estos Programas de clemencia, pues servirán bastante para combatir carteles, el principal reto de la autoridad de Competencia dominicana, sin restar importancia a las demás conductas tipificadas por la actual y futura norma de Competencia.

Para reconocer la relevancia del tema, se hace necesario citar a Sánchez, cuando sostiene:

> En materia de solicitud de procedimientos por denuncia la Ley incluyó en 2015 una serie de privilegios para la iniciación por denuncia de personas que hubieran también participado de la comisión de ciertas infracciones en el artículo 62.4. Se importa del sistema anglosajón la figura del delator o chivato[88].

Sin dudas, en Derecho Administrativo, «el informante o chivato» debe recibir garantías procesales, a los fines de poder colaborar y ver reducida la posible sanción. De lo contrario, ningún atractivo podrá provocar que exista

86 OCDE (2022), *Tendencias sobre competencia en Latinoamérica y el Caribe 2022. Op. Cit.*

87 Decreto 252-20, Reglamento de aplicación de la Ley Núm. 42-08, General de Defensa de la Competencia.

88 Notas de clase impartida por la doctora Zulima Sánchez, en el marco del Curso de habilitación para acceder al Doctorado en Administración, hacienda y Justicia en el Estado social (abril-mayo 2021), ofrecido por la Universidad de Salamanca, España, en colaboración con la Universidad Autónoma de Santo Domingo (UASD).

un posible informante y que brinde información privilegiada con la cual se pueda reducir el gran trabajo que resulta descubrir estas conductas para las autoridades y demás organismos del Estado.

En ese tenor, la CNMC considera que una de las novedades de la Ley 15/2007, de Defensa de la Competencia fue la introducción en España del Programa de clemencia, que ya se había puesto en práctica con éxito en Estados Unidos y la Unión Europea[89]. Es importante reiterar que, el término «clemencia» hace referencia conjuntamente a los supuestos y beneficios de exención del pago de multa, así como reducción del importe de una multa contenida en los artículos 65 y 66 de la Ley 15/2007, de 3 de julio, de Defensa de la Competencia, en lo adelante LDC[90].

También, indican que el Programa de clemencia permite a las empresas que forman parte de un cártel y pongan en conocimiento de la autoridad de Competencia su existencia, permitiendo a la entidad investigar éste, la exención del pago de la multa que pudiera corresponderle o, una reducción del importe de ésta, si la autoridad ya tenía conocimiento de dicho cártel, y si las empresas aportan elementos de prueba.

Es muy importante para las empresas la diligencia a la hora de presentar sus solicitudes de clemencia, puesto que la exención en el pago de la multa se concede sólo a la primera empresa. A las que se acojan en segundo lugar y sucesivos disfrutarán de reducciones cada vez menores de la multa[91].

Asimismo, plantea la Comisión, que aquellas empresas que se acojan al Programa de clemencia deben finalizar su participación en él. El Programa de clemencia es un poderoso instrumento en manos de las autoridades de Defensa de la Competencia para la detección de los cárteles, ya que estos son los atentados más dañinos contra la Competencia.

En ese orden, los Programas de clemencia son considerados el método de reacción más efectivo, ya que la autoridad obtiene evidencia directa del cártel, lo que facilita la investigación contra los participantes. Ahora bien, si los incentivos de las empresas para desviarse de un cártel son bajos, el Programa de clemencia será menos efectivo, a lo que evidentemente hay que sumar aquellos incentivos para acudir a este programa aumentan cuando el

---

89 Comisión Nacional de los Mercados y la Competencia. (CNMC 2002): https://www.cnmc.es/ambitos-de-actuacion/competencia/programa-de-clemencia

90 El término «Programa de clemencia» no aparece en esos dos artículos, que se refieren respectivamente a la exención de pago y a la reducción de las sanciones. Los artículos 65 y 66 de la LDC fueron desarrollados en los correspondientes preceptos del Reglamento de Defensa de la Competencia, así como en la Comunicación sobre el programa de clemencia de la CNMC para la tramitación de las solicitudes de exención y reducción del importe de la multa sobre el importe de la sanción.

91 *Ibidem.*

cártel ya no es meramente estable, o el acuerdo ha acabado o está cerca de romperse. Por ello, es necesario complementar estos programas con otros métodos de detección.

De manera formal, el Programa de clemencia entra en funcionamiento en España a partir de febrero de 2008 y, contrario a otros países, inmediatamente se presentaron solicitudes. La resolución 10/12/2009, S/0085/08, sobre el caso Dentríficos, fue la primera, aunque no hubo clemencia porque la infracción resultó declarada prescrita.

Sin embargo, mediante la Resolución de 21/01/2010, S/0084/08, en torno a Fabricantes de gel, constituyó la primera vez que la autoridad de Competencia resuelve un caso otorgando clemencia, es decir, prácticamente un (1) año después de conocer el primer expediente expuesto anteriormente.

La Memoria de la CNMC de 2017, evidencia que este programa se ha mostrado como un instrumento muy eficaz en la lucha contra los carteles, ya que facilita su detección y terminación, y al desincentivar la formación de nuevos cárteles. Entre 2010 (fecha en que se resolvió el primer expediente sancionador aplicando este programa) y 2017 se recibieron cuarenta y cinco (45) solicitudes de clemencia, y ha sido gracias a ellas que se han desmantelado y sancionado 27 cárteles.

Aunque la cifra puede variar ligeramente según el periodo considerado y los criterios de selección de los expedientes, afirma la CNMC que el Programa de clemencia ha sido el instrumento que ha permitido detectar en torno al 40 % de los cárteles desmantelados por la autoridad española de Competencia.

Asimismo, se debe agregar que el Programa de clemencia establecido en la LDC, surge en el modelo comunitario contenido en la Comunicación de la Comisión Europea (CE) relativa a la dispensa del pago de las multas y la reducción de su importe en casos de cártel (Comunicación de Clemencia de la Comisión Europea)[92], así como en el Modelo de Programa de Clemencia de la Red de Autoridades de Competencia[93].

En ese sentido, la Disposición Adicional Tercera de la Ley 15/2007, establece que la Comisión Nacional de Competencia (CNC) podrá publicar Comunicaciones para aclarar los principios que guían su actuación en aplicación de dicha Ley. En cuanto a las Comunicaciones que se refieran a los artículos 1, 2 y 3 de la LDC, será escuchado el Consejo de Defensa de la Competencia, en el que están representadas, entre otras, las autoridades de Competencia de las Comunidades Autónomas.

---

92 Publicada en el DOUE C 298/17, de 8 de diciembre de 2006.

93 Este Modelo de Programa fue modificado en noviembre de 2012, siendo oportuno reflejar esta actualización en la presente Comunicación, teniendo en cuenta que la CNC es la Autoridad Nacional de Competencia a los efectos del Reglamento (CE) no. 1/2003 del Consejo, de 16 de diciembre de 2002 (Disposición Adicional Quinta de la LDC).

En ese mismo orden, según dicha Comunicación, el ámbito y objetivo de aplicación del Programa de clemencia procuró facilitar la detección de carteles o avanzar en la investigación de aquellos ya detectados, apoyando la actividad investigadora de la CNC y su capacidad para acreditar, de acuerdo con el nivel de prueba requerido legalmente, los hechos y conductas investigados.

Por lo tanto, sólo las empresas o las personas físicas que colaboraran voluntariamente con la CNC contribuyendo de manera determinante al esclarecimiento de los hechos y a desencadenar o avanzar en la investigación relativa a un cartel pudieran beneficiarse del Programa de clemencia.

Consideró también, que con la aplicación y difusión del Programa de clemencia se potencia la eficacia del propio programa para detectar y desarticular carteles y, en última instancia, para disuadir de la comisión de este tipo de prácticas.

En cuanto a los cárteles, estos consisten en conductas colusorias entre competidores, reales o potenciales, prohibidas por el artículo 1 de la LDC y tipificadas como infracciones muy graves, de acuerdo con el artículo 62.4 de la LDC. El apartado 2 de dicha Disposición Adicional Cuarta de la LDC incidió, además, en su carácter secreto y en que se trata de conductas con un objeto anticompetitivo.

En consecuencia, la citada Comunicación se aplicó a las solicitudes de clemencia de empresas y personas físicas responsables[94] de infracciones no prescritas del artículo 1 de la LDC y, en su caso, del artículo 101 del Tratado de Funcionamiento de la Unión Europea (TFUE), cuando la infracción consista en coordinar su comportamiento en el mercado o influir en los parámetros de Competencia a través de conductas tales como la fijación, directa o indirecta, de precios, de otras condiciones comerciales o de servicio, de cuotas de producción o de venta, los intercambios de información sobre precios a aplicar o cantidades proyectadas; el reparto de mercados, incluidas las pujas fraudulentas, la restricción de las importaciones o las exportaciones o los boicots colectivos, todas ellas comprendidas en el concepto de cartel[95].

---

94 De acuerdo con lo establecido en los artículos 61 y 63 de la LDC.

95 Incluidas, por ejemplo, conductas tales como la coordinación de la cuantía, proporción, circunstancias o momento en que se llevan a cabo incrementos de precios, coordinar cambios de formato o volumen que lleven aparejado la fijación de un precio (Resolución de la CNC de 21 de enero de 2110 Expte. S/0084/08 Fabricantes de gel); la coordinación de los puestos por los que se opta en una puja, cuando cada puesto lleve aparejado un nivel de precios o de volumen (Resoluciones de la CNC de 19 de octubre de 2011, Expte. S/0226/10, Licitaciones Carreteras; de 26 de octubre de 2011, Expte. S/0192/09, Asfaltos; de 12 de enero de 2012, Expte. S/0179/09, Hormigón y productos relacionados y de 2 de agosto de 2012, Expte. S/0297/10, Postensado y Geotecnia; de 8 de marzo de 2013, Expte. S/0329/11 Asfaltos Cantabria y de 25 de marzo de 2013, Expte. S/0316/10 Sobres de papel); intercambios de información sobre previsiones de precios y otros parámetros de competencia (Resoluciones de la CNC de 2 de marzo de 2011, Expte. S/0086/08 Peluquería Profesional y de 24 de junio de 2011, Expte. S/0185/09 Bombas de fluidos y de 19 de enero de 2012, Expte. S/0280/10

Respecto al beneficio de la exención o la reducción del importe de la multa a aquellos que presentaron la correspondiente solicitud de exención o de reducción del importe de la multa, así como a sus representantes legales o a las personas integrantes de sus órganos directivos que hayan intervenido en el cártel siempre y cuando hayan colaborado con la CNC.

Por otra parte, las Autoridades de Defensa de la Competencia pueden graduar la reducción de las sanciones o penas en función del grado de cooperación del delator, incluyendo en algunos casos la amnistía total.

Concretamente, el primero que presenta una solicitud de clemencia y hace los aportes de elementos probatorios que permitan ordenar una investigación que hasta el momento la CNMC no tuviera conocimiento, podrá obtener la exención total de la multa, tal cual se ha sostenido anteriormente[96].

Ahora bien, no es factible beneficiar de exención a quien haya tomado medidas coactivas para obligar a agentes económicos a participar en la práctica colusoria. No obstante, se condiciona al respeto del deber de cooperación máxima y buena fe de quienes solicitan también se someten a tres (3) principios: cooperación plena, continua y diligente con la CNMC en todo proceso de investigación.

También, deben poner fin al instante a su participación en el cartel, al menos que la CNMC considere lo opuesto y, bajo ninguna circunstancia, destrucción de pruebas ni mucho menos revelación de la petición de clemencia y su contenido a terceros ajenos a las autoridades de Competencia, tal cual sostiene el artículo 65.2, letras a), b) y c) de la LDC. La CNMC garantiza el anonimato del solicitante de clemencia, de forma tal que se extiende a la confidencialidad de la solicitud y de cualquier otra información presentada[97].

SUZUKI-HONDA)), como también se ha indicado tanto en la jurisprudencia nacional (Sentencias de la Audiencia Nacional de 25 y 26 de octubre y 15 y 28 de noviembre de 2012 y 4, 22, 24 y 31 de enero y 26 de febrero de 2013, en el ámbito del Expte. S/0226/10 Licitaciones Carreteras o las de 1, 4, 5 y 25 de febrero de 2013, en relación con el Expte. S/0185/09 Bombas de fluidos) como comunitaria (Sentencia del Tribunal de Justicia de la Unión Europea de 8 de julio de 1999, Comisión/Anic Partecipazioni, C 49/92 P, sentencia del Tribunal General de la Unión Europea de 16 de junio de 2011, Solvay/Comisión, T-186/06) y en las Directrices sobre la aplicación del artículo 101 del TFUE a los acuerdos de cooperación horizontal, así como en el Modelo de Programa de Clemencia.

96 En el marco del Curso de Habilitación para optar por el título de Doctor en Administración, Hacienda y Justicia (2021), Zulima Sánchez sostuvo que en materia de solicitud de procedimientos por denuncia la Ley incluyó en 2015 una serie de privilegios para la iniciación por denuncia de personas que hubieran también participado de la comisión de ciertas infracciones en el artículo 62.4. Se importa del sistema anglosajón la figura del delator o chivato. Se eximirá al delator del pago de la multa o del cumplimiento de la sanción en el caso de que sea el primero en aportar elementos de prueba que permitan iniciar el procedimiento. De no ser así se podrá reducir el importe del pago de la multa si se facilitan.

97 Expendiente S/0482/13, Fabricantes de automóviles, Resolución de 23 de julio de 2015, dicha empresa solicitante de clemencia obtuvo la exención de la multa impuesta de 39

Asimismo, en 2018 la misma autoridad de Competencia multó con 68 millones de euros a diez (10) empresas de paquetería y mensajería por repartirse clientes a partir de los denominados «pactos de no agresión», ya que acordaron no realizar ofertas comerciales a los clientes de sus competidores[98].

De hecho, de manera concreta se puede decir que desde principios de 2010 hasta 2018, hubo veintiocho (28) resoluciones de la autoridad española en torno a solicitudes de clemencia, es decir, una media de cuatro (4) resoluciones por cada año. Esto demuestra la efectividad del citado programa, por lo que ha resultado ser una gran conquista a favor de la lucha contra los actos contrarios a la Competencia.

La relevancia del Programa de clemencia se evidencia al comparar el antes y después de la Ley 15/2007, ya que de 1989 hasta 2009 solo se detectaron y sancionaron diez (10) carteles, contrario a los casi sesenta (60) carteles desde 2010 hasta 2018. Pese a que este tipo de programas no es la única forma de detección y prueba, lo cierto es que aproximadamente un cincuenta (50) % de los casos de carteles ha sido vía estos.

Asimismo, fue precisamente durante ese período que se concedió veintidós (22) exenciones totales de la multa, dentro de los que se encuentran: fabricantes de gel, Mensajería y paquetería empresarial, Envases hortofrutícolas, Postensado y geotecnia, Material de Archivo, Fabricantes de automóviles, Manipulado de papel, entre otros.

Mientras que, en otros muchos asuntos las solicitudes de exenciones se han rechazado, sobre todo, en aquellos que la investigación estaba en curso y se habían hecho inspecciones, dejando la autoridad de Competencia abierta la posibilidad de reducción, siempre y cuando las condiciones se conjugaban. Si la entidad de Competencia no aprecia el deber de cooperación y buena fe, no se concede exención ni total ni parcial, además de reducción.

Por lo tanto, participar en un cartel es una infracción muy grave, ya que perjudica a los consumidores. La multa podría elevarse hasta el diez (10) % del volumen de negocios total de la empresa infractora en el ejercicio inmediatamente anterior al de imposición de la medida. Incluso, un asunto que resulta ser muy positivo y que busca repartir responsabilidades individuales, es lo concerniente a que los directivos también pueden ser sancionados con multas hasta sesenta (60) mil euros.

---

millones de euros. En El cartel de los sobres de papel (expediente S/0316/10, Resolución 25 de marzo de 2013, la primera empresa en solicitar reducción del 40 %, lo que significó un ahorro de casi 4 millones de euros, mientras que la segunda, el 30 %, es decir de 14 millones de euros que debió pagar, solo efectuó 10 millones.

98 La CNMC multó a **diez compañías** de mensajería y paquetería empresarial: Correos Express (19,6 millones de euros), UPS (19,2 millones), TNT (16,2 millones), DHL (5 millones), GLS (3,8 millones), Tourline (3,1 millones), Redyser (2,1 millones), Fedex (1,8 millones), ICS (773.314) y MBE (690.400).

Es importante señalar que, el contenido de estos programas varía en función del régimen jurídico al que está sujeta la conducta colusoria. En países como Estados Unidos o Canadá, estas conductas son consideradas delitos penales susceptibles de ser castigados con cárcel, mientras que en otras jurisdicciones se consideran infracciones administrativas y por tanto objeto de sanción.

En fin, aunque en la práctica es recurrente solicitar exención y de manera subsidiaria reducción, es relevante resaltar que el hecho de que se conceda la clemencia no quiere decir que es un blindaje ante posteriores reclamos de indemnizaciones por daños y perjuicios sufridos como resultado de prácticas colusorias. Es por ello que, al conceder la sanción al cartel se pueden facilitar reclamaciones de daños.

Las reducciones van desde un veinte (20) hasta un cincuenta (50) % y se otorgarán a quien proporcione elementos probatorios que añadan valor adicional a los que ya contemple la CNMC.

2.4.1. Programa de clemencia de la División Antimonopolio de USA

Resulta ser la herramienta de investigación más relevante para detectar la actividad de los carteles[99]. Las corporaciones y las personas que informan sobre su actividad de cartel y cooperan en la investigación de la División del mismo pueden evitar condenas penales, multas y sentencias de prisión si cumplen con los requisitos del programa.

En ese tenor, el primer conspirador corporativo o individual que confiesa su participación en un delito antimonopolio, y que coopere plenamente con la División, recibe indulgencia por el delito antimonopolio denunciado. Esto ya sucede en la mayoría de jurisdicciones. En España, por ejemplo, suele denominarse «chivato».

Además, la clemencia está disponible para las corporaciones antes o después de que haya comenzado una investigación. La Política de Clemencia Corporativa incluye dos tipos: Tipo A y Tipo B. La primera (Tipo A) está disponible solo antes de que la División haya recibido información sobre la actividad que se informa de cualquier fuente, mientras que la segunda (Tipo B), está disponible incluso después de que la División haya recibido información sobre la actividad.

No obstante, en algunos casos, la evidencia desarrollada dentro del contexto de investigaciones separadas ha brindado base suficiente para los casos antimonopolio. Esto ha llevado a la División a adoptar un enfoque proactivo para atraer solicitudes de clemencia al alentar a los sujetos y objetivos de las

99 DOJ, Programa de Clemencia https://www.justice.gov/atr/leniency-program

investigaciones a considerar si pueden calificar para la clemencia en otros mercados en los que compiten, esto generalmente se denomina *leniency Plus*[100].

2.4.1.1. Denunciantes

En 2019, Estados unidos promulgó la *Ley Antimonopolio Anti represalias Penales* (CAARA, por sus siglas en inglés), la cual provee protección legal a los empleados que denuncian violaciones antimonopolio penales al prohibir que los patronos adopten medidas punitivas contra los denunciantes por colaborar con las autoridades para sancionar estas infracciones y ayudar en una investigación del Gobierno federal sobre una infracción penal antimonopolio. La ley brinda protección a los empleados, contratistas, subcontratistas y agentes del empleador.

2.4.1.2. Herramientas forenses digitales

Resulta novedoso, lo relativo a la informática forense, la cual es una disciplina que exige una base legal para recolectar evidencia digital y la capacidad técnica para realizar inspecciones digitales. Estados Unidos ha estado activo en tales actividades y con este fin ha publicado una guía titulada «Examen forense de evidencia digital: una guía para el cumplimiento de la ley», que establece los requisitos previos y las actividades relacionadas con el uso de la recopilación digital de información[101].

En este orden, en el caso dominicano, se conoce que la Dirección Ejecutiva de Procompetencia ha solicitado colaboración a nivel internacional, a los fines de poder contar con un laboratorio forense en este sentido. USAID y la Unión Europea han mostrado disposición en ayudar. Se espera que sea una realidad en el futuro cercano.

2.4.1.3. Grupos de trabajos especiales

En 2019, El DOJ lanzó el denominado «Equipo de Ataque de Colusión de Adquisiciones» (PCSF, por sus siglas en inglés), una respuesta nacional coordinada para combatir las violaciones antimonopolio y esquemas relacionados en la contratación pública.

---

100 Ver: https://www.justice.gov/atr/page/file/926521/download

101 Consulte, Examen forense de evidencia digital: una guía para el cumplimiento de la ley <https://www.ojp.gov/pdffiles1/nij/199408.pdf>. Véase, también para más detalles, OCDE, PODERES DE Investigación en la práctica - Sesión de grupo 1: Inspecciones no anunciadas en la era digital (2018) https://one.oecd.org/document/DAF/COMP/GF(2018)7/es/pdf

Se trata de una asociación interinstitucional que se dedica a disuadir, detectar, investigar y enjuiciar los delitos antimonopolio y esquemas relacionados que tienen como objetivo la contratación pública, las subvenciones y la financiación de programas en todos los niveles de gobierno (federal, estatal y local). Está compuesta por la División Antimonopolio del Departamento de Justicia, varias Oficinas de Fiscales Federales en todo el país, el FBI y los Inspectores Generales de varias agencias federales[102].

2.4.1.4. Vínculo con los reguladores sectoriales

Es menester plantear que, ha evolucionado considerablemente el vínculo entre los reguladores sectoriales de EE. UU. y las agencias antimonopolio, sobre todo, durante los últimos 30 años. Esto, a medida que ha aumentado la comprensión de la economía de la regulación, los órganos sectoriales federales, especialmente en el área de energía y telecomunicaciones, pues han adoptado cada vez más los objetivos de la política de Competencia y procuran compartir un conjunto de objetivos comunes de medidas con las autoridades antimonopolio.

Por lo que, si bien aún difieren algunos reguladores, la verdad es que las agencias de Competencia y los reguladores sectoriales se coordinan y cooperan cada vez más entre sí, compartiendo experiencia en la industria y el mercado.

En definitiva, la Ley federal antimonopolio de Estados Unidos trata los efectos competitivos de la conducta comercial en las industrias reguladas en una de tres (3) maneras: En primer lugar, en ciertos casos limitados, la conducta está legalmente exenta de las leyes antimonopolio. Por ejemplo, lo que sucede en el negocio de seguros, el cual está exento bajo la *Ley McCarran-Ferguson*. La inmunidad antimonopolio también puede estar implícita cuando existe una «clara repugnancia entre las leyes antimonopolio y el sistema regulatorio»[103].

En segundo lugar, lo concerniente a buscar cuál agencia evaluará algunos tipos de conducta. Los recursos destinados a proteger la Competencia o sancionar conductas anticompetitivas pueden ser buscados por las agencias de Competencia, mientras que las políticas diseñadas para proteger a los consumidores de monopolios regulados pueden ser implementadas por los reguladores sectoriales.

Y, en tercer lugar, hay conductas sobre las cuales las agencias antimonopolio y el regulador específico de la industria existe jurisdicción concurrente

102 Departamento de Justicia de EE. UU., Fuerza de Ataque de Colusión de Adquisiciones https://www.justice.gov/procurement-collusion-strike-force

103 United States v. Nat'l Ass'n of Securities Dealers, Inc., 422 US 694, 719 (1975).

o compartida, sobre todo, en cuanto a fusiones y adquisiciones, lo mismo que en algunas situaciones diferentes a las fusiones[104].

2.5. Regulación de la Competencia a nivel internacional

Un antecedente relevante constituye «La Carta de creación de la Organización Internacional del Comercio de 1946 (OIC)», que tuvo un capítulo especial dedicado a las prácticas comerciales restrictivas con fundamento de institucionalidad y sanciones internacionales como instrumentos correctivos[105].

Asimismo, ese acuerdo internacional nunca entró en vigor y la OIC fue sustituida por una legislación más flexible: el GATT, de 1947. Años después, de conformidad con la decisión 34/447 de la Asamblea General de 19 de diciembre de 1979, la Conferencia de la UNCTAD se reunió en el mes de abril de 1980 en Gaineb.

Una vez concluidos sus trabajos, la Conferencia de las Naciones Unidas sobre Prácticas Comerciales Restrictivas adoptó una resolución con la que aprobó el Conjunto de principios y normas equitativas convenidas multilateralmente para el control de las prácticas comerciales restrictivas, en la que acordó y transmitió esas disposiciones a la Asamblea General en su trigésimo quinto período de sesiones para que lo aprobara como resolución.

En ese tenor, la Asamblea General aprobó mediante resolución 35/63 de diciembre de 1980, el citado Conjunto de principios y normas, con la finalidad de asumir el control de las prácticas comerciales restrictivas adoptado por la Conferencia de las Naciones Unidas sobre Prácticas Comerciales Restrictivas. Desde la aprobación del Conjunto en 1980 se han celebrado con los auspicios de la UNCTAD, varias conferencias encargadas de examinar todos los aspectos de dichas disposiciones.

Asimismo, la Cuarta Conferencia de Examen efectuada del 25 hasta el 29 de septiembre del año 2000, votó la resolución (TD/RBP/CONF.5/15, de 4 de octubre de 2000) con la que, entre otras cosas, reafirma la validez del Conjunto de principios y normas equitativos convenidos multilateralmente «para el control de las prácticas comerciales restrictivas de las Naciones Unidas y recomienda a la Asamblea General que dé al Conjunto, con fines de referen-

104 OCDE. (2021). *Cuarta reunión anual del Foro Latinoamericano de Competencia, Creando relaciones constructivas entre la política de competencia y los reguladores sectoriales, Presentación de los Estados Unidos*: https://www.oecd.org/daf/competition/prosecutionandlawenforcement/38835983.pdf

105 Conferencia de las Naciones unidas sobre Comercio y Empleo, acta final y documentos conexos, e/conf.2/ 78, La Habana, Cuba, 21 de noviembre de 1947, 24 de marzo de 1948. También conocida como Carta de la Habana.

cia, el subtítulo de "Conjunto de Principios y Normas sobre Competencia de las Naciones Unidas", y pide a todos los Estados miembros que apliquen las disposiciones del Conjunto».

También, procura alcanzar una mayor eficiencia en el comercio internacional y el desarrollo, especialmente de los países en desarrollo, con arreglo a los objetivos nacionales de desarrollo económico y social, así como a las estructuras económicas existentes, por ejemplo, mediante: a) La creación, el fomento y la protección de la Competencia; b) El control de la concentración del capital o del poder económico, o de ambas cosas; c) El fomento de las innovaciones.

Además, proteger y promover el bienestar social en general y, en particular, los intereses de los consumidores, tanto en los países desarrollados como en los países en desarrollo.

Se hace preciso señalar, que los numerales 4 y 5 contenidos en los objetivos formulan le necesidad de eliminar las desventajas que para el comercio y el desarrollo puedan entrañar las prácticas comerciales restrictivas de las empresas transnacionales o de otras empresas y contribuir así a maximizar las ventajas para el comercio internacional y, en particular, para el comercio y el desarrollo de los países en desarrollo.

Es menester indicar que, el concepto de mercado relevante, así como los instrumentos que se utilizan para definirlo, jurídicamente en términos conceptuales se encuentra indeterminado, aunque se admite que es de vital importancia en la lucha contra los acuerdos colusorios, el abuso de posición de dominio, y en el control de concentraciones, especialmente en los dos últimos casos.

En ese sentido, es importante señalar que, en materia de Defensa de la Competencia, la definición del mercado relevante es crucial para calcular las medidas de concentración adecuadas, identificar los principales competidores y las restricciones competitivas primordiales y, analizar, así como evaluar el poder de mercado[106].

Ahora bien, la CNMC plantea que, el mercado relevante del operador analizado se define:

> ...determinando la sustituibilidad de su producto (bajo su definición más estrecha posible) respecto de los productos de otros operadores. Así, si un ligero aumento en el precio de un producto hace que un número considerable de consumidores decidan consumir otro distinto, esto será indicativo de que ambos forman parte del mismo mercado relevante[107].

---

106 Escuela Iberoamericana de la Comisión Nacional de los Mercados y la Competencia (CNMC). (2018). *Introducción a la Defensa de la Competencia.* 12.ª Edición.

107 *Ibidem.*

2.6. Derecho de la UE y otros ordenamientos jurídicos relevantes

En Europa, el nuevo Derecho de la Competencia surge a mediados del siglo XX, luego de la Segunda Guerra Mundial. Es a partir del Tratado de Roma de 1957, cuando se inicia la integración económica del continente y, por lo tanto, despierta el interés por tener una legislación de protección de la Competencia aplicable a toda la Comunidad Europea, vigente actualmente en el Tratado de Funcionamiento de la Unión Europea.

Terol Gómez, plantea que:

> «...el papel de la UE en el funcionamiento de los mercados ha sido y es absolutamente crucial porque, desde el principio, las Comunidades Europeas eran, esencialmente unas comunidades de carácter económico y, por tanto, el eje de la política que proyecta la política europea era económica»[108].

Asimismo, el Tratado de Roma firmado en el año de 1957, fue un aporte de gran importancia, ya que sus artículos 85 y 86 contienen las normas fundamentales del Derecho de la Competencia, (prácticas colusorias prohibidas el primero y el abuso de posición de dominio el segundo) en base de los cuales se ha desarrollado el Derecho Comunitario de corrección del tráfico económico y que ha servido de base para la armonización de las normas en esta materia a nivel europeo y un ejemplo a nivel mundial.

De hecho, empezó a fraguarse en el ámbito europeo la necesidad de afrontar el análisis de los diferentes sistemas de organización económica sobre los que sustentar y alentar la actividad empresarial y, entre todos ellos, determinar cuál sería el rol que le correspondería jugar a la Competencia con el objetivo de generar un ambiente propicio en el que, una economía de mercado fuese posible avanzar técnica y tecnológicamente, así como fomentar el progreso social[109].

Bercovitz Rodríguez-Cano establece que, «de aproximar el foco de atención hacia nuestro ámbito interno, cabe advertir que los cimientos que respaldan la formación de la competencia económica todavía se vislumbran más frágiles y desalentadores, toda vez que en nuestro ordenamiento jurídico el fenómeno de la competencia económica se ha visto preso de una "normatividad tardía" en comparación con otros Estados de la Unión Europea»[110].

---

108 Terol Gómez, R. (2023). *Competencia y derecho administrativo. Op. Cit.* 37

109 Jiménez Cardona, N. (2021). *La dimensión constitucional del Derecho de la Competencia.* (1.ª ed.) Europa. Juruá Editorial.

110 Bercovitz Rodríguez-Cano, A. (1975). «La formación del Derecho de la Competencia», en *Actas de Derecho Industrial y Derecho de Autor.* Tomo II, Montecorvo, Madrid. Págs. 70-72.

Así lo afirma también Jiménez Cardona[111], quien considera que la normativa española protectora de la Competencia presenta unos orígenes relativamente recientes en comparación con otros ámbitos normativos propios del Derecho Mercantil que pueden parecer cercanos. Sobre todo, comparando que, se ha sostenido que la aparición de la Competencia tuvo lugar entrando el siglo XII donde inicia el desarrollo de la actividad económica con ánimo comercial.

En ese sentido, la primera legislación española en la materia fue la Ley 110/1963, de 20 de julio, de Prácticas Restrictivas de la Competencia (LPRC). Pese a que esta norma pretendió ofrecer una visión integradora y completa del ámbito de la Competencia, no incorporó regulación alguna en materia de concentraciones económicas ni concesión de ayudas públicas[112].

Tal y como se ha dicho, esas limitaciones han permitido ver la LPRC como una norma represora, puesto que su visión cortoplacista o limitada que mantuvo sobre figuras contempladas en su cuerpo legal, solo se enfocó en labores de detección y persecución pública, no así medidas destinadas a fomentar y mantener un efectivo estado de competencia[113].

Es relevante señalar, que la LPRC respondió a fallas del mercado interno de esa época y a la baja participación de las empresas privadas en el ámbito económico, por lo que, en su propia exposición de motivos planteó que «la nueva orientación económica del Gobierno cuya primera manifestación legislativa de largo alcance es la ley de que nos ocupamos», como una manera de justificar perseguir la existencia de cualquier práctica monopolística mediante la imposición de elevadas sanciones de carácter económico, lo que significó un cambio trascendental, pues esas actividades solo eran consideradas en el marco de los estudios económicos.

También, en el ámbito de la Unión Europea, un gran logro fue la aprobación, hace ya varios años, de la Directiva 2006/123/CE del Parlamento Europeo y del Consejo, de 12 de diciembre de 2006[114], sobre los servicios en el mercado interior. Su objetivo primordial era eliminar los obstáculos que se oponían a dos de las libertades fundamentales del Tratado de Funcionamiento de la Unión Europea (TFUE): la libertad de establecimiento y la libre circulación de servicios.

La norma procuró brindar la seguridad jurídica necesaria para el ejercicio efectivo de dichas libertades, partiendo de la premisa de que la supresión de

111 *Ibidem.*

112 Bercovitz Rodríguez-Cano, A. *Op. Cit.* Págs. 70-72

113 Alonso Soto, R. (2006). «Derecho de la competencia (II). La defensa de la libre competencia en España» en *Curso de Derecho Mercantil* (coordinado por Aurelio Menéndez y Rodrigo Uría), tomo I, Civitas Ediciones.

114 Diario Oficial de la Unión Europea: https://www.boe.es/doue/2006/376/L00036-00068.pdf

los potenciales obstáculos no podía hacerse únicamente mediante la aplicación directa de los preceptos del Tratado, sino, a través de un proceso de coordinación y evaluación previa de las legislaciones nacionales[115].

Es preciso decir que, la Comisión Europea ha mantenido tradicionalmente una especial sensibilidad respecto a la mejora regulatoria. En los últimos veinte años, la Comisión ha apostado por la elaboración de orientaciones de naturaleza no normativa, como la Comunicación de 5 de junio de 2002, que contiene el plan de acción *«Simplificar y mejorar el marco regulatorio»* y la Comunicación de 19 de mayo de 2015, titulada *«Legislar mejor para obtener mejores resultados»*, sin olvidar otros documentos de trabajo de uso interno[116].

Así también, en un documento titulado *«Legislar mejor haciendo balance y reafirmando nuestro compromiso»*, la Comisión Europea señala que: «Legislar mejor supone profesionalizar todos los aspectos de la elaboración de nuestras políticas [...] consiste en legislar cuando sea necesario para alcanzar los objetivos compartidos [...] No se trata de una agenda desreguladora oculta. La mejora de la regulación consiste también en estudiar maneras alternativas de conseguir resultados, ya que la legislación no debería ser nunca un fin en sí mismo».

En otro orden, las normas internacionales más conocidas para la definición del mercado relevante son: «la Comunicación de la Comisión relativa a la definición de mercado de referencia a efectos de normativa comunitaria en materia de Competencia», publicada por la Comisión Europea, el 9 de diciembre de 1997, en el Diario Oficial de las Comunidades Europeas y, constituye la primera norma a nivel europeo, así como la principal referencia, para la definición del mercado relevante, en todos los asuntos en materia de Defensa de la Competencia, analizados, no solo por la Comisión, sino también, por los Estados miembros en la aplicación de su normativa nacional de competencia. Pese al tiempo transcurrido, el peso de la Comunicación es tal, que sigue siendo el referente básico en la definición del mercado relevante.

Dando continuidad a la otra norma más importante a nivel internacional en materia de mercado relevante, se encuentran las «Directrices sobre la evaluación de las concentraciones horizontales con arreglo al Reglamento del Consejo sobre el control de las concentraciones entre empresas (2004/C 31/03)».

Asimismo, *Las «Horizontal Merger Guidelines» del U.S. Department of Justice and Federal Trade Commission, publicadas en 1992 y revisadas en abril de 1997.* El documento recoge el método de análisis del mercado y establece

115 World Bank's worldwide governance and doing business indicators (2019 a y 2019 b).

116 Destaca en este punto igualmente las *Better regulation guidelines* y todos los documentos conocidos como el *better regulation toolbox*: https://ec.europa.eu/info/law/law-making-process/planning-and-proposing-law/better- regulation-why-and-how/better-regulation-guidelines-and-toolbox_en

estándares específicos para el análisis de fusiones por parte de las autoridades norteamericanas de Competencia.

En fin, cabe resaltar lo que señala Bercovitz Rodríguez Cano, en torno a que la normativa *antitrust* vigente en España incluye también la regulación que existe sobre esta materia en la Unión Europea, puesto que esa regulación es directamente aplicable en España, al igual que en los restantes Estados miembros de la Unión[117].

2.6.1. Comisión Europea (CE)

Las facultades de la Comisión Europea (CE) se sitúan en distintos planos y tienen, por tanto, un alcance también diferenciado; por un lado, las medidas de constatación y cese de la infracción y, por el otro, las medidas cautelares.

En cuanto a las primeras, hace referencia a éstas el artículo 7 del Reglamento 1/2003[118], cuando señala que cuando la Comisión, de oficio o previa denuncia de parte, constate la existencia de una infracción de los artículos 81 u 82 del Tratado, podrá ordenar mediante decisión a las empresas y asociaciones de empresas involucradas que pongan fin a la infracción constatada. A tal efecto, podrá imponerles cualquier remedio estructural o de comportamiento que sea proporcionado y sea necesario para producir el cese efectivo de la misma.

Asimismo, indica que «estarán facultadas para formular denuncias a efectos del apartado 1, las personas físicas o jurídicas que acrediten un interés legítimo y los Estados miembros»[119].

Ahora bien, en torno a las segundas, corresponde el artículo 8 del Reglamento 1/2003, el cual indica que «en caso de urgencia justificada por el riesgo de que se produzca un perjuicio grave e irreparable a la competencia, la Comisión, actuando de oficio, podrá adoptar medidas cautelares mediante decisión sobre la base de la declaración de la existencia prima facie de una infracción».

No obstante, en su segundo apartado, sostiene que «toda decisión adoptada en aplicación del apartado 1 será aplicable durante un período determinado y será renovable, siempre que sea necesario y adecuado».

---

117 Bercovitz Rodríguez-Cano, A. *Op. Cit.* Pág. 285

118 Reglamento (CE) No 1/2003 del Consejo de 16 de diciembre de 2002, relativo a la aplicación de las normas sobre competencia previstas en los artículos 81 y 82 del Tratado, publicado en el Diario Oficial de las Comunidades Europeas.

119 Comunicación 2008/C, 167/01 de la Comisión, sobre el desarrollo de los procedimientos de transacción con vistas a la adopción de decisiones con arreglo a los artículos 7 y 23 del Reglamento (CE) 1/2003 del Consejo en casos de cártel (DOUE-C 2 julio 2008).

2.6.2. Cooperación entre la CE y autoridades de Competencia de los Estados miembros

La regulación se contempla en el artículo 11 del Reglamento 1/2003 cuando establece ciertas reglas, partiendo de que la Comisión y las autoridades de Competencia de los Estados miembros aplicarán las normas de Competencia comunitarias en estrecha colaboración, la trasmisión de ésta a las autoridades de Competencia de los Estados miembros copias de los documentos más relevantes, la actuación de dichos Estados en virtud de los artículos 81 y 82 del Tratado, en otros.

Ahora bien, en cuanto al intercambio de información, su regulación está contenida en el artículo 12 del Reglamento 1/2003, y se articula sobre la base de reglas que parte desde las facultades para procurarse entre sí y utilizar como medio de prueba todo elemento de hecho o de derecho, incluida la información confidencial, esto en relación con los artículos 81 y 82 del Tratado.

Es importante resaltar, el tratamiento de la información intercambiada. Al respecto, dicho artículo 12 sostiene que la información intercambiada sólo se utilizará como medio de prueba a efectos de la aplicación del artículo 81 u 82 del Tratado y respetando la finalidad para la cual fue recopilada por la autoridad remitente.

Sin embargo, establece que cuando se aplique el Derecho nacional de la Competencia al mismo asunto y paralelamente con el Derecho de la Competencia comunitario y ello no conduzca a un resultado diferente, la información intercambiada con arreglo al presente artículo podrá también ser utilizada para la aplicación del Derecho nacional de la Competencia.

2.6.3. El TFUE (DOUE núm. 83, de 30 de marzo de 2010)

Parenti, considera que las normas sobre Competencia de la Unión tienen como objetivo fundamental garantizar el buen funcionamiento del mercado interior. La Competencia efectiva permite a las empresas competir en igualdad de condiciones en distintos Estados miembros, al tiempo que hace que estas se vean empujadas a esforzarse incesantemente por ofrecer a los consumidores, en la medida de lo posible, los mejores productos a los mejores precios[120].

En tal sentido, su base jurídica se encuentra en los artículos 101 a 109 del Tratado de Funcionamiento de la Unión Europea (TFUE), así como el Protocolo (núm. 27) sobre mercado interior y Competencia, que aclaran que un sistema de Competencia no falseada es parte integrante del mercado interior tal como

120 Parlamento europeo. (2022, 26 de octubre). Europarl: https://www.europarl.europa.eu/ftu/pdf/es/FTU_2.6.12.pdf

se define en el artículo 3, apartado 3, del Tratado de la Unión Europea; el Reglamento comunitario de concentraciones «Reglamento (CE) núm. 139/2004 del Consejo» y sus normas de desarrollo «Reglamento (CE) núm. 802/2004 de la Comisión»; los artículos 37, 106 y 345 del TFUE para las empresas públicas y los artículos 14, 59, 93, 106, 107, 108 y 114 del TFUE para los servicios públicos, los servicios de interés general y los servicios de interés económico general; el Protocolo (núm. 26) sobre los servicios de interés general, y el artículo 36 de la Carta de los Derechos Fundamentales de la Unión Europea.

Ruíz, considera que el Tratado constitutivo de la Comunidad Europea desde sus orígenes ha contenido referencias de Competencia y a las conductas que se consideraban podían afectar negativamente a la libertad de empresa[121]. El Título VIII del Tratado de Funcionamiento de la Unión Europea es el que regula y establece, en la actualidad, las determinaciones sobre la Competencia[122].

Asimismo, es relevante indicar que, uno de los elementos más característicos y representativos de la creación de la Comunidad Europea y de la actuación de la libertad de empresa es la preservación del mercado[123]. Es necesario, pues, hacer una breve exposición de las conductas cuando su actuación coincida con el ámbito de la actividad que controlan las autoridades comunitarias:

a) Acuerdos de empresas[124]

El artículo 101 del TFUE contiene la definición de dicha conducta, señalando que «serán incompatibles con el mercado interior y quedarán prohibidos todos los acuerdos entre empresas, las decisiones de asociaciones

121 Ruiz, C.E. «Bases económicas del derecho de la competencia». *Revista Contexto*, 2002.

122 Illiescas Ortiz. R y Robles Martín-Laborda. A. (2007). *Derecho europeo de la competencia: antitrust, control de concentraciones y procedimientos de aplicación, Pace*, L.F, Madrid. «El campo de aplicación del derecho de la competencia: los instrumentos jurídicos de aplicación». *Tratado de Derecho de la competencia*. Unión Europea y España. Beneyto. J.M. y Maillo. J Tomo I. 2017.

123 López Escudero, M. (2011). «La Unión Europea ante la crisis económica y financiera». *Revista de Derecho Comunitario Europeo*, núm. 39.

124 La Sentencia del Tribunal Supremo de 3 de diciembre de 2014 establece cual es el interés jurídico protegido que no son únicamente los usuarios sino también la conformación del mercado. En concreto, señala que «En este sentido, cabe poner de relieve que, según se desprende de la doctrina del Tribunal de Justicia de la Unión Europea, del artículo 81 de la Constitución Europea (en la actualidad artículo 101 TFUE) no se desprende en modo alguno que únicamente puedan tener un objeto contrario a la competencia los acuerdos que priven a los consumidores de determinadas ventajas, pues, por el contrario, el artículo que prohíbe las prácticas colusorias, al igual que las demás normas de competencia del Tratado, está dirigido a proteger no sólo los intereses directos de los competidores y de los consumidores, sino también la estructura del mercado, y, de este modo, la competencia en cuanto tal, por lo que la comprobación de que un acuerdo tiene un objeto contrario a la competencia no puede estar supeditada a que los consumidores finales se vean privados de las ventajas de una competencia efectiva en términos de abastecimiento o de precios...».

de empresas[125] y las prácticas concertadas que puedan afectar al comercio entre los Estados miembros y que tengan por objeto o efecto impedir, restringir o falsear el juego de la Competencia dentro del mercado interior»[126].

Respecto a este, el TJUE ha tratado de aclarar el alcance de la noción de restricción por objeto varias veces en la última década. De hecho, ha sostenido que para considerar un acuerdo restrictivo por objeto éste debe revelar **un grado suficiente de nocividad** para la competencia.

Agrega que, basta con que el acuerdo tenga el potencial de tener un impacto negativo en la Competencia; una afirmación que se acerca peligrosamente a la idea de que el **objeto** anticompetitivo de una conducta debe definirse sobre la base de sus **efectos.** Si se admitiera tal opinión, sería difícil trazar alguna diferencia práctica entre una restricción de la Competencia por objeto y una restricción de la Competencia por efecto[127].

b) Abuso de la posición de dominio (artículo 102, antiguo 82)

En palabras de Olmeda, este es el segundo concepto que regula el Derecho Comunitario que, ciertamente, «lo que trata de resaltar es el comportamiento de un tipo específico de operador económico que se caracteriza por su posición en el mercado que identificamos con una posición que le puede permitir abusar de su dominio en contra de las reglas operativas comunes que delimita el derecho de la competencia»[128].

---

125 En relación con el concepto de empresa, la Sentencia del Tribunal de Justicia de la Unión Europea de 10 de abril de 2014 recuerda que «...Según reiterada jurisprudencia, el concepto de empresa abarca cualquier entidad que ejerza una actividad económica, con independencia del estatuto jurídico de dicha entidad y de su modo de financiación. Debe entenderse ese concepto en el sentido de que designa una unidad económica aunque, desde el punto de vista jurídico, esta unidad económica esté constituida por varias personas físicas o jurídicas (véase, en particular, la sentencia de 19 de julio de 2012, Alliance One International y Standard Commercial Tobacco/Comisión, C-628/10 P y C-14/11 P, apartado 42 y jurisprudencia citada) ...».

126 La Sentencia del Tribunal de Justicia de la Unión Europea de 28 de febrero de 2013 precisa las características que deben cumplirse para entender incluido en el ámbito de la prohibición y recalca que «...A este respecto, es jurisprudencia reiterada que para que una decisión, un acuerdo o una práctica puedan afectar al comercio entre los Estados miembros debe poderse presumir con un grado de probabilidad suficiente, con arreglo a una serie de elementos objetivos de hecho o de Derecho, que ejercen una influencia directa o indirecta, actual o potencial, en las corrientes de intercambios entre los Estados miembros, de tal modo que haga temer que podrían obstaculizar la realización de un mercado único entre los Estados miembros Es necesario, además, que tal influencia no sea insignificante (véase, en particular, la sentencia de 23 de noviembre de 2006, Asnef-Equifax y Administración del Estado, C-238/05, Rec. p. I-11125, apartado 34 y jurisprudencia citada)...».

127 Respecto al artículo 101 del TFUE, https://almacendederecho.org/descifrando-el-articulo-101-del-tfue, tomado el 26 de octunre de 2022, 10:07 am.

128 Palomar Olmeda, A. *La evolución normativa de la Defensa de la Competencia en España. La incidencia del Derecho Comunitario. (2019). Op. Cit.*

Asimismo, establece que esta conducta también forma parte de la tradición regulatoria más consolidada en el tiempo y en sus manifestaciones más esenciales está caracterizada no por el efecto —afección a las reglas de mercado— sino a la posición de superioridad que en el mismo mercado tiene aquel que adopta las medidas. Esa posición del dominio sobre el mercado es, precisamente, la que trata de preservarse en el plano general y en la definición de conductas que, conocidamente, representan el abuso indicado[129].

c) Los instrumentos jurídicos (artículo 103, antiguo artículo 83)

La delimitación de conductas a la que se refieren los dos apartados anteriores se completa con la habilitación para que los órganos competentes de la Unión Europea puedan utilizar elementos normativos que concreten las conductas, delimiten su contenido y conformen, por tanto, una regulación detallada y ordenada.

En relación con los instrumentos jurídicos el artículo 103.1 del Tratado de Funcionamiento de la Unión Europea (TFUE), establece que el Consejo, a propuesta de la Comisión y previa consulta al Parlamento Europeo, adoptará los reglamentos o directivas apropiados para la aplicación de los principios enunciados en los artículos 101 y 102.

Ahora bien, la actividad comunitaria de segundo nivel es analizada en el apartado siguiente, aunque es importante observar que el Tratado habilita al Consejo a que su actividad se realice directamente en la aprobación del Reglamento o de Directivas en función.

d) Derechos especiales o exclusivos

Se configura como una de las cuestiones más controvertidas en la definición de las reglas de conducta de mercado, ya que conjuga el derecho de los operadores a ponerse de acuerdo en los términos de explotación de un producto siendo, precisamente, el plazo del acuerdo una de las obligaciones más características y, por tanto, más propias del marco obligacional que establecen las partes.

En ese sentido, los derechos de exclusiva poseen un efecto adicional como es el «cierre» del mercado a nuevos operadores o a operadores que no lograron el acuerdo inicial.

e) Ayudas estatales

Las ayudas de Estado o estatales se han convertido en un tema recurrente en la vida económica. De lo que se trata es de prohibir la participación de las Administraciones Públicas favoreciendo a un agente económico de forma

129 *Ibidem.*

que se puedan subvertir las reglas del mercado con el otorgamiento de una situación privilegiada que no se corresponda con el propio esfuerzo empresarial y su propia situación económica.

En ese sentido, Terol Gómez sostiene que «es clara la distorsión de la competencia en el mercado que supone librar tales ayudas públicas donde se establezcan, pues consisten en una traslación de fondos públicos a sujetos privados que operan en el mercado, con exclusión de otros»[130].

Es por ello que, la doctrina internacional critica con frecuencia aquellos Gobiernos que utilizan las ayudas estatales para fines meramente políticos, para crear privilegios a partir de exenciones, subsidios y otras formas de impactar temporalmente en sectores vulnerables de la sociedad.

En un documento denominado «Diseño de guía metodológica para evaluación de ayudas estatales y evaluación del caso de la Ley de Desarrollo fronterizo»[131], Procompetencia, respecto a la racionalidad de intervención estatal, sostiene que:

> 1-Una intervención estatal en el mercado resulta razonable si las imperfecciones del mismo generan resultados ineficientes o inequitativos. 2-Una forma de intervención son las denominadas ayudas estatales. 3-Sin embargo, las ayudas estatales pueden entrar en potencial conflicto con los objetivos de defensa de la competencia. 4-Esto hace necesario su regulación.

Asimismo, la referida Guía indica que, «a partir de la experiencia europea, se considera que una intervención del estado es una ayuda estatal si se cumplen cuatro (4) condiciones: debe constituir una transferencia de recursos estatales, ha de involucrar a una empresa o ente dedicado a actividad económica, sea pública o privada, ha de tener carácter selectivo, y ha de tener implicaciones negativas para la Competencia».

En ese mismo orden, plantea que la experiencia internacional (particularmente, la Unión Europea) ha establecido la denominada «prueba de balance», donde se procura conocer si la medida está orientada al bien común (corrección de fallas de mercado o búsqueda de equidad), el instrumento de política estatal está en correspondencia con el objetivo y, en particular, si genera un «efecto incentivador», que lleve a cambios de conducta en el beneficiario, los instrumentos son proporcionales al problema o si pudiera lograrse un igual resultado con menor inversión; y, los beneficios sobrepasan los efectos negativos sobre la Competencia.

No obstante, la Ley 42-08 de Defensa de la Competencia contempla en sus artículos 14 y 15, que Procompetencia podrá dirigir un informe público

---

130 *Vid.* TEROL GÓMEZ, R. *Competencia y Derecho administrativo,* cit., pp.

131 Ver: https://procompetencia.gob.do/atribuciones/promocion-de-la-competencia/ (Procompetencia 2022).

a la autoridad respectiva, sugiriendo la adopción de las medidas correctivas sobre los posibles efectos contrarios a la Competencia, de las leyes, reglamentos, ordenanzas, normas, resoluciones y demás actos jurídicos emanados de los poderes públicos.

También, que el Estado no adoptará ni mantendrá, respecto de las empresas públicas ni de aquellas a las que otorgare delegaciones por cualquier forma contractual, ninguna medida que pudiere crear injustificadamente barreras al mercado o que genere la posibilidad de competir deslealmente en el mercado.

Mientras que, el Reglamento 252-20 de aplicación de la Ley 42-08, a partir del artículo 13, contempla el procedimiento para la revisión de los actos jurídicos estatales y las ayudas estatales. Por su parte, el 14, contempla de manera detallada lo relativo a las atribuciones de Procompetencia en cuanto a abogacía.

f) Disposiciones fiscales

Respecto a este apartado, el artículo 110 (antiguo artículo 90 TCE) señala que, con carácter general, «...Ningún Estado miembro gravará directa o indirectamente los productos de los demás Estados miembros con tributos internos, cualquiera que sea su naturaleza, superiores a los que graven directa o indirectamente los productos nacionales similares».

Asimismo, indica que «ningún Estado miembro gravará los productos de los demás Estados miembros con tributos internos que puedan proteger indirectamente otras producciones...».

2.6.4. Evolución del Derecho de la Competencia a nivel internacional

Palomar Olmeda indica que, en todos los países en los que a lo largo del siglo XIX se consagró legalmente la libre competencia, fue evidente la necesidad de regular la defensa de esa libertad de competir, a través de leyes especiales que proveen de herramientas más eficaces que los suministrados por el derecho común[132].

Para la década del siglo XIX, el estudio del Derecho de la Competencia se mantenía a lo interno de los países. Es precisamente con el Tratado de Roma de 1957 que una nueva ola económica se destaca, siendo la primera vez que varios países acordaban mercados por bloques regionales.

Nihoul, sostiene que la Competencia «leal» es inspiración europea; en tanto que la visión económica ha sido principalmente desarrollada en Estados Unidos, aunque bien tiene una gran acogida en territorio europeo[133].

---

132 Palomar Olmeda, A. *Op. Cit. 22*

133 Nihoul, P. (2005). *Introducción al derecho de la competencia. (1.ª ed.) Colombia: Digiprint editores.*

A su entender, la Competencia leal dirigió las interacciones en Europa durante los años 60 a 80, pese a que esta fue sustituida progresivamente desde los 80, por otra visión, aunque la visión económica fue introducida en Europa desde el final de la Segunda Guerra Mundial en legislaciones de dichos territorios.

En ese mismo orden, países como Nueva Zelanda, Reino Unido y Australia continuaron promulgando legislaciones antimonopólicas, por lo que se interpreta como la época de expansión del *Derecho Antitrust.* También, otras naciones como Francia, Países Bajos, Noruega, Dinamarca y Suecia aprobaron normas de control a las prácticas restrictivas de la Competencia.

Así también, para 1970, países como Alemania, Austria, Bélgica, Dinamarca, España, Francia, Inglaterra, Irlanda, Italia, Noruega, Países Bajos, Portugal, Suecia, Suiza y comunitariamente la Comunidad Europea del Carbón y el Acero (CECA), así como la Comunidad Económica Europea (CEE), toda Europa Occidental, se encontraba reglamentada por sistemas de libre competencia, legislando en materia de Defensa de la Competencia.

Según Terol Gómez, el Derecho de la UE comienza a establecer sus reglas al margen del criterio o de la consideración subjetiva que pueda promover o propiciar cada uno de los Estados miembro. Un ejemplo de esta regulación de segunda generación son las primeras Directivas en materia de contratos públicos, que se caracterizaron por su deseo de establecer procedimientos que aseguraran la libre circulación de bienes y servicios al margen del concepto propio de Administración que pueda haber establecido cada país[134].

En la actualidad, los recursos son el principal reto que presentan las autoridades de Competencia. Se trata de presupuesto y personal, a los fines de poder desempeñar labores eficientes. Y, pese que OCDE considera que los recursos de las autoridades de Competencia de Latinoamerica y El Caribe aumentaron en el periodo 2015-2020, aun no es suficiente en comparación con otras jurisdicciones[135].

2.6.5. Escuelas en materia de Competencia

Ha quedado evidenciado a lo largo del contexto histórico, que el origen de la «Escuela norteamericana» es diferente a la europea, pese que tienen un fin similar que consiste en resguardar la Competencia. Por un lado, la Escuela norteamericana responde, a una especie de respuesta pública a un imponente poder privado, mientras que, la Escuela europea según Olaechea, surge como una reacción en rechazo a los controles gubernamentales sobre

134 Terol Gómez, R. (2023). *Competencia y Derecho Administrativo. Op. Cit.* 38

135 Ver:https://www.oecd.org/publications/tendencias-sobre-competencia-en-latinoamerica-y-el-caribe-2022-f19a5033-es.htm (OCDE 2022).

asuntos económicos internos consistentes en barreras y controles típicos de etapa feudal, aunque no necesariamente opuesta a la supresión de monopolios de carácter privado[136].

Agrega Olaechea, que la Escuela europea es el resultado de dos factores: la «Escuela de Friburgo» —surgió en Alemania durante los años 30— y la Segunda Guerra Mundial, esto porque esta última provocó que el sistema de libre competencia se vea muchas veces coactado por la intervención de los estados para preparación de maquinaria bélica[137].

La denominada «Escuela de Friburgo» o economía social de mercado es la que propugna el regreso a la economía de mercado como oposición a posturas intervencionistas. A su entender, el no intervencionismo no implica que el sistema debe ser dejado a su libre albedrío por parte de los poderes públicos, sino que, se precisa una vigilancia con el fin de que se mantengan las condiciones que permiten a las fuerzas del mercado un desenvolvimiento eficaz, con lo cual surge la necesidad de crear el marco legal para la existencia de auténticas condiciones de Competencia[138].

Además, añade que, tras la derrota de los alemanes, los aliados se propusieron suprimir las estructuras políticas y económicas del nazismo[139]. Obviamente, esta declaración trajo consigo la ley de ocupación americana sobre territorio alemán número 56, de prohibición de la concentración excesiva del poder económico alemán.

2.6.6. Derecho de la Competencia en América Latina

En América Latina, países como México, Argentina, Colombia, Chile y Brasil expidieron leyes en materia de Competencia desde la primera mitad del siglo XX, pero no es hasta la década de los 90, época de la apertura económica de la región, que se vuelve necesario garantizar las condiciones de comercialización y el interés de los gobiernos en promulgar leyes de Competencia y en darles cumplimiento.

136 Olaechea, J. (1988). «El surgimiento del derecho de la libre competencia y sus escuelas básicas (segunda parte)». *THEMIS, Revista de Derecho* (12). Pág. 40.

137 Galán Corona, E. (1977). *Prácticas restrictivas de la Competencia*. Editorial Montecorvo. De corte neoliberal, analiza diversos aspectos de la sociedad, entre éstos se encuentra la libertad de competencia. Sostenía que ésta sólo podía subsistir si se le protegía de su propia destrucción.

138 Véase *El surgimiento del derecho de la libre competencia y sus escuelas básicas (segunda parte)*, pág. 40.

139 Ver Punto 12, apartado B) de la Declaración de la Conferencia de Postdam señala el propósito de acabar con el sistema basado en el centralismo estatal y la excesiva concentración de poder económico, pues los consideraban instrumentos de preparación bélica.

En el caso de Venezuela, el primer texto dictado en la materia fue la Ley para Promover y proteger el ejercicio de la libre competencia (LPPLC) del 13 de enero de 1992. Esta legislación fue sustituida por la Ley Antimonopolio, aunque esta última conservó disposiciones básicas de prohibiciones de la LPPLC. La Ley Antimonopolio contempla la Defensa de la Competencia económica de acuerdo con la garantía de la libertad económica[140].

En ese orden, la Constitución venezolana de 1999, precisa en su artículo 113, la prohibición de monopolios, declarándolos contrarios a los principios fundamentales de esa Constitución cualquier acto, actividad, conducta o acuerdo de los y las particulares que tengan por objeto el establecimiento de un monopolio o que conduzcan, por sus efectos reales e independientemente de la voluntad de aquellos o aquellas, a su existencia, cualquiera que fuere la forma que adoptare en la realidad.

Pese a este artículo 113 ser considerado como una novedad, la doctrina se ha expresado en torno a la ausencia de la definición de libre competencia, aunque si se hace mención como principio en el artículo 299 de la Constitución, que hace referencia al régimen socio económico de la República Bolivariana de Venezuela.

2.7. La CNMC de España y su experiencia en la materia

En el presente apartado, se expondrá lo concerniente a los orígenes del Derecho de la Competencia en España, así como lo concerniente a la evolución y funcionamiento en la actualidad de la Comisión Nacional de los Mercados y la Competencia (CNMC).

2.7.1. Antecedentes

Expone Terol Gómez, que «en la LDC de 2007 se pasó del esquema Tribunal de Defensa de la Competencia-Servicio de Defensa de la Competencia, a la CNC que, como vimos, integraba a ambos, asumiendo por tanto las funciones de instrucción y de resolución, además de las propias de una autoridad nacional de competencia en el sentido del Derecho de la UE, además de la coordinación con las autoridades competentes de las Comunidades Autónomas y, desde luego, con los Tribunales»[141].

140 Hernández, G. J. (2018). *Comentarios a la Ley Antimonopolio.* Caracas, Venezuela: Colección Compactos.

141 Terol Gómez, R. (2023). *Competencia y Derecho Administrativo. Op. Cit.* 63

El preámbulo de la Ley 3/2013, de 4 de junio, de creación de la Comisión Nacional de los Mercados y la Competencia (CNMC), establece que el origen de los organismos reguladores independientes se remonta a 1887, cuando el Congreso de los Estados Unidos de América encomendó la regulación del sector ferroviario a una entidad independiente: la Comisión de Comercio Interestatal (ICC).

Así comenzó un proceso que posteriormente se asentaría con la creación de la Federal Trade Comission (FTC) en 1914 y con el impulso a las políticas antimonopolio. La experiencia americana de las llamadas comisiones reguladoras independientes se ha integrado en la forma típica de las actuaciones administrativas en los Estados Unidos que es la administración por agencias y ha obedecido a razones propias de su sistema jurídico y estructura administrativa que no se han planteado en los Derechos europeos.

En tal sentido, indica que los países europeos corrigieron los fallos de funcionamiento de los mercados mediante la nacionalización de las empresas prestadoras de servicios públicos o la creación de sociedades públicas con esta finalidad.

Por otro lado, las corrientes europeas de los años setenta del siglo pasado cristalizaron en fórmulas organizativas independientes a la búsqueda de una neutralidad y criterios de especialización técnica en sectores con presencia de intereses sociales muy relevantes, como el bursátil, el de la protección de datos informáticos o el audiovisual.

Es por ello que, se cita que no sería hasta los años ochenta y noventa cuando un amplio conjunto de países de la actual Unión Europea, incluido España, impulsado por las sucesivas directivas reguladoras de determinados sectores de red, tales como la energía, las telecomunicaciones o el transporte, llevó a cabo un intenso proceso liberalizador en el marco del mercado único, que trajo consigo reformas tendentes a asegurar la Competencia efectiva en los mercados, la prestación de los servicios universales y la eliminación de las barreras de entrada y las restricciones sobre los precios.

Palomar Olmeda plantea que, la preocupación por la economía y la ordenación del mercado y por evitar que en su funcionamiento existieran obstáculos que afecten a sus reglas de juego no puede considerarse una política novedosa en el ordenamiento jurídico español, aunque reconoce es cierto que, de un lado, la propia evolución del mercado y de sus esquemas operativos y, de otra, la globalización y, específicamente, la Unión Europea y la consideración de mercado común han supuesto un replanteamiento evidente de los fundamentos esenciales sobre los que se ha asentado el Derecho de la Competencia[142].

142 Palomar Olmeda, A. (2019). *La evolución normativa de la Defensa de la Competencia en España. La incidencia del Derecho Comunitario.* 2.ª edición. Tirant lo Blanch, Valencia, España, pág. 22.

Sobre los antecedentes remotos, se puede señalar que en la legislación española existen precedentes de prohibición de determinadas prácticas restrictivas de la competencia y de consagración, igualmente, de ciertos principios vinculados a la libertad económica en el marco de las normas pensadas, en esencia, para la consolidación de esta libertad. Dichos precedentes obedecieron en principio a razones de carácter puntual y concretos, sin pretender tener un alcance general como el que hoy en día exige el normal funcionamiento de una economía basada en los principios del mercado y que, en medida creciente, tiende a abrirse al exterior[143].

En ese mismo tenor, se puede decir que las primeras prohibiciones de concertación y monopolio que se contienen en la legislación española se refieren al perjuicio de las rentas reales. Esas prohibiciones decididas en los inicios del Estado moderno no contemplaban la economía de mercado, la cual sería incompatible con las ideas imperantes, sino, la defensa de las regalías fiscales.

Se debe recordar también que, la LPRC detalla en su exposición de motivos, que pretendió solventar uno de los fallos estructurales de los que adolecía el mercado interno de aquella época y que hacía referencia al escaso grado de participación de las empresas privadas dentro del tráfico económico[144].

Ahora bien, sostiene Garrigues que, con el fin de paliar esta disfunción interna, la precitada norma pretendió perseguir la existencia de cualquier práctica monopolística a través de elevadas sanciones de carácter económico[145].

Asimismo, Garrigues, establece que las principales razones que condujeron al fracaso de la LPRC no deben encontrarse en el contenido de la propia ley, sino, en la coyuntura económica a la que debía atender, pues, el mercado presentaba unas altas barreras de entrada a las que debían hacer frente los potenciales operadores para acceder a los diversos sectores de la actividad económica. A ello, además, debía sumarse un excesivo grado de burocratización que impedía, precisamente, que tuviera lugar la proliferación de la competencia[146].

Resalta Jiménez Cardona que, es innegable que la LPRC contiene los primeros antecedentes que posteriormente han dado pie a la normativa actual sobre competencia. Al respecto, contempla que dicha legislación no fue promulgada con el objetivo de ofrecer respuesta a las necesidades socioeconómicas del momento (protección al consumidor, fragmentación del mercado y consecución de eficiencia económica), sino que, al parecer su finalidad

---

143 Josune Real, M. (2019). *Derecho del mercado,* Madrid, España.

144 Jiménez Cardona, N. (2021). *La dimensión constitucional del Derecho de la Competencia*. (1.ª ed.) Europa. Juruá Editorial. Pág. 20.

145 Garrigues, J. (1964). *La defensa de la competencia mercantil: cuatro conferencias sobre la ley española de 20 de julio de 1963 contra prácticas restrictivas de la competencia*. Sociedad de Estudios y Publicaciones, Madrid. Págs. 12-27.

146 *Ibidem.*

última fue facilitar al régimen la consecución de alianzas internacionales con las que modelar un aparente giro expansionista de su política económica[147].

Por otra parte, Hierro Sánchez establece que, con el desarrollo y promulgación de la ley 16/1989, de 17 de julio, de Defensa de la Competencia, en lo adelante LDC de 1989, aconteció bajo un abanico de importantes circunstancias y, entró en vigor tras la reciente adhesión de España como Estado miembro de la extinta Comunidad Europea, así como contó con el firme respaldo de las instituciones públicas, que vislumbraron este texto normativo como un instrumento muy útil, sin perjuicio de los principios económicos contenidos en el marco de la Carta Magna española de 1978[148].

Palomar Olmeda sostiene que, con la decadencia del intervencionismo mercantilista, que se inició con la Cédula Real de libertad industrial de 1767 y la de Comercio libre de 1778, empezaron a establecerse en España condiciones mínimas para la existencia de cierta regulación de la Competencia de mercado[149].

En un documento titulado «Trabajando por la Competencia», se establece que España ha experimentado en las últimas dos décadas un intenso proceso de liberalización de los mercados, que ha contribuido de manera fundamental a la consecución de una larga etapa de crecimiento y desarrollo de su economía[150].

Así también, diversos sectores estratégicos han sido objeto de reformas estructurales importantes, mismas que han promovido la libre competencia en muchos mercados en los que dicha Competencia era posible y deseable, y han introducido cambios regulatorios de gran calado en otros en los que, por sus características estructurales, habían de seguir conviviendo actividades con naturaleza de monopolio natural con otras que podían desarrollarse en régimen de competencia. En ocasiones, estas reformas también han llevado aparejada la privatización de importantes empresas públicas.

Es importante resaltar que, la eliminación de las barreras que obstaculizan el desarrollo de las actividades económicas constituye un instrumento fundamental para la consecución de un progreso económico, social, equilibrado y sostenible. El artículo 38 de la Constitución española, reconoce la libertad de empresa en el marco de la economía de mercado. García-Verdugo sostiene

147 Jiménez Cardona, N. *Op. Cit.* Pág. 21.

148 Hierro-Sánchez-Pescador, L. (1991). «Una introducción a la ley 16/1989 de Defensa de la competencia: la tradición norteamericana y el contexto comunitario». *Ekonomiaz-Revista vasca de economía*, núm. 21. Págs. 27-29.

149 Palomar Olmeda. (2019). *La evolución normativa de la Defensa de la Competencia en España. La incidencia del Derecho Comunitario,* Ob. Cit, Pág. 23.

150 Comisión Nacional de la Competencia (CNC). *Trabajando por la Competencia: Recomendaciones a las administraciones públicas para una regulación de los mercados más eficientes y favorecedora de la competencia.* Julio de 2008.

que la aparición de diversos organismos reguladores obedeció a la liberalización de las industrias de red, el fin de los monopolios estatales y la necesidad de adaptación a la normativa europea[151].

Por su parte, la CNMC, considera que la política de Defensa de la Competencia es necesaria en todos los mercados en los que no se precisa una regulación económica por parte del Estado. Plantea que, la ausencia de regulación económica es la situación por defecto en una economía de mercado: es necesario asegurar que la regulación económica por parte del Estado se produce solo para remediar la presencia de fallos de mercado[152].

En ese sentido, expone que en 1995 se creó la Comisión del Sistema Eléctrico Nacional, que fue sustituida en 1998 por la Comisión Nacional de Energía (CNE), y en 1996 se estableció la Comisión del Mercado de las Telecomunicaciones (CMT), que fue reformada en 2010. En 2003 se creó el Comité de Regulación Ferroviaria (CRF). En 2010 tuvo lugar la creación del Consejo Estatal de Medios Audiovisuales (CEMA) y la entrada en funcionamiento de la Comisión Nacional del Sector Postal (CNSP). En 2011 se creó la Comisión de Regulación Económica Aeroportuaria (CREA)[153].

Un acontecimiento muy relevante fue la creación de la Comisión Nacional de la Competencia (CNC) como autoridad independiente, lo que tuvo lugar en 2007 con la Ley 15/2007 de Defensa de la Competencia.

Asimismo, sostiene que la Comisión Nacional de los Mercados y la Competencia —en adelante CNMC—, fue creada en el año 2013 por la Ley 3/2013, de 4 de junio, y entró en funcionamiento el 7 de octubre del mismo año. Este organismo nació de la integración en una sola comisión de la autoridad española de Competencia y de los diferentes reguladores sectoriales de la economía real que existían hasta ese momento: energía, telecomunicaciones, ferrocarriles, tarifas aeroportuarias, servicios postales y sector audiovisual. Aunque se hace preciso señalar, que los organismos de supervisión regulatoria del sector financiero son la Comisión Nacional del Mercado de Valores (CNMV) y el Banco de España.

---

151 García-Verdugo Sales funge como director de la Asesoría Económica de la Comisión Nacional de los Mercados y la Competencia (CNMC), y participó como expositor del primer módulo de la XVI.ª Edición de la Escuela Iberoamericana de la Competencia 2020-2021, denominado «Aspectos Generales de la CNMC y de Competencia», en la cual participa el autor de esta propuesta de investigación doctoral.

152 En el marco de la XVI.ª Edición de la Escuela Iberoamericana de la Competencia 2020-2021.

153 Javier García-Verdugo Sales, *op. cit.*

2.7.2. Diferencias entre los marcos normativos comunitario y el español

Como ya es sabido, el marco normativo del Derecho de Defensa de la Competencia en España, se distingue entre lo nacional y lo comunitario, por lo que, en la actualidad está constituido por diversas disposiciones.

En tanto, para Terol Gómez «los objetivos comunitarios se articulan sobre la base de dos principios fundamentales: la libertad de circulación de bienes, capitales y personas y el derecho a la libre competencia, que trata de asegurar que no existan barreras de mercado que la obstaculicen»[154].

Es primordial señalar que, de todo el marco normativo, la que se considera la pieza fundamental, en el ámbito nacional, es la Ley 15/2007, ya que supuso un importante cambio en el aspecto institucional español en cuanto a la aplicación de normas de Competencia. De hecho, esta norma sustituyó a la Ley 16/1989 de Defensa de la Competencia, por lo que, supuso un nuevo modelo de Competencia en España.

Es menester exponer que, en consonancia con los principios generales del Derecho Comunitario en España, cuando se aplique la normativa comunitaria de Competencia a un caso en particular, esta prevalecerá sobre la disposición normativa nacional en caso de que exista algún conflicto, razón por la cual las autoridades de Competencia nacionales tendrían que aplicar la norma comunitaria o a permitir que la Comisión Europea lo haga.

Es decir, las relaciones entre los marcos jurídicos (nacional y comunitario) son diferentes, según el ámbito de que se aborde. Y es que, en materia de acuerdos entre agentes económicos y abuso de posición dominante, la legislación comunitaria y la norma nacional pueden aplicarse de forma simultánea a una misma conducta.

También, en el ámbito de control de concentraciones, se aplica una de las dos, aunque en ningún caso una misma operación de concentración puede ser autorizada, a la vez, por la Comisión Europea y por las autoridades de Competencia españolas.

Ahora bien, en cuanto a ayudas públicas se encuentra mejor delimitada, pues sólo es de aplicación la normativa comunitaria, mientras que la legislación nacional solo puede indicar atribuciones consultivas no vinculantes.

En fin, es importante tener en cuenta al momento de aplicar las disposiciones legislativas en cuestión que, aunque conviven diversas autoridades, es necesario entender cómo se distribuyen el ámbito de competencias entre sí.

---

154 Terol Gómez, R. (2023). *Competencia y Derecho Administrativo. Op. Cit.* Pág. 37

2.7.3. Funciones de la CNMC y relevancia de la Ley 3/2013

En este apartado, dos artículos sobresalen: el 5.4 y el 28 de la referida norma. El primero, hace alusión a las funciones de la Comisión Nacional de los Mercados y la Competencia (CNMC), estableciendo que son de carácter general, con la misión de preservar y promover la competencia efectiva en todos los mercados y sectores productivos.

Asimismo, refiere que la Comisión Nacional de los Mercados y la Competencia (CNMC) está legitimada para impugnar ante la jurisdicción competente los actos de las Administraciones Públicas sujetos al Derecho administrativo y disposiciones generales de rango inferior a la ley de los que se deriven obstáculos al mantenimiento de una Competencia efectiva en los mercados.

Por su parte, el artículo 28, indica los requerimientos de información, deber de secreto y acceso a los registros estatales. En ese mismo tenor sostiene que, toda persona física o jurídica, los órganos y organismos de cualquier Administración Pública quedan sujetos al deber de colaboración con la CNMC en el ejercicio de la protección de la libre competencia y están obligados a proporcionar, a requerimiento de ésta y en plazo, toda clase de datos e informaciones de que dispongan y que puedan resultar necesarias para el desarrollo de las funciones de dicha entidad.

Asimismo, los requerimientos de información habrán de estar motivados y ser proporcionados al fin perseguido. En los requerimientos que dicte al efecto, se expondrá de forma detallada y concreta el contenido de la información que se vaya a solicitar, especificando de manera justificada la función para cuyo desarrollo es precisa tal información y el uso que pretende hacerse de la misma.

Sin dudas, se trata de una importante conquista, ya que aborda diversos principios contenidos en la Ley dominicana 107-13 sobre las relaciones entre la Administración Pública y los particulares, como, por ejemplo: el principio de racionalidad, de eficacia, igualdad de trato, publicidad de normas, de relevancia, buena fe, coherencia, celeridad, protección de la intimidad, debido proceso, entre otros. Además, constituye un derecho según el artículo 4.2 de la mencionada norma, la motivación de las actuaciones administrativas.

Asimismo, la Ley General de Libre Acceso a la Información Pública, 200-04, de República Dominicana, plantea lo concerniente al procedimiento para el ejercicio del derecho de información y acceso a las mismas, estableciendo a partir del artículo 7, que la solicitud de acceso debe ser planteada en forma escrita y contener diversas informaciones relevantes.

Aunque se trata de las informaciones que la AP exigirá, lo cierto es que se hace menester contar con parámetros específicos que permitan al requerido proveer de manera directa los datos solicitados.

2.7.4. Autoridades nacionales

El artículo 5.º del Reglamento 1/2003 señala que «las autoridades de competencia de los Estados miembros son competentes para aplicar los artículos 81 y 82 del Tratado en asuntos concretos. A tal efecto, ya sea de oficio, o previa denuncia de parte, podrán adoptar las decisiones sobre orden de cesación de la infracción, adopción de medidas cautelares, aceptación de compromisos, imposición de multas sancionadoras, de multas coercitivas o de cualquier otra sanción prevista por su derecho nacional». Cuando la información de que dispongan no acredite que se reúnen las condiciones para una prohibición, podrán decidir que no procede su intervención[155].

Es menester señalar que, la lógica consecuencia de lo anterior se encuentra en el artículo 6.º del Reglamento 1/2003 cuando señala que «...los órganos jurisdiccionales nacionales son competentes para aplicar los artículos 81 y 82 del Tratado...».

Lo anterior, significa que cuando las conductas descritas en los citados artículos del Tratado sean analizadas y tuteladas por las autoridades nacionales en tanto su ámbito de aplicación no exceda del propio territorio estatal, corresponde su protección a las autoridades judiciales del país en cuestión.

2.7.5. La CNMC como entidad independiente

Gordillo plantea que, «las entidades estatales manifiestan su actividad y su voluntad a través de sus órganos; el concepto de órgano sirve, pues, para imputar a la entidad de que el órgano forma parte el hecho, la omisión o la manifestación de voluntad de que se trate.

Para algunos autores, el órgano es un conjunto de competencias —algo así como un «cargo», *office*, *ufficio*, *Amt*, etc.— que será ejercido por una persona física —el funcionario público, agente o «personal» del Estado— que, al actuar dentro de las atribuciones o funciones que le han sido conferidas, produce tal imputación. En este concepto se distingue entre el «órgano jurídico» —el conjunto de competencias— y el «órgano físico», o sea, la persona llamada a ejercer esas competencias»[156].

---

155 Sentencia del Tribunal de Justicia de la Unión Europea (Sala Gran Sala) de 3 mayo 2011: «El artículo 5 del Reglamento (CE) 1/2003 del Consejo, debe interpretarse en el sentido de que se opone a que una autoridad nacional de competencia pueda adoptar una decisión por la que se declare que no se ha vulnerado el artículo 102 del Tratado de Funcionamiento de la Unión Europea cuando, con objeto de aplicarlo, examina si concurren las condiciones de aplicación de dicho artículo y, a raíz de ese examen, concluye que no se ha producido una práctica abusiva».

156 Gordillo, A. (2012). *Tratado de Derecho administrativo y obras selectas.* Tomo V, 1.ª edición. Fundación de Derecho Administrativo, Buenos Aires, Argentina.

Por su parte, Martínez Robledos sostiene que «la doctrina tradicional señala la diferencia principal entre *órgano* y *organismo* en su nivel de independencia. Así, atribuye al *órgano* las siguientes características principales: a) tiene confiada una actividad directa e inmediata del Estado; b) está coordinado, pero no subordinado a ninguno de los tres Poderes del Estado o a otros órganos; c) se encuentra en el vértice de la organización estatal y goza de completa independencia[157].

Asimismo, plantea que el *organismo,* por su parte, se caracteriza por ser una unidad administrativa que pertenece a alguno de los tres (3) Poderes del Estado, constituyendo una manera de organización administrativa que se relaciona estrechamente con la prestación de un servicio público o la realización de una actividad pública relevante»[158].

En torno a su naturaleza jurídica-administrativa, se puede establecer que su autonomía dependerá del grado de relación que guardan frente a los Poderes del Estado. Lo que resulta en que el término *autonomía* no debe ni puede ser utilizado de manera genérica ni en términos absolutos, puesto que no reserva el mismo significado para todos los entes públicos, cuestión que se puede evidenciar, cuando se evalúa lo que dice la teoría y lo que se impone en la práctica.

Ahora bien, Valdivia plantea, respecto a la teoría del «órgano», que «la noción de órgano sirve simplemente para dar coherencia a la idea de persona jurídica. El Estado, persona ficticia, no podría tener voluntad propia ni mucho menos expresarla sin el concurso de los órganos. Así, el órgano corresponde eminentemente a las funciones de decisión del aparato estatal: el cuerpo electoral, el Parlamento, los tribunales, las autoridades gubernamentales o administrativas dotadas de poder de decisión. El órgano no es, de esta manera, el funcionario»[159].

En la actualidad, la CNMC es un órgano público independiente, cuyo objetivo principal es garantizar, preservar y promover el correcto funcionamiento y la existencia de Competencia efectiva en todos los mercados y sectores productivos, en beneficio de los consumidores y usuarios, actuando con independencia del Gobierno y de las empresas.

Es menester indicar, que las diversas funciones de la CNMC procuran la aplicación de la normativa de Defensa y Promoción de la Competencia en los mercados, la regulación y la supervisión de las industrias reguladas, y la resolución de conflictos entre operadores económicos.

---

157 Martínez Robledos, M. (2015). *Órganos y organismos constitucionales autónomos: una reforma pendiente. ¿Fortaleza o debilidad del Estado?* El Cotidiano, núm. 190, Distrito Federal, Mexico. Pág. 124.

158 *Idem.*

159 Valdivia, J. (2006). «Teoría del órgano y responsabilidad pública en la ley de bases de la Administración del Estado». (Chile). *Revista de Derecho*, Vol. XIX -N.° 2-. Págs. 133-159.

Un dato muy importante a señalar es que, aunque hay diferentes modelos de autoridades de Competencia y de reguladores sectoriales, no existe uno óptimo. Los más habituales son el modelo especializado (que existía en España hasta la creación de la CNMC, y que también es el de Francia o Italia), los diversos modelos que implican una integración parcial (como el alemán, que agrupa en un organismo todas las funciones de regulación sectorial y en otro las de Competencia; o el que integra en una misma autoridad la función de regulación y de Defensa de la Competencia correspondientes a un mismo sector, como sucede en el Reino Unido o México con el de telecomunicaciones), y el modelo integrado (como el actual de la CNMC, que también existe en Holanda y Australia).

Esta relevante entidad, lleva a cabo sus atribuciones a partir de dos órganos de gobierno y administración: el Consejo y la Presidencia, que lo es también de su Consejo. El primero es el órgano colegiado de decisión sobre los casos con méritos. Está integrado por diez (10) miembros designados por el Gobierno, a propuesta del ministro de Economía y Competitividad, entre personas de reconocido prestigio y competencia profesional en el ámbito de actuación de la Comisión, previa comparecencia de la persona propuesta ante la Comisión correspondiente del Congreso de los Diputados.

En el caso dominicano, la designación se hace a través de una terna que envía el Poder Ejecutivo a una de las dos Cámaras del Congreso Nacional (Senado y Cámara de Diputados). El Senado, escoge tres (3) y la Cámara de Diputados, dos (2). Para esa escogencia no existe un procedimiento definido, pero en las últimas tres designaciones, la primera a finales de diciembre de 2020, la segunda en octubre de 2021, y la tercera en febrero de 2023, se designaron Comisiones Especiales para entrevistar a los candidatos de las ternas presentadas por el Poder Ejecutivo.

Contrario al caso de España, no se cuenta con un procedimiento homogéneo, es decir, desde la creación de Procompetencia hasta la fecha, se ha enviado la terna correspondiente, a través del Ministerio de Industria Comercio y MiPymes (MICM), previo una comunicación dirigida por el presidente de la República.

Lo ideal es que, tal y como se hace con otros órganos como la Junta Central Electoral (JCE)[160] y la Cámara de Cuentas (CC)[161], previamente exista

160 Artículo 212.- Junta Central Electoral. La Junta Central Electoral es un órgano autónomo con personalidad jurídica e independencia técnica, administrativa, presupuestaria y financiera, cuya finalidad principal será organizar y dirigir las asambleas electorales para la celebración de elecciones y de mecanismos de participación popular establecidos por la presente Constitución y las leyes. Tiene facultad reglamentaria en los asuntos de su competencia.

161 Artículo 248.- Control externo. La Cámara de Cuentas es el órgano superior externo de control fiscal de los recursos públicos, de los procesos administrativos y del patrimonio del Estado. Tiene personalidad jurídica, carácter técnico y goza de autonomía adminis-

una comisión y un procedimiento definido, a los fines de evaluar con criterios más idóneos y concretos los candidatos para dicha posición. Claro está, tanto la JCE y la CC son órganos extrapoder, pero creados por la Constitución dominicana, no así Procompetencia.

Regresando con la CNMC, su mandato es de seis (6) años no renovables y está sometido a un estricto régimen de incompatibilidades. En este aspecto, algo similar sucede con Procompetencia, pues sólo se permite la docencia como actividad profesional lucrativa. Hay un estricto apego a la Ley 42-08 de Defensa de la Competencia que debe ser respetado. El mandato es por cinco (5) años y no precisa nada sobre si es renovable o no, por lo que se entiende que sí[162].

En la CNMC, el Consejo puede actuar en Pleno o en dos Salas especializadas, una que se dedica a temas de Competencia (Sala de Competencia) y otra a supervisión de sectores regulados (Sala de Supervisión Regulatoria). Su Pleno se encuentra integrado por todos los miembros del Consejo y dirigido por el Presidente, puesto que en él se deciden asuntos complejos que requieren unificar criterios y una solución integral.

No obstante, la CNMC tiene cuatro (4) direcciones de instrucción, como son: Competencia, Energía, Telecomunicaciones y Sector Audiovisual; Transportes y del Sector Postal, que ejercen sus funciones de instrucción con independencia del Consejo, que es el que se encarga de la fase de resolución de los expedientes[163].

Por su parte, en Procompetencia, hay una Dirección Ejecutiva[164] y existen dos direcciones aprobadas según el último organigrama: Defensa de la Com-

trativa, operativa y presupuestaria. Estará compuesta de cinco miembros, elegidos por el Senado de la República de las ternas que le presente la Cámara de Diputados, por un período de cuatro años y permanecerán en sus funciones hasta que sean designados sus sustitutos.

162 Artículo 28.- Incompatibilidades de los miembros del Consejo Directivo. No podrán ser designados como Presidente o miembro del Consejo Directivo:
a) Los miembros del Congreso Nacional; b) Los miembros activos del Poder Judicial; c) Los que desempeñaren cargos o empleos remunerados en cualesquiera de los organismos del Estado o de las municipalidades, ya sea por elección popular o mediante nombramiento, salvo los cargos de carácter docente; d) Quienes tengan vínculo de consanguinidad hasta el cuarto (4to.) grado, inclusive; o vínculo de afinidad hasta el segundo (2do.) grado, inclusive; con el Presidente o Vicepresidente de la República, con los Magistrados Miembros de la Suprema Corte de Justicia o con los miembros directivos de los entes reguladores del mercado; e) Tener militancia política activa; f) Las personas que hayan sido declaradas en cesación de pago o en quiebra, así como aquéllas contra las cuales estuvieren pendientes procedimientos de quiebra; g) Aquellas personas declaradas legal o judicialmente incapaces; o, h) Aquellas personas que se encuentren en situación de conflicto de interés en razón del ejercicio de sus actividades profesionales o económicas.

163 Disponible en: https://www.cnmc.es/sobre-la-cnmc/que-es-la-cnmc

164 Artículo 33.- Funciones. La Dirección Ejecutiva estará a cargo de un Director Ejecutivo

petencia, quien es responsable de las acciones pertinentes para la aplicación de esta ley en materia de libre Competencia y Competencia Desleal, incluyendo las investigaciones que sean de lugar; y la de Promoción de la Competencia, responsable de la evaluación del marco regulatorio vigente, respecto de medidas y disposiciones restrictivas de la Competencia, así como de presentar propuestas para la adopción de normas, políticas y disposiciones que promuevan la Competencia, según indican los literales a) y b) del artículo 34 de la Ley 42-08 de Defensa de la Competencia.

Asimismo, se hace necesario indicar que en el párrafo II del precitado artículo, se estipula que tanto el Director Ejecutivo y los Subdirectores estarán sujetos a los mismos requisitos de calificación y a las incompatibilidades para desempeñar el cargo que los miembros del Consejo Directivo. Es decir, les aplica el artículo 28 de la citada norma.

2.7.6. Procedimientos en materia de Defensa de la Competencia

En muchas de sus ponencias, García Monteys ya hablado de este tema[165]. Sin lugar a duda, la creación de la Comisión Nacional de los Mercados y de la Competencia (CNMC) como un órgano administrativo[166], dotado de independencia funcional, pero inserto en la estructura administrativa y desde el que se ejercen potestades públicas[167] tendentes a asegurar el funcionamiento del mercado y de la economía, es el fundamento esencial para que su actuación deba sujetarse a un procedimiento administrativo que sirva para sostener el criterio y la decisión del propio órgano administrativo.

---

nombrado por el Poder Ejecutivo de una terna presentada por el Consejo Directivo, quien tendrá la función principal de instruir y sustanciar los expedientes; administrar y coordinar las actuaciones operativas y ser fedatario de los actos oficiales de la Comisión Nacional de Defensa de la Competencia.

165 García Monteys, R. (2007). *Procedimientos en la nueva Ley de Defensa de la Competencia*. número extraordinario del Instituto de Derecho y Ética Industrial, núm. 48, octubre-diciembre.

166 En relación con la naturaleza jurídica de la Comisión Nacional de la Competencia téngase en cuenta lo dispuesto en el artículo 12 de la Ley de Defensa de la Competencia cuando señala que «[...] 1. Se crea la Comisión Nacional de la Competencia como organismo público de los previstos en la disposición adicional décima de la Ley 6/1997, de 14 de abril, de Organización y Funcionamiento de la Administración General del Estado, encargado de preservar, garantizar y promover la existencia de una competencia efectiva en los mercados en el ámbito nacional así como de velar por la aplicación».
Estado, encargado de preservar, garantizar y promover la existencia de una competencia efectiva en los mercados en el ámbito nacional así como de velar por la aplicación

167 Calvo Caravaca, A. L. & Carrascosa González, J. (2001). *Intervenciones del Estado y libre competencia en la Unión Europea*. Madrid.

Esto, porque, a través del procedimiento administrativo, se obtiene que la actuación de las autoridades públicas compuestas de la misma y la formación de voluntad de sus órganos deba configurarse en un esquema público, sometido a un conjunto de trámites que enmarcan y legitiman su decisión[168].

Asimismo, la Ley de Defensa de la Competencia (LDC) asume un esquema propio en el que define las reglas primordiales del procedimiento administrativo de actuación, desde y ante la Comisión Nacional de los Mercados y de la Competencia (CNMC), y remite al régimen supletorio general que plantea la Ley 39/2015, del 1 de octubre de 2015 de Procedimiento Administrativo común de las Administraciones Públicas y sus modificaciones en virtud de la Ley 11/2022, de 28 de junio, General de Telecomunicaciones, con la que sin dudas, completa así la regulación de actuación de la CNMC que plantea la norma de Competencia[169].

También, es importante señalar la Ley 20/2013, de 9 de diciembre, de Garantía de la Unidad de Mercado, que en su artículo 27 plantea lo relativo a la legitimación de la CNMC, estableciendo que si puede interponer recursos contenciosos-administrativos.

2.7.6.1. Procedimiento sancionador ante la CNMC

La actuaciones ex post, es decir, aquellas cuyo objeto es paliar los efectos de prácticas pasadas o en ejecución, aunque podrían también tener efectos disuasorios de posible infracciones futuras, juegan un rol trascendental las autoridades de Competencia, tanto nacionales como las autónomas, a partir del procedimiento sancionador de las conductas que restringen la Competencia, regulado por la Ley 15/2007 de Defensa de la Competencia, así como el Real Decreto 261/2008[170], por el que se aprueba el Reglamento de Defensa de la Competencia (RDC).

Asimismo, dicho procedimiento parte de una fase de instrucción vía la Dirección de Competencia, en la que se llevan a cabo todos los actos que procuren esclarecer los hechos, garantizando el derecho de defensa de los denunciados. También, una fase que comprende la resolución a cargo del Consejo de la CNMC.

---

168 García Álvarez, G. (2006). «Los poderes normativos de las Administraciones independientes en el ámbito económico». *Revista de Administración Pública*, núm. 171, septiembre-diciembre, Madrid.

169 Palomar Olmeda, A. (2019). *Las conductas contrarias a la Defensa de la Competencia y los procedimientos administrativos en la materia.* 2.ª edición. Tirant lo Blanch, Valencia, España. Pág. 167.

170 «BOE» núm. 50 de Ley unidad de mercado, 27 de febrero de 2008, páginas 11575 a 11604 (30 págs.): https://www.boe.es/eli/es/rd/2008/02/22/261

Para Fernando Pablo, la introducción de un procedimiento especial en materia de garantía de la unidad de mercado, cuya interposición queda reservada (de oficio o a petición de interesados) a la Comisión Nacional de Mercados y Competencia, puede alterar el carácter subjetivo tradicional de la jurisdicción contenciosa[171].

En torno a las actuaciones preliminares, el artículo 49 de la LDC establece que el procedimiento se inicia de oficio por la Dirección de Investigación, ya sea a iniciativa propia o del Consejo de la CNC, o bien por denuncia. Además, cualquier persona física o jurídica, interesada o no, «podrá formular denuncia de las conductas reguladas por esta Ley».

Asimismo, la Dirección de Competencia (DC), puede actuar a través de tres (3) vías diferentes: iniciativa propia, iniciativa del Consejo de la CNMC o por denuncia, la cual se dinstingue entre pública y de parte interesada. En el caso dominicano, la Ley 42-08 de Defensa de la Competencia, no contempla esta importante diferencia. Solo trata lo relativo a la denuncia, sin distinción. No todo denunciante, por el hecho de interponer una, adquiere automáticamente la condición de interesado.

Los requisitos mínimos de toda denuncia son: a) Nombre o razón social del denunciante, así como acreditación y domicilio social de los representantes legales, en su caso, a efectos de notificaciones, b) Nombre, razón social, domicilio y, en su caso, no de fax o cualquier otro medio electrónico pertinente de los denunciados, c) Hechos de los que se deriva la existencia de una infracción y pruebas, en su caso, de los mismos, d) Definición y estructura del mercado relevante y, e) justificación del interés legítimo en el procedimiento.

En resumen, los principios que contemplan el procedimiento sancionador en la LDC y en el RDC son: Garantía del procedimiento: Separación entre fase instructora y resolutoria. Por otra parte, imposición de sanciones. No se podrá imponer una sanción sin haber tramitado el necesario procedimiento. También, transparencia del procedimiento: Formalización sistemática del procedimiento, custodia por el órgano competente y, acceso permanente de los interesados en la fase de instrucción y resolución.

Y, por último, las garantías a los imputados, que parte de la notificación de los hechos que se le imputan, infracción que tales hechos pueden constituir, posibles sanciones e identidad del instructor y de la autoridad competente para imponer la sanción.

En fin, a modo general, en la República Dominicana resulta parecido, pues, la Ley de Defensa de la Competencia núm. 42-08, plantea un procedimiento administrativo propio que se ve complementado con la Ley 107-13 de Procedimiento Administrativo, el cual es común para las actuaciones de toda la Administración.

171 FERNANDO PABLO, M. (2014). «El contencioso-administrativo de la unidad de mercado: ¿Objetivización de la jurisdicción contenciosa?» *Revista Europea de Derechos Fundamentales*, vol. 23, Pág. 104

2.7.7. Marco legislativo y características procesales

La CNMC como autoridad ha seguido desde su creación, las recomendaciones de la Unión Europea, sobre todo, en los sectores de energía, telecomunicaciones, audiovisual, transporte, postal y Competencia, buscando una mayor integración del Mercado Único de la Unión[172].

En cuanto a los acuerdos y prácticas anticompetitivas, se regulan por la Ley 15/2007[173], de Defensa de la Competencia y su Reglamento, aprobado por el Real Decreto 261/2008, de 22 de febrero. La institución puede también aplicar, como se ha sostenido anteriormente, los artículos 101 y 102 del Tratado de Funcionamiento de la Unión Europea (TFUE) para aquellos casos en que las prácticas restrictivas o el abuso de posición en el mercado puedan afectar al comercio entre los Estados Miembros de la Unión Europea (UE).

En ese sentido, la norma de Competencia plantea una prohibición general (artículo 1) de acuerdos restrictivos o prácticas concertadas que refleja el artículo 101 del TFUE, así como una prohibición general de abuso de posición dominante por una o varias empresas, con base al artículo 102 del TFUE. En cuanto al régimen de control de concentraciones, está regulado por la ley de Competencia, incluyendo su reglamento de desarrollo, así como disposiciones interpretativas[174].

Asimismo, el Real Decreto-Ley 7/2021[175], contempló algunas modificaciones considerables respecto de la Competencia español. También, mejora la cooperación entre la CNMC con otras autoridades nacionales de Competencia, analiza sus facultades de investigación, especialmente la capacidad de realizar investigaciones ante cualquier «sospecha razonable» de conducta anticompetitiva.

También, fortalece el régimen de sanciones e introduce mayores incentivos para los solicitantes de clemencia en las investigaciones de carteles,

172 *Ibídem*.

173 «BOE» núm. 159, de 4 de julio de 2007, Ley 15/2007 de Defensa de la Competencia: https://www.cnmc.es/ambitos-de-actuacion/competencia/ecn-internacional, páginas 28848 a 28872 (25 págs.)

174 Thomson Reuters, Antonio Guerra y Cristina Areces, Uría Menéndez, Restricciones del comercio y el dominio en España: descripción general https://uk.practicallaw.thomsonreuters.com/4-571-8725?transitionType=Default&contextData=(sc.Default)&firstPage =verdadero#co_ancla_a894746

175 Ver, Real Decreto-ley 7/2021, de 27 de abril, de transposición de directivas de la Unión Europea en las materias de competencia, prevención del blanqueo de capitales, entidades de crédito, telecomunicaciones, medidas tributarias, prevención y reparación de daños ambientales, desplazamiento de trabajadores en la prestación de servicios transnacionales y defensa de los consumidores https://www.boe.es/diario_boe/txt.php?id=BOE-A-2021-6872

entre otros cambios[176]. Para julio de 2020, se publicó un proyecto de ley de reforma de la Ley de Competencia de 2007[177].

Por último, es importante establecer, que la Competencia Desleal se aplica por separado en virtud de la Ley 3/1991 de Competencia Desleal, la cual fue reformada para trasponer la Directiva 2015 de la Unión Europea (UE), sobre prácticas desleales con los consumidores. Por tanto, se encuentra vigente la Ley 29/2009, de 30 de diciembre, de Competencia Desleal (LCD)[178]. No obstante, el artículo 3 de la Ley de Competencia también prohíbe los actos de Competencia Desleal que afecten el interés público distorsionando la Competencia en el mercado.

2.7.8. Regulación de las Comunidades Autónomas

En la actualidad, la mayor parte de las Comunidades Autónomas han establecido sus propios marcos reguladores en la Defensa de la Competencia. En ese orden, existen dos tendencias: la de crear un órgano administrativo propio que sirva para cumplir la defensa del mercado y, que además del órgano control nacional (Comisión Nacional de los Mercados y la Competencia) y supervisión de la Competencia, establezca un regimen propio en el ámbito de la regulación sustantiva que opere en lo territorial, es decir, en la Comunidad Autónoma.

Es preciso citar que, en Europa coexisten dos marcos jurídicos diferentes del Derecho de la Competencia, es decir, el nacional y el comunitario, por lo que es necesario que las múltiples autoridades de Competencia para fines de aplicación deban coordinarse. Ese esfuerzo mancomunado se lleva a cabo a través de intercambios de información, como los que tienen lugar entre la Comisión Europea y las autoridades de Competencia de los Estados Miembros, en la investigación de casos a los que les sean aplicables los artículos 101 y/o 102 del Tratado de Funcionamiento de la Unión Europea, y que se canaliza a través del «European Competition Network».

Asimismo, los intercambios de información que tienen lugar entre la Comisión Nacional de los Mercados y la Competencia (CNMC) y las autoridades de Competencia autonómicas, de todas las denuncias y actuaciones de oficio en la aplicación de los artículos 1, 2 y 3 de la Ley 15/2007. Es relevante

---

176 Kluwer Competition Law Blog, David Pérez de Lamo, Xavier Quer Zamora, Carmen Rubio Bañeres, Main Developments in Competition Law and Policy 2021 – España, 1 de febrero de 2022 http://competitionlawblog.kluwercompetitionlaw.com/2022/02/01/ principales-avances-en-derecho-y-politica-de-la-competencia-2021-espana/

177 Véase, Anteproyecto de Ley https://www.mineco.gob.es/stfls/mineco/ministerio/participacion_publica/audiencia/ficheros/ECO_Pol_AP_20200731_MAIN_APL_ECN.pdf

178 «BOE» núm. 315, de 31 de diciembre de 2009, páginas 112039 a 112060 (22 págs.)

y oportuno señalar que, los órganos de Competencia de las Comunidades Autónomas (CCAA) han sido en gran parte suprimidos, por la escasa actividad que tenían.

Y, por último, los mecanismos de reenvío de operaciones de concentración económica entre la Comisión Europea y los Estados miembros, se encuentran recogidos en los artículos 4.4, 4.5, 9 y 22 del Reglamento CE 139/2004. Estos mecanismos de reenvío, que son aplicables a iniciativa de las empresas notificantes (reenvíos artículos 4.4 y 4.5) o de las autoridades de Competencia (reenvíos artículo 9 y 22), permiten que una operación de concentración no sea autorizada por la autoridad de Competencia inicialmente competente conforme a los umbrales de notificación, sino, la que esté mejor posicionada para estudiar el caso.

2.7.9. Facultad de inspeccionar a la luz de la Directiva 2019/1

Dentro de los textos legislativos se encuentra la Directiva (UE) 2019/1 del Parlamento Europeo y del Consejo de 11 de diciembre de 2018, la cual se encamina a dotar a las autoridades de Competencia de los Estados miembros, de medios para aplicar más eficazmente las normas sobre Competencia y garantizar el correcto funcionamiento del mercado interior.

En tal sentido, de manera particular los considerandos número 4, 10, 29 hasta el 34, indican lo relativo a la facultad de que la Autoridad Nacional de Competencia (ANC) pueda obtener toda la información de la empresa objeto de la investigación, física o digital, independientemente del soporte en que se almacene.

También, en torno a dotar las ANC de atribuciones de inspección dependiendo de si aplicarán la legislación nacional de Competencia o los artículos 101 y 102 del TFUE en paralelo. Y, en cuanto a declaraciones de clemencia, la Directiva procura cubrir la aplicación del Derecho nacional de la Competencia aplicado de manera independiente.

Por su parte, el considerando 10, trata sobre las garantías fundamentales para que las ANC de manera uniforme y eficaz, apliquen los artículos 101 y 102 del TFUE, estableciendo que debe entenderse sin perjuicio de la capacidad de los Estados miembros de mantener o introducir garantías de independencia, así como recursos más amplios para las autoridades administrativas, sobre independencia y la imposición de multas de las ANC.

Lo ideal, es que el conjunto básico previsto en la citada Directiva pueda ser eficaz, de forma tal que cuente con la facultad de imponer multas a personas físicas o, a título excepcional, la realización de inspecciones con el consentimiento de las personas inspeccionadas.

Asimismo, desde el considerando 29 hasta el 34, se sostiene lo relativo a que las ANC deben estar facultadas para tener atribuciones de investigación tan eficaces que permitan detectar todo acuerdo, decisión o práctica concertada prohibida por los artículos 101 y 102 del TFUE.

Por otra parte, el considerando 30 plantea lo concerniente a que las competencias de investigación de las autoridades administrativas nacionales de Competencia deben ser suficientes para hacer frente a los retos que supone el entorno digital.

Respecto a la posibilidad de llevar a cabo las inspecciones que sean necesarias a los locales de empresas y de las asociaciones de empresas, plantea que la Directiva no debe impedir que los Estados miembros requieran de la autorización previa de una autoridad judicial para proceder a las mencionadas inspecciones.

Sobre su efectividad, el considerando 32 indica que la facultad de las autoridades administrativas nacionales de Competencia de realizar inspecciones debe permitirles tener acceso a la empresa, la asociación empresarial o la persona que se esté investigando y que esté relacionada con la empresa o la asociación de empresas investigadas, tomando en consideración la facultad de registrar documentos, archivos o datos almacenados en dispositivos que no se hayan identificado con anterioridad.

En ese mismo orden, sin esta facultad resulta imposible recoger los elementos de información necesarios para la investigación, en el supuesto de enfrentarse con una negativa de colaboración o, incluso, con una actitud de obstrucción por parte de las empresas o las asociaciones de empresas.

En ese tenor, en procura de reducir la prolongación innecesaria de las inspecciones, el considerando 33 contiene lo relativo que las ANC puedan seguir realizando búsquedas y seleccionar copias o extractos de libros y registros relacionados con la actividad de la empresa o asociación de empresas investigada. Es por ello que se procura la garantía del constante respeto a los derechos de defensa de las empresas.

Respecto a las amplias facultades de inspección e investigación, el considerando 34, establece que la experiencia demuestra que pueden conservarse documentos de índole profesional en los domicilios particulares de los directivos, gestores y otros miembros del personal de las empresas o asociaciones de empresas, especialmente debido al mayor uso de modalidades de trabajo más flexibles.

También, a fin de garantizar que las inspecciones sean eficaces, las autoridades administrativas nacionales de Competencia deben tener la facultad de acceder a todos los locales, incluidos los domicilios particulares, si se puede demostrar que existe una sospecha razonable de que en esos locales se conservan documentos de índole profesional que pueden ser relevantes para demostrar una infracción de los artículos 101 o 102 del TFUE.

Claro está, se plantea que el ejercicio de esa facultad debe estar supeditado a la autorización previa de una autoridad judicial nacional a la autoridad administrativa nacional de Competencia. En ciertos sistemas jurídicos nacionales esta autorización puede incluir a un fiscal.

Asimismo, el contenido de los artículos 6 y 7 del referido texto, plantean en torno a la facultad para inspeccionar empresas, que: «los Estados miembros velarán porque las autoridades administrativas nacionales de Competencia estén capacitadas para realizar todas las inspecciones necesarias sin previo aviso en las empresas y asociaciones de empresas para la aplicación de los artículos 101 y 102 del TFUE».

Además, los Estados miembros velarán porque los agentes y sus acompañantes autorizados o designados por las ANC para proceder a tales inspecciones estén facultados, como mínimo, para acceder a todos los locales, terrenos y medios de transporte de las empresas y asociaciones de empresas, examinar los libros y cualquier otra documentación en relación con la actividad empresarial, independientemente del soporte en que se almacene, y tener derecho a acceder a toda información a la que tenga acceso la entidad inspeccionada.

También, para poder hacer u obtener copias o extractos, en cualquier formato, de dichos libros o documentación y, cuando lo consideren oportuno, continuar tales búsquedas de información y la selección de copias o extractos en los locales de las autoridades ANC o en cualquier otro local que se designe, así como precintar cualquiera de los locales y libros o documentación de la empresa durante el tiempo y en la medida necesarios para la inspección.

Y, por último, «solicitar a cualquier representante o miembro del personal de la empresa o de la asociación de empresas explicaciones sobre hechos o documentos relacionados con el objeto y la finalidad de la inspección y guardar constancia de sus respuestas»[179].

Por su lado, en su párrafo 2, aborda lo relativo a que los Estados miembros velarán porque las empresas y asociaciones de empresas estén obligadas a someterse a las inspecciones a que se refiere el apartado 1. Los Estados miembros también se asegurarán de que, si una empresa o asociación de empresas se opone a una inspección que ha sido ordenada por una autoridad administrativa nacional de Competencia o que ha sido autorizada por una autoridad judicial nacional, las ANC recaben la asistencia necesaria por parte de la policía o de una autoridad con funciones coercitivas equivalente, a fin de permitirles llevar a cabo la inspección. Esta asistencia también podrá obtenerse como medida preventiva.

179 Contenido del artículo 6 de la Directiva (UE) 2019/1 del Parlamento Europeo y del Consejo de 11 de diciembre de 2018. Boletín D.O.U.E. Serie L 11/3 (14/01/2019).

En otro orden, el artículo 7 del referido documento, establece en cuanto a la facultad para inspeccionar otras dependencias que, los Estados miembros se asegurarán de que, cuando exista una sospecha razonable, que los libros u otros documentos relativos a la actividad empresarial y al asunto de la inspección, que puedan ser relevantes para probar una infracción de los artículos 101 o 102 del TFUE, se guardan en dependencias, terrenos o medios de transporte, distintos de los contemplados en el artículo 6, apartado 1, letra a), de la presente Directiva, incluidos los domicilios particulares de los directivos, gestores y otros miembros del personal de las empresas o asociaciones de empresas, las autoridades administrativas nacionales de Competencia puedan realizar inspecciones sin previo aviso en dichas dependencias, terrenos y medios de transporte.

Agrega el párrafo 2 del mismo artículo que, «estas inspecciones no se llevarán a cabo sin la autorización previa de una autoridad judicial nacional». Y el tercero indica que los Estados miembros velarán por que los agentes y sus acompañantes acreditados o designados por las ANC para llevar a cabo una inspección de conformidad con el apartado 1 del presente artículo tengan como mínimo las facultades previstas en el artículo 6, apartado 1, letras a), b) y c), y en el artículo 6, apartado 2.

Asimismo, el Real Decreto-Ley 7/2021, de 27 abril, de transposición de Directivas de la Unión Europea en el ámbito de Competencia, prevención del blanqueo de capitales, entidades de crédito, telecomunicaciones, medidas tributarias, prevención del blanqueo de capitales, entidades de crédito, telecomunicaciones, medidas tributarias, prevención y reparación de daños medioambientales, desplazamiento de trabajadores en la prestación de servicios transnacionales y defensa de los consumidores.

Es preciso decir que, con la misma modifica la Ley 15/2007, de 3 julio, Defensa de la Competencia (LDC) y el Real Decreto 261/2008, de 22 de febrero, por el que se aprueba el Reglamento de Defensa de la Competencia (RDC)[180].

En tal sentido, sus modificaciones se hicieron a los artículos 5, 40, 62, motivadas en que:

> Dentro del sistema de defensa de la competencia español, corresponde a la Comisión Nacional de los Mercados y la Competencia (CNMC) como ANC el papel de garante de la competencia en los mercados en el ámbito nacional, sin perjuicio de las facultades de los organismos de competencia autonómicos.

Además, plantea que entre los elementos que se transponen a nuestro ordenamiento destacan las medidas e instrumentos para impulsar la asistencia mutua entre la CNMC y las ANC de los Estados miembros de la Unión Europea y la Comisión Europea y reforzar la Red Europea de Competencia

180 Publicado en «BOE» núm. 101, de 28 de abril de 2021, páginas 49749 a 49924 (176 págs.)

de la que forman parte todas ellas, garantizando la aplicación efectiva de los artículos 101 y 102 del TFUE y el buen funcionamiento del mercado interior.

En este ámbito, prevalece la regulación de la interrupción de la prescripción por actuación de otras ANC, por actuación de la Comisión Europea o como consecuencia de la revisión jurisdiccional.

Es decir, de lo que se trata es de que la norma procure la transposición al ordenamiento español de otros elementos que buscan garantizar una aplicación más eficaz de la normativa de Competencia. Es por ello que, «se amplían y concretan en mayor medida los deberes de información y colaboración y las facultades de inspección, regulando expresamente la facultad de realizar entrevistas a las personas representantes y al personal de las empresas investigadas».

Igualmente, la ley logra ajustes en la normativa de Competencia, como son la revisión del límite máximo de las multas para todas las infracciones de los artículos 101 y 102 del TFUE, la revisión de la regulación de las multas coercitivas, la introducción de determinados ajustes en el Programa de clemencia o incluir de rechazar denuncias con base en criterios de priorización.

En fin, cabe señalar como una de las motivaciones que sustentan estas disposiciones, que la transposición completa de la Directiva ECN+[181] requiere algunas modificaciones menores que no están previstas en norma de rango de Ley, ya que se ha decidido, de acuerdo con los principios de buena regulación, que su transposición se lleve a cabo a través de norma reglamentaria.

Por ello, se plantea la modificación de determinados artículos del RDC, aprobado por el Real Decreto 261/2008, de 22 de febrero y la modificación del Real Decreto 2295/2004, de 10 de diciembre, relativo a la aplicación en España de las normas comunitarias de Competencia para recoger cuestiones como la forma de presentación de las solicitudes de clemencia o el desarrollo de los principios de cooperación.

2.7.10. Concentraciones: tipos de control y umbrales

La Comunicación consolidada de la Comisión sobre cuestiones jurisdiccionales en materia de Competencia, realizada de conformidad con el Reglamento (CE) número 139/2004 del Consejo, sobre el control de las concentraciones entre empresas (en adelante Comunicación consolidada de

181 Real Decreto-ley 7/2021, de 27 de abril, BOE Núm. 101, 28 de abril de 2021. La Directiva ECN+ tiene como principal objetivo superar las deficiencias del sistema que han supuesto la aplicación desigual de los artículos 101 y 102 del Tratado de Funcionamiento de la Unión Europea (TFUE), para que las autoridades nacionales de competencia (ANC) de los Estados miembros dispongan de las garantías de independencia, los recursos y facultades de aplicación e imposición de multas necesarios para poder aplicar eficazmente los artículos señalados.

jurisdicción) y el artículo 8.3 de la Ley 15/2007, de 3 de julio, de Defensa de la Competencia, contienen las operaciones que están expresamente excluidas de concentraciones.

En ese aspecto cabe resaltar, que no todas las operaciones mercantiles relacionadas con la estructura de control de empresas son susceptibles de análisis por parte de las autoridades de Competencia en el marco del control de concentraciones, sino, sólo aquéllas que constituyen una concentración económica[182].

Es criterio de la CNMC que:

> «El control de concentraciones pretende determinar si, como consecuencia de una operación mercantil que lleva a la modificación de la estructura de control de una empresa o de parte de la misma, pueden derivarse obstáculos significativos a la competencia efectiva en un determinado mercado».

Asimismo, es relevante agregar que, «existe concentración cuando se produzca una fusión de empresas anteriormente independientes, cuando se produzca una adquisición del control y cuando se cree una empresa en participación»[183].

2.7.11. Fusión de empresas anteriormente independientes

Este tipo de concentraciones se producen, entre otros, en los siguientes casos: Dos o más empresas anteriormente independientes se fusionan en una nueva empresa y dejan de existir como entidades jurídicas diferenciadas, cuando una empresa es absorbida por otra. Y, cuando la combinación de las actividades de empresas anteriormente independientes, supone la creación de una única entidad económica, sin que exista una modificación jurídica de las empresas que se concentran (las denominadas fusiones *de facto*).

2.7.12. Adquisición de control y umbrales de notificación

La Comunicación sostiene que el control debe entenderse como todos aquellos derechos, contratos u otros medios que, por sí mismos o en con-

---

182 Kessler Rodríguez, A., Pereira Nogueira, S., Alvarez-Campana, A. (2021). *Teoría básica del control de concentraciones*, en el marco de la Escuela Iberoamericana de la Competencia, 2021. Modalidad virtual desde Madrid, España.

183 Artículo 7 de la LDC, y el artículo 3 del Reglamento (CE) 139/2004 del Consejo, de 20 de enero de 2004, sobre el control de las concentraciones entre empresas (en adelante, Reglamento comunitario de concentraciones).

junto, y teniendo en cuenta las circunstancias de hecho y de derecho, confieren la posibilidad de ejercer una influencia decisiva sobre una empresa.

Por lo tanto, una concentración puede asentarse sobre una base *de facto* o *de iure,* adoptar la forma de control exclusivo o control conjunto y abarcar la totalidad o una parte de una o varias empresas.

También, que cuando se deba determinar si existe un cambio de control se debe analizar para el caso concreto, los distintos parámetros sobre los cuales puede asentarse ese control, especialmente, a través del análisis de la toma de decisiones en la empresa.

Tal como se sostuvo anteriormente, no todas las operaciones mercantiles que afectan a la estructura de control de empresas deben considerarse concentraciones económicas. Existen dos sistemas de notificación a las autoridades de Competencia.

El primero, aplicado en Reino Unido, se trata del sistema voluntario de notificación que plantea que las empresas pueden someterse, con carácter previo o ex antes a la ejecución de una concentración, al análisis por parte de la autoridad de Competencia.

Este sistema debe entenderse sin perjuicio de que, generalmente, las autoridades que utilizan el sistema voluntario de notificación pueden requerir, con posterioridad a su ejecución, la notificación de concentraciones que puedan presentar potenciales problemas de competencia.

En cuanto al segundo, conocido como el sistema obligatorio de notificación, el cual obliga a que todas las concentraciones que entren dentro de unos parámetros fijados por la legislación de Competencia, sean notificadas con carácter previo a su ejecución.

Es importante señalar que, los umbrales de notificación guardan una relación directa con el sistema de notificación obligatoria de las operaciones de concentración. Y es que a través de ellos, se permite delimitar qué concentraciones pueden tener *ex ante* una incidencia en los mercados que deba requerir la intervención de las autoridades de Competencia.

No obstante, los umbrales de notificación que se utilizan, difieren de unos Estados a otros y de unas autoridades de Competencia a otras, pero todas las autoridades coinciden, en general, en utilizar principalmente una variable para definir el umbral: el volumen de negocios, estando la misma en algunas jurisdicciones complementada por otras variables (contempladas de manera individual o conjunta con la primera): la cuota de mercado o el valor de la transacción.

En el caso particular de España, según el artículo 8 de la Ley 15/2007, actualmente hay dos umbrales de notificación por su parte, el umbral de volumen de negocios: su fundamento radica en la importancia que las empresas afectadas en una concentración tienen en la economía general de un Estado o de un ámbito geográfico. Por otro lado, umbral de cuota de mercado: se utiliza como indicativo del poder que las empresas afectadas por una concentración tienen en el mercado relevante (de producto y geográfico) en el que opera la empresa adquirida.

2.8. El Derecho de la Competencia en otros ordenamientos

De acuerdo con la metodología del Derecho Comparado, es conveniente exponer las líneas principales del Derecho de la Competencia en otros ordenamientos jurídicos, centrándonos en estos momentos en países de Iberoamérica.

Según la Organización para la Cooperación y el Desarrollo Económico (OCDE), el Derecho de la Competencia ha progresado significativamente en Latinoamérica y el Caribe (LAC) en las dos (2) últimas décadas con un número creciente de países que han adoptado leyes de Competencia y otros que han reforzado su aplicación[184].

Agrega, además, que «el ámbito de control de las fusiones es un ejemplo ilustrativo de esta expansión: la región representa aproximadamente el 20% del total de los regímenes de control de las fusiones en todo el mundo, lo cual indica la importancia cada vez mayor de la región a nivel mundial para la futura evolución del derecho y la política de competencia».

En ese tenor, sostiene que la aplicación de la ley de Competencia en la región se ha beneficiado de manera significativa de la cooperación internacional, a través de mecanismos como el Foro Latinoamericano y del Caribe de la Competencia OCDE-BID, el Foro Latinoamericano de Competencia (FLACC) y el Centro Regional de la OCDE para la Competencia (CRC). Esta cooperación y el intercambio de prácticas y experiencias han aumentado la coherencia entre jurisdicciones al apoyar la convergencia en el derecho y la política de competencia y al permitir la creación de un terreno de juego más globalizado[185].

2.8.1. Colombia

Respecto a Colombia, la OCDE plantea que la Ley de Competencia de Colombia es una de las más antiguas de Latinoamérica. Fue aprobada por el Congreso en 1959, con base a la Constitución de 1886. Se trataba de una norma muy exhaustiva que incluía el modelo legal básico que se aplica a los casos de conducta (acuerdos y abuso de posición dominante) y un sistema de revisión previa de fusiones y adquisiciones.

184 OCDE (2022), *Tendencias sobre competencia en Latinoamérica y el Caribe 2022, op. cit.* Pág. 5

185 *Ibidem.*

Sin embargo, los reglamentos de implementación emitidos posteriormente no bastaron para aplicar la ley de manera eficaz y rara vez se aplicaron con el propósito de conservar la Competencia, sino como la base legal para la aplicación de controles de precios[186].

La Constitución de 1991 contempla en su artículo 333, lo siguiente:

> Artículo 333. La actividad económica y la iniciativa privada son libres, dentro de los límites del bien común. Para su ejercicio, nadie podrá exigir permisos previos ni requisitos, sin autorización de la ley. La libre competencia económica es un derecho de todos que supone responsabilidades.

El mismo apartado establece que la empresa, como base del desarrollo, tiene una función social que implica obligaciones y que el Estado fortalecerá las organizaciones solidarias y estimulará el desarrollo empresarial.

Asimismo, que el Estado, por mandato de la ley, impedirá que se obstruya o se restrinja la libertad económica y evitará o controlará cualquier abuso que personas o empresas hagan de su posición dominante en el mercado nacional. También, que la ley delimitará el alcance de la libertad económica cuando así lo exijan el interés social, el ambiente y el patrimonio cultural de la Nación.

De hecho, en su artículo 335, la referida Carta Magna plantea, que tanto las actividades financiera, bursátil, aseguradora y cualquier otra relacionada con el manejo, aprovechamiento e inversión de los recursos de captación a las que se refiere el literal d) del numeral 19 del artículo 150, son de interés público y sólo pueden ser ejercidas previa autorización del Estado, conforme a la ley, la cual regulará la forma de intervención del Gobierno en estas materias y promoverá la democratización del crédito.

En fin, se trata de una actuación ex ante del Estado con la finalidad de tener control y supervisión directa de mercados estratégicos y vulnerables de la economía colombiana.

2.8.1.1. La Superintendencia de Industria y Comercio (SIC)

Esta institución fue creada mediante decreto 2974 del 3 de diciembre de 1968. Luego, en 1976, a través del decreto 149, se le adiciona funciones y servicios de propiedad industrial. Posteriormente, una serie de acontecimientos provocó que la situación cambiara enormemente desde principios de la década de 1990, debido a la introducción de una política de liberalización económica, la adopción de una nueva Constitución que establecía la libre competencia como un derecho constitucional y la promulgación del decreto

186 Examen Interpares de la Organización para la Cooperación y el Desarrollo Económicos (OCDE). Derecho y Política de la Competencia en Colombia. Colombia, 2009.

2153 (de aquí en adelante el decreto 1992), que ampliaron los tipos de conducta sujetos a la ley de Competencia y perfeccionaron las normas legales que se aplican a esa conducta[187].

En la actualidad, el regimen contempla los actos de Competencia Desleal establecidos en la Ley 256 de 1996. Más adelante, a partir de la Ley 446 de 1998 se asignan atribuciones sobre promoción de la Competencia y prácticas de la Competencia, así como prácticas comerciales restrictivas.

Asimismo, coexisten otras disposiciones en el ámbito de promoción de la Competencia y prácticas comerciales restrictivas en el ordenamiento colombiano, como son la Ley 155 de 1959, el Decreto 2153 de 1992 y la Ley 1340 de 2009. Con la Ley 640 de 2001, se introduce la etapa conciliadora a procedimientos de protección de la Competencia y consumidor. Ya en 2008 se otorgan facultades para vigilar operadores, fuentes y usuarios de información, a través de la Ley 1266 de 2008.

Por su parte, la Ley 1340 de 2009 designó a la Superintendencia de Industria y Comercio (SIC) como la autoridad competente para que de manera exclusiva conozca de las investigaciones administrativas, imponga multas y asuma decisiones administrativas por infracción y faltas a la ley de Competencia.

También, la SIC es asignada como autoridad competente en libre competencia, Competencia Desleal y protección del consumidor en el mercado de servicios postales, según la Ley 1341 de 2009. Sin dudas, el 2009 fue un año de importantes normativas para dotar de garras a la autoridad de Competencia, a partir de nuevas facultades que le otorgaron a la SIC diversas normas.

Asimismo, el Decreto 3523 de 2009, modificado por el Decreto 1687 de 2010, plantea que es función de la Superintendencia de Industria y Comercio, en su condición de Autoridad Nacional de Protección de la Competencia, «velar por la observancia de las disposiciones en esta materia en los mercados nacionales», conocer «de las reclamaciones o quejas por hechos que afecten la competencia en los mercados nacionales» y dar trámite a aquellas quejas «que sean significativas, para alcanzar en particular, los siguientes propósitos: la libre participación de las empresas en el mercado, el bienestar de los consumidores y la eficiencia económica»[188].

En ese aspecto, Miranda Londoño ha escrito sobre la necesidad de reformar la normativa colombiana en materia de Competencia, en el sentido de lograr una legislación única de la materia, aplicada meramente por la autoridad nacional de Competencia, cuestión que según reconoce él mismo, fue

187 *Ibidem.*

188 Superintendencia de Industria y Comercio (SIV) (2021). https://www.sic.gov.co/que-es-la-proteccion-de-la-competencia Colombia.

acogida parcialmente en la Ley 1340 de 2009[189]. Una recomendación suya es que sea un espejo de la autoridad de Competencia de la República Dominicana, es decir, que sea un órgano colegiado y no una Superintendencia, manteniendo su autoridad administrativa.

También, propone afianzar la regla *«per se»*, estructurar un sistema de beneficios por delación y fortalecer el régimen de control de concentraciones para garantizar la seguridad jurídica pertinente. Entiende que se necesitan normas claras para determinar cuáles operaciones deben ser informadas y notificadas, entre otros aspectos de confidencialidad que sin lugar a dudas beneficiarán el Derecho de la Competencia colombiano.

En Colombia, existe un modelo parecido al de Perú en el Instituto Nacional de Defensa de la Competencia y de la Protección de la Propiedad Intelectual (Indecopi), ya que la Superintendencia de Industria y Comercio (SIC), es la autoridad nacional de Competencia, protección del consumidor, datos personales, metrología legal y registro de la propiedad industrial.

Obviamente que, a diferencia de Indecopi, pues allí se aborda ambas ramas de la Propiedad Intelectual (Derecho de Autor y Propiedad Industrial), en Colombia existe la Dirección Nacional de Derecho de Autor, que se encarga de proteger tales derechos y posee una estructura jurídica de una Unidad Administrativa Especial adscrita al Ministerio del Interior y de Justicia.

2.8.1.2. Designación de la autoridad de Competencia

Es preciso señalar que, contrario a como sucede en la República Dominicana y España, en Colombia es designado por decreto presidencial su máxima autoridad, esto es, el Superintendente de Industria y Comercio (SIC). Un sinnúmero de críticas siempre se ha arrojado a la discrecionalidad que imperó durante mucho tiempo, ya que al ser nombrado por el Presidente de la República de Colombia, se estipulan como puestos de libre nombramiento y remoción y en ciertos casos, sectores han sentido que los Superintendentes han recibido presiones políticas al momento de tomas de decisiones.

Empero, a partir del decreto 1817 del 15 de septiembre de 2015 suscrito por los ministros de Hacienda y Comercio, Industria y Turismo, así como por funcionarios administrativos y de Función Pública de la Presidencia, donde se exige que para ser Superintendente de las áreas Financiera, Industria y Comercio, así como de Sociedades, tendrá que hacerse una convocatoria pública en la página web de la Presidencia de la República de Colombia, a los fines de que se presenten quienes crean reunir los requisitos y méritos necesarios para ocupar tales posiciones.

---

189 Miranda Londoño, A. «Origen y evolución del Derecho de la Competencia en Colombia: La Ley 155 de 1959 y su legado». *Revista de Derecho Competencia*. Bogotá (Colombia), vol. 6 N° 6, 65-148, enero-diciembre 2011.

Continuando con el recorrido histórico en materia de Competencia y temas afines en Colombia, en 2011 se expide el Estatuto del Consumidor, es decir, una ley que procure su protección. Con la norma 1438 se otorgan facultades sancionadoras en distintas formas de intermediación de bienes del sector salud. Mediante la norma 1480 de 2011 se creó la Red Nacional de Protección al Consumidor.

Asimismo, con el decreto 4175 de 2011, se crea el instituto Nacional de Metrología con atribuciones de metrología científica e industrial. Un buen año para el tema de Competencia fue el 2015, puesto que el Gobierno Nacional expidió reglas nuevas para incentivar la delación en la lucha contra la cartelización empresarial, a partir del decreto 1523 del 16 de julio de 2015, con lo que se moderniza y simplifica el Programa de Beneficios por Colaboración.

2.8.1.3. Sanciones en materia de Competencia

Los esfuerzos en la materia parecen haber dejado grandes beneficios para la economía nacional colombiana, pues, según datos de la SIC, entre 2018 y 2019, esta entidad estatal ha impuesto multas por más de 111 mil millones de pesos colombianos por violaciones a la libre competencia[190].

Lo anterior, a raíz de dieciocho (18) resoluciones sancionadoras entre los citados años, en contra de personas jurídicas y naturales a las que comprobó haber llevado a cabo prácticas restrictivas a la libre competencia. Dichas infracciones van desde cartelización, abuso de posición dominante, actos de influenciación, así como otras prácticas contrarias a la Competencia.

Es importante destacar la importancia de contar con normas como el Código Penal, ya que en el caso colombiano en su artículo 411, así como la Ley 1474 del 12 de julio de 2011, en su artículo 28, sobre fortalecimiento de los mecanismos de prevención, investigación y sanción de actos de corrupción y la efectividad del control de la gestión pública, aborda en torno al particular que ejerza indebidamente influencias sobre un servidor público en un asunto que este se encuentre conociendo o haya de conocer, con el fin de obtener cualquier beneficio económico.

En el caso dominicano, la tipificación más parecida podría ser asociación de malhechores contemplada en el artículo 265 del Código Penal[191]. Obviamente, el tráfico de influencias en ámbito de corrupción compromete la responsabilidad penal de los involucrados.

---

190 Consultada el 17 de mayo de 2022, a las 2:33 pm, en: https://www.sic.gov.co/Superindustria-ha-impuesto-multas-por-mas-de-111-mil-millones-por-violaciones-a-la-libre-competencia-entre-2018-y-2019

191 Art. 265.- Toda asociación formada, cualquiera que sea su duración o el número de sus miembros, todo concierto establecido, con el objeto de preparar o de cometer crímenes contra las personas o contra las propiedades, constituye un crimen contra la paz pública.

Un tema pendiente en el caso dominicano es la posible sanción a personas naturales, como bien se ha logrado hacer en Colombia. La Ley 42-08 de Defensa de la Competencia de la República Dominicana, en su artículo 3[192], reconoce como agente económico, tanto a personas físicas como jurídicas, al igual que lo define en el literal b) del artículo 4 de la misma norma. El reglamento de aplicación de la ley 42-08, también así lo contempla en su artículo 2, numeral 1.

En el caso de Colombia ya han sido impuestas ejemplares sanciones en la materia a personas físicas, como a personas jurídicas, dígase, empresas o agentes económicos. Un ejemplo fue el «Caso suministros», en el que la SIC sancionó veintiún (21) agentes del mercado por carteles en subastas realizadas por varias entidades del Estado, donde acordaron previamente quiénes serían los ganadores en cada proceso y haciendo entregas de dinero a los demás competidores para que se abstuvieran de competir.

En ese sentido, seis (6) personas naturales fueron sancionadas por haber facilitado esas conductas. Esto en detrimento del numeral 9 del artículo 47 del decreto 2153 de 1992, el cual fue posteriormente modificado por la ley 1340 de 2009. Las citadas sanciones a personas físicas van desde 1,656,232 a 426,479,740 pesos colombianos. En el caso español, los directivos de las empresas también pueden ser sancionados de manera particular, concomitante con sus empresas.

También, es importante indicar que la Ley 1340 de 2009, plantea sanción de la Superintendencia de la Industria y Comercio por infracciones a la Competencia. La multa máxima es de dos (2) mil a cien (100) mil salarios mínimos en el caso de empresas, mientras que, de trescientos (300) a dos (2000) mil veces el salario mínimo para personas físicas.

Asimismo, se actualizó la Ley 2195 de 2022, contemplando las multas máximas para empresas y particulares. Hoy en día, además de los múltiplos del salario mínimo, también se puede un porcentaje de los ingresos, los cálculos y sus criterios, sobre todo, en cuanto a los factores agravantes y las reducciones por declaraciones voluntarias de culpabilidad.

2.8.1.4. Programa de clemencia

Es menester saber que, Colombia creó su Programa de clemencia en 2009, aunque posteriormente introdujo importantes cambios en su diseño, como se puede destacar primero, en 2015 a través del Decreto 1523 y, en el año

192 La presente ley se aplicará a todos los agentes económicos, sean éstos personas físicas o jurídicas, sean de derecho público o privado, con o sin fines de lucro, nacionales o extranjeras, que realicen actividades económicas en el territorio nacional.
b) Agente Económico: Toda persona o grupo de personas, físicas o jurídicas que participan en la actividad económica;

2022, mediante la Ley 2195. Dentro de los nuevos elementos se encuentra un nuevo marco que permite aumentar la confidencialidad de la identidad de los solicitantes e introduce nuevos criterios para conceder la inmunidad.

El nuevo reglamento estableció un nuevo plazo para conceder la inmunidad y otros porcentajes de reducción de multas y detalló las situaciones en las que los interesados podrían perder sus beneficios.

2.8.1.5. Experiencia jurisdiccional

La Corte Constitucional de Colombia, en su sentencia C-032-2017, definió la Libertad de Empresa como aquella que:

> «se le reconoce a los ciudadanos para afectar o destinar bienes de cualquier tipo para la realización de actividades económicas, para la producción e intercambio de bienes y servicios, conforme a las pautas o modelos de organización propias del mundo económico contemporáneo, con el objetivo de obtener beneficios o ganancias».

De igual manera, dicha sentencia fijó un criterio relevante sobre la libertad de Competencia, al contemplar que esta acontece cuando un conjunto de empresarios o de sujetos económicos, bien se trate de personas naturales o jurídicas, dentro de un marco normativo y de igualdad de condiciones, ponen sus esfuerzos o recursos a la conquista de un mercado de bienes y servicios en el que operan otros sujetos con intereses similares.

Asimismo, que se trata propiamente de la libertad de concurrir al mercado ofreciendo determinados bienes y servicios, en el marco de la regulación y en la ausencia de barreras u obstáculos que impidan el despliegue de la actividad económica lícita que ha sido escogida por el participante[193].

Además de los aportes doctrinarios de la referida sentencia, añade esta jurisprudencia constitucional que esta libertad comprende al menos tres prerrogativas:

i) la posibilidad de concurrir al mercado, ii) la libertad de ofrecer las condiciones y ventajas comerciales que se estimen oportunas, y iii) la posibilidad de contratar con cualquier consumidor o usuario.

En ese orden de ideas, plantea que, esta libertad también es una garantía para los consumidores, quienes en virtud de ella pueden contratar con quien ofrezca las mejores condiciones dentro del marco de la ley y se benefician de las ventajas de la pluralidad de oferentes en términos de precio y calidad de los bienes y servicios, entre otros[194].

---

193 (2022, 23 de febrero). Corte Constitucional: https://www.corteconstitucional.gov.co/relatoria/2017/C-032-17.htm

194 *Ídem*.

Así pues, esta pieza judicial valora el hecho de que la Constitución colombiana contempla la libre competencia como un derecho, por lo que, la existencia del mismo presupone la garantía de las mencionadas condiciones, no sólo en el ámbito general de las actividades de regulación atenuada, propias de la libertad económica, sino, también en aquellas actividades sujetas a una regulación intensa, pero en las cuales el legislador, al amparo de la Constitución, haya previsto la intervención de la empresa privada.

2.8.2. México

Dos organismos gubernamentales autónomos están a cargo de investigar y, hasta sancionar las conductas anticompetitivas, como son: el Instituto Federal de Telecomunicaciones (IFT), que tiene facultades exclusivas en materia de Competencia relacionada con los sectores de telecomunicaciones y radiodifusión, y la Comisión Federal de Competencia Económica (COFECE o la Comisión), que tiene jurisdicción sobre todos los demás mercados e industrias. Para efectos de este trabajo de investigación, el enfoque estará en la COFECE.

Ahora bien, COFECE es responsable de supervisar, promover y garantizar la Competencia y el acceso para el funcionamiento eficiente de los mercados en beneficio de los consumidores, esto como organismo a cargo de la aplicación de la Competencia en México. Se encuentra organizada en una Junta, compuesta por siete (7) comisionados, los cuales son responsables, entre otras cosas, de decidir y sancionar sobre los casos de la Comisión.

También, hay unidades que incluyen una autoridad investigadora, la que, a su vez, indaga posibles conductas anticompetitivas, así como las condiciones de Competencia en los mercados, la existencia de posibles barreras a la Competencia. Además, una Secretaría Técnica, que analiza las concentraciones, lleva a cabo un procedimiento a modo de juicio en el cual los presuntos infractores tienen derecho a argumentar a su favor y presentar prueba relacionada con los alegatos presentados en su contra.

En adición, una Unidad de Planificación, Relaciones Institucionales y Asuntos Internacionales, la que lleva a cabo las actividades de importancia política de la Comisión, la planificación estratégica y evaluación institucional, no obstante, la coordinación de las relaciones institucionales de la COFECE con instituciones y organismos nacionales e internacionales. Y, una Contraloría Interna que vela porque los funcionarios de la COFECE cumplan con sus funciones con estricto apego a la ley.

Es relevante sostener que, dentro de las facultades de COFECE, está realizar investigaciones, iniciar procedimientos administrativos para imponer multas y otras sanciones a los agentes económicos involucrados en conductas anticompetitivas. En cuanto a los procedimientos administrativos, la entidad es quien notifica el inicio de una investigación en el Diario Oficial de la

Federación, una vez sea practicada y legalmente admisible de conformidad con la LFCE y sus disposiciones reglamentarias.

La Comisión tiene hasta un plazo de ciento veinte (120) días hábiles, contados a partir de la fecha de emisión de la resolución de inicio, para publicar el aviso de apertura de una investigación, que debe incluir los fundamentos de derecho, los mercados y las conductas investigadas. En la etapa de investigación, los agentes económicos considerados en el proceso pueden variar dependiendo de la información que se esté analizando y no existe prejuzgamiento, por lo que, no se realizan notificaciones en el momento[195].

Una vez concluida la investigación, el área investigadora deberá elevar ante la Junta de Comisionados un dictamen investigativo que proponga: 1) el inicio del procedimiento de ejecución o procedimiento similar a un juicio[196] o, 2) el archivo del caso cuando no existan elementos para iniciar el procedimiento de ejecución.

En el primer caso, el Pleno ordenará a la Secretaría Técnica que inicie el procedimiento de ejecución notificando a los presuntos infractores el Pliego de Cargos. Este procedimiento de ejecución da oportunidad a los demandados de presentar su defensa en contra la conducta presunta y finaliza con la resolución final emitida por la Junta de Comisionados.

Ahora bien, en cuanto al plazo de las investigaciones de prácticas anticompetitivas o concentraciones ilícitas no podrá ser inferior a treinta (30) días, ni exceder de ciento veinte (120) días hábiles, pudiendo prorrogarse este plazo en cuatro ocasiones, siempre y cuando la complejidad del caso lo amerite. Como tal, una investigación puede durar hasta dos (2) años y medio. La duración media de las investigaciones de cárteles es de veintitrés (23) meses. Para las conductas unilaterales, la duración media es de veinticinco (25) meses.

2.9. Ilícitos tipificados en materia de Competencia del Derecho español

Con la entrada en vigor de la Ley 15/2007, que deroga la LCD de 1989, se configuró un nuevo modelo de Competencia en España, puesto que la misma estableció un cambio importante en el sistema institucional en cuanto a las

195 Red Internacional de Competencia, Plantilla de conformidad con la Sección 3 (a) del Marco de Procedimientos de la Agencia de Competencia del ICN Comisión Federal de Competencia Económica, México https://www.internationalcompetitionnetwork.org/wp-content/uploads/2020/08/CAPTemplate-Mexico -COFECE.pdf

196 COFECE, Procedimiento tipo juicio: https://www.cofece.mx/sobre-la-cofece/secretaria-tecnica/procedimiento-tipo-juicio/?lang=es

normas de Competencia[197]. Ello acarreó la potenciación de la persecusión de las conductas contrarias a la Competencia más perjudiciales, incluso a partir de instrumentos como el sistema de clemencia para la detección de carteles.

Es importante señalar, que la Ley 3/2013 que llevó a cabo la gran reforma para la creación de la Comisión Nacional de los Mercados y la Competencia (CNMC), la cual agrupó las funciones relativas al correcto funcionamiento de los mercados y sectores supervisados por la Comisión Nacional de Energía, la Comisión del Mercado de las Telecomunicaciones, la Comisión Nacional de la Competencia, el Comité de Regulación Ferroviaria, la Comisión Nacional del Sector Postal, la Comisión de Regulación Económica Aeroportuaria y el Consejo Estatal de Medios Audiovisuales, no afecta desde el ámbito del Derecho de Defensa de la Competencia, el contenido sustantivo de la Ley 15/2007, por lo que, las funciones de instrucción seguirán ejerciéndose por los miembros de la Dirección de Competencia.

2.9.1. El abuso de posición dominante

La mayoría de las legislaciones de Competencia del mundo, prohíben el abuso de posición dominante. Se puede citar la pionera y referente legislación en Competencia, la *Sherman Act* en los Estados Unidos de América, La Ley 42-08 de Defensa de la Competencia de República Dominicana, el Tratado de Funcionamiento de la Unión Europea (TFUE), así como la norma española de Defensa de la Competencia, 15/2007, prohíben el abuso de posición de dominio. La primera, en su apartado 15. U.S.C, la segunda en el artículo 6, el tercero en su artículo 102 TFUE, y la última, en su artículo 2.

De manera específica, la Sherman Act, plantea de manera textual, en su sección 2:

> Toda persona que monopolice, o intente monopolizar, o se combine, o conspire con cualquier otra persona, o personas, para monopolizar cualquier parte del comercio o de la industria entre los diversos Estados, o con naciones extranjeras, será considerado culpable de una falta, y convicto de la misma será penado con una multa (...) o con prisión hasta un año o con ambas penas a discreción del Tribunal.

197 Bercovitz Rodriguez Cano, A., en *Apuntes de Derecho Mercantil* (2021), pág 282, señala que: «Esos cambios frente a la regulación contenida en la LDC de 1989 estuvieron motivados en gran parte por la finalidad de adoptar los mismos planteamientos introducidos por el Reglamento (CE) núm. 1/2003, del Consejo de 16 de diciembre de 2002, relativo a la aplicación de las normas sobre competencia previstas en los artículos 81 y 82 del Tratado (hoy arts. 101 y 102 del TFUE)».

Por su parte, la Ley 42-08 de Defensa de la Competencia de la República Dominicana, en su artículo 6, lo siguiente:

> Del abuso de posición dominante. Quedan prohibidas las conductas que constituyan abusos de la posición dominante de agentes económicos en un mercado relevante susceptibles de crear barreras injustificadas a terceros.

Ahora bien, tanto en la norma europea, como en la española, el ámbito material de la prohibición es idéntico, y en lo único que se distinguen es el ámbito geográfico que es el mercado común o una parte sustancial del mismo, para el TFUE, y todo o parte del mercado nacional, para la Ley 15/2007.

Bercovitz Rodríguez-Cano sostiene que, en materia de sanciones la LDC de 2007 introdujo novedades importantes. Por un lado, la introducción de normas para calificar las infracciones como leves, graves y muy graves (arts. 62-64); por otro lado, la incorporación de lo que se denomina «Política de clemencia», inspirada según este, en la Comunicación de la Comisión de 19 de febrero de 2002, relativa a la dispensa del pago de las multas y la reducción de su importe en casos de cartel (DOCE 2002 C45/3, 9 de febrero)[198].

Respecto a las legislaciones anteriores, tanto la comunitaria como de manera específica en la española, la lista de conductas consideradas abusivas no es cerrada, por lo que se entiende que hay otros comportamientos o conductas que, llevados a cabo por una empresa con posición dominante, podrían ser denominados como abusivos en virtud de la ley de Competencia.

Terol Gómez sostiene que, a partir de las prácticas abusivas se remite al Consejo para que, a propuesta de la Comisión Europea y previa consulta del Parlamento Europeo, para que apruebe los Reglamentos y Directivas para su aplicación, por lo que de allí surge el Reglamento 1/2003, de 16 de diciembre de 2002[199].

En tal sentido, el artículo 82 del Tratado Constitutivo de la Comunidad Europea (en la actualidad artículo 102 del Tratado de Funcionamiento de la Unión Europea -TFUE) plantea lo relativo a la prohibición de los abusos de posición dominante de la siguiente manera:

> Será incompatible con el mercado interior y quedará prohibida, en la medida en que pueda afectar al comercio entre los Estados miembros, la explotación abusiva, por parte de una o más empresas, de una posición dominante en el mercado interior o en una parte sustancial del mismo.

Asimismo, en el artículo 2 de la Ley de Defensa de la Competencia, se prohíbe de forma expresa la explotación abusiva por una o varias en todo o en parte del mercado nacional[200].

---

198 Bercovitz Rodríguez-Cano, A. *Apuntes de Derecho Mercantil. Op. Cit.* Págs. 319-320

199 Terol Gómez, R. *Competencia y Derecho Administrativo. Op. Cit.* Pág. 40

200 Bercovitz Rodríguez-Cano, A. *Apuntes de Detrecho Mercantil. Op. Cit.* Págs. 319-320

En tal sentido, establecida dicha prohibición se entiende que la Competencia se encuentra desde ya limitada por la presencia de la posición dominante de una o varias empresas. Esto, porque es evidente que no se procura impedir que la Competencia esté limitada, ya que se considera que la restricción característica de la misma estructura del mercado es la información clave de la realidad de la que se debe partir.

Un aspecto importante a destacar, es que ni la legislación europea, ni la española, desarrollan los elementos que hace constar el artículo 102 del TFUE y el artículo 2 de la Ley 15/2007, sino que, más bien, ha sido la jurisprudencia del Tribunal de Justicia de Unión Europea (TJUE) y, para el caso de España, ha sido la doctrina del Tribunal de Defensa de la Competencia (TDC) en el pasado, ahora la actual Comisión Nacional de los Mercados y la Competencia (CNMC), las que han servido para desarrollar el contenido y alcance de los citados elementos. Para las autoridades de Competencia comunitarias y nacionales existe un requisito adicional que se introdujo hace pocos años: la afectación al interés público[201].

En torno a la aplicación de la legislación de competencia comunitaria, Guillen Caramés, que se trata de un ámbito que se excepciona del principio general de que la aplicación del Derecho de la UE corresponde en plenitud a los Estados miembros, puesto que es compartida por estos y las autoridades comunitarias, por lo que se trata de un modelo de aplicación descentralizada de este ordenamiento comunitario[202].

También, es relevante saber que, ni el artículo 102 del TFUE, como el artículo 2 de la Ley 15/2007 de Defensa de la Competencia, definen la posición dominante, pero la jurisprudencia ha desarrollado dicho concepto, como, por ejemplo, el Tribunal de Justicia de la Unión Europea (TJUE), en su sentencia de 14 de febrero de 1978 (United Brands), otorgó la definición por vez primera sobre «posición dominante»[203], estableciendo lo siguiente:

> Situación de poder económico que ostenta una empresa que le da la facultad de obstaculizar el mantenimiento de una competencia efectiva en el mercado de referencia, proporcionándole la posibilidad de comportamientos, en medida apreciable, independientes respecto de sus competidores, sus clientes y, en definitiva, los consumidores.

---

201 Terol Gómez, R. *Competencia y Derecho Administrativo. Op. Cit.* Pág. 42

202 Guillen Carames, J. (2016). *La ejecución del Derecho Comunitario de la Competencia por las autoridades nacionales: un modelo de aplicación descentralizada de la legislación europea, Memorial para la reforma del Estado. Estudios en homenaje al profesor Santiago Muñoz Machado.* Vol. III (Baño León, J.M., Coord.), Iustel, Madrid. Págs. 2313-2351.

203 Ir al párrafo 10 de la Comunicación sobre Orientaciones sobre las prioridades de control de la Comisión en su aplicación del artículo 102 del TFUE a la conducta excluyente abusiva de las empresas dominantes. Disponible en: http://eur-lex.europa.eu/LexUriServ/LexUriServ.do?uri=OJ:C:2009:045:0007:0020:ES:PDF

A partir de esta definición, dos aspectos sobresalen: por un lado, la capacidad para limitar la Competencia efectiva en el mercado y, por el otro, capacidad de comportamiento independiente frente a competidores, clientes y consumidores. Sobre la independencia de comportamiento de una determinada empresa, es un relevante componente de la posición dominante, de manera tal que, si ésta se lleva a cabo de forma apreciable en cuanto a los competidores, clientes y proveedores, se podrá definir una posición de dominio.

Según Bercovitz Rodríguez-Cano, la posición dominante puede corresponder a una empresa sola o varias empresas distintas. Sostiene que a tales efectos pueden ostentar una posición dominante varias empresas del mismo grupo. De hecho, aclara que, por el contrario, las colusiones entre empresas del mismo grupo no caen bajo las prohibiciones de los artículos 1 LDC y 81 TCE (actualmente TFUE)[204].

Por su parte, Coloma señala que el concepto de posición dominante tiene una gran importancia en la práctica de la Defensa de la Competencia en los países de la Unión Europea y en aquellos cuyas legislaciones están inspiradas en el derecho europeo. Sostiene que el artículo 19 de la Ley alemana de Defensa de la Competencia define la posición dominante como una situación en la cual un oferente o demandante de un bien o servicio «no tiene competidores o no está expuesto a competencia sustancial, o bien tiene una posición superior en el mercado en relación con sus competidores»[205].

Asimismo, una herramienta que se puede usar al momento de pretender definir la posición de dominio es el concepto económico de poder de mercado. Dicho concepto, se ha definido como aquel que permite a la empresa incrementar de manera rentable los precios en un período de tiempo significativo por encima del nivel competitivo. La Comisión Europea lo definió como una medida de la fortaleza de una empresa en el mercado y se define como la capacidad que tiene para subir los precios por encima de sus costos marginales de manera rentable[206].

Cabe resaltar, que este criterio ha sido empleado por la Comisión Europea (párrafo 11 de la Comunicación sobre Orientaciones sobre las prioridades de control de la Comisión en su aplicación del artículo 102 del TFUE a la conducta excluyente abusiva de las empresas dominantes)[207], así como, la Office

---

204 Bercovitz Rodríguez-Cano, A. *Apuntes de Derecho Mercantil. Op. Cit.* Pág. 320

205 Coloma, G. (2009). *Defensa de la Competencia. Op. Cit.* Págs. 74-75

206 European Comission (2002). *Glossary of terms used in EU competition policy–antitrust and control of concentrations*. Luxemburg: Office for Official Publications of the European Communities.

207 Ver:http://eurlex.europa.eu/LexUriServ/LexUriServ.do?uri=OJ:C:2009:045:0007:0020:ES:PDF

of Fair Trading (OFT/ actualmente CMA) de (Directrices para la evaluación de poder de mercado — Guidelines on assessment of market power)[208].

Sin embargo, es preciso señalar que, el concepto de «poder de mercado» no se utiliza a unanimidad. Mientras que en Estados Unidos la noción surge vinculada a la capacidad de una empresa de controlar los precios, en el caso europeo y, especialmente, el español, el poder de mercado es más amplio, haciendo alusión, a la capacidad de actuar en el mercado de manera independiente[209].

Es preciso sostener, que no se prohíbe la posición dominante en sí, siempre y cuando sea el resultado de la dinámica competitiva del mercado. Lo que realmente se prohíbe es el abuso de la posición dominante. Limitación ésta que resulta ser absoluta y automática como diría Bercovitz Rodríguez-Cano[210], muy diferente a lo que sucede con las colusiones establecidas en los artículos 81 TCE (hoy art. 101 TFUE) y 1 LDC.

Por tanto, según el citado autor, los requisitos que deben existir para tal prohibición son: a) Existencia de una o varias empresas que tengan una posición de dominio en el mercado, y, b) Explotación abusiva de esa posición.

No obstante, hace la salvedad de que el artículo 82 TCE (actualmente 102 TFUE) exige, además, la posibilidad de que esa explotación abusiva afecte el comercio entre los Estados miembros[211].

Ahora bien, partiendo de que la posición de dominio existe a partir de una empresa sola o varias empresas, siendo posible también que varias empresas de un mismo grupo posean dicha situación, contrario a las colusiones entre empresas del mismo grupo, ya que no se encasillan en la prohibición de los artículos 1 de la LDC y 81 del TCE (hoy art. 101 TFUE).

Es decir, si la posición dominante la exhiben varias empresas independientes una de las otras, si puede aplicar de manera simultánea las prohibiciones de los artículos 81 y 82 del TCE (actualmente 101 y 102 del TFUE) o 1 y 2 de la LDC. De hecho, un elemento clave es conocer si cualquier caso analizado de forma particular, podría afectar al comercio entre Estados miembros.

Asimismo, la jurisprudencia del Tribunal de Justicia de la Unión Europea (TJUE) ha desarrollado dicho concepto y lo ha interpretado ampliamente. Por lo que, los acuerdos o prácticas de abuso que contemplen al territorio de un único Estado miembro pueden afectar al comercio entre Estados miembros

208 Ver: http://www.oft.gov.uk/shared_oft/business_leaflets/ca98_guidelines/oft415.pdf

209 Asunto United States v. E.I. du Pont Nemours & Co., 351 US 377, 391-92 (1956), se definió el poder de mercado como «the power to control prices or exclude competition»; mientras que, en el asunto Eastman Kodak Co. V. Image Technical Servs., Inc., 504 US 451, 464 (1992), se definió como «the ability of a single seller to raise price and restrict output».

210 Bercovitz Rodríguez-Cano, A. (2021). *Apuntes de Derecho Mercantil. Op. Cit.* Pág. 319.

211 *Ibidem.*

siempre y cuando esas conductas restrictivas de la Competencia favorecen a compartir el mercado único, aumentando las barreras a la entrada de empresas de terceros Estados miembros.

También, un ejemplo es el que aporta la jurisprudencia a partir de la sentencia del Tribunal de Justicia de la Comunidad Europea del 16 de marzo de 2000[212], pues permite entender la importancia de tomar en cuenta que la posición dominante colectiva mostrada conjuntamente por diversas empresas puede evidenciarse tanto si es por acuerdo entre las partes, como podría darse sin que los agentes económicos se hayan puesto de acuerdo.

Ahora bien, en cuanto a la caracterización de la posición dominante, es menester establecer que, ciertamente la existencia de monopolio se traduce en posición de dominio, pero no necesariamente quiere decir que no exista Competencia en un mercado determinado por el hecho de que una empresa ocupe una posición dominante. Entonces, dos (2) criterios deben primar al momento de determinar la existencia de una posición de dominio: que la empresa esté en condiciones de ejercitar por sí misma una influencia relevante en el mercado, y, que no haya una Competencia efectiva por parte de otras empresas.

Mientras que, el modelo de monopolio plantea una situación en la que una única empresa provee a todo el mercado, la entrada es prácticamente imposible y el monopolista puede afectar el precio modificando la cantidad suministrada. Aprovechándose de la ley de la demanda, por la cual la gente estará dispuesta a pagar más por un producto cuando la cantidad disminuya, el monopolista puede aumentar los precios reduciendo la cantidad producida.

Como ya se ha dicho anteriormente, la posición de dominio no es una infracción, su abuso si se tipifica como tal. Cuando se hace referencia a abuso es en alusión al perjuicio injustificado a los demás participantes en el mercado, dígase, clientes, competidores o proveedores, a través de prácticas que no se habrían llevado a cabo si hubiera Competencia efectiva.

En ese mismo orden, el abuso referido en el párrafo anterior, es el abordado por los artículos 82 TCE (actualmente 102 TFUE) y 2.2 LDC, como son: Imposiciones directas o indirectas de precios u otras condiciones comerciales o de servicios (de transacción) no equitativas, limitación de la producción, la distribución o el desarrollo técnico en perjuicio de las empresas o los consumidores, tratamiento discriminatorio a terceros contratante, que les ocasione una desventaja competitiva, supuesto que incluye la negativa injustificada a demandas de compra de productos o de prestación de servicios, e imposición de contratos vinculados.

212 Sentencia del Tribunal de Justicia (Sala Quinta) de 16 de marzo de 2000: Caso Compagnie Maritime Belge Transports SA, Compagnie maritime belge SA (C-395/96 P) y Dafra-Lines A/S (C-396/96 P) en contra de la Comisión de las Comunidades Europeas. Disponible en: https://eur-lex.europa.eu/legal-content/ES/TXT/PDF/?uri=CELEX:61996CJ0395&rid=1

2.9.1.1. Abuso de posición dominante y mercado relevante

La Comunicación de la Comisión Europea, en su versión en español, utiliza el término «de referencia», en la actualidad para el mismo concepto se utiliza el término «relevante», y lo define como[213]:

> «El mercado de referencia, en el marco del cual se determina una cuestión de competencia, se determina combinando el mercado de producto y el mercado geográfico».

Asimismo, la Comunicación de la Comisión Europea establece lo siguiente sobre el mercado de producto de referencia[214]:

> «...comprende la totalidad de los bienes y servicios que los consumidores consideren intercambiables o sustituibles en razón de sus características, su precio o el uso que se prevea hacer de ellos».

Al respecto, Coloma señala que el concepto de «mercado relevante» representa una aplicación al análisis *antitrust* de los distintos enfoques de la literatura económica con respecto a la diferenciación de productos. Indica que la definición más difundida de mercado relevante como concepto aplicable al análisis de defensa de la competencia es la que aparece en las pautas para la evaluación de fusiones horizontales del Departamento de Justicia y de la Comisión Federal de Comercio de los Estados Unidos[215].

En ese tenor, Bercovitz Rodríguez-Cano señala que es imprescindible saber que para identificar si hay posición dominante o no, lo primero que se debe hacer es delimitar el mercado relevante, tomando en cuenta tres (3) criterios: Geográfico (se refiere al ámbito geográfico donde se desenvuelve la empresa en posición dominante y donde tiene el dominio); temporalidad, se refiere al espacio de tiempo específico; y, objetivo (Intercambiabilidad o sustituibilidad de bienes o servicios desde el punto de vista de los consumidores, tomando en consideración las propiedades, precio y uso de los productos o servicios[216].

Respecto al mercado geográfico relevante, la Comunicación de la Comisión plantea que comprende la zona en la que las empresas afectadas desarrollan actividades de suministro de los bienes y de prestación de los servicios

213 Comunicación de la Comisión relativa a la definición de mercado de referencia a efectos de la normativa comunitaria en materia de competencia (1997). *Diario Oficial n.º C 372. Págs. 0005-0013.*

214 *Ibidem.*

215 Coloma, G. (2009). *Defensa de la Competencia. Op. Cit.* Págs. 80-81

216 Bercovitz Rodríguez-Cano, A. (2021). *Apuntes de Derecho Mercantil. Op. Cit.* Pág. 321

de referencia, en la que las condiciones de Competencia son suficientemente homogéneas y que puede distinguirse de otras zonas geográficas próximas debido, en particular, a que las condiciones de Competencia que prevalecen en ella son distintas a aquellas.

Es primordial saber que, se trata del área en la que las partes envueltas ofrecen y demandan sus bienes y cuyas condiciones de Competencia son lo suficientemente homogéneas para diferenciarse de otras áreas aledañas. Por lo que, su establecimiento parte del área geográfica de actuación de la o las empresas involucradas, como de la comprobación de que en tales áreas las circunstancias de competencia son similares y distintas a las de otras zonas vecinas.

Ruiz D., expone que la definición de mercado relevante constituye un elemento central dentro del análisis de los casos *antitrusts*. Sostiene que la jurisprudencia norteamericana y de los países europeos en el último siglo, ha ido incorporando gradualmente un conjunto de criterios metodológicos a partir de se define ámbito geográfico y de los productos que se analizan los efectos de operaciones de concentración y otras conductas empresariales, en todo al grado de competencia en los mercados[217].

La importancia de la determinación del mercado relevante es objeto de estudio constante, ya que la jurisprudencia en la materia ha fallado anulando importantes decisiones, por el hecho de no haberse delimitado correctamente. Es por ello que se hace necesario que la posición dominante contemple una parte importante del mercado común o del mercado nacional.

Según Noriega Sandberg y Ariño Sánchez, en United Brands (1978) el Tribunal define así el mercado geográfico: «...una zona geográfica determinada en la que [el producto relevante] es comercializado y donde las condiciones de Competencia son lo suficientemente homogéneas como para poder apreciar el juego del poder económico de la empresa interesada»[218].

Dentro de los factores a tomar en consideración al momento de definir el mercado geográfico son: evidencia de desplazamientos del consumo a otras áreas, características propias de la demanda (preferencias nacionales, lealtades, culturas, idioma, estilos de vida), puntos de vista de clientes y competidores, patrones geográficos actuales, flujos comerciales con otras áreas y su medición, costes de transporte, así como, restricciones o barreras legales.

217 Ruiz D., G. (2000). «Definición del Mercado relevante y Políticas de competencia». *THEMIS Revista de Derecho*, (41). Págs. 297-310.

218 Noriega Sandberg, R. & Ariño Sánchez, R. (2005). *Definición de mercado geográfico en servicios de acceso a telecomunicaciones desde ubicación fija.* Núm. 22, Págs. 11-38.

2.9.2. Prácticas colusorias: acuerdos restrictivos de la Competencia

Con el fin de preservar la rivalidad entre empresas, por ser motor de funcionamiento del mercado, los ordenamientos jurídicos de muchas partes del mundo, prohíben todo comportamiento que tienda a la concertación de empresas con el objeto de limitar la Competencia entre operadores, ya que ello constituye un grave atentado contra la misma, pues de este modo, los agentes económicos sustituyen la actuación autónoma del mercado y sus competidores, procurando obtener el éxito y la eficiencia mediante mejora de sus prestaciones, a partir de una actuación coordinada en la que reducen sus incentivos para captar consumidores, provocando daños de estos y de la eficiencia del mercado en general.

En ese tenor, Coloma define la colusión como una situación en la cual una serie de empresas acuerdan no competir entre ellas con el objetivo de incrementar los beneficios conjuntos de todo el grupo. Agrega que tiene la característica común de que trae aparejado un aumento en los precios y una reducción en los volúmenes comerciados respecto de los que regirían en una situación en la cual las empresas compitieran entre sí[219].

Por su parte, la ley 42-08 de Defensa de la Competencia, define en su artículo 4.g, que, práctica concertada es todo comportamiento de hecho entre agentes económicos competidores voluntariamente dirigido a anular la competencia entre ellos.

Ahora bien, Motta sostiene que, en economía, la colusión es una situación en la que los precios de las empresas son más altos que algún índice de referencia competitiva. Sin embargo, plantea el mismo Motta que se trata de una situación en la que las empresas fijan precios que son suficientemente cercanos a los precios de monopolio[220].

Esta puede ser explícita o tácita. La primera ocurre tanto cuando las empresas actúan a través de un cartel organizado y, la segunda, cuando lo hacen de una manera puramente no cooperativa[221].

Es relevante decir que, en Europa los acuerdos restrictivos de la Competencia son nulos de pleno derecho y, por tal motivo, no son alegables en los tribunales. Lo que si puede suceder es la imposición de importantes sanciones, incluso, hasta reclamaciones por daños y perjuicios. También, en otras jurisdicciones, estos acuerdos pueden provocar consecuencias penales para los directivos envueltos en ellos.

---

219 Coloma, G. (2009). *Defensa de la Competencia. Op. Cit.* Pág. 95

220 Motta, M. (2018). *Política de Competencia. Op. Cit.* Págs. 178-179

221 *Ibidem.*

Obviamente, estos riesgos deben ser vistos por las empresas y sus directivos, por lo que, de llevarlos a cabo, querrán ejecutarlos de forma secreta, con el fin de evadir pruebas incriminatorias, por lo que, la reacción de las autoridades de Competencia ante el «secreto» de dichos acuerdos restrictivos ha sido en dos vertientes. Por un lado, hablar de acuerdo es aplicar el concepto, pues, pueden ser escritos o verbales, hasta sencillos entendimientos de manifestaciones y los denominados «pactos entre caballeros».

Es por ello, que la norma española como la europea, prohíbe no sólo los acuerdos, sino, toda práctica que tienda a ser concertada entre agentes económicos, así como las decisiones de gremios empresariales. Para Bereguer, la jurisprudencia comunitaria «admitió desde un principio que los órganos jurisdiccionales de los Estados miembros podían aplicar las normas de la competencia, aun de forma simultánea a la Comisión»[222].

Bercovitz Rodríguez-Cano, establece que las actuaciones más claramente perjudiciales para la Competencia son aquellas en virtud de las cuales varias empresas se ponen de acuerdo o actúan de forma coordinada para no competir o para restringir la Competencia. Son las que pueden denominarse «colusiones entre empresas»[223].

Es preciso señalar que, no todos los acuerdos entre empresas son restrictivos de la Competencia. Existen aquello que pueden no restringir la Competencia en lo absoluto[224]. Bercovitz Rodríguez-Cano advierte que «cuando se prohíban las colusiones entre empresas, la prohibición puede adoptar contenidos diversos».

En tal sentido sostiene que, «puede ser una prohibición absoluta, sin excepciones, como es, en principio, la establecida por el Derecho norteamericano». Mientras, el mismo autor indica que, «puede ser, por el contrario, una prohibición que afecte sólo a las limitaciones de la Competencia que constituyan un "abuso" o que perjudiquen claramente a la economía nacional».

Sin embargo, hay algunos acuerdos que pueden restringir la Competencia de manera sensible y, no necesariamente estar vinculados a objetivos legítimos, aunque podrían tener otros efectos que amorticen la restricción de la Competencia. A este sistema Bercovitz Rodríguez-Cano los denomina «intermedios».

De manera puntual, el TFUE prohíbe los acuerdos restrictivos de la Competencia en su artículo 101, estableciendo que: «Serán incompatibles con el mercado común y quedarán prohibidos todos los acuerdos entre empresas, las decisiones de asociaciones de empresas y las prácticas concertadas que

---

222 Berenguer Fuster, L. (2008). *La reforma de la Política de Competencia en la UE y su incidencia en el Derecho español.* Cuadernos Europeos de Deusto. Núm 38. Pág. 73.

223 Bercovitz Rodríguez-Cano, A. (2021). *Apuntes de Derecho Mercantil. Op. Cit.* Pág. 295.

224 Terol Gómez, R. (2023). *Competencia y Derecho Administrativo. Op. Cit.* Pág. 39

puedan afectar al comercio entre los Estados Miembros y que tengan por objeto o efecto impedir, restringir o falsear el juego de la Competencia dentro del mercado común».

Asimismo, plantea cinco (5) supuestos, como son: a) fijar directa o indirectamente los precios de compra o de venta u otras condiciones de transacción; b) limitar o controlar la producción, el mercado, el desarrollo técnico o las inversiones; c) repartirse los mercados o las fuentes de abastecimiento; d) aplicar a terceros contratantes condiciones desiguales para prestaciones equivalentes, que ocasionen a éstos una desventaja competitiva; e) subordinar la celebración de contratos a la aceptación, por los otros contratantes, de prestaciones suplementarias que, por su naturaleza o según los usos mercantiles, no guarden relación alguna con el objeto de dichos contratos[225].

De inmediato, en el apartado 2 del mismo artículo, señala que: «Los acuerdos o decisiones prohibidos por el presente artículo serán nulos de pleno derecho». Además, respecto al párrafo 3 del citado artículo, menciona que, no obstante las disposiciones del apartado 1, pueden ser declaradas inaplicables a: cualquier acuerdo o categoría de acuerdos entre empresas; cualquier decisión o categoría de decisiones de asociaciones de empresas; cualquier práctica concertada o categoría de prácticas concertadas, que contribuyan a mejorar la producción o la distribución de los productos o a fomentar el progreso técnico o económico, y reserven al mismo tiempo a los usuarios una participación equitativa en el beneficio resultante, y sin que: a) Impongan a las empresas interesadas restricciones que no sean indispensables para alcanzar tales objetivos; b) Ofrezcan a dichas empresas la posibilidad de eliminar la Competencia respecto de una parte sustancial de los productos de que se trate.

Asimismo, la LDC en su artículo 1 contempla un contenido similar al 101 TFUE, aunque puede haber excepción siempre y cuando se satisfagan los requisitos del artículo 101.3 TFUE. Es decir, aquellos acuerdos prohibidos por el artículo 101.1. TFUE y que no llenen los requisitos del 101.3 TFUE son, según el artículo 101.2 TFUE, nulos de pleno derecho.

En ese mismo tenor, la Comisión Europea puede aplicar el artículo 101 TFUE, así también, las autoridades de Competencia de los Estados Miembros y por los jueces y Tribunales nacionales. En tanto, las decisiones de la Comisión son recurribles ante el Tribunal General (antiguo Tribunal de Primera Instancia) y las sentencias de éste, a su vez, ante el Tribunal de Justicia. En España, la autoridad encargada de aplicar la normativa de Competencia es la Comisión Nacional de los Mercados y la Competencia (CNMC), cabiendo posteriormente, recurso ante la jurisdicción contenciosa-administrativa[226].

225 Artículo 101 del TFUE prohíbe los acuerdos que tengan por objeto o efecto impedir, restringir o falsear el juego de la competencia.

226 Terol Gómez, R. (2023). *Competencia y Derecho Administrativo*. *Op. Cit.* Pág. 60

Ahora bien, hay una diferencia delimitada en cuanto al ámbito de aplicación de los artículos 1 y 2 de la LDC y los artículos 101 y 102 TFUE, ya que, los preceptos meramente comunitarios serán de aplicación cuando las conductas restrictivas de la Competencia afecten al comercio entre los Estados miembros, mientras que las normas nacionales regirán para aquellas conductas que restrinjan la Competencia en todo o parte del mercado nacional[227].

En torno a sus efectos, para que haya una colusión debe existir alguna especie de acuerdo o entendimiento entre dos o más personas, por lo que, ese concierto de voluntades tiene que afectar las operaciones de dos o más agentes económicos. Allí radica entonces, la razón de la prohibición del 101.1 TFUE[228].

También, en ocasiones, puede darse el caso en el que los acuerdos que dan origen a la restricción de la Competencia se lleven a cabo por personas que no necesariamente son empresarios. Razón esta, por la que el artículo 1.1 LDC no hace referencia directa a empresas. En el caso de República Dominicana, el artículo 4 de la Ley 42-08 de Defensa de la Competencia, define «agente económico», como: «toda persona o grupo de personas, físicas o jurídicas que participan en la actividad económica». La verdad es que la norma abordó de forma general el concepto, lo cual le permite actuar sin confusiones al momento de señalar responsabilidades.

En ese orden de ideas, el artículo 5 de la precitada Ley 42-08 de Defensa de la Competencia, indica que:

> Quedan prohibidas las prácticas, los actos, convenios y acuerdos entre agentes económicos competidores, Sean estos expresos o tácitos, escritos o verbales, que tengan por objeto o que produzcan o puedan producir el efecto de imponer injustificadamente barreras en el mercado.

De manera específica, señala cinco (5) conductas: a) Acordar precios, descuentos, cargos extraordinarios, otras condiciones de venta y el intercambio de información que tenga el mismo objeto o efecto; b) Concertar o coordinar las ofertas o la abstención en licitaciones, concursos y subastas públicas; c)

227 *Ibidem.*

228 Artículo 101.1 TFUE. Serán incompatibles con el mercado interior y quedarán prohibidos todos los acuerdos entre empresas, las decisiones de asociaciones de empresas y las prácticas concertadas que puedan afectar al comercio entre los Estados miembros y que tengan por objeto o efecto impedir, restringir o falsear el juego de la competencia dentro del mercado interior y, en particular, los que consistan en: a) fijar directa o indirectamente los precios de compra o de venta u otras condiciones de transacción; b) limitar o controlar la producción, el mercado, el desarrollo técnico o las inversiones; c) repartirse los mercados o las fuentes de abastecimiento; d) aplicar a terceros contratantes condiciones desiguales para prestaciones equivalentes, que ocasionen a éstos una desventaja competitiva; e) subordinar la celebración de contratos a la aceptación, por los otros contratantes, de prestaciones suplementarias que, por su naturaleza o según los usos mercantiles, no guarden relación alguna con el objeto de dichos contratos.

Repartir, distribuir o asignar segmentos o partes de un mercado de bienes y servicios señalando tiempo o espacio determinado, proveedores y clientela; d) Limitar la producción, distribución o comercialización de bienes; o prestación y/o frecuencia de servicios, sin importar la naturaleza de los mismos; y, e) Eliminar a competidores del mercado o limitar su acceso al mismo, desde su posición de compradores o vendedores de productos determinados.

Lo que sí es importante tener claro es que para que exista colusión es necesario que el acuerdo que afecta la actuación de dos o más empresas procure o tenga por objeto producir el efecto de restringir la Competencia o de altear el funcionamiento normal del sistema competitivo.

Es por ello que, solo basta que el entendimiento busque impedir, falsear o restringir la Competencia para que la colusión quede prohibida, aunque no se llegue a alcanzar el objetivo perseguido[229]. Si este fuera el caso en Estados Unidos, se es susceptible de aplicar la regla *per se*. Es decir, la mera manifestación está prohibida de entrada. Por tanto, es claro que en el caso de Europa la regla *per se* antes señalada no se existe o no se aplica, por lo que, solo se analiza la *regla de la razón*.

Cabe destacar, a favor de la regla de la razón o *rule of reason,* que en los últimos años el Tribunal Supremo de Estados Unidos se ha visto compelido a cambiar su criterio sobre ciertas restricciones que eran conocidas como restrictivas *per se*. Un ejemplo, y uno de los últimos casos más mencionados, fue el asunto Leegin[230], sobre fijación de precios de reventa en relaciones verticales, la cual se prohibía desde 1911.

También, se prohíben aquellas concertaciones que, aunque no tengan la finalidad de restringir o eliminar la Competencia, produzcan efectos en ese sentido. Siempre y cuando exista afectación de varias empresas y se constate el efecto restrictivo a la Competencia, aplicará la prohibición, pese a que no fuese esa la intención inicial.

En ese mismo sentido, el Tribunal de las Comunidades Europeas, en su Sentencia de 16 de diciembre de 1975, en un caso sobre la industria europea del azúcar, indicó lo siguiente:

> La noción de práctica concertada contempla una forma de coordinación en que empresas que, sin haber llegado a la realización de un convenio propiamente dicho, sustituye conscientemente los riesgos de la competencia por una cooperación práctica entre ellas, cooperación que desemboca en condiciones de competencia que no corresponden a las condiciones normales del mercado.

Asimismo, es irrelevante si se trata de restricciones horizontales o verticales. La horizontal, consiste en la implicación de empresas competidoras directas,

229 Ver STS (Sala 3.ª) de 4 de marzo 2008 (RJ2008, 1749).

230 Leegin Creative Leather Products, Inc. v. PSKS, Inc., de 28/06/200

ya que ofertan en el mercado el mismo servicio o producto. Mientras que, las verticales, sucede cuando hay agentes económicos que no se dedican a lo mismo, sino que, se encuentran en escalones diferentes en el proceso de producción y distribución en el mercado de los mismos bienes y servicios.

2.9.2.1. Prácticas colusorias (carteles)

Guevara Inciarte, sostiene que: «las prácticas y los comportamientos colusorios son aquellos acuerdos tácitos o explícitos entre agentes económicos que actúan en el mismo nivel del canal de distribución con la finalidad de obtener un beneficio propio en detrimento del resto de los competidores o de los consumidores»[231].

Bercovitz Rodríguez-Cano, plantea que «los acuerdos o entendimientos entre empresas que se dedican a la misma actividad, y cuyo objeto es restringir la competencia entre ellas, se denominan cartel»[232].

Por su parte, Kovasic e Ibarra señalan que se ha definido «cartel» como aquella infracción que procura conductas colusorias entre competidores, sean reales o potenciales, de manera secreta, con el fin de coordinar su comportamiento en un mercado determinado. Las conductas van desde: intercambios de información sobre precios a aplicar, repartos de mercados, restricción de las importaciones o exportaciones o boicots colectivos, fijación de precios, de condiciones comerciales, hasta cuotas de producción o venta[233].

Dado que los carteles tienden a estar ocultos, es un reto para las autoridades descubrirlos y recolectar pruebas suficientes para construir y respaldar una teoría del caso sólida que demuestre el acaecimiento de la conducta. En ese sentido, en muchas jurisdicciones, hay margen para mejorar la aplicación de la normativa de competencia, así como los métodos de detección, reactivos y proactivos, necesarios para el buen desempeño de la autoridad y su labor de investigación.

Es importante establecer que, la disposición adicional cuarta, de la LDC, en su apartado 2, define cartel como todo acuerdo o práctica concertada entre dos o más competidores cuyo objetivo consista en coordinar su comportamiento competitivo en el mercado o influir en los parámetros de la Competencia[234].

---

231 Guevara Inciarte, G. (2008). «El Tratamiento de las prácticas y comportamientos colusorios en Venezuela (1992-2006): Problemas teóricos y prácticos». *Revista Derecho Competencia*. Bogotá, Colombia. Vol. 4. Núm 4. Págs. 191-243.

232 Bercovitz Rodríguez-Cano, A. Ob. Cit. Pág. 305.

233 Kovasic, W. & Ibarra, A. (2023). «Lucha contra la colusión de proveedores en los mercados de contratación pública: reforzando las herramientas de la política de competencia en la República Dominicana». *Anuario de Libre Competencia*. Edición. Impresión FR Multiservicios SRL, Santo Domingo, República Dominicana.

234 Mediante prácticas tales como, entre otras, la fijación o la coordinación de precios de compra o de venta u otras condiciones comerciales, incluso en relación con los derechos

También, es primordial entender que para que el cartel sea un hecho, es preciso que las empresas envueltas controlen al menos una parte grande del mercado, pues no todos los participantes se benefician por igual del cartel. Esto, porque los agentes económicos más eficientes no lo ven atractivo, ya que obtienen beneficios similares en condiciones de mercado abierto.

De lo que no existe dudas es que los carteles disminuyen los beneficios para el consumidor y, desestimula la incorporación de nuevas tecnologías a los procesos industriales. Los carteles se caracterizan por tener diferentes reglas de comportamiento para potenciar sus beneficios. Lo normal es que las empresas del cartel se reúnan con regularidad con el fin de medir el nivel de cumplimiento, a partir de intercambios de datos sobre precios, venta y clientes.

Así también, los agentes económicos estilan fijar mecanismos de compensación, los que conllevan un costo muchas veces difíciles de establecer y, en ocasiones, evidencian más el cartel, por lo que, aumenta la probabilidad de ser detectados por las autoridades de Competencia.

Algunas manifestaciones de los carteles consisten en las siguientes: cuanto menor sea la transparencia del mercado, más difícil será detectar una desviación, cuanto mayor sea el número de empresas integrantes del acuerdo, más difícil será detectar al incumplidor, cuanto más frecuente sea la interacción entre las empresas del mercado, más sostenible será el acuerdo y, cuanto mayor sea el volumen de cada transacción, menos sostenible será el acuerdo.

En cuanto a las barreras de entrada, la jurisprudencia de los Estados Unidos define las barreras de entrada como aquellos factores que previenen que nuevos rivales respondan oportunamente a un incremento del precio por encima de los niveles competitivos. El mencionado acceso a un mercado determinado puede verse limitada por estas[235].

Ahora bien, la Superintendencia de Industria y Comercio (SIC), autoridad colombiana en materia de Competencia, define las barreras de entrada, en un sentido amplio, «son todos aquellos factores que impiden o dificultan el establecimiento de una nueva empresa en el mercado, con lo cual las empresas ya establecidas obtienen ventajas. Cuando no existen obstáculos para ingresar al mercado, están dadas las condiciones para que haya lugar a una mayor competencia, lo que se traduce en un aumento de la oferta que termina por presionar los precios hacia abajo. En cambio, si la obstaculiza-

de la propiedad intelectual e industrial; la asignación de cuotas de producción o de venta; el reparto de mercados y clientes, incluidas las colusiones en licitaciones, las restricciones de las importaciones o exportaciones o las medidas contra otros competidores contrarias a la competencia.

235 Ver asunto Reazin v. Blue Cross & Blue Shield of Kansas, Inc., 899 F. 2d 951, 968 (10th Cir. 1990).

ción de acceso es exitosa, las empresas ya establecidas podrán elevar sus precios por encima de los niveles competitivos sin temor a la competencia procedente de terceros potenciales»[236].

Algunas pueden ser inherentes a la estructura del mercado, tales como las legales o tecnológicas, es decir, una licencia o una patente, de privilegios de acceso y localización, o de fidelidad de marca o de los costes hundidos[237].

Sin embargo, existen otras barreras desarrolladas a través de mecanismos para dificultar la entrada de rivales, como son las denominadas «estratégicas». Estas, bajo la premisa de que para que un acuerdo sea sostenible en el tiempo, los agentes económicos deben procurar que los beneficios obtenidos no atraigan nuevos competidores. De allí se desprende que empresas alcancen contratos exclusivos con proveedores y clientes, guerras de precios hasta expulsar a los nuevos entrantes del mercado, etc.

Dentro de los acuerdos cuyo fin es explotar el mercado se encuentran: Acuerdos de precios, Acuerdos de control de la producción o las inversiones, Acuerdos de reparto de mercado, Acuerdos de fijación de condiciones comerciales y, Acuerdos de estandarización. Otros acuerdos cuyo motivo es cerrar el mercado a nuevos rivales, son: los acuerdos de precios predatorios y, los acuerdos de boicot de proveedores o de clientes.

En torno a los acuerdos entre competidores, se encuentra el intercambio de información. Como ya es sabido, los acuerdos de intercambio de información, por sí mismos, pueden ser contrarios a la Competencia cuando hace posible que las empresas tengan conocimiento de las estrategias de mercado de sus competidores.

De la Calle sostiene que, «aun en el caso de que el intercambio de información entre competidores no llegue a constituir una práctica prohibida *per se*, las evidencias de reuniones o correos electrónicos, muchas veces, son la clave para estructurar las investigaciones administrativas»[238].

Se ha concluido que, los acuerdos de intercambio de información pueden servir para que las partes monitoricen un acuerdo o para facilitar la «colusión tácita». Al momento de evaluar esta clase de acuerdos, suele tenerse en cuenta: la sensibilidad de la información intercambiada, su grado de detalle y su transparencia a terceros operadores.

Ahora bien, los acuerdos de explotación y cierre del mercado desde la óptica del Derecho de la Competencia, solo buscan restringir. Desde el ámbito de la legislación comunitaria y española, estos acuerdos se encuen-

236 Resolución 14158 del 9 de mayo de 2002, de la Superintendencia de Industria y Comercio (SIC).

237 Sánchez Galán, J. (2020). *Barreras de entrada.* Economipedia.com, España.

238 De La Calle, J.M. (2016). *¿Cuándo está permitido el intercambio de información entre competidores?* Legis, ámbito Jurídico. Colombia.

tran prohibidos a partir de los artículos 101.1 TFUE y 1 LDC, y podrían ser exceptuables por eficiencias que provoquen según lo planteado por el 101.3 del TFUE. Aunque, no es normal que generen eficiencia, pero hay excepciones.

Es altamente conocido que, la detección de carteles no es tarea fácil. El hecho de que regularmente sean secretos lo hace ser muy difíciles de detectar, así como la búsqueda de pruebas incriminatorias. Para combatirlos, las autoridades de Competencia gozan de amplios poderes de investigación, además de que han creado con el tiempo mecanismos de incentivos para debilitar los carteles desde dentro: sanciones elevadas y Programas de clemencia.

Por tanto, es relevante tener presente que, hasta tal punto la constitución de un cartel es un acto gravemente contrario a la libre competencia y se puede llegar a sancionar a una empresa que tiene conocimiento de dicha constitución, o la facilita participando activamente en la misma, a pesar de no comercializar productos en el mercado afectado, sino, en un mercado conexo[239].

Es preciso señalar que, mientras menos competidores haya en un mercado determinado, regularmente, habrá menos eficiencia. Los acuerdos necesitan de la existencia de barreras de entrada que imposibiliten la autocorrección del mercado.

En otro orden, en Europa imperó hasta 2003, un sistema de notificación previa. Consistió en que cualquier acuerdo debía ser aprobado previamente por la Comisión Europea. Dada la carga de trabajo y burocracia para la CE, esta optó por dos (2) soluciones: Los Reglamentos de exención por categorías, que procuran eximir ciertos acuerdos que por su naturaleza o el poder de mercado de las partes que los adopten, casi siempre poseen efectos beneficiosos sobre la eficiencia que compensan sus posibles efectos negativos y, la sustitución del sistema de notificación previa por uno de autoevaluación, descentralizado, que permita la aplicación del artículo 101 del TFUE a las autoridades nacionales y con aplicación privada, es decir, que permita la aplicación del 101 TFUE a jueces y Tribunales nacionales.

En tanto, hasta la entrada en vigencia de la ley 15/2007 de 3 de julio, en España se mantuvo el sistema de autorización regulado por la Ley 16/1989, de 17 de julio, el cual consistió en que los acuerdos entre empresas que no estuvieran exentos en virtud de algún reglamento de exención y que por sus características cumplieran los requisitos del artículo 3 de dicha LDC, muy similar al actual 1.3 LDC, tenían que solicitar expresamente su autorización, por parte del TDC[240].

---

239 Bercovitz Rodríguez-Cano, A. (2021). *Apuntes de Derecho Mercantil. Op. Cit.* Pág. 305.

240 Terol Gómez, R. (2023). *Competencia y Derecho Administrativo. Op. Cit.* Pág. 38

Es importante señalar que, los agentes económicos pueden adoptar los acuerdos que quieran siempre y cuando se ajusten a las normas de Competencia, pero el control por las autoridades de Competencia ex post: las autoridades de Competencia vigilarán que los acuerdos se ajusten a las disposiciones del TFUE, y pueden imponer multas.

Asimismo, por disposición del Reglamento (CE) no. 1/2003 del Consejo, de 16 de diciembre de 2002, relativo a la aplicación de las normas sobre Competencia previstas en los artículos 81 y 82 del TFUE, el sistema de notificación previa desapareció de manera efectiva, pues, ya no hay necesidad de contar con la aprobación previa para los acuerdos, y en lugar de eso se impone un sistema de autoevaluación.

Desde 2004, las autoridades de Competencia de los Estados Miembros pueden aplicar las normas de Competencia previstas en los artículos 101 TFUE (acuerdos) y 102 TFUE (abuso de posición dominante) del TFUE. También, desde 2004, las normas de Competencia son directamente aplicables por jueces y Tribunales nacionales. Todo esto luego de la entrada en vigor del Reglamento 1/2003, pues desaparece el monopolio en la aplicación de las normas de Competencia que tenía la Comisión Europea, por lo que, un particular puede presentar una denuncia ante la CE, ante una autoridad nacional o ante un juez de un Estado miembro.

Para Bercovitz Rodríguez-Cano, los requisitos para que proceda la exención son cuatro; dos positivos y dos negativos[241]:

Dentro de los positivos se requiere que la colusión: contribuya a mejorar la producción o la distribución de los productos o a fomentar el regreso técnico o económico, y reserve al mismo tiempo a los usuarios una participación equitativa en el beneficio resultante.

Y, en cuanto a los negativos, se requiere que la colusión: no imponga a las empresas interesadas restricciones que no sean indispensables para alcanzar los objetivos de mejora de la producción o distribución o de fomento del progreso técnico o económico, así como, que no ofrezca a las empresas interesadas la posibilidad de eliminar la Competencia respecto de una parte sustancial de los productos de que se trate. Esta eliminación de la Competencia puede referirse y sería relevante si afecta a una parte sustancial del mercado común desde el punto de vista geográfico.

2.9.3. Derecho de la Competencia Desleal

A partir del presente apartado, se abordará lo concerniente al origen de la Competencia Desleal, su evolución, la normativa española sobre esta mate-

241 Bercovitz Rodríguez-Cano, A. (2021). *Competencia y Derecho Administrativo. Op. Cit.* Pág. 317.

ria, el análisis jurídico de la normativa de Competencia Desleal y los ilícitos desleales más frecuentes, así como la relación entre la Ley de Libre Competencia española y la Ley de Competencia Desleal española.

2.9.3.1. Origen

La protección de la Competencia Desleal surge como una ampliación de la protección a las diferentes formas de la propiedad industrial, de manera específica, las marcas. De hecho, la primera regulación contra la Competencia Desleal se estableció en el siglo XIX, época de liberalismo económico. Se dice que estas disposiciones surgieron con el fin de proteger a los empresarios frente a otros empresarios, es decir, competidores por actuaciones incorrectas y fraudulentas que pudieran afectarles[242].

Como ya es sabido, a partir de la Segunda Guerra Mundial surge en Europa el Derecho *antitrust*, influenciado por la normativa *antitrust* norteamericana, lo cual impactó en el ámbito de la normativa de regulación del mercado. La entrada de esta nueva rama del Derecho en Europa conllevó un giro radical frente al tradicional liberalismo económico que reinó durante esos tiempos, que se fundamenten los postulados del *Laissez Faire*, es decir, aquella teoría económica que defiende la libertad individual a través de la no intervención pública en aspectos económicos de una nación, obteniendo libertad absoluta en términos económicos y sin obstáculos[243].

Para el Tribunal de Justicia de la Comunidad Andina, la competencia desleal se presenta cuando un competidor en el mercado se aparta del modelo de conducta que procura obtener posicionamiento en el mercado a través del esfuerzo empresarial legítimo, y en lugar de ello decide incurrir en actos contrarios a la buena fe y la ética comercial. La finalidad de esta práctica anticompetitiva es causar daño a un competidor u obtener beneficio de situaciones que pueden perjudicar a los consumidores, el interés de un competidor y el interés general[244].

En ese mismo orden, la competencia desleal se configura cuando esa lealtad en los medios empleados para competir es infringida mediante la comisión de actos contrarios a la buena fe y la ética comercial[245].

---

242 Menéndez Menéndez, A. (1988). *La competencia desleal. Op. Cit.* Pág. 71 y ss.

243 *Vid.* Bercovitz Rodríguez-Cano, A., *op. cit.*, pág. 278

244 Tribunal de Justicia de la Comunidad Andina, sentencia de fecha 8 de mayo, 2020, proceso 625-I,P-2018, párr. 1.3 al 1.6, Quito, Ecuador.

245 Jaeckel Kovaks, J. & Montoya Naranjo, C. (2013). «La deslealtad en la competencia desleal: qué es, cómo se establece en las normas, qué se debe probar y quién la debe probar». *Revista Derecho Competencia*, Vol. 9 N.° 9, pp. 139-155, Bogotá, Colombia.

2.9.3.2. Evolución

El objetivo básico de la legislación económica es la conservación de un sistema competitivo de economía de mercado. Es por ello, que el criterio anterior de proteger al empresario de su competidor fue superado, pasando a ser el objetivo del Derecho de la Competencia la protección del funcionamiento competitivo del mercado, a partir de la creación de un marco jurídico que lo garantice[246].

En la actualidad, no solo es relevante que la protección contra la Competencia Desleal responda a conveniencia de los empresarios perjudicados, sino que, haya un interés público para que el sistema competitivo opere de manera efectiva. Además, de que también está el beneficio de proteger a los consumidores, participantes también en el mercado. Todo ello, el correcto funcionamiento del mercado, con participación de los operadores económicos y de los consumidores, recibe tutela a través del Derecho de la Competencia, como se desprende del art. 1 LCD.

Asimismo, mediante Sentencia del Tribunal Supremo del 28 de octubre de 2014[247], estableció que la ley sobre Competencia Desleal «tiene como fin proteger el correcto funcionamiento del mercado, pues, pretende ser un instrumento jurídico de ordenación de las conductas que en él se practican».

Respecto a los consumidores, se entiende que, a través de su pertinente protección, se les coloca en posición de ejercer el rol que les corresponde en un sistema de economía de mercado, lo que es indispensable para que éste pueda operar como debe ser. Por tanto, la debida protección de los consumidores es vital para la estructura competitiva que integra una economía de mercado, como también, el Derecho *antitrust* o la misma regulación contra la Competencia Desleal.

Lo anterior, porque se reconoce que hay actos de Competencia Desleal que impactan directamente a los consumidores, de forma tal, que causan daños. Es la razón por la que las leyes de Competencia Desleal procuran brindar protección a los consumidores. Sus intereses deben ser tomados en consideración al momento de redactar cualquier disposición legal en torno al tema. De ahí que los consumidores cuenten con el reconocimiento de su legitimación activa, con el propósito de ejercer posibles acciones por Competencia Desleal (art. 32 LCD)[248].

---

246 En este sentido, *vid.* MENÉNDEZ MENÉNDEZ, A. (1988). *La competencia desleal*. Cit., pág. 78

247 RJ 2014, 6749

248 1. Contra los actos de competencia desleal, incluida la publicidad ilícita, podrán ejercitarse las siguientes acciones:1.ª Acción declarativa de deslealtad. 2.ª Acción de cesación de la conducta desleal o de prohibición de su reiteración futura. Asimismo, podrá ejercerse la acción de prohibición, si la conducta todavía no se ha puesto en práctica. 3.ª Acción de remoción de los efectos producidos por la conducta desleal. 4.ª Acción de rectificación de las informaciones engañosas, incorrectas o falsas. 5.ª Acción de resarcimiento de los

Es preciso señalar que, *la publicidad engañosa* referente a los consumidores es una realidad constante. La publicidad fomenta la Competencia y la transparencia, ya que contribuye, por un lado, a la protección de los consumidores; por el otro, generando la probabilidad de contraste y de comparación de productos y sus precios ofertados por los empresarios. Estas funciones de la publicidad son importantes también, no sólo en la actividad comercial en establecimientos mercantiles, sino también, en el ámbito del comercio electrónico, puesto que los consumidores seleccionan los productos, considerando las decisiones sobre transacciones, con base a la publicidad e información previamente obtenida en red[249].

También, en el contexto digital es donde la publicidad engañosa alcanza a reproducirse más que en el ámbito tradicional en tiendas meramente físicas, por el motivo de que un consumidor no tiene como contrastar las calidades y cualidades de producto que pretende adquirir. Además, la asímetría de información entre los comerciantes y los consumidores podría convertirse en un fallo de mercado en el que desparecen ofertas de mejor calidad.

La Ley de Competencia Desleal (LCD) de 2009, fue fortalecida respecto a la protección de los consumidores y su estrecho vínculo, con ocasión de la reforma que la Directiva plantea sobre las prácticas comerciales desleales, del 11 de mayo de 2005[250]. Esta disposición resulta ser muy relevante, ya que quebró aquel paradigma de que la Competencia Desleal solo procuraba proteger a los agentes económicos en el mercado. Por tanto, con dicha Directiva, se logra regular la Competencia Desleal con el fin de proteger especialmente a los consumidores.

Hasta época reciente, el Derecho español asumía la protección de los consumidores a través de las normas de Competencia Desleal y sus prerrogativas a ejercer acciones en caso de infringirse sus derechos. Sin embargo, inquietaba la compatibilidad entre disposiciones meramente para proteger

daños y perjuicios ocasionados por la conducta desleal, si ha intervenido dolo o culpa del agente. 6.ª Acción de enriquecimiento injusto, que sólo procederá cuando la conducta desleal lesione una posición jurídica amparada por un derecho de exclusiva u otra de análogo contenido económico.

249 *Vid.* Domínguez Pérez, E.M., «Consideraciones sobre los "actos de engaño" y "la participación en el mercado con fines concurrenciales" al hilo de la sentencia de la AP de Islas Baleares de 19 de octubre de 2011 (Sección 5.ª)», *ADI*, 2011-2012, pág. 501 y ss.; *vid.* Dominguez Pérez, E.M., «Problemática de la práctica promocional mediante premio: entre la práctica engañosa y la práctica agresiva. A propósito de la sentencia del TJUE de 18 de octubre de 2012», 2012-2013, pág. 481 y ss.

250 Directiva 2005/29/CE DEL PARLAMENTO EUROPEO Y DEL CONSEJO de 11 de mayo de 2005 relativa a las prácticas comerciales desleales de las empresas en sus relaciones con los consumidores en el mercado interior que modifica la Directiva 84/450/CEE del Consejo, las Directivas 97/7/CE, 98/27/CE y 2002/65/CE del Parlamento Europeo y del Consejo y el Reglamento (CE) n.° 2006/2004 del Parlamento Europeo y del Consejo. Diario Oficial de la Unión Europea L 149/22 ES, 11.6.2005.

a los consumidores como el Texto Refundido de Consumidores y usuarios (TRCU)[251], y aquellas sobre Competencia Desleal que contengan ilícitos respecto a las actuaciones empresariales y su afectación a los consumidores (art. 19 y ss. LCD).

En torno a ello, cabe destacar, que existían diferencias entre las prohibiciones contempladas por normas de Competencia Desleal y aquellas que habían sido dictadas para fines exclusivos de protección del consumidor. Partiendo del ámbito subjetivo: las disposiciones sobre Competencia Desleal solo podían ser alegadas por empresarios, pero, las normas administrativas para proteger a los consumidores solo por éstos.

Sin embargo, recientemente, a través del RD 24/2021, de 2 de noviembre, se ha dado nueva redacción al Título IV del libro primero del TRCU, reforzando con ello la aplicación pública del Derecho de Consumo, al introducir sanciones administrativas por la realización de actos desleales[252].

También, otra diferencia existente es en cuanto a la violación de normas administrativas de protección a los consumidores, puesto que, da al traste con el establecimiento de sanciones administrativas que podrían verse vinculadas a la indemnización de daños y perjuicios, tal como indica el artículo 48 de la Ley General de Defensa de los Consumidores y Usuarios (LGDCU) de 2007, mientras que al aplicar la legislación de competencia desleal se puede obtener dicha indemnización (art. 32.1. 5.ª LCD).

Recientemente, con la reforma del TRCU a través del RD-Ley 24/2021, de 2 de noviembre (de transposición de directivas de la Unión Europea en las materias de bonos garantizados, distribución transfronteriza de organismos de inversión colectiva, datos abiertos y reutilización de la información del sector público, ejercicio de derechos de autor y derechos afines aplicables a determinadas transmisiones en línea y a las retransmisiones de programas de radio y televisión, exenciones temporales a determinadas importaciones y suministros, de personas consumidoras y para la promoción de vehículos de transporte por carretera limpios y energéticamente eficientes)[253], el legislador ha considerado que todo ilícito desleal con el consumidor es un ilícito administrativo de consumo (art. 47.1. m), TRCU), con lo que se crea una conexión entre ilícito desleal e ilícito administrativo.

Otra diferencia relevante, es que la acción administrativa para la protección de los consumidores puede llevarse a cabo de oficio o por denuncia

251 «BOE» núm. 287, de 30/11/2007.

252 *Vid.* Domínguez Pérez, E.M. (2023). «Consideraciones sobre las prácticas desleales y sus efectos en los contratos celebrados por el consumidor a raíz de las recientes reformas de la Ley de Competencia desleal y del Texto Refundido de Consumidores y Usuarios», *Homenaje al Prof. Bercovitz Rodríguez-Cano*, Dir. J.A. García-Cruces González, ed. Tirant lo Blanch.

253 BOE-A-2021-17910

simple, pero la acción por Competencia Desleal generalmente exige el inicio formal de un procedimiento judicial.

En otro orden, el vínculo entre Competencia Desleal y Propiedad Industrial es histórico. El Convenio de París para la protección de la propiedad industrial de 1883, así lo contempló en su artículo 10 bis[254]. Ese nexo entre Competencia Desleal y propiedad industrial, especialmente para marcas, ha sido posible gracias al trabajo doctrinal, legal y jurisprudencial, que se ha logrado con la finalidad de diferenciar unas acciones de otras[255].

Bercovitz Rodríguez-Cano indica que «el simple hecho de utilizar una marca ajena para un producto competidor constituye una violación del derecho exclusivo sobre la marca, sin tener que considerar las circunstancias del caso»[256]. Esto quiere decir, que quien violente un derecho exclusivo de propiedad industrial, sin estar autorizado, comete una acción ilegal *per se*.

En tanto, para Massaguer Fuentes, «la finalidad de la normativa en materia de competencia desleal consiste, esencialmente, en procurar evitar prácticas anticompetitivas en el mercado. Es decir, pretende regular el correcto funcionamiento del mercado, ordenando las conductas que tienen lugar en el mismo. Los beneficiarios de la protección son el conjunto de operadores del mercado y el mercado en sí, y no únicamente el titular del signo en cuestión»[257].

Por su parte, en los casos de Competencia Desleal no se violenta ningún derecho absoluto, lo que si ocurre es que, por ciertas circunstancias en torno a actuaciones competitivas determinadas, esa acción competitiva, por sus coyunturas específicas, resulte en una conducta ilícita, es decir, un acto de Competencia Desleal. Es por ello que, resulta prácticamente imposible señalar la presencia de un acto de Competencia Desleal ajeno a las circunstancias específicas, pues, son precisamente esas coyunturas a la acción desleal.

254 Artículo 10 *bis* [*Competencia desleal*]: 1) Los países de la Unión están obligados a asegurar a los nacionales de los países de la Unión una protección eficaz contra la competencia desleal. 2) Constituye acto de competencia desleal todo acto de competencia contrario a los usos honestos en materia industrial o comercial. 3) En particular deberán prohibirse: 1. Cualquier acto capaz de crear una confusión, por cualquier medio que sea, respecto del establecimiento, los productos o la actividad industrial o comercial de un competidor; 2. Las aseveraciones falsas, en el ejercicio del comercio, capaces de desacreditar el establecimiento, los productos o la actividad industrial o comercial de un competidor; 3. Las indicaciones o aseveraciones cuyo empleo, en el ejercicio del comercio, pudieren inducir al público a error sobre la naturaleza, el modo de fabricación, las características, la aptitud en el empleo o la cantidad de los productos.

255 *Vid.* Dominguez Pérez, E.M. (1990). «Derecho de la competencia: marcas y competencia desleal», *Revista Crítica de Derecho Inmobiliario*, Año n.° 80, N.° 684, 2004.

256 Bercovitz Rodríguez-Cano, A., Ob. Cit. Pág. 354.

257 Massaguer Fuentes, J. (2020). *Acciones y procesos de infracción de derechos de propiedad industrial*. Navarra: Editorial Aranzadi, S.A.U. Págs. 189 y ss.

Asimismo, el Tribunal Supemo de España ha establecido a través de varias decisiones que la Ley de Competencia Desleal no duplica la protección otorgada por la legislación de propiedad industrial, sino que se complementan[258], siguiendo la doctrina de la denominada complementariedad relativa propuesta por Massaguer Fuentes[259].

Ahora bien, tanto a nivel europeo como a nivel nacional, las leyes y normas procuran combatir el tema de la publicidad engañosa, desde el entorno general, como en el electrónico. Es por ello que la Directiva 2000/31/CE del Parlamento Europeo y del Consejo, de 8 de junio de 200, respecto a determinados aspectos jurídicos de los servicios de la sociedad de la información, en particular el comercio electrónico en el mercado interior, así como la Ley 34/2002, de 11 de julio, de servicios de la sociedad de información, y de comercio electrónico (LSSICE) prohíben el envío del spam, conjuntamente con la normativa al consumidor.

2.9.3.3. Normativa española

Bercovitz Rodríguez Cano señala que, las normas que prohíben la competencia desleal surgieron para proteger a los empresarios frente a actuaciones poco escrupulosas de otros empresarios que competían directamente con ellos. Considera que en la actualidad las normas sobre competencia desleal no solo protegen a los competidores frente a actuaciones poco correctas, sino que imponen a quienes participan en el mercado con sus ofertas la obligación de actuar correctamente[260].

Sin duda, la norma en materia de Competencia Desleal de 1991 significó un gran impulso en el ámbito de regulación de área. Muestra de ello, es su ardua aplicación en aspectos prácticos, pues, desde campo doctrinal, esta ley reflejó un nuevo concepto de la Competencia Desleal. Se logró inferir la regulación de esta área como una legislación que protegía a los participantes en el mercado, si no, que se logró que sus efectos jurídicos también abarcaran a los consumidores y al propio mercado en sí mismo (modelo social de Competencia).

Más adelante, la Directiva Comunitaria Europea 2005/29 sobre prácticas desleales estableció de manera directa que, quienes realmente deben recibir protección, son los consumidores, ya que esta Directiva contempló una

---

258 SSTS de 15 de diciembre 2008 (RJ 2009, 153); 17 de julio de 2007 (RJ 2007, 5140); 4 de septiembre de 2006 (RJ 2006, 8547); 13 (RJ 2006, 4607) y 21 de junio de 2006 (RJ 2006, 4543).

259 *Vid. Comentarios a la Ley de competencia desleal*, ed. Civitas, Madrid, 1999.

260 Bercovitz Rodríguez-Cano, A. (2018). *Principio de corrección en el tráfico económico: la competencia desleal, en Apuntes de Derecho Mercantil.* Thomson Reuters Aranzadi. Navarra, España. Pág. 400.

regulación que amparaba a los consumidores frente a las prácticas desleales (prácticas desleales con los consumidores)[261].

Asimismo, como hemos señalado, la integración de la precitada Directiva al cuerpo legal español provocó la promulgación de una novedosa legislación en el año 2009, que modificó la Ley de Competencia Desleal de 1991, la Ley de Ordenación del Comercio Minorista, la Ley General de la Publicidad, así como la Ley General de Defensa de Consumidores y Usuarios.

El fin de la Ley de Competencia Desleal de 2009, es la integración al ordenamiento jurídico español de la Directiva sobre prácticas comerciales desleales, que bien es sabido, procura protección especialmente para los consumidores, no así para los demás participantes, dígase, empresarios y profesionales.

De hecho, es relevante tener en cuenta que el tema de prácticas desleales en relación a los consumidores posee diferentes funciones. La primera, la de determinar las acciones desleales que dañen los intereses legítimos de los consumidores, lo que constituye su razón primordial.

Tampoco puede obviarse que a partir de esos actos desleales que perjudiquen a los consumidores, pueden servir para identificar aquellos casos donde los afectados son los intereses de los competidores, tal cual sucede con los supuestos de confusión o de engaño. Lo que quiere decir, que la mención sobre engaño o confusión en la ley en contra de los consumidores es primordial para determinar el supuesto de hecho para los competidores y coincide con la protección de los consumidores. Al final, el hecho de influenciar en las decisiones del consumidor por tales medios es el aspecto fundamental para identificar deslealtad entre competidores.

Agregar, que el preámbulo de la Directiva 2005/29 establece que la razón primordial es simplificar la actuación de los empresarios o profesionales en el mercado de toda la Unión Europea, puesto que se trata de que su accionar se lleve conforme a los mismos criterios en todo el territorio, según se infiere en el apartado (4)[262].

---

261 Directiva 2005/29/CE del Parlamento Europeo y del Consejo, de 11 de mayo de 2005, relativa a las prácticas comerciales desleales de las empresas en sus relaciones con los consumidores en el mercado interior, que modifica la Directiva 84/450/CEE del Consejo, las Directivas 97/7/CE, 98/27/CE y 2002/65/CE del Parlamento Europeo y del Consejo y el Reglamento (CE) n.° 2006/2004 del Parlamento Europeo y del Consejo («Directiva sobre las prácticas comerciales desleales») (Texto pertinente a efectos del EEE)

262 Apartado (4) de la Directiva 2005/29/CE del Parlamento Europeo y del Consejo de 11 de mayo de 2005. «Estas disparidades provocan incertidumbre en cuanto a cuáles son las normas nacionales aplicables a las prácticas comerciales desleales que perjudican a los intereses económicos de los consumidores y crean numerosas barreras que afectan a las empresas y a los consumidores. Estos obstáculos incrementan el coste que supone para las empresas el ejercicio de las libertades del mercado interior, en particular cuando desean realizar actividades de comercialización transfronteriza, campañas de publicidad

Para Bercovitz Rodríguez-Cano, la pretensión de la mencionada Directiva es su incorporación, prácticamente «literal», sobre todo, de sus preceptos, en el entendido de que «solamente rigiendo en todos los países las mismas normas impuestas por la Directiva puede realizarse la armonización en todo el mercado de la Unión». Sin dudas, entonces, su fin es unificar precisamente por el empeño de la «larga relación de definiciones»[263].

Un importante criterio de fondo establecido en la regulación de la Directiva que hay que mencionar, es que más que aquellos actos de Competencia Desleal o contrarios a la buena fe, también hay un requisito fundamental, que es aquel sobre la consideración de desleal de toda actuación que provoque que los consumidores decidan en torno a un negocio o transacción que de otra manera no se hubiera concretado.

En otro orden, la Ley de 2009 contempla en gran medida el contenido regulatorio de la Ley de 1991, pero como es de esperarse, establece novedades exigidas por la Directiva 2005/29. Como se resaltó anteriormente, la Ley de 2009 en materia de Competencia Desleal, ha procurado resolver situaciones internas del ordenamiento jurídico español, en cuanto a la correcta aplicación y coherencia de la Ley del Comercio Minorista, la Ley General de la Publicidad, así como, la Ley General de Defensa de Consumidores y Usuarios.

Sin embargo, la Ley de 2009 plantea algunas problemáticas, siendo una de ellas, que no abordó la literalidad de los preceptos establecidos en la Directiva 2005/29, por lo que, la jurisprudencia ha jugado un rol relevante en la solución de dichos casos. Es por ello que, en vez de tratar como «consumidores y usuarios», tal cual infiere la Directiva, se ha sustituido por la de «destinatarios», cuestión novedosa de la Ley de 2009.

También, pese a no ser una dificultad meramente de la misma Ley de 2009, también le atañe el hecho de que la normativa española ha utilizado históricamente el término «consumidor» para referirse tanto a personas físicas, como a personas jurídicas, como bien lo dispone el artículo 3.2 del Texto Refundido de Consumidores y Usuarios aprobado por Decreto legislativo 1/2007 de 16 de noviembre y modificado por la Ley 3/2014, del 27 de marzo.

Recientemente, el concepto de consumidor se ha modificado para dar cabida en él al consumidor vulnerable (Ley 4/2022, de 25 de febrero, de protección de los consumidores y usuarios frente a situaciones de vulnerabilidad social y económica), modificándose el artículo 3 del TRCU[264].

---

y promociones de ventas. Dichos obstáculos también crean incertidumbre a los consumidores sobre sus derechos, y merman su confianza en el mercado interior».

263 Bercovitz Rodríguez-Cano, A. (2021). *Apuntes de Derecho Mercantil. Op. Cit.* Pág. 357.

264 3.2. «Asimismo, a los efectos de esta ley y sin perjuicio de la normativa sectorial que en cada caso resulte de aplicación, tienen la consideración de personas consumidoras vulnerables respecto de relaciones concretas de consumo, aquellas personas físicas que, de

En tal sentido, ese concepto de consumidor (persona física o jurídica) no es compatible con la definición usada por la Unión Europea a través de sus normas de protección de los consumidores y, especialmente, en la Directiva en torno a prácticas comerciales desleales, que en su artículo 2.a, indica lo siguiente:

> «consumidor»: cualquier persona física que, en las prácticas comerciales contempladas por la presente Directiva, actúe con un propósito ajeno a su actividad económica, negocio, oficio o profesión.

La realidad es que el consumidor medio es quien se afecta por acciones o conductas desleales, es aquel normalmente informado, razonablemente atento y perspicaz, según establece la doctrina del TJCE, específicamente, el asunto *Gutspringenheide*[265]. La Ley 42-08 de Defensa de la Competencia de República Dominicana, lo define como «consumidor razonable», bajo el mismo criterio.

En cuanto al aspecto sistemático de la Ley de 2009, se plantea dificultades en el Capítulo II, ya que se refiere a la protección frente a la Competencia Desleal a «destinatarios» de las conductas y acciones, por lo que, sustituye el término «consumidor». Sin embargo, en el Capítulo III, señala los actos prohibidos «per se», pero haciendo alusión de manera directa a consumidores y usuarios.

Otra problemática es que, las dos funciones a las que se ha hecho alusión previamente en cuanto a los consumidores ante prácticas desleales, es decir, la función de integración del supuesto de hecho respecto a casos de engaño o confusión y su incidencia del acto en los consumidores o usuarios, así como, la función de legitimación para el ejercicio de acciones en la materia, no pueden ser distinguidas con facilidad en el contenido de la Ley de 2009, al sustituirse las nociones de la Directiva en referencia a los preceptos de los consumidores o usuarios, por la de «destinatarios».

También, la mayoría de las normas citadas se enfocan en la prohibición de diversos tipos de publicidad ilícita, sin indicar acciones directas, remedios o medidas correctivas, es decir, aquellas que de manera específica les corresponden a los consumidores perjudicados por los daños que sufren siendo víctimas de prácticas comerciales desleales, en especial la publicidad engañosa.

---

forma individual o colectiva, por sus características, necesidades o circunstancias personales, económicas, educativas o sociales, se encuentran, aunque sea territorial, sectorial o temporalmente, en una especial situación de subordinación, indefensión o desprotección que les impide el ejercicio de sus derechos como personas consumidoras en condiciones de igualdad».

265 Ver: https://eur-lex.europa.eu/legal-content/ES/TXT/PDF/?uri=CELEX:61996CJ0210_SUM&from=EN

2.9.3.4. Relación LDC española y LCD española: puente de comunicación entre ambas

La Ley de Defensa de la Competencia de España, 15/2007 de 3 de julio, en adelante LDC, establece las conductas prohibidas de los actos de competencia desleal que afecten el interés público por falsear la Competencia (Artículo 3. Falseamiento de la libre competencia por actos desleales). El art. 3 LDC ha sido considerado como un puente de unión entre el Derecho protector de la libre competencia y el Derecho contra la Competencia Desleal[266].

Según la Resolución, entre otras, de 6 de febrero de 2004 (RJ 2004, 328) del entonces Tribunal de Defensa de la Competencia (TDC), hoy CNMC, tres (3) elementos deben concurrir para darse este supuesto: a) un acto de competencia desleal según la LCD; b) que ese acto pueda producir un falseamiento sensible en la competencia en todo o parte del mercado nacional; y, c) que afecte el interés público.

No son muy abundantes los asuntos resueltos con base a este precepto de la LDC; destaca el resuelto por el entonces TDC, hoy CNMC, en la Resolución de 26 de febrero de 2004 (RJ 2004, 328), considerando que respecto a la actuación de *Feixenet* en cuanto a haber vendido como «Cava» entre 1995-1996, unas diecinueve millones novecientos treinta y dos mil seiscientas sesenta y nueve (19,932,669) botellas de vino espumoso sin respetar el tiempo de fermentación mínimo en botella como bien lo indica el Reglamento de la denominación de origen. Por tal motivo, se constituyó como un acto de Competencia Desleal por la violación de normas, según sostiene el artículo 15 de la LCD[267].

En tal sentido, la existencia de una *Cláusula General prohibitiva de la Competencia Desleal,* se plantea como una necesidad, pues, la misma plantea evitar que la protección conferida contra la Competencia Desleal quede en desuso por la aparición de nuevas prácticas empresariales. A tal efecto, la LCD incorpora una cláusula de Competencia Desleal en el artículo 4, empleando como criterio para valorar la deslealtad que el acto sea contrario a «la buena fe objetiva»[268].

---

266 *Vid.* DOMÍNGUEZ PÉREZ, E.M. (2003). *Competencia desleal por actos de imitación sistemática*. Ed. Aranzadi, Madrid.

267 Artículo 15. Violación de normas.1. Se considera desleal prevalerse en el mercado de una ventaja competitiva adquirida mediante la infracción de las leyes. La ventaja ha de ser significativa. 2.Tendrá también la consideración de desleal la simple infracción de normas jurídicas que tengan por objeto la regulación de la actividad concurrencial. 3. Igualmente, en el marco de lo dispuesto en el artículo 2, se considera desleal la contratación de extranjeros sin autorización para trabajar obtenida de conformidad con lo previsto en la legislación sobre extranjería. 4. Igualmente, en el marco de lo dispuesto en el artículo 2, se considera desleal el incumplimiento reiterado de las normas de lucha contra la morosidad en las operaciones comerciales.

268 *Vid.* BERCOVITZ RODRÍGUEZ-CANO, A. (2011). *Comentario a la Ley de competencia desleal*, AA. VV., Dir. A. BERCOVITZ RODRÍGUEZ-CANO, ed. Aranzadi. Pág. 93 y ss.

Como ya es sabido, tradicionalmente todo acto contrario a las buenas costumbres, o sus honestos, se consideraba como actos de Competencia Desleal. Sin embargo, es imprescindible hoy en día conocer, en cuanto a la definición de Competencia Desleal, no solo el criterio de los empresarios, sino, hay que tener en cuenta a los consumidores y el interés público, de acuerdo con el modelo social de Competencia Desleal vigente actualmente.

En ese orden, la Directiva sobre las prácticas comerciales desleales, de 11 de mayo de 2005, establece que una práctica será deshonesta si: a) es contraria a los requisitos de diligencia profesional, según el artículo 5.2, mientras que el artículo 2.h, refiere, además, la diligencia profesional, a las prácticas honradas del mercado o al denominado «principio general de buena fe».

Ahora bien, de manera concreta, la LCD plantea una lista de casos de Competencia Desleal, especialmente los no permitidos, incluyendo los supuestos que por tradición suelen suscitarse con regularidad. De hecho, muchos de los casos establecidos en la LCD de 2009 vienen de la LCD de 1991.

La LCD de 2009 contempla en el capítulo III, aquellas «prácticas comerciales con los consumidores o usuarios», una serie de artículos que tratan sobre acciones consideradas como desleales. Aquí cabe determinar si los actos que plantean los artículos 20 hasta el 31 de la denominada norma, son desleales en todo momento o solo cuando se haya reducido la capacidad del consumidor para tomar una decisión con pleno conocimiento de causa.

Es pues, propicio el momento para tratar la confusión. Los artículos 6[269], 20[270] y 25[271] de la LCD de 2009, abordan lo relativo. En general, los citados preceptos se refieren a ilícitos desleales que suponen conductas realizadas para confundir a los clientes potenciales sobre las empresas y prestaciones que se ofertan en el mercado.

---

269 Artículo 6. Actos de confusión. Se considera desleal todo comportamiento que resulte idóneo para crear confusión con la actividad, las prestaciones o el establecimiento ajenos. El riesgo de asociación por parte de los consumidores respecto de la procedencia de la prestación es suficiente para fundamentar la deslealtad de una práctica. *Vid.* por todos, Domínguez Pérez, E.M., *Competencia desleal a través de actos de imitación sistemática*, cit.

270 Artículo 20. Practicas engañosas por confusión para los consumidores. En las relaciones con consumidores y usuarios, se reputan desleales aquéllas prácticas comerciales, incluida la publicidad comparativa, que, en su contexto fáctico y teniendo en cuenta todas sus características y circunstancias, creen confusión, incluido el riesgo de asociación, con cualesquiera bienes o servicios, marcas registradas, nombres comerciales u otras marcas distintivas de un competidor, siempre que sean susceptibles de afectar al comportamiento económico de los consumidores y usuarios. *Vid.* Marco Alcalá, L.A., «Prácticas engañosas por confusión para los consumidores», en Bercovitz Rodríguez-Cano, A., *Comentario a la Ley de competencia desleal*, AA. VV., cit., pág. 545 y ss.

271 Artículo 25. Prácticas engañosas por confusión. Se reputa desleal por engañoso promocionar un bien o servicio similar al comercializado por un determinado empresario o profesional para inducir de manera deliberada al consumidor o usuario a creer que el bien o servicio procede de este empresario o profesional, no siendo cierto.

Importante resaltar, que no es necesario que haya intención de generar confusión para que la Competencia Desleal exista, puesto que, el ilícito desleal es un ilícito objetivo. Sin embargo, si hay supuestos donde existe realmente voluntad de provocar intencionalmente la confusión. Para indicar que el riesgo de confusión existe siempre es importante tomar en consideración las características de los clientes entre los que la confusión se lleve a cabo.

2.9.3.5. Análisis del ilícito desleal de infracción de normas

El artículo 15 de la LCD de 1991, establece lo concerniente a la «Violación de normas». Señala cuatro (4) supuestos[272], estableciendo el primero que «se considera desleal prevalecerse en el mercado de una ventaja competitiva adquirida mediante la infracción de las leyes. La ventaja ha de ser significativa». Consiste, pues, en la infracción de disposiciones legales cuyo objeto no es la regulación de la actividad concurrencial.

En ese mismo orden, interpretada por la STS DE 24 DE JUNIO DE 2005, Caso *France Affiches*[273], considerado un criterio «restrictivo y cuestionable», la sentencia indica que:

> ... la mera infracción normativa no constituye por sí sola conducta desleal, ya que se exige que la ventaja competitiva represente efectiva ventaja significativa y al utilizar el artículo el término «prevalece», se está refiriendo a que ha de tratarse de ventaja real y no potencial debiendo darse el necesario nexo causal entre la infracción y la ventaja.

Así también, esa misma sentencia establece que la deslealtad se integra:

> ...cuando el infractor obtiene provecho efectivo del ahorro de costes que por razones legales ha de satisfacer y a efectos de diferenciarse y hacer frente de esta manera y con ventaja a la competencia, presentándose significativa cuando se produce desviación acreditada de la clientela de los competidores a su favor con tal práctica que la Ley sanciona.

Respecto a la sentencia antes citada, es preciso señalar que dicho criterio es contrario a la noción general de Competencia Desleal como proceder contrario a la buena fe objetiva, sin que sea necesario que se haya provocado un perjuicio o daño comprobable. El asunto está en que, si se debe esperar a que la clientela haya sido desviada, será irreparable el daño provocado por la Competencia Desleal.

---

272 *Vid.* con carácter general, CARBAJO CASCÓN, F., «Violación de normas», en AA.VV., *Comentarios a la ley de competencia desleal*, director: A. BERCOVITZ RODRÍGUEZ-CANO, cit., pág. 405 y ss.

273 RJ 2005, 4927.

Otro fallo en la misma dirección es la STS de 24 de julio de 2012 (RJ 2012, 9003), estableciendo lo siguiente en cuanto al artículo 15.1 de la LCD:

> Además, no basta con la infracción de la norma, sino que es preciso que esta infracción normativa haya reportado al infractor una ventaja.

Ahora bien, respecto al segundo supuesto del artículo 15 LCD, es decir, 15.2, en cuanto a que se considera desleal «la simple infracción de normas jurídicas que tengan por objeto la regulación de la actividad concurrencial», su prohibición es *per se,* pues no es necesario demostrar que el infractor haya obtenido ventaja alguna en el mercado.

En cuanto al tercer apartado del artículo 15 de la LCD, es decir, 15.3, cabe señalar que la Ley Orgánica de 14/2003, de 20 de noviembre[274], de *Reforma de la Ley Orgánica 4/2000, de 11 de enero, sobre derechos y libertades de los extranjeros en España y su integración social,* en su artículo 5, agregó un tercer apartado al artículo 15 LCD, en torno a un caso concreto de Competencia Desleal por violación de normas, respecto a la contratación de extranjeros que no tengan permiso de trabajo como bien lo dispone la legislación sobre extranjería.

También, recientemente fue añadido el cuarto apartado al artículo 15 de la LCD, es decir, 15.4, por la Ley 18/2022, de 28 de septiembre, de creación y crecimiento de empresas[275], el cual dispone:

> 4. Igualmente, en el marco de lo dispuesto en el artículo 2, se considera desleal el incumplimiento reiterado de las normas de lucha contra la morosidad en las operaciones comerciales.

Finalmente, se entiende que la libre competencia procura que los competidores cumplan las obligaciones legales que les corresponden, por lo que, quien compite violentando las disposiciones jurídicas que tendría que cumplir, se ubique en una posición de ventaja ante los demás competidores que participan en el mercado con él. Por tanto, constituye Competencia Desleal, el incumplimiento de normas, sobre todo, aquellas que reglen la actividad económica en el mercado desde el ámbito de la Competencia.

---

274 Ref. BOE-A-2003-21187

275 Ref. BOE-A-2022-15818

CAPÍTULO III

ORIGEN DEL DERECHO DE LA COMPETENCIA EN LA REPÚBLICA DOMINICANA

Con la caída del *Berliner Mauer* o mejor conocido como el Muro de Berlín, cuya finalidad era ser un muro de protección antifascista, después de veintiocho años de horror y vergüenza, así como, con la disolución del a URSS, se inicia a nivel mundial una nueva era. A partir de allí comienza un dinamismo económico que impulsó grandes reformas en distintas naciones, incluyendo República Dominicana.

El presente capítulo hace un recorrido histórico del Derecho de la Competencia en la República Dominicana, y cómo los eventos internacionales fueron factores que dilataron su origen y evolución en suelo dominicano. Además, los primeros esfuerzos académicos en elaborar el anteproyecto de Ley de Ordenamiento del Mercado, la influencia del DR-CAFTA, la promulgación, justificación y objetivo de la Ley 42-08 de Defensa de la Competencia, así como la designación de sus órganos y el impacto actual de dicha legislación.

3.1. Influencia del GATT de 1994 y la OMC

El 15 de enero de 1990, se promulgó la ley 8-90 de Zonas Francas de Exportación, que, a decir verdad, es una de las legislaciones más productivas que el Estado dominicano ha elaborado. Su inmediata aplicación, provocó que la inversión extranjera se expresara en términos reales en la economía dominicana. Hasta el día de hoy, dicha norma continúa siendo el marco legal de referencia a los fines de darle entrada a miles y miles de empleos al país. En la actualidad, las Zonas Francas constituyen uno de los sectores primordiales de la economía local.

En ese mismo tenor se encuentra la ley 16-92 que instaura el Código de Trabajo dominicano. El también denominado Código Laboral, se convirtió en un texto legal de referencia, no solo a nivel local, sino, hasta internacional. Por vez primera, una norma contemplaba y reivindicaba derechos adquiridos por los trabajadores que antes no eran reconocidos. Estableció el 80-20, es decir, obliga a que el ochenta (80 %) por ciento de la mano de obra de una empresa establecida en República Dominicana, tenga que ser dominicana y la restante, extranjera.

También, a pesar de que entró en vigencia en 1993, para el 1992 se redactó la ley 11-92, mejor conocida como el Código Tributario dominicano. Con esta nueva legislación se creaba un marco legal que recogía y dictaba los principios por los cuales debía regirse la política fiscal dominicana. Hasta el día de hoy se encuentra vigente y su contenido sigue siendo referencia.

Es importante resaltar, la Ronda Uruguay del GATT, conocida como aquel proceso de negociación que se desenvolvió desde 1986 hasta 1994 y que culminó con la creación de la Organización Mundial del Comercio (OMC), mediante el Acuerdo de Marrakech y la adopción de un instrumento vital que sirvió como regulador de los Derechos de Propiedad Intelectual relacionados con el comercio, a partir de entonces conocido como ADPIC. Gracias a ese hecho internacional, es que a partir de 1995 República Dominicana acoge mediante resolución 2-95, del 20 de enero de 1995, los temas relacionados a la OMC y el ADPIC.

Sin lugar a dudas, el escenario mundial que se construye a partir de la creación de la OMC y los compromisos asumidos por la República Dominicana corroboran la importancia que revistió en aquella última década del siglo XX. Los países desarrollados y otros en vías de desarrollo ya contaban con legislaciones de competencia, pero República Dominicana no. Era evidente que factores como apertura económica, el auge e importancia de los derechos de propiedad intelectual, así como la libre competencia, fueron determinantes para que, en la primera década del siglo XXI, el país contara con una norma en materia de Defensa de la Competencia.

Asimismo, para el 20 de noviembre de 1995 se publicó de manera oficial la ley 16-95 sobre inversión extranjera. Una norma que armonizaba distintas áreas de inversión y sometía al país a cumplir con estándares internacionales que han dado al traste con cuantiosas inversiones expresadas de distintas maneras. Esta norma también se encuentra vigente actualmente.

Luego, en 1996, se inicia a nivel local todo un proceso de modernización e institucionalización que procuró la creación y modificación de diversas normas y reglamentos. La implementación de esas legislaciones ha traído grandes beneficios para la República Dominicana hasta el día de hoy, con lo cual se demuestra que cuando hay voluntad política, el desarrollo florece de forma natural. Todas las normas antes expuestas han cumplido su rol, pero deben ser modificadas a los fines de adaptarlas a la época actual, en vez de crear nuevas.

3.2. Anteproyecto de Código de Ordenamiento del Mercado

El anteproyecto de Código de Ordenamiento del Mercado fue el primer esfuerzo en materia de Defensa de la Competencia introducido por el Poder Ejecutivo ante el Congreso Nacional, pero este esfuerzo fue desmembrado, porque las leyes se fueron aprobando de manera independiente a medida que el país adquiría compromisos internacionales que obligaba a tener normas en materias específicas como Propiedad Intelectual y Derecho del Consumidor.

El entonces anteproyecto de Código de Ordenamiento del Mercado fue discutido desde 1995 hasta el año 2003, bajo la dirección del Secretariado Técnico de la Presidencia, a pesar de que, en el 2000, se había aprobado separadamente uno de sus anteproyectos de leyes. En el año 2003, la secretaria de Estado de Industria y Comercio, hoy Ministerio de Industria y Comercio y MiPymes, continuó las discusiones, pero no como Código de Ordenamiento del mercado, sino, que sometió a la consideración del Poder Legislativo, cada uno de los anteproyectos de leyes.

En tal sentido se podría decir que, este fue un ambicioso proyecto normativo que llevó consigo la misión de integrar disposiciones desde el ámbito de la Propiedad Intelectual, Derecho de la Competencia y Derecho del Consumidor.

En cuanto a Propiedad Intelectual, es preciso decir que fue a partir de 1995 cuando República Dominicana acoge mediante resolución 2-95, del 20 de enero de 1995, los temas relacionados a la OMC y el ADPIC. Luego, en 1996 se inicia a nivel local todo un proceso de modernización e institucionalización que procuró la creación y modificación de diversas normas y reglamentos.

Desde 1996 hasta el año 2000, República Dominicana recibió en múltiples ocasiones visitas de expertos internacionales con la finalidad de proveer cooperación técnica y financiera para trabajar el tema de la propiedad intelectual, y así, colocar al país a la vanguardia en torno al asunto, tal y como se consagró durante el proceso de creación y adopción del ADPIC. A los países desarrollados se les otorgó un plazo de dos años para que adecuaran sus legislaciones y los denominados países en «vías de desarrollo» o «sub-desarrollados», contaron con seis años para alcanzar el mencionado objetivo.

En tal sentido, el 8 de mayo del año 2000 se promulgó la Ley 20-00, con la que se creó la Oficina Nacional de la Propiedad Industrial (ONAPI), mientras que el 21 de agosto del mismo año se instauró la Oficina Nacional de Derecho de Autor (ONDA). Con la publicación de ambas normas República Dominicana se actualizó en la mayoría de los aspectos contemplados en el ADPIC. Más adelante, una disposición fundamental para abordar el tema fue la promulgación de la Ley 424-06 de implementación del DR-CAFTA.

Asimismo, el DR-CAFTA exigía la creación de una legislación que protegiera los derechos del consumidor. Finalmente, luego de los debidos procesos legislativos y unos 10 años de discusión, el entonces presidente de la República Dominicana, doctor Leonel Fernández, promulgó el 9 de septiembre de 2005, la Ley General de Protección de los Consumidores y Usuarios que creó el Instituto Nacional de Protección de los Derechos del Consumidor (PROCONSUMIDOR).

Finalmente, en el año 2008, es aprobada y promulgada la Ley General de Defensa de la Competencia núm. 42-08. La primera conformación del Consejo Directivo de la Comisión Nacional de Defensa de la Competencia que crea dicha ley fue realizada el 29 de junio de 2011, luego hubo cambios en dicho órgano en los años 2013, 2015, 2016, 2017 y 2023.

Después de un proceso de 20 años, mediante el Decreto No. 5-17 del Poder Ejecutivo, dictado el 6 de enero de 2017, fue designada la primera directora ejecutiva de la Comisión Nacional de Defensa a la Competencia (Procompetencia) y, en consecuencia, la Ley núm. 42-08 entró en plena vigencia. Ya se han conocido diversos casos que han repercutido en el ordenamiento jurídico dominicano. La institución cumple su rol, quizás no de la mejor manera, pues en más de 15 años desde su promulgación, muchas cosas han cambiado. Y no es para menos; el Derecho evoluciona constantemente.

3.3. Implementación del DR-CAFTA

La Real Academia Española (RAE), define *vacatio legis*, como el período que transcurre desde que se publica una norma hasta que entra en vigor, momento este que habitualmente viene establecido en la propia norma.

En los siguientes apartados, se analizará qué sucedió con el largo retraso para la entrada en vigor de la norma objeto de estudio, la influencia del DR-CAFTA y el proceso en el que fueron designados los órganos operativos de la Comisión Nacional de Defensa de la Competencia (Procompetencia).

El Tratado de Libre Comercio entre Centroamérica y Estados Unidos, mejor denominado como CAFTA, fue negociado entre enero de 2003 y enero de 2004. Países como El Salvador, Guatemala, Honduras y Nicaragua, gozan de las disposiciones de dicho acuerdo.

Pese a que República Dominicana lo adoptó en 2004, no fue hasta julio de 2007 que entró en vigencia. Las razones primordiales fueron referente a una cantidad de normas que debían ser armonizadas y otras creadas. Por ejemplo, la Ley 20-00 sobre Propiedad Industrial, agregó dos tipos de marcas: las sonoras y las olfativas. En materia de Derecho de Autor, la Ley 65-00 que protege dicho derecho fundamental, incrementó de 50 a 70 años la protección de los autores.

Asimismo, se creó por vez primera una legislación en defensa y protección de los consumidores, la norma 358-05, que crea el Instituto Nacional de Protección de los Derechos del Consumidor (PROCONSUMIDOR). Es menester indicar que, a partir de la promulgación de la Constitución del 26 de enero de 2010, su artículo 53 contempla como derecho fundamental las prerrogativas de los consumidores[276].

Ahora bien, otra exigencia para la entrada de República Dominicana al CAFTA, posteriormente, DR-CAFTA, fue la existencia de una norma que tuviera como objetivo promover y defender la competencia efectiva para incrementar la eficiencia económica en los mercados de bienes y servicios, a fin de generar beneficio y valor en favor de los consumidores y usuarios de estos bienes y servicios en el territorio nacional.

Asimismo, según un documento de la Comisión Económica para América Latina y el Caribe (CEPAL), de marzo de 2007, lo que se pretendió desde el inicio fue la implementación de este tratado, para mayor apertura, mayores oportunidades de inversión, comercio y empleo en la región[277].

Noboa Pagán indicó en un artículo de su autoría que data del año 2005, que en la República Dominicana organizaciones civiles preocupadas por el Estado de derecho debían respaldar lo que llamaba el nuevo modelo de desarrollo económico hacia el cual se encaminaba en aquel entonces el país. Hacía énfasis en que una ley de Defensa a la Competencia no debía ser un tema más de la agenda empresarial, sino una reforma institucional de interés general[278].

Asimismo, admitió la antes citada autora, que la hoy Ley 42-08 de Defensa de la Competencia formó parte del compromiso social, pues a su entender, en el momento crucial de la ratificación del DR-CAFTA, tratado que según explicó el pasado Superintendente de la agencia de Competencia venezolana, quizás de manera muy exagerada, sería el texto normativo más determinante para la suerte de la nación dominicana desde la Constitución de 1844.

Ahora bien, lo que sí se puede plantear con firmeza es que, con la implementación del DR-CAFTA se logró aunar esfuerzos homogéneos en materia comercial para la región, aunque hoy en día sus críticos persisten en indicar que el país ha perdido miles de millones de dólares por las «ataduras» a las que ha sido sometida la nación. Ciertamente es innegable que, sin sus tajan-

---

276 Artículo 53.- Derechos del consumidor. Toda persona tiene derecho a disponer de bienes y servicios de calidad, a una información objetiva, veraz y oportuna sobre el contenido y las características de los productos y servicios que use o consuma, bajo las previsiones y normas establecidas por la ley.

277 Editorial CEPAL, DR-CAFTA: aspectos relevantes seleccionados del Tratado y reformas legales que deben realizar a su entrada en vigor los países de Centroamérica y la República Dominicana. (Consultado el 2 de mayo de 2021)

278 Noboa Pagán, A. (2005). *Proyecto de ley de defensa a la competencia: infraestructura institucional de derechos en el nuevo modelo de desarrollo económico de la República Dominicana.* Boletín Actualidad Regulatoria NPA, 1 de agosto de 2005.

tes requisitos de creación y mejora de normas existentes, quizás la República Dominicana no contara con una normativa en la materia.

Por tanto, la realidad es que previo al 2008, solo existían esfuerzos y planteamientos académicos para que se promulgara una legislación. Aunque se está en pleno apogeo, existe un punto de partida que permitirá avanzar en la dirección correcta, siempre y cuando el poder político y sectores interesados en violentar y corromper los mercados no se interpongan en el camino emprendido.

3.4. Justificación e impacto de la Ley 42-08 de Defensa de la Competencia

Como bien se ha escrito, la Ley 42-08 de Defensa de la Competencia, respondió a una coyuntura muy especial, pues fue una exigencia para la implementación del DR-CAFTA, del cual la República Dominicana formó parte a raíz de la Ley 424-06 que entró en vigencia en 2007. El legislador del 26 de enero de 2010 contempló la Libertad de Empresa como un derecho fundamental, por lo que, el Estado asumió la función de proteger y garantizar efectiva y eficientemente el goce de las prerrogativas constitucionales, con auxilio de medidas administrativas y disposiciones legales adecuadas.

Además, la República Dominicana asumió un esquema que se repetía cada vez más en muchas partes del mundo, ya que se consideró que el proceso competitivo en los mercados debía ser regulado en procura de conseguir la eficiencia económica, cuyo fin último es el de garantizar el bienestar de los consumidores.

Claro está, conscientes de que el proceso de apertura comercial y globalización de las economías que aún persiste e impulsado por la entrada en vigor del Tratado de Libre Comercio con los Estados Unidos y Centroamérica, mejor conocido como DR-CAFTA, se hizo necesario que el Estado dominicano cuente con un instrumento jurídico moderno, acorde a los nuevos retos económicos, que sirva de respaldo a las relaciones comerciales internacionales y los intereses de diversos sectores productivos dominicanos, aunque en un ambiente de libre y leal competencia.

Asimismo, un detalle relevante y que la República Dominicana debe considerar con preeminencia es que, en ausencia de una Política de Competencia efectiva las empresas que ya se encuentren establecidas en el mercado local pudieran realizar actos anticompetitivos que limitasen la entrada al mercado de nuevos productos o empresas, reduciendo los beneficios de apertura comercial alcanzada a partir de los acuerdos de libre comercio.

No obstante, las empresas exportadoras podrían abusar de su posición dominante en diversos mercados internacionales, incluyendo el mercado relevante dominicano, en desmedro de la Competencia y del bienestar de los consumidores nacionales.

Ahora bien, el Estado dominicano fue consciente de que se necesitaba crear un ambiente que propicie la Competencia en los mercados locales de bienes y servicios para lograr que la entrada en vigencia del DR-CAFTA promueva la reducción de precios, el uso eficiente de los recursos productivos y, en consecuencia, mejores condiciones de vida de los dominicanos.

Laguna de Paz considera que, «no es casual que la economía de mercado se ha impuesto de manera hegemónica en el mundo». Agrega que la opción por este modelo económico se explica no sólo por su mayor capacidad de generación de riqueza y bienestar, sino también, su esencial vinculación con los principios del Estado democrático de derecho. En tanto afirma que, en el presente siglo, con pocas excepciones, los países se organizan como economías de mercado[279].

En tanto, la primera consideración del legislador dominicano al momento de crear la Ley 42-08 de Defensa de la Competencia fue «que la libertad de empresa, comercio e industria es un derecho consagrado en la Constitución Dominicana»[280]. Esa visión legislativa es cónsona con la del Constituyente del 26 de enero del año 2010, puesto que, de manera amplia y específica en su Artículo 50 de la Constitución Dominicana se estableció como un derecho fundamental la libertad de empresa.

Asimismo, proclamó que «es función del Estado, proteger y garantizar efectiva y eficientemente el goce de las prerrogativas constitucionales, con el auxilio de medidas administrativas y disposiciones legales adecuadas»[281]. Sobre esto, Ortega Polanco establece que el Derecho Administrativo es interdependiente del Derecho Constitucional, aunque al decir de Werner, citado por García de Enterría es «Derecho Constitucional concretizado».

también, estableció que el «proceso competitivo en los mercados debe ser regulado en orden a conseguir la eficiencia económica, teniendo como fin último garantizar el bienestar de los consumidores»[282]. A lo que apuesta la Ley 42-08 de Defensa de la Competencia es a que los beneficios que genera la competencia en los mercados sean tan positivos que los consumidores no se sientan vulnerables ante malas prácticas comerciales que genere efectos negativos a la economía dominicana.

De igual importancia, fue considerado por el legislador dominicano aquel proceso de apertura comercial y el fenómeno de la globalización de las economías que aún tiene lugar y, un instrumento que marcó el inicio de una Política

---

279 Laguna De Paz, J.C. (2020). *Derecho Administrativo Económico.* (3.ª ed.). España: Aranzadi SAU.

280 Considerando 1, Ley 42-08 de defensa de la competencia de la República Dominicana.

281 Considerando 2, Ley 42-08 de defensa de la competencia de la República Dominicana.

282 Considerando 3, Ley 42-08 de defensa de la competencia de la República Dominicana.

de Competencia en la República Dominicana, sin lugar a dudas fue la entrada en vigencia del Tratado de Libre Comercio y Centro América (DR-CAFTA).

Es así como, en aquel entonces, se entendió que el Estado dominicano, debía contar con un instrumento jurídico moderno, acorde con la realidad económica del momento, que respaldara debidamente sus relaciones comerciales internacionales y los intereses de los sectores productivos de República Dominicana en un ambiente de libre y leal competencia.

Esto constituyó un hito en la materia, ya que se inauguró la promoción de una cultura de Competencia en territorio dominicano, cuestión que hasta entonces era sólo un anhelo de unos pocos, pero que, resultó incómodo para el sector empresarial acostumbrado a realizar sus actividades económicas sin la vigilancia y supervisión de una entidad gubernamental en el país.

De hecho, es el planteamiento que formuló el legislador en el quinto considerando de la norma, donde estableció «que en ausencia de una Política de Competencia efectiva, las empresas ya establecidas en el mercado dominicano pudiesen realizar actos anticompetitivos que limitasen la entrada al mercado de nuevos productos o empresas, reduciendo los beneficios de la apertura comercial lograda a través de los acuerdos de libre comercio».

En tal sentido, una preocupación que se materializó en los considerandos de la norma 42-08, fue «que las empresas exportadoras pueden abusar de su posición dominante en diferentes mercados internacionales, incluyendo el mercado relevante de la República Dominicana, en detrimento de la Competencia y del bienestar de los consumidores dominicanos». Esta actitud responsable del Poder Legislativo se circunscribió a aquellos preceptos teóricos que fundamentan el rol protector y garantista del Estado, pues buscó el equilibrio entre la leal competencia y el confort del consumidor.

En fin, el propósito fue «crear un ambiente que propiciara la competencia en los mercados locales de bienes y servicios para lograr que la entrada en vigencia del DR-CAFTA promueva la reducción de precios, el uso eficiente de los recursos productivos y mejores condiciones de vida para los dominicanos»[283]. Cuestiones, aún pendientes por alcanzar.

3.5. Objetivo de la Ley 42-08 de Defensa de la Competencia

Se ha sostenido que la Ley General de Defensa de la Competencia, núm. 42-08, fue aprobada con el objetivo de promover y defender la Competencia efectiva para incrementar la eficiencia económica en los mercados de bienes y servicios, a fin de generar beneficio y valor en favor de los consumidores y usuarios de estos bienes y servicios en el territorio nacional.

283 Considerando 7, Ley 42-08 de defensa de la competencia de la República Dominicana.

Para la consecución del objeto antes citado, fue creada la Comisión Nacional de Defensa de la Competencia (Procompetencia), como organismo descentralizado del Estado, con el objetivo de promover y garantizar la existencia de una Competencia efectiva en los mercados de productos y servicios, mediante la ejecución y aplicación de las políticas y legislación de Competencia y el ejercicio de sus facultades investigativas, de informe, reglamentarias, resolutivas y sancionadoras[284].

Dichas facultades legales se concretizan en la realización de dos tareas principales: La protección de la libre y leal competencia, mediante la prevención, control y sanción de prácticas concertadas, abusos de posición dominante y actos de competencia desleal; y la promoción de una cultura de competencia, tanto a nivel privado como público.

En particular, la función de promoción y abogacía de la competencia, contenida en los artículos 13 y siguientes de la Ley núm. 42-08 de Defensa de la Competencia, le permite a Procompetencia, entre otras actividades, evaluar *«las leyes, reglamentos, ordenanzas, normas, resoluciones y demás actos jurídicos emanados de los poderes públicos»*[285], así como promover la simplificación de trámites, para garantizar que, en el cumplimiento de las funciones propias de la Administración Pública *«no se establezcan trabas o interferencias indebidas a los particulares, que puedan obstaculizar su derecho a la libre empresa y competencia»*[286].

Asimismo, referida ley le otorga a Procompetencia la facultad de investigar, controlar y sancionar los abusos de posición dominante (artículos 6, 31, 33 y 61), al establecer que «en ausencia de una Política de Competencia efectiva las empresas pudiesen realizar actos anticompetitivos que limitasen la entrada al mercado de nuevos productos o empresas con la finalidad de generar ganancias injustificadas por falta de Competencia efectiva».

En tal sentido, según el artículo 33 de la Ley 42-08 de Defensa de la Competencia, le corresponde a la Dirección Ejecutiva la función principal de instruir y sustanciar los expedientes, tanto para investigaciones de oficio, como para denuncias recibidas, siempre y cuando existan indicios en un mercado que violenten la citada legislación.

---

284 Preámbulo de la Resolución del Consejo Directivo de Procompetencia, número 008-2022: «La misión institucional de los órganos internos de la Comisión Nacional de Defensa de la Competencia (Procompetencia) se adscribe al objeto de la Ley núm. 42-08, citado a continuación: "Artículo 1.- Objeto. La presente ley tiene por objeto, con carácter de orden público, promover y defender la competencia efectiva para incrementar la eficiencia económica en los mercados de bienes y servicios, a fin de generar beneficio y valor en favor de los consumidores y usuarios de estos bienes y servicios en el territorio nacional"».

285 Artículo 14, Ley General de Defensa de la Competencia, núm. 42-08.

286 *Ibidem.*

Para ello, el artículo 42 de la misma norma le atribuye a la Dirección Ejecutiva la posibilidad de hacer diligencias con fines probatorios para instruir los procedimientos de investigación, donde dicho órgano podrá citar a los representantes legales del presunto o presuntos responsables, citar testigos, recibir declaraciones, realizar careos y llevar a cabo audiencias con la participación de los denunciantes, presuntos agraviados, presuntos responsables, testigos y peritos, entre otras. Cuenta con un plazo de treinta (30) días hábiles para todo lo anterior.

Ahora bien, una vez culmine el procedimiento de instrucción, le corresponde a la Dirección Ejecutiva realizar el denominado Informe de Instrucción, tal como lo establece el artículo 43 de la Ley 42-08 de Defensa de la Competencia.

3.6. Designación de los órganos operativos

En opinión de Motta, las Políticas de competencia se han visto inspiradas en una serie de objetivos, que van desde el bienestar de los consumidores, defensa de las pequeñas empresas, promoción de la integración de los mercados, libertad económica, lucha contra la inflación hasta justicia y equidad. Y ni se diga de las razones sociales y medioambientales envueltas[287].

Sin embargo, es criterio de la CNMC el hecho de que la Política de Defensa de la Competencia es necesaria en todos los mercados en los que no es necesaria una regulación económica por parte del Estado. La ausencia de regulación económica es la situación por defecto en una economía de mercado: es necesario asegurar que la regulación económica por parte del Estado se produce solo para remediar la presencia de fallos de mercado[288].

Ahora bien, lo que si queda claro es que una nación decide a través de sus poderes políticos asumir políticas públicas en beneficio de su gente. El diseño de una Política de Competencia es el inicio de tal pretensión.

Como ya se ha sostenido, pese a que la Ley 42-08 de Defensa de la Competencia fue promulgada el 25 de enero de 2008, no es hasta el 2017 que entra en vigor. Y esto, porque, aunque se designó el primer Consejo Directivo en el 2011, la misma ley supedita su entrada en vigencia a la designación de

287 Motta, M. (2018). *Política de competencia. Op. Cit.* Pág. 68

288 Aclara la CNMC que es importante distinguir entre regulación en el sentido del establecimiento de normas jurídicas que sirvan de marco para el desarrollo de una actividad, y regulación en el sentido de intervención por parte del Estado en un mercado determinado para corregir las ineficiencias cuando, por sí mismo, no produce un resultado óptimo. De acuerdo con la primera definición, todos los mercados son mercados regulados, pero a lo que nos referimos aquí es a la segunda acepción, que podríamos denominar regulación económica.

la Dirección Ejecutiva, quien tiene que jugar el rol de órgano instructor de las posibles investigaciones que por denuncia u oficio surjan.

En tal sentido, una vez nombrado el primer Consejo Directivo, el cual tuvo la particularidad de ser conformado, en virtud de los literales a) y b) de la misma norma, para el primer período de funcionamiento de la Comisión, fueron elegidos tres (3) miembros, quienes durarían en sus funciones dos (2) años; y una elección de dos (2) miembros que durarían en sus funciones, desde el mismo primer período de funcionamiento de la Comisión, cinco (5) años. Esto para que siempre existan miembros cada vez que llegue la oportunidad de renovar el Consejo Directivo y la institución no deje de operar por su ausencia[289].

Durante esta primera fase, Procompetencia se limitó de vez en cuando, a realizar declaraciones en materia de Competencia, llevar a cabo encuentros académicos, se clamó la necesidad de designar la Dirección Ejecutiva, hubo acercamientos con la Unión Europea, e incluso, recibió financiamiento para proyectos de parte de este organismo.

Ciertamente, fue un elefante blanco durante mucho tiempo. Todo esto, por falta de voluntad política para asumir un compromiso que desde la promulgación de la ley quedaba pendiente: la entrada plena de sus disposiciones legales una vez fuera designada la Dirección Ejecutiva.

3.7. La libertad de empresa como criterio constitucional

De Juan Asenjo, citado por Laguna De Paz, expresa que, en el modelo económico español, la libertad de empresa ha de ser también una pieza esencial en el sistema económico, como bien agrega este último autor. Para Laguna De Paz, la iniciativa privada debe ser la regla en la realización de la actividad económica. La Constitución española en su artículo 38 indica:

> «Se reconoce la libertad de empresa en el marco de la economía de mercado. Los poderes públicos garantizan y protegen su ejercicio y la defensa de la productividad, de acuerdo con las exigencias de la economía general y, en su caso, de la planificación».

El caso dominicano no es distante. El artículo 50 de su Carta Sustantiva plantea en términos similares que:

> «El Estado reconoce y garantiza la libre empresa, comercio e industria. Todas las personas tienen derecho a dedicarse libremente a la actividad económica de su preferencia, sin más limitaciones que las prescritas en esta Constitucion y las que establezcan las leyes».

---

289 Artículo 26 de la Ley General de Defensa de la Competencia, núm. 42-08.

Se entiende que la libertad de empresa ha de ejercerse en el marco de una normativa que garantiza su ejercicio, pero impone también límites, por razones de interés general[290]. Otra opinión bien pensada es que los poderes públicos pueden, pues, establecer «reglas que disciplinen, proporcionada y razonablemente, el mercado»[291].

El Tribunal Constitucional dominicano (TC) se ha pronunciado desde la implementación de su Ley orgánica 137-11, en diversas ocasiones sobre la Libertad de Empresa, donde ha definido este derecho fundamental, como aquel consagrado en el artículo 50 de la Constitución de la República y que puede ser conceptualizado como la prerrogativa que corresponde a toda persona de dedicar bienes o capitales a la realización de actividades económicas dentro del marco legal del Estado y en procura de obtener ganancias o beneficios lícitos.

La parte in fine del artículo 50 de nuestro Pacto Fundamental establece que este derecho no tendrá más «limitaciones que la prescritas en esta Constitución y las que establezcan las leyes»[292]. De hecho, este criterio ha sido reiterado en sentencias posteriores como la TC/0589/18.

No obstante, el mencionado tribunal ha sostenido que «el ejercicio del derecho fundamental a la libertad de empresa no es absoluto, sino relativo, por lo que el Estado puede no solo regular su ejercicio sino incluso limitarlo, según establece la parte in fine del artículo 50 de nuestro Pacto Fundamental. Dicha potestad de regularlo o limitarlo está condicionada, sin embargo, a que el legislador ordinario no afecte el contenido esencial de dicho derecho ni el principio de razonabilidad (art. 74.2 de la Constitución)»[293].

La Libertad de Empresa constituye un derecho fundamental de los ciudadanos, no de los poderes públicos. Estos últimos no tienen «libertad» para crear empresas públicas. Los ciudadanos pueden emprender cualquier actividad lícita. Asimismo, tienen derecho a crear y gestionar empresas. Poseen libertad contractual. Esto ha sido confirmado por la jurisprudencia de la UE[294].

En tal sentido, en los siguientes apartados se expondrá el contenido de la norma desde la Promoción y Defensa de la Competencia, el impacto de las

---

290 Asunto C-134/15, Limdl GmbH & Co. KG y Freistaat Sachsen, EU:C:2016498, margs. 29-34, citado por LAGUNA DE PAZ, J.C. (2020). *Derecho Administrativo Económico.* (3.ª ed.). España: Aranzadi SAU.

291 *Idem*.

292 Precedente fijado por el Tribunal Constitucional dominicano en su Sentencia TC/0049/13, de fecha 9 de abril de 2013.

293 *Idem*.

294 BASSOLS COMA, M. *Constitución y sistema económico 1985*, pág. 137., citado por LAGUNA DE PAZ, J.C. (2020). *Derecho Administrativo Económico.* (3.ª ed.). España: Rodona Industria Gráfica, SL.

decisiones jurídicas-administrativas, así como lo relativo al decreto que crea el reglamento de aplicación de la Ley 42-08 de Defensa de la Competencia, texto necesario para la correcta aplicación de la norma.

3.8. Regulación y competencia

Terol Gómez señala que «la Administración dispone de instrumentos para intervenir en la economía, para condicionar el comportamiento de los agentes económicos, y también es un agente económico más, estableciendo un sector público económico que opera en el mercado junto con operadores privados»[295].

Como ya es sabido, la regulación establece las reglas del juego para los sectores que requieren la intervención del Estado, mientras que en el caso de la Defensa de la Competencia interviene si, en el funcionamiento de cualquier mercado tienen lugar prácticas anticompetitivas. De ahí que es necesario establecer que, es propicio señalar que la regulación opera fundamentalmente ex ante (aunque lógicamente es necesario que haya sanciones por incumplimiento de la regulación), mientras que el Derecho de la Competencia actúa, generalmente, ex post (exceptuando el control de concentraciones).

Sin embargo, siempre es oportuno diferenciar entre regulación en el ámbito del establecimiento de normas jurídicas que sirvan de marco para el desarrollo de una actividad u operación, y regulación en el sentido de intervención por parte del Estado en un mercado determinado para corregir las ineficiencias cuando, por sí mismo, no produce un resultado óptimo.

En ese sentido, en el marco de la puesta en circulación del Anuario 2012 del Tribunal Constitucional (TC) dominicano, una iniciativa de ese importante órgano, Jorge Prats plantea que, el fenómeno regulatorio emerge en el momento mismo en que el Estado abandona su rol de empresario, los servicios públicos son liberalizados y privatizados, y la intervención económica estatal está echada de lado o cambia profundamente de signo.

Puede afirmarse, que hay tres (3) escenarios fundamentales en los que se hace necesario regular económicamente un mercado: la presencia de un monopolio natural, los sectores recientemente liberalizados (antiguos monopolios legales), así como la necesidad de garantizar un servicio universal en algunos ámbitos.

Es entonces necesario sostener que, la función regulatoria conlleva manifestación de la potestad desde distintos ámbitos. A decir de Jorge Prats: «potestad de autorizar la actuación económica de las entidades privadas, la potestad tarifaria, la potestad normativa, la potestad de dirimir conflictos entre los entes regulados y los usuarios de servicios, la potestad sancionato-

---

295 Terol Gómez, R. (2023). *Competencia y Derecho Administrativo. Op. Cit.* 38

ria y la facultad de adoptar políticas públicas, por lo que requiere instrumentos jurídico-técnicos de alta precisión que el superado Estado empresario e interventor carece»[296].

En el caso de los monopolios naturales se dan en ciertas industrias en las que es más eficiente, desde el punto de vista de los costes, que exista una única empresa que ofrezca un determinado bien o servicio. Esto ocurre en industrias donde se requieren costes fijos muy elevados y se dan fuertes economías de escala, ya que para rentabilizar la inversión se requiere un volumen de producción muy elevado[297].

Para el anteriormente citado funcionario de la CNMC, la regulación es necesaria en aquellos sectores en los que tradicionalmente el bien o servicio era prestado por una única empresa monopolista controlada por el Estado, pero que, posteriormente fueron liberalizados, de modo que desde aquel momento cualquier empresa podía tratar de prestar ese determinado bien o servicio.

Hablar de liberalización implica que el Estado asuma tareas regulatorias que deben desempeñarse con estricto apego a las normas legales, así como especialización técnica. Jorge Prats sostiene que el Estado regulador debe ser necesariamente un Estado de derecho, pues, a su entender, solo este puede brindar seguridad jurídica, respeto a la igualdad y control de la arbitrariedad.

Hoy en día, referirse a «regular» plantea una serie de potestades del Estado que se manifiestan en aquella relación entre administración y ciudadano, de allí que las técnicas e instrumentos pertenecen al Derecho Público o, mejor dicho, Administrativo de la regulación económica. Y aunque jurídicamente para referirse a regulación se hace como sinónimo de reglamentación, lo cierto es que existen dos conceptos jurídicos a tomar en consideración: uno restrictivo y otro amplio, aunque ciertos doctrinarios se muestran a favor y en contra.

Cuando se refiere a sentido estricto, se hace para indicar que el objeto que persigue es el mercado, es decir, sus actividades y operaciones económicas, sea pública o privada. Lo que se busca con la regulación es el aumento de eficiencia económica del mercado en la prestación de los servicios, por lo que en conclusión se entiende que su objeto es determinar bajo qué condiciones las empresas buscan actuar en el mercado.

Álvarez Cantalapiedra y Villarejo Galende, plantean que no tendría ninguna coherencia contraponer el mercado frente al Estado, pues sin el Estado no

---

296 Jorge Prats, E. (2013). «El Tribunal Constitucional y la cláusula constitucional del Estado regulador». *Anuario 2012 del Tribunal constitucional dominicano*, Primera edición, pág. 80. Imprenta AMSI, SRL.

297 Javier García-Verdugo (CNMC). *Op. Cit.* Pág. 17

se garantizan los fundamentos mismos de la organización económica de la sociedad. Es claro que tampoco existe economía sin sociedad y que los mercados no surgen espontáneamente de la naturaleza, ni funcionan en el vacío, sino que para existir necesitan un intrincado sistema de normas y regulaciones[298].

Por su parte, Villarejo Galende cita el caso de Cataluña, donde según plantea, se han establecido varios niveles diferentes de intervención administrativa: un régimen de licencia comercial autonómica para los establecimientos comerciales que superan los 2,500 m2 de superficie de venta, un régimen de declaración responsable para los establecimientos con una superficie de venta igual o superior a 1,300 m2 e inferiores a 2,500 m2 y un régimen de comunicación previa para otros tipos y situaciones de establecimientos[299]. Ya, se ha planteado su flexibilización a partir de otro texto normativo.

Ahora bien, en sentido amplio busca los diversos modos de actuación que los poderes públicos ponen en práctica con la finalidad de cumplir con la satisfacción de las finalidades públicas a partir de los instrumentos jurídicos de influencia estatal. Es preciso señalar que dentro de este concepto amplio se pueden identificar tres tipos de estrategias de regulación: la regulación, la autorregulación regulada y la autorregulación social.

A modo de ejemplo está el caso de Telefónica, que durante varias décadas fue una empresa del Estado que en España tenía el monopolio del servicio de telefonía. Cuando en 1997 y 1998 se liberalizó el sector de las telecomunicaciones con el mero propósito de fomentar la Competencia con la entrada en el mercado nuevos operadores, las barreras a la entrada eran muy importantes, puesto que Telefónica, como monopolista, tenía la totalidad de los clientes en España y toda la red de telefonía, que además había sido costeada por el Estado.

Ello conlleva que el regulador sectorial (antiguamente la Comisión del Mercado de Telecomunicaciones, creada a raíz de la liberalización, y actualmente la CNMC) impone a Telefónica, como operador dominante, una serie de obligaciones entre las que se encuentra, por ejemplo, la de dar acceso a sus redes al resto de operadores en aquellos lugares donde se considera que la competencia en todavía insuficiente, fijando el precio que deben pagar sus competidores por este acceso.

Un asunto parecido sucedió en República Dominicana con CODETEL que fue durante mucho tiempo la única compañía de servicios de telefonía en suelo dominicano, hasta que, en 1990, el Gobierno dominicano de entonces

---

298 Álvarez Cantalapiedra, S. & Villarejo Galende, H. (2003). *La regulación de los grandes centros comerciales: una aproximación sociológica y jurídica. Op. Cit.* Págs. 131-132.

299 Villarejo Galende, H. (2011). «El nuevo régimen de las autorizaciones comerciales en España. Una lectura Hitchcockiana de los efectos de la Directiva de servicios: ¿De psicosis a sabotaje?». *Revista catalana de dret públic*, número 42, Págs. 217-256

y TRICOM firmaron un contrato en el cual el primero autorizó al segundo a ofrecer todos los servicios de telecomunicaciones en el país, convirtiéndose en la competencia de CODETEL. Fue a partir de 1992 cuando de manera formal inició sus operaciones TRICOM.

Para 1994, mediante resolución 4-91 de 29 de noviembre de 1991 de la entonces Secretaría de Estado de Obras Públicas y Comunicaciones, más las recomendaciones de los técnicos de la Unión Internacional de Telecomunicaciones (UIT), fue entonces cuando CODETEL y TRICOM acordaron interconectar sus centrales telefónicas, con lo que empezó un proceso de instalación masiva de servicio telefónico en algunas de las provincias del país.

3.9. Promoción y Defensa de la Competencia

Aunque con el mismo ánimo, pero no con la misma cobertura que la institución dominicana, las amplias funciones de la CNMC[300] consisten en la aplicación de la normativa de Defensa de la Competencia y la Promoción de la Competencia en los mercados, la regulación y la supervisión de las industrias reguladas y la resolución de conflictos entre operadores económicos.

Asimismo, López Vallés[301] estima que la Promoción de la Competencia en España tiene una larga tradición. Claro está, las funciones de promoción de la competencia no estuvieron presentes en la primera legislación de competencia (1963)[302], pero para 1989, la Ley de Defensa de la Competencia[303] otorgó al Tribunal de Defensa de la Competencia (TDC) una serie de funciones de carácter consultivo y emisión de informes en relación con el marco regulatorio[304].

También, considera el precitado autor que, el marco regulatorio y la intervención del sector público desempeñan también un papel esencial en el nivel de Competencia en los mercados. La regulación establece el contexto institucional en el que las empresas desarrollan su actividad, determinando la capacidad y los incentivos de las empresas a competir.

La regulación puede no ser favorecedora de la Competencia por una causa justificada desde el punto de vista del interés general, pero también por un mal diseño o una mala evaluación de los problemas del mercado. La regula-

300 En el marco de la XVI.ª Edición de la Escuela Iberoamericana de la Competencia 2020-2021.

301 López Valles, J. *La mejora de la regulación como elemento central de la política de competencia.* (2019). ICE: La mejora de la regulación, n.º 907. Pág. 86.

302 Ley 110/1963, de 20 de julio, de represión de las prácticas restrictivas de la competencia.

303 Ley 16/1989, de 17 de julio, de Defensa de la Competencia.

304 Artículos 2.2 y 26 de la Ley 16/1989.

ción que restringe la Competencia de forma injustificada tiene un coste para la sociedad comparable al que puede tener un cártel entre empresas o un abuso de posición de dominio[305].

En tal sentido, las atribuciones que posee la Ley 42-08 de Defensa de la Competencia sobre indagar en cuanto a denuncias o investigaciones de oficio, versan sobre acuerdos, decisiones y prácticas contrarias a la libre competencia, el abuso de posición dominante y algunos actos de Competencia Desleal, la cual no es sancionable, contrario a las dos primeras, por lo que solo puede ordenarse la cesación de dicha conducta y, de persistir interés, perseguir en lo jurisdiccional resarcimiento en daños y perjuicios.

Bien es sabido que, el principal objetivo de la Política de Defensa de la Competencia es precisamente garantizar, preservar y promover el correcto funcionamiento y la existencia de una Competencia efectiva en todos los mercados y sectores productivos, en beneficio de los consumidores y usuarios.

Si algo debe estar claro, es que las autoridades de Competencia persiguen que los operadores económicos respeten las reglas del juego *(fair play)* con el propósito de obtener y hasta mantener el mayor nivel de Competencia efectiva que sea compatible con las características de cada mercado, esencialmente el nivel de costos fijos asociados a las inversiones necesarias, la diferenciación de productos y la dimensión de la demanda. Aunque, esas características hacen que en muchos casos los sectores se asemejen más a mercados de Competencia imperfecta como oligopolios, mercados de competencia monopolística u oligopolística.

En ese orden, lo que debe procurar la Defensa de la Competencia es ser uno de los elementos principales de la política económica para promover la productividad y la competitividad de la economía, ya que, si la competencia en los mercados es efectiva, entonces la asignación de los recursos es más eficiente, con los consiguientes efectos sobre el crecimiento económico y el empleo, factores importantes para alcanzar el anhelado desarrollo social.

López Vallés, plantea que la Política de Competencia no solo tiene la función de controlar a los operadores económicos, sino que también se extiende al logro de una mejor intervención pública, incluyendo una mejor regulación económica. Las autoridades de Competencia están especialmente bien posicionadas para analizar la regulación y proponer mejoras regulatorias, principalmente por su especialización e independencia. En España, la autoridad española de competencia ha tenido históricamente un papel destacado, que debe seguir potenciándose[306].

---

305 *Ibidem.*

306 López Vallés, J. (2019). *La mejora de la regulación como elemento central de la política de competencia*. ICE, marzo-abril. N.° 907, págs. 83-91.

Por su parte, Silos Ribas, quien ha sido director adjunto de Economía en la Competition and Markets Authority (CMA), así también subdirector de Análisis Económico en la Comisión Nacional de los Mercados y la Competencia (CNMC) y Economista en la Subdirección de Estudios de la extinta Comisión Nacional de la Competencia (CNC), el objetivo de la política de competencia es evitar que existan restricciones a la Competencia que reduzcan el bienestar[307].

Según plantea, estas restricciones pueden ser privadas o públicas. La segunda clase de restricciones son muy costosas para la sociedad y, generalmente, se encuentran fuera del alcance del *enforcement* o Defensa de la Competencia. La herramienta que las autoridades de Competencia tienen a su disposición para combatir estas restricciones es la Promoción de la Competencia[308].

Según la página web de la Comisión Nacional de Defensa de la Competencia (Procompetencia), con la finalidad de concienciar a los agentes económicos y a la población general sobre el objetivo de la norma 42-08, las conductas prohibidas por la misma y las funciones de la institución, ésta tiene la misión de llevar a cabo compañas educativas en todos los medios de comunicación disponibles de alcance nacional[309]. En ese mismo orden, ocho (8) Estudios[310] han sido realizados en el marco de estas facultades de la ley, así como cuatro (4) Guías[311].

También, se promueve el denominado Plan de cumplimiento, para el cual se cuenta con la resolución 013-2017, que aprueba los lineamientos generales para planes de cumplimiento de los agentes económicos en materia de Política de Competencia. Los lineamientos pautados por la resolución anterior no tienen fuerza normativa, sino que, su objetivo es proveer orientación básica a los agentes económicos.

Asimismo, en el caso español, la Comisión Nacional de los Mercados y la Competencia (CNMC) reviste considerable importancia promocionar y preservar la Competencia efectiva entre operadores económicos en los mercados. A su entender, esto se debe a que la Competencia produce ganancias de eficiencia que permiten a los consumidores y usuarios, a las empresas y

307 Silos Ribas, M. «La promoción de la competencia: pilar básico de una política de competencia eficaz». Artículo para el *Anuario de Competencia de la Fundación del Instituto de Crédito Oficial (Fundación ICO)*.

308 *Idem*.

309 Comisión Nacional de Defensa de la Competencia (PROCOMPETENCIA), Santo Domingo, 2022 https://procompetencia.gob.do (Consultado el 16 de mayo de 2022)

310 *Ibidem*.

311 Comisión Nacional de Defensa de la Competencia (PROCOMPETENCIA), Santo Domingo, 2022 https://procompetencia.gob.do (Consultado el 16 de mayo de 2022)

al propio sector público beneficiarse de precios eficientes, mayor variedad y calidad de los productos y servicios disponibles, así como mayor innovación en el mercado[312].

Es importante señalar que, Procompetencia posee la facultad de promover la simplificación de trámites administrativos para evitar el establecimiento de trabas o interferencias indebidas a particulares, revisar los actos jurídicos estatales contrarios a la libre competencia, así como el análisis de las ayudas estatales, en aras de promover la libre y leal competencia en los mercados de bienes y servicios en la República Dominicana.

En tanto, decenas de proyectos de legislaciones y normativas han recibido observaciones, así como llamados de atención sobre casos como UBER en zonas turísticas, informe no vinculante sobre el Reglamento General para Control de Riesgos en Alimentos y Bebidas en la República Dominicana, entre otros.

Ahora bien, la Defensa de la Competencia tiene un fuerte componente social, pues la falta de Competencia tiene un impacto notable en la desigualdad y la pobreza. Por una parte, las conductas monopólicas derivan en unos precios más altos que los competitivos, lo que afecta especialmente a los hogares con una renta baja. Lo ideal es que los beneficios de la Competencia se traduzcan en un mayor bienestar social, que es el estándar o criterio fundamental por el que se rige la Política de Competencia de una nación.

Asimismo, los consumidores deben disponer de la oferta más variada e innovadora de bienes y servicios, de mejor calidad y a menores precios. En cuanto a los empresarios, les garantiza que el éxito en sus negocios dependerá de su capacidad y esfuerzo, y que otras empresas con poder de mercado no podrán obstaculizarles de manera injustificada, por lo que esto impulsa el esfuerzo a innovar. Y en general, a los ciudadanos les garantiza que la producción nacional será competitiva dentro y fuera de su país.

En otro orden, un anhelo que no termina de materializarse en el caso de Procompetencia son las evaluaciones que realizan los técnicos de la CNMC en cuanto al impacto de su actividad de Defensa de la Competencia, donde estiman el ahorro para sus consumidores durante un período especifico.

En el caso dominicano nunca se ha hecho y las razones son obvias, pero falta también de las autoridades saber promover que los montos de las san-

312 Véase el artículo 5.2 de la Ley 3/2013, el cual establece que: La Comisión Nacional de los Mercados y la Competencia actuará como órgano consultivo sobre cuestiones relativas al mantenimiento de la competencia efectiva y buen funcionamiento de los mercados y sectores económicos. En particular, podrá ser consultada por las Cámaras Legislativas, el Gobierno, los departamentos ministeriales, las Comunidades Autónomas, las Corporaciones locales, los Colegios Profesionales, las Cámaras de Comercio y las Organizaciones Empresariales y de Consumidores y Usuarios.

ciones hasta ahora alcanzadas, de alguna manera representan recursos que pueden ser dispuestos para materializar fines sociales inconclusos desde hace décadas.

Sin embargo, de vuelta a España, a través de una metodología previamente diseñada y definida, que consiste en el cálculo del aumento de precio que se ha evitado en los mercados afectados como consecuencia de la actuación de la CNMC, bien por el desmantelamiento de cárteles, bien por las condiciones impuestas en procesos de concentración empresarial, durante el período 2012-2019 solo por los expedientes sancionados la CNMC estimó de una media de más de 1.149 millones de euros anuales[313].

3.9.1. Estudios de mercado

Procompetencia define estos como un instrumento de Promoción de la Competencia, consistente en un análisis económico y regulatorio que analiza en profundidad la estructura del mercado, el comportamiento y dinámica de los agentes que participan en el mismo, así como sus condiciones económicas, que permite identificar la existencia de restricciones o distorsiones en el mercado, que pudieran impedir una asignación eficiente de los recursos.

Con estos resultados, se emiten recomendaciones a las entidades de la Administración Pública y/o a los agentes económicos con el fin de favorecer la Competencia y obtener resultados económicos eficientes y alineados al interés general[314].

La CNMC tiene experiencia dilatada en temas de elaboración de estudios de mercado. A partir del 7 de octubre de 2013, la CNMC cuenta con una metodología definida para la elaboración de estudios de mercado[315].Es importante indicar que, el este documento plantea que el área de Promoción de la Competencia supuso una de las grandes novedades de la Ley 15/2007, y con ella la extinta Comisión Nacional de la Competencia (CNC) se puso al mismo nivel que las autoridades de Competencia más avanzadas a nivel internacional.

Asimismo, hay que resaltar que virtud de lo dispuesto en el apartado primero del artículo 5 de la Ley 3/2013, la CNMC tiene entre sus funciones la promoción de una Competencia efectiva en los mercados, mediante, entre

313 García-Verdugo, J. y Gomez, L. (2020), *Estimating the impact of competition enforcement by the Spanish Competition Authority (Revised Methodology)*, Document AE-01/20(0529). Disponible en https://www.cnmc.es/sites/default/files/editor_contenidos/CNMC/DocumentosReferencia/Document%20AE- 0120(0529).pdf

314 Recuperado el 4 de abril de 2022 a las 11:08 pm, vía https://procompetencia.gob.do/procompetencia-presenta-estudio-sobre-las-condiciones-de-competencia-en-el-mercado-dominicano-de-las-afp/

315 MET/DP/01/13 instrucción del director del departamento de promoción de la competencia, colgada en la página web de la CNMC: https://www.cnmc.es/expedientes/metdp00116

otros, la realización de estudios y trabajos de investigación en materia de Competencia, así como informes generales sobre sectores, en su caso, con propuestas de liberalización, desregulación o modificación normativa.

Para la CNMC, un Estudio de mercado es el primer instrumento de promoción de la competencia, consistente en un análisis económico y regulatorio exhaustivo que analiza en profundidad la dinámica de la Competencia en un mercado o sector productivo, identificando las restricciones existentes en dicho mercado, que dificultan o impiden una asignación eficiente de los recursos. Finalmente, el Estudio alcanza conclusiones y propone recomendaciones para paliar o eliminar dichas restricciones. Una definición muy parecida a la de República Dominicana, pero llena de experiencia, contrario a la criolla, pues se está avanzando[316].

También, el Estudio tiene carácter predominantemente económico, según se hace constar en el documento de referencia, pues se centra en analizar la manera en que los operadores económicos compiten entre sí: cuáles son las principales variables en que compiten (precios, calidad, diferenciación, etc.), cuál es la intensidad de la Competencia, y cuál es su reflejo en el mercado.

Para ello se tendrán en cuenta las condiciones estructurales del mercado, el comportamiento de los agentes y su reflejo en el nivel y la evolución de las variables más relevantes del mercado. En consecuencia, se debe realizar un análisis exhaustivo de la normativa aplicable y de las restricciones que ésta pudiera generar en el mercado[317].

El Estudio de mercado no tiene como punto de partida una conducta prohibida por la normativa de Competencia o sectorial, sino, el análisis de rasgos estructurales o de comportamiento (en principio, no contrarios a la normativa en vigor) que están limitando la Competencia en el mercado o dificultando resultados económicos eficientes.

Sobre lo anterior, es relevante decir que, Procompetencia, haciendo referencia a un Estudio sobre las Condiciones de Competencia en el Mercado Dominicano de las Administradoras de Fondos de Pensiones (AFP), dado a conocer el 15 de enero de 2021, precisó que el objetivo de un estudio es realizar un análisis de las condiciones de competencia, en este caso en el mercado de las Administradoras de Fondos de Pensiones (AFP), desde el surgimiento del Sistema en el año 2003 hasta junio de 2020.

Así también indicó que, de manera específica, este documento contiene una caracterización jurídica y económica del mercado, haciendo énfasis en

316 *Ibidem.*

317 Instrucción del director del departamento de promoción de la competencia, MET/DP/01/13. Pág. 2

la parte privada del Sistema, a través del análisis de datos e informaciones públicas disponibles de tipo cualitativo y cuantitativo[318].

En ese mismo orden de las cosas, la CNMC aclara que un Estudio de mercado tampoco es un informe sobre un proyecto normativo concreto, a petición del órgano proponente o de oficio. El Estudio de mercado puede tener entre sus recomendaciones una propuesta de reforma de normativa existente.

No obstante, éste no supone el objeto exclusivo ni último del Estudio. Este se diferencia de una Guía, en que el objetivo de ésta es orientar o indicar a los agentes, de forma eminentemente divulgativa, sobre cómo deben comportarse en el mercado para favorecer una mayor Competencia.

En tanto, la Guía no conlleva un análisis detallado de indicadores económicos o elementos estructurales del mercado. un Estudio de mercado de la CNMC tiene una dimensión diferente a un estudio académico. Un estudio académico será normalmente valorado por su metodología de análisis, por los instrumentos empleados y por su contribución a la literatura económica. Un Estudio de la CNMC tiene como objetivo favorecer una mayor Competencia y una regulación económica eficiente en los mercados.

3.9.2. Abogacía de la competencia

Para la Superintendencia de Industria y Comercio de Colombia (SIC), la abogacía de la Competencia consiste en un instrumento legal de prevención del régimen de libre competencia económica. Sus objetivos primordiales son el fomento de la cultura de libre competencia al interior del Estado y el apoyo al ejercicio de la facultad de intervención del Gobierno Nacional en la economía[319].

Asimismo, dicha institución estima que se trata de un mecanismo para la Promoción de la Competencia, cuyo alcance abarca todo el territorio nacional y, que tiene dentro de sus principales por funciones: asesorar al Gobierno Nacional en la protección de la Competencia, para la elaboración de proyectos que estimulen la libre competencia en los mercados, desarrollar estudios de mercado para identificar fallas en la competencia generadas con las normas vigentes, promover la Competencia, por medio de actividades como la socialización de las normas y la educación y, verificar los proyectos de regulación para efectos de promover y mantener la libre competencia en los mercados.

318 Procompetencia (2022): https://procompetencia.gob.do/procompetencia-presenta-estudio-sobre-las-condiciones-de-competencia-en-el-mercado-dominicano-de-las-afp/

319 Para ampliar más sobre el tema, ver: https://www.sic.gov.co/funcion-de-abogacia-de-la-competencia-

Ahora bien, en cuanto a la República Dominicana, la Comisión Nacional de Defensa de la Competencia (Procompetencia), posee, de cara al Estado dominicano, la facultad de promover la simplificación de trámites administrativos para evitar el establecimiento de trabas o interferencias indebidas a particulares, revisar los actos jurídicos estatales contrarios a la libre competencia, así como el análisis de las ayudas estatales, en aras de promover la libre y leal competencia en los mercados de bienes y servicios en la República Dominicana[320].

Respecto a la simplificación de trámites, Villarejo Galende, establece que la simplificación administrativa es un proceso que consiste en reducir los trámites del procedimiento administrativo y suprimir las barreras burocráticas y, al mismo tiempo, en agilizar y mejorar el servicio de las Administraciones Públicas[321].

En el caso de España, señalan Álvarez Suárez y Martínez Guerra, que «la defensa de la competencia —en especial en su función de *advocacy* o promoción— está íntimamente relacionada con la regulación por principios. El objetivo principal de la Promoción de la Competencia es formar y difundir la "cultura de competencia" entre la ciudadanía en general y, particularmente, entre las Administraciones públicas.

Debe tenerse en cuenta que en virtud del artículo 4.2 de la Ley 15/2007, de 3 de julio, de Defensa de la Competencia (LDC) las prohibiciones establecidas en dicha ley son aplicables no solamente a los operadores privados, sino, igualmente a las restricciones de la Competencia que se deriven del ejercicio de potestades administrativas o sean causadas por la actuación de los poderes públicos sin amparo legal.

De esta forma, las Administraciones Públicas pueden, con su actuación o regulación introducir restricciones a la Competencia que se consideren injustificadas y, en consecuencia, contrarias a dicha Ley. Y es, precisamente, esa valoración de la "justificación" la que viene indisolublemente unida a determinados principios generales del derecho considerados de buena regulación o de regulación eficiente de las actividades económicas (necesidad, proporcionalidad o mínima distorsión, simplificación, no discriminación, etc.)»[322].

---

320 Para abundar más al respecto, consultar: https://procompetencia.gob.do/atribuciones/abogacia-de-la-competencia/

321 Villarejo Galende, H. (2008). «La simplificación administrativa en la Directiva relativa a los servicios en el mercado interior. Sus repercusiones en la Administración electrónica española y el desafío que plantea su transposición». *Revista de la Unión Europea*, número 14-1er. Semestre 2008. España. Pág. 48.

322 Álvarez Suarez, M., y Martínez Guerra, M. (2018). *ANUARIO DE LA COMPETENCIA 2018: Los principios de la Ley de unidad de mercado como fuente competencia y regulación eficiente de las actividades económicas.* Págs. 79-102.

3.9.2.1. Experiencia dominicana en materia de abogacía de la competencia

En el mes de agosto de 2020, en comunicación dirigida al director del Instituto Nacional de Tránsito y Transporte Terrestre (Intrant), Procompetencia emitió observaciones sobre proyectos de reglamentos sometidos a consulta pública por la referida institución. Se trató de un informe no vinculante sobre tales documentos como son: Reglamento del Servicio de Transporte en Taxis; Reglamento de Alquiler de Vehículos de Motor; Reglamento de Señalización en el Tránsito Terrestre; Reglamento del Registro Nacional de Movilidad, Transporte Terrestre, Tránsito y Seguridad Vial; y Reglamento de Régimen y Procedimiento Sancionador.

En ese sentido, la entidad le precisó al Intrant, que dicho informe se realizó en virtud de las disposiciones establecidas en el artículo 20 de la Ley General de Defensa de la Competencia, núm. 42-08, que establece la obligación de enviar a esta Comisión los *«actos administrativos destinados a dictar reglamentos...siempre que estén relacionados con el objeto de esta ley»*.

De inmediato, expresó su malestar de que, pese a que el Intrant no notificó a Procompetencia de los Proyectos de Reglamento conforme lo estipulado en el párrafo del citado artículo, la Comisión tomó conocimiento de los mismos y le comunicó que estaría analizando la pertinencia de emitir una opinión al respecto.

En tal sentido, el artículo 20 de la Ley 42-08 de Defensa de la Competencia a que se hace referencia, establece respecto a los entes reguladores de mercado, que éstos deben remitir a Procompetencia para su examen junto con la documentación que los respalda, aquellos actos administrativos destinados a dictar reglamentos o a resolver procesos administrativos sancionadores siempre que estén relacionados con el objeto de dicha ley.

Además, sostiene en su párrafo I, que la opinión que emita el Consejo Directivo de Procompetencia no es vinculante, pero, podrá incluir recomendaciones específicas al ente regulador actuante. Para ello cuenta con quince (15) días y si se vencen, pues el ente regulador podrá entender que se ha aceptado tácitamente su decisión.

Asimismo, luego de estudiar los proyectos antes mencionados, Procompetencia informó que, al detectar algunas vulneraciones a la Ley General de Defensa de la Competencia, núm. 42-08, así también a los principios de Administración Pública y, sobre la organización institucional del sector de la movilidad, el transporte terrestre, el tránsito y la seguridad vial, fue necesario emitir su opinión no vinculante, junto a recomendaciones.

Se trató pues, de un informe cuya finalidad es verificar los reglamentos desde la perspectiva del Derecho de la Competencia, tomando como referencia las disposiciones contenidas en la Ley General de Defensa de la Competencia, Núm. 42-08.

Es importante señalar, que la Competencia, cuando es libre y conforme a la ley, alcanza la eficiencia económica en los mercados de bienes y servicios y se traduce en bienestar para todos los consumidores. Por este motivo, entre otras cosas, la Ley núm. 42-08 prohíbe las prácticas anticompetitivas, y manda a Procompetencia a promover la simplificación de trámites y a velar para que no se establezcan, desde las funciones propias de la Administración Pública, *«trabas o interferencias indebidas a los particulares, que puedan obstaculizar su derecho a la libre empresa y competencia»*[323].

Ahora bien, del análisis de los reglamentos citados en el mencionado informe, se logró identificar que varios artículos otorgan al INTRANT la potestad de exigir a los agentes económicos requisitos adicionales a los listados en las normativas, para permitirles desarrollar su actividad económica, lo que llama la atención que se ignore que esto vulnera la libre competencia y, además, el principio de seguridad jurídica, de previsibilidad y certeza normativa establecido en la Ley núm. 107-13 sobre los Derechos de las Personas en sus Relaciones con la Administración y de Procedimiento Administrativo.

Cónsono con lo anterior, en los casos donde, por ejemplo, se indique cuestiones como *«y otros documentos necesarios para determinar (...)»*, lo recomendable es que se modifique conforme al Derecho, para lo cual realizando su labor, Procompetencia exhortó utilizar no solo la Ley núm. 42-08 de Defensa de la Competencia, sino también la decisión del Tribunal Constitucional de la República Dominicana que confirmó la Sentencia núm. 00416-2016, de la Segunda Sala del Tribunal Superior Administrativo el ocho (8) de diciembre de dos mil dieciséis (2016), donde se ordena, entre otras medidas, que la autoridad responsable de la regulación del transporte de pasajeros ejecute las acciones necesarias para eliminar toda especie de prácticas anticompetitivas en dicho mercado de servicios.

La verdad es que resulta increíble pensar que una institución como el INTRANT no tome en cuenta asuntos tan esenciales en un Estado de Derecho como lo es República Dominicana.

Asimismo, un aspecto que llamó la atención, y que sin lugar a dudas Procompetencia observó, fue lo relativo al artículo 6, numeral 3, del Proyecto de Reglamento del Servicio de Transporte en Taxis, donde se indica que los taxis por comunicación o plataforma tecnológica serán operados por una empresa con una flota máxima determinada por el INTRANT, según sea el caso, la cual establecerá un local público autorizado para estacionar las unidades únicamente podrán recoger y dejar pasajeros en los lugares que éstos indiquen a través de cualquier plataforma tecnológica de telecomunicación.

En este mismo orden, este caso de plataformas tecnológicas llamó mucha la atención de la sociedad, ya que, si se piensa en agentes económicos como Uber, Cabify, In Driver y similares, esta modalidad no les aplica, puesto que,

323 Artículo 13, Ley General de Defensa de la Competencia, núm. 42-08.

a pesar de manejarse principalmente a través de una plataforma tecnológica, los vehículos no pertenecen a la compañía, sino, a la persona física que ofrece el servicio.

En este caso, surge la interrogante de, ¿a quién se le exigiría la titularidad de «una flota máxima» bajo esta modalidad? Estos agentes económicos solamente se encargan de enlazar al usuario con el operador del servicio y de canalizar los pagos mediante su plataforma.

Otra cuestión, es la relativa a las autorizaciones de prestación, pues el Reglamento no indica cómo funcionarían las licencias, permisos y concesiones para estas plataformas. Es necesario especificarlo, ya que los individuos que operan en este sector bajo esta modalidad no son empleados de las empresas que utilizan para captar sus clientes. Esto nos permite también hablar sobre responsabilidad en casos de accidentes de tránsito y sobre el tipo de seguro exigible a estos operadores.

En ese mismo orden, es entonces cuando surge aquí una situación *sui generis* donde no se podría hablar de accidente laboral —porque el conductor no trabaja para la empresa. Sin embargo, definitivamente, habrán ocurrido daños durante la prestación de un servicio, los que deberán ser reparados—.

Asimismo, llama la atención como no es tocado en este Reglamento y que guarda estrecha relación con esta modalidad, es lo pertinente a la seguridad personal y la privacidad de los datos personales de los usuarios y de los operadores. Tampoco establece nada sobre los derechos y deberes de los usuarios y de los prestadores de manera particular en cuanto a, por ejemplo, la vía para hacer reclamaciones sobre el servicio en general.

Es por ello que, debido a este tipo de situaciones —y otras— que pueden presentarse en el servicio de taxi bajo esta modalidad, otros países han decidido emitir normativas distintas y especiales para regular la prestación de servicio bajo esta modalidad, como es el caso de Colombia, donde actualmente hay un proyecto de ley que se encuentra en el Congreso Nacional desde el año 2019.

Por su lado, en España, hasta el momento, se han ido definiendo conceptos y adoptando posiciones a través de la jurisprudencia. Y, no menos importante, en Italia, además de los pronunciamientos jurisdiccionales y de algunas normas que indirectamente inciden en este mercado, la autoridad de competencia se inclina por la elaboración de normativa específica al respecto.

3.10. Estudio de condiciones de compras y contrataciones públicas

García-Verdugo y Gómez, plantean que los acuerdos entre empresas competidoras para la fijación de precios u otras condiciones comerciales, el reparto de los mercados o de los clientes, o el reparto fraudulento de las licitaciones públicas o privadas, perjudican gravemente los intereses económicos generales y afectan de manera muy perjudicial a la Competencia, a las empresas que cumplen las normas y, sobre todo, a los consumidores[324].

Es importante resaltar que, las compras y contrataciones públicas constituyen la principal vía por la cual el Estado accede a los mercados de bienes y servicios. Para el año 2020 en la República Dominicana el monto total de contrataciones públicas ascendió a RD$107.77 millones[325], representó 12.60 % del gasto total del Estado y 2.75 % del PIB para el mismo periodo.

Procompetencia, previo a que la Dirección General Contrataciones Públicas (DGCP) anunciara públicamente la intención de modificar la Ley 340-06 sobre Compras y Contrataciones Públicas estaba en el proceso de elaboración de un informe sobre ese tema. En ese sentido, en comunicación de fecha 21 de mayo de 2021, a la Comisión Permanente de Hacienda del Senado de la República, decidió poner en conocimiento sus observaciones al Proyecto de Ley General de Contrataciones Públicas (01390-2022-PLO-SE).

Asimismo, indica que desde que la Dirección General de Contrataciones Públicas (DGCP) colocó en consulta pública el Anteproyecto de Ley General de Contrataciones Públicas en fecha 21 de abril de 2021, Procompetencia ha dado seguimiento al mismo para promover que sus disposiciones sean cónsonas con el principio de libre competencia consagrado en la Constitución de la República y el régimen de Defensa de la Competencia previsto en la Ley General de Defensa de la Competencia, núm. 42-08 (en adelante la «Ley 42-08»).

En el ejercicio de las atribuciones de Abogacía de la Competencia que nos confieren los artículos 33 literal n), 14 y 20 de la Ley 42-08 de Defensa de la Competencia, Procompetencia emitió un informe público de recomendación en fecha 25 de mayo de 2021, dirigido al Director General de la Dirección General de Contrataciones Públicas[326].

En ese mismo orden, Procompetencia planteó sus consideraciones a la Consultoría Jurídica del Poder Ejecutivo en fecha 29 de septiembre de 2021, como una forma de que desde el Poder Ejecutivo se lograra consensuar un proyecto de ley que tome en consideración las disposiciones en materia de Competencia, de una entidad con la pericia técnica y que no se asuma una actitud o celo institucional, como muchas veces sucede[327].

En otra ocasión, mediante comunicación núm. DGCP44-2022-004005, fechada 20 de mayo de 2022, recibida en la Comisión Nacional de Defensa de

---

324 GARCÍA-VERDUGO, J., Y GÓMEZ, L. (2018). *Impacto de las intervenciones de la CNMC en defensa de la competencia*.

325 Dirección General de Contrataciones Públicas (DGCP). Memoria institucional 2020.

326 Comunicación PR-IN-2021-0381, de fecha 25 de mayo de 2021.

327 Comunicación PR-IN-2021-0641, de fecha 29 de septiembre de 2021.

la Competencia (Procompetencia) en fecha 24 de mayo del 2022, mediante la cual solicita los comentarios y recomendaciones de Procompetencia sobre los siguientes proyectos normativos sometidos a consulta pública por la Dirección General de Contrataciones Públicas (en lo adelante la «DGCP»), a saber: a) El borrador de Resolución que Regula el Funcionamiento del Comité de Compras y Contrataciones de las Instituciones Sujetas al Ámbito de Aplicación de la Ley núm. 340-06 y sus Modificaciones. b) El borrador de Resolución sobre Requisitos de Inscripción en el Registro de Proveedores del Estado (RPE).

En ese sentido, la iniciativa de la DGCP de remitir el borrador de ambas resoluciones a Procompetencia para fines de revisión y comentarios, antes de su aprobación e implementación, fue un gesto de respeto institucional. En efecto, el artículo 31 letra n) de la Ley General de Defensa de la Competencia, núm. 42-08[328], y el artículo 12 de su Reglamento de Aplicación No. 252-20[329] otorgan al Consejo Directivo de Procompetencia la facultad de realizar actividades de Abogacía de la Competencia durante el proceso de formación de las leyes y otros instrumentos normativos, que puedan incidir en las condiciones de Competencia en el mercado.

Es preciso señalar que, las facultades de Abogacía de la competencia que le atribuye la Ley 42-08 de Defensa de la Competencia a Procompetencia tienen por finalidad prevenir que se incorporen al marco normativo nacional disposiciones que produzcan un impacto negativo en la Competencia y la estructura del mercado.

Según el criterio de la Organización para la Cooperación y el Desarrollo Económico (OCDE)[330], esto puede suceder, particularmente, cuando la regulación que se pretende adoptar pudiere producir alguno de los siguientes

---

328 Artículo 31 de la Ley 42-08: «De las facultades del Consejo Directivo. La Comisión Nacional de Defensa de la Competencia podrá, a través de su Consejo Directivo: n) Realizar actividades de abogacía de la competencia en la gestión que desempeñan órganos y entidades del Estado, a través de la emisión de informes de recomendación establecidos en los Artículos 14 y 15 de la presente ley. Asimismo, efectuar acciones de defensa y promoción de la competencia durante los procesos de formación de leyes u otros instrumentos normativos, en materia económica y comercial y otras materias cuyos efectos puedan incidir en la competencia, a través de los mecanismos establecidos en esta ley».

329 Artículo 12 del Reglamento de Aplicación de la Ley 42-08, núm. 252-20. «Revisión de actos jurídicos estatales y ayudas estatales. Para el cumplimiento de los artículos 14 y 15 de la Ley, PROCOMPETENCIA podrá revisar los actos jurídicos y ayudas estatales para determinar si tienen o pudiesen tener el efecto de restringir u obstaculizar la libre y leal competencia, así como dirigir a los entes y órganos, en caso de ser necesario, informes de recomendación debidamente motivados, que contengan las medidas a aplicar para mantener o restablecer la competencia. De igual modo, podrá solicitar a los poderes públicos la supresión o modificación de tales actos o ayudas».

330 Organización para la Cooperación y el Desarrollo Económico (OCDE). (2019). Herramientas para la Evaluación de la Competencia. Versión 4.0, Paris, Francia. Pág. 12.

efectos en el mercado: (a) limitar la cantidad y variedad de proveedores; (b) limitar la capacidad competitiva de los proveedores; (c) desincentivar su interés de competir vigorosamente, o (d) limitar el acceso de los consumidores a información y opciones alternativas sobre los productos o servicios ofertados en el mercado.

También estimó Procompetencia que, de acuerdo a los citados criterios, procedió a analizar el borrador de cada una de las dos resoluciones remitidas por la DGCP, para determinar si su implementación podría incidir de manera adversa en la posibilidad y capacidad de los agentes económicos para participar en los procesos de compras públicas como proveedores del Estado.

Por otra parte, en el caso del borrador de «Resolución que Regula el Funcionamiento del Comité de Compras y Contrataciones de las Instituciones Sujetas al Ámbito de Aplicación de la Ley núm. 340-06 y sus Modificaciones», no se identificó en este instrumento normativo ninguna disposición que pudiere incidir en ninguno de los parámetros de la Competencia indicados en el párrafo 3 de la decisión.

Cabe señalar que el análisis regulatorio que se lleva a cabo en Procompetencia está siempre referido y limitado a evaluar el impacto que podría producir en la Competencia la regulación que se pretende implementar.

En ese sentido, al analizar el borrador de «Resolución que Regula el Funcionamiento del Comité de Compras y Contrataciones de las Instituciones Sujetas al Ámbito de Aplicación de la Ley núm. 340-06 y sus Modificaciones», se constató que su contenido procura establecer directrices para garantizar el adecuado funcionamiento de los Comités de Compras y Contrataciones de las entidades públicas.

Es menester resaltar que, dicha regulación, contribuirá a que la gestión de los procedimientos de contrataciones públicas se desarrolle con mayor eficacia y certeza normativa, por lo que no se advierte en su contenido disposiciones que pudieren impactar negativamente en ninguno de los parámetros bajo los cuales se desarrollará la competencia entre los agentes económicos que decidan participar en los procesos de compras públicas ni en su capacidad de poder participar en los mismos.

En cuanto al borrador de Resolución sobre Requisitos de Inscripción en el Registro de Proveedores del Estado (RPE), si bien esta regulación tiene por finalidad establecer requisitos para la inscripción en el RPE, ninguno de ellos resulta ser irrazonable, desproporcionado o susceptible de afectar la posibilidad y capacidad de los agentes económicos de satisfacer las condiciones necesarias para poder ingresar al RPE y obtener la habitación necesaria para participar como proveedores en los procesos de compras y contrataciones con entidades del Estado.

Asimismo, Procompetencia consideró que los mecanismos previstos en el borrador de Resolución sobre Requisitos de Inscripción en el Registro de Proveedores del Estado (RPE) para formalizar la inscripción en el RPE no establecen trabas burocráticas ni interferencias indebidas a los particulares, que pudieren obstaculizar su derecho a participar y competir en igualdad de condiciones en los procesos de contrataciones públicas. Tampoco se trata de requisitos de aplicación subjetiva, selectiva o discriminatoria, sino que son de aplicación general y están definidos bajo criterios objetivos, por lo que contribuyen a garantizar la transparencia de los procesos de compras y contrataciones públicas.

En fin, aunque, en principio, dichos requisitos pudieren constituir barreras regulatorias para quienes deseen participar en dichos procesos, las mismas están razonablemente justificadas por la naturaleza del bien jurídico que están destinadas a proteger. Esto es, garantizar la transparencia de los procesos de contrataciones públicas.

3.11. Reglamento 252-20 de aplicación de la Ley 42-08 de Defensa de la Competencia

La Ley es la norma escrita superior entre todas, la que por ello prevalece frente a cualquier otra fuente normativa y no puede ser resistida por ninguna, mientras que se llama Reglamento a toda norma escrita dictada por la Administración. La esencia de la Ley es su carácter supremo en la creación de Derecho, pero, es obvio que tal cualidad no puede reconocerse a una norma inferior[331].

Una vez promulgada la Ley 42-08 de Defensa de la Competencia, debió ser aprobado el reglamento de aplicación de dicha norma. Sin embargo, fue en fecha 23 de julio de 2012, cuando Procompetencia dispuso la consulta pública el Proyecto de Reglamento de Aplicación de la Ley General de Defensa de la Competencia número 42-08, cuyo plazo inicial vencía el 6 de agosto del mismo año, pero, en un espacio pagado en un periódico de circulación nacional se informó, que se otorgaba una prórroga hasta el 21 de los mismos. Este proceso en cumplimiento del artículo 45 de la Ley 200-04 de Libre Acceso a la Información Pública.

El mismo tomó cerca de ocho (8) años para lograr el objetivo, puesto que, durante todo ese tiempo se exigía la designación de la Dirección Ejecutiva, cuestión que también tomó varios años. Muchas opiniones vertidas, pero, no prosperaba el anhelo de ver en plena vigencia la Ley 42-08 de Defensa de la Competencia.

En ese mismo sentido, Noboa Pagán estimó que «una queja generalizada por parte del sector empresarial dominicano, se refiere al letargo que afecta al Reglamento de Aplicación de la Ley General de Defensa a la Competencia.

331 García de Enterría, E. & Fernández, T. (2017). *Curso de Derecho Administrativo I.* (18.ª ed.). España: Aranzadi, S.A.U. Ob. Cit.

Discutido en consulta pública en múltiples versiones por espacio de ocho años, en un total de cuatro rondas de debate, todavía no entra en vigencia»[332].

También, relató que «el primer Consejo Directivo de Procompetencia presidido por Luis Reyes Santos, nombrado en el año 2011, publicó en diarios de circulación nacional, la primera consulta pública al primer Reglamento de Aplicación de la Ley núm. 42-08 de Defensa de la Competencia, el 23 de julio de 2012».

Su queja fue más lejos, ya que consideró que «la no revelación por parte de Procompetencia de las distintas versiones del texto del reglamento aprobadas por el pleno del consejo constituye una violación al *Principio de publicidad de las normas, de los procedimientos y del entero quehacer administrativo* de la Ley No. 107-13 Sobre los Derechos de las Personas en sus Relaciones con la Administración y de Procedimiento Administrativo. G. O. No. 10722 del 8 de agosto de 2013».

Indica el destacado administrativista García de Enterría, que un reglamento tiene de común con la ley el ser una norma escrita, pero, difiere en todo lo demás[333]. A su entender, lo propio del reglamento que lo separa definitivamente de la ley, es que es una norma secundaria, inferior, subalterna y complementaria de la ley, la cual es obra de la Administración, no del Poder Legislativo. Según entiende, la sumisión del reglamento a la ley es absoluta en varios sentidos: a) No se produce más que en los ámbitos que la ley le deja, no puede intentar dejar sin efecto los preceptos legales o contradecirlos y, b) No puede suplir a la ley allí donde ésta es necesaria para producir un determinado efecto o regular un cierto contenido.

Finalmente, fue el 17 de Julio de 2020 cuando a través del Decreto 252-20, se aprobó Reglamento de Aplicación de la Ley 42-08 de Defensa de la Competencia. A partir de esta pieza ejecutiva, según consta en su artículo 1, se dispone establecer los procedimientos y mecanismos para la ejecución y correcta aplicación de las disposiciones contenidas en la Ley 42-08 de Defensa de la Competencia. Ciertamente, constituyó un hito su aprobación, después de tantos años de espera y crítica.

Incluso, posterior a su publicación, ciertas opiniones han sido emitidas en contra del mismo, sobre todo, respecto a que tres (3) años antes había concluido el proceso de consulta, pero, no se sabía nada hasta su publicación, según ciertas consideraciones. Lo cierto es que, la Procompetencia cuenta con un marco normativo importante para llevar a cabo las disposiciones de la Constitución dominicana.

---

332 Noboa Pagan, A. (2002). Periódico digital Acento: https://acento.com.do/opinion/politica-de-competencia-y-potestad-reglamentaria-8823434.html

333 García de Enterría, E. & Fernández, T. T. (2006). *Curso de Derecho Administrativo*. Tomo II. La Ley. Edición argentina

3.12. Reglamentos aprobados por Procompetencia

Otro de los efectos que ha provocado la Ley 42-08 desde su entrada en vigente en 2017, ha sido lo concerniente al voto de tres (3) reglamentos que complementan las disposiciones legales de la institución, estos son: el Reglamento para el establecimiento de un regimen de reducción de sanciones, el Reglamento que establece el procedimiento simplificado por indicios de entrega de información falsa o alterada, y, el Reglamento para el sometimiento y aprobación de compromisos de cese.

Los mismos, son actos unilaterales generales de la Administración con efectos jurídicos ante un grupo indeterminado o generalidad de personas o asuntos.

3.12.1. Reglamento Régimen de Reducción de Sanciones (RRS)

A partir de la publicación de la resolución del Consejo Directivo, número 008-2021, de fecha quince (15) de junio de 2021, entró en vigencia el «Reglamento para el establecimiento de un régimen de reducción de sanciones por colaboración en el marco del procedimiento de investigación de prácticas concertadas y/o acuerdos anticompetitivos (carteles)».

El uno (1) de febrero de 2021, en el marco de las atribuciones reglamentarias que le confiere la Ley General de Defensa de la Competencia, Núm. 42-08, promulgada el 16 de enero de 2008 y publicada en Gaceta Oficial Núm. 10458, de fecha 25 de enero de 2008, el Consejo Directivo de Procompetencia, emitió la Resolución núm. 004-2021 que dispuso el inicio de un procedimiento de consulta pública para la aprobación de un «Reglamento para el establecimiento de un Régimen de Reducción de Sanciones por Colaboración en el marco del procedimiento de investigación de prácticas concertadas y/o acuerdos anticompetitivos (carteles)», en la que instruyó al Departamento de Comunicaciones de la entidad para que disponga la publicación de un aviso sobre el procedimiento de consulta pública en un periódico de amplia circulación nacional, así como la publicación en el portal institucional[334], del anteproyecto de reglamento sometido a consulta pública por esta resolución.

En tal sentido, otorgó un plazo de veinticinco (25) días hábiles, contados a partir de la fecha de publicación del aviso ordenado en el ordinal segundo de la presente resolución, para que los interesados efectúen sus observaciones y comentarios sobre el anteproyecto de «reglamento para el establecimiento

334 https://procompetencia.gob.do/wpfd_file/reglamento-para-el-establecimiento-de-un-regimen-de-reduccion-de-sanciones-rrs/

de un régimen de reducción de sanciones por colaboración en el marco del procedimiento de investigación de prácticas concertadas y/o acuerdos anticompetitivos (carteles)», de conformidad con el artículo 50 del Reglamento de Aplicación de la Ley General de Acceso a la Información Pública, Núm. 200-04, contenido en el Decreto Núm. 130-05 del Poder Ejecutivo. Dichos comentarios y observaciones no serán vinculantes para Procompetencia. Algunas formalidades como la redacción en el idioma español también fueron establecidas.

Algunos comentarios fueron recibidos. *Stakeholders*, como la Asociación de Industrias de la República Dominicana (AIRD), así como la abogada en la materia, Silié Ruiz, presentaron inquietudes que fueron debidamente recibidas e incorporadas en su mayoría.

Se hace necesario plantear que, dentro de los fundamentos de Derecho que se contempló en la resolución del reglamento y como una forma de motivación de dicho acto administrativo, Procompetencia indicó que la Constitución de la República Dominicana señala en su artículo 217, que el régimen económico se orienta hacia la búsqueda del desarrollo humano. Se fundamenta en el crecimiento económico, la redistribución de la riqueza, la justicia social, la equidad, la cohesión social y territorial y la sostenibilidad ambiental, en un marco de libre competencia, igualdad de oportunidades, responsabilidad social, participación y solidaridad.

El objeto y alcance del citado reglamento es establecer un Régimen de Reducción de Sanciones (RRS) para los agentes económicos que colaboren efectivamente con la Comisión Nacional de Defensa de la Competencia (Procompetencia) en la investigación y persecución de prácticas concertadas y/o acuerdos anticompetitivos, tipificados en el artículo 5 de la Ley General de Defensa de la Competencia, núm. 42-08, en los que participen o hubiesen participado[335].

El artículo 2 de este documento define la reserva de puesto u orden de prelación, como la comunicación mediante la cual la Dirección Ejecutiva indica al solicitante el orden de prelación con que su solicitud será evaluada respecto de otras eventuales solicitudes de reducción de sanciones por colaboración presentadas en relación con el mismo cartel.

Asimismo, el párrafo I del artículo 3 indica que a los fines de beneficiarse del Régimen de Reducción de Sanciones por colaboración, se considerará como información y medio de prueba relevante, cualquier elemento de juicio, presentado bajo cualquier formato o soporte, que represente evidencia directa de la ilegalidad de la práctica concertada o acuerdo anticompetitivo, así como cualquier documentación, física o electrónica, que objetivamente permita a Procompetencia incrementar de manera sustancial sus posibilidades de com-

335 Artículo 1.- Objeto y alcance del Reglamento para el establecimiento de un Régimen de Reducción de Sanciones por Colaboración en el marco del procedimiento de investigación de prácticas concertadas y/o acuerdos anticompetitivos (carteles).

probar la existencia de la infracción objeto de investigación, e imponer a los responsables las sanciones o medidas correctivas que procedan.

Para ello, el artículo 4 contempla aquellas condiciones requeridas para beneficiarse del Régimen de Reducción de Sanciones (RRS). Y plantea que para beneficiarse del Régimen de Reducción de Sanciones por Colaboración, el agente económico solicitante deberá cumplir con ciertas condiciones como son: que el agente económico reconozca su participación en la práctica o acuerdo anticompetitivo, con lo cual se lograría la posible reducción de constatarse la veracidad; que los elementos probatorios que sustenten su solicitud sean aportados a Procompetencia antes del cierre de la fase de instrucción, así como que las pruebas aportadas por el solicitante sean relevantes y concluyentes para sustanciar la investigación y comprobar la presunta existencia de la práctica y que las pruebas aportadas por el solicitante agreguen valor al procedimiento de investigación desarrollado por la Dirección Ejecutiva, es decir, que se trate de informaciones o medios probatorios nuevos, a los que dicho órgano no haya tenido, entre otras.

Quien opte por gozar de la mencionada reducción de la sanción deberá presentar por escrito o de forma presencial ante la Dirección Ejecutiva de Procompetencia. Indica el reglamento que, en caso de que se presente de forma presencial y a los fines de determinar el puesto del solicitante, se tendrá como momento de presentación de la solicitud la fecha y hora del acta de la reunión presencial[336].

De hecho, el solicitante podrá pedir inicialmente una reserva de puesto u orden de prelación para acogerse al Régimen de Reducción de Sanciones, según el orden de presentación de la solicitud o proceder inmediatamente a presentar una solicitud formal de reducción de la sanción con el objeto de cumplir con las disposiciones del presente reglamento[337].

De manera particular, el artículo 5 aborda lo concerniente a los rangos de reducción de la sanción aplicable e indica que la misma se otorgará tomando en consideración el momento en que el solicitante cumpla con los requisitos para marcar su entrada al régimen, y dichos rangos son, en cuanto al primer solicitante, solo se le podrá imponer la multa mínima contemplada en el artículo 61 para las distintas infracciones tipificadas en el artículo 5 de la Ley núm. 42-08, aplicable al sector de actividad a que corresponda la empresa o persona sujeta a la violación de que se trate respecto al segundo.

Y, solicitantes posteriores, se les otorgará una reducción entre el cincuenta por ciento (50 %) y el setenta por ciento (70 %) que corresponda imponer, de

336 Artículo 6.- Presentación de la solicitud, determinación del momento de entrada y puesto del solicitante, del Reglamento para el establecimiento de un régimen de reducción de sanciones por colaboración (RRS) en el marco del procedimiento de investigación de prácticas concertadas y/o acuerdos anticompetitivos (carteles).

337 *Ibidem.*

acuerdo con los parámetros y criterios establecidos en la Ley y tomando en cuenta el orden en que dichos agentes económicos presentaron su solicitud, así como la relevancia y utilidad de la información y las pruebas aportadas.

Asimismo, si la solicitud de reducción de sanción no cumple con los requisitos y condiciones establecidas, la Dirección Ejecutiva de Procompetencia lo comunicará y justificará por escrito, dentro de los diez (10) días hábiles posteriores a su recepción. En este caso, la solicitud se tendrá por no presentada y al solicitante deberá entregársele todos los medios de prueba aportados en todos los formatos. En ningún caso Procompetencia podrá utilizarlos como medios de prueba para ninguna investigación o proceso, presente o futuro. Sin embargo, ello no obstaculizará que Procompetencia pueda ejercer sus facultades investigativas con el fin de obtener los medios probatorios de lugar, por la vía ordinaria otorgada por la ley[338].

Un aspecto importante a contemplar es lo relativo al artículo 11 del (RSS) sobre la confidencialidad. En tal sentido, plantea que toda información y documentación aportada a la Dirección Ejecutiva bajo el Régimen de Reducción de Sanciones por colaboración, tendrá carácter confidencial y no podrá ser utilizada para fines distintos a la aplicación del artículo 1 del presente reglamento[339].

Asimismo, el párrafo I del precedente artículo contiene que a cada solicitud de reducción de sanción le será abierto un expediente confidencial, al que le serán aplicados las mismas disposiciones y garantías establecidas en los artículos 31[340] y 32[341] del Reglamento de Aplicación de la Ley General De

338 Artículo 9.- Rechazo de la solicitud del RSS. Es importante señalar que, el Párrafo I del mencionado artículo indica que vencido el plazo para informar del no cumplimiento de los requisitos y condiciones para acogerse al Programa de Reducción de Sanciones sin que la Dirección Ejecutiva resuelva sobre el particular, el agente económico podrá reputar como válidamente acogida su solicitud. El Silencio administrativo es positivo a favor del solicitante. El Párrafo II sostiene que la Dirección Ejecutiva no aceptará la solicitud si en el momento de presentarse dispone de elementos de prueba, suficientes para realizar una inspección o para establecer la infracción sin recurrir a lo aportado por el solicitante, aunque no pueda hacerlo en el mismo nivel de detalle o en toda su extensión.

339 El artículo 18 de la Ley 200-04, establece que: La solicitud de información hecha por los interesados podrá ser rechazada cuando pueda afectar intereses y derechos privados preponderantes, se entenderá que con- curre esta circunstancia de ciertos casos.

340 Artículo 31. Acceso a la información clasificada como confidencial. Solo podrán acceder a la información declarada confidencial, durante la fase de instrucción, el Director Ejecutivo, el Subdirector de Defensa de la Competencia, el Encargado de Estudios Económicos y de Mercado, el Encargado del Departamento Legal y las personas que sean debidamente autorizadas por la Dirección Ejecutiva para asistir en la sustanciación de los procedimientos administrativos. En el procedimiento decisorio ante el Consejo Directivo, podrán acceder a estas informaciones sus miembros y el personal que sea autorizado por dicho órgano para asistir en la instrumentación de expedientes.

341 Artículo 32. Garantías de seguridad y resguardo de la información clasificada como confidencial. Cuando la información sea calificada como confidencial, Procompetencia aplicará controles de seguridad interna para garantizar la integridad de la información confidencial

Defensa de la Competencia, núm. 42-08, así como cualquier otra disposición relativa a confidencialidad dictada por la Comisión antes o con posterioridad a la aprobación del presente reglamento.

En cuanto a lo anterior, es propicia la ocasión para citar el principio de protección de la intimidad, uno de los pilares de la actuación administrativa, que plantea la Ley 107-13 sobre los Derechos de las Personas en sus Relaciones con la Administración y de Procedimiento Administrativo, el cual sostiene que el personal al servicio de la Administración Pública que maneje datos personales respetará la vida privada y la integridad de las personas, prohibiéndose el tratamiento de los datos personales con fines no justificados y su transmisión a personas no autorizadas[342].

Asimismo, un buen precedente español es la publicación en el Diario Oficial de la Unión Europea, es la Comunicación de la Comisión relativa a la dispensa del pago de las multas y la reducción de su importe en casos de cártel (2006/C 298/11), en la que se establece el sistema por el cual se recompensa la cooperación con la investigación de la Comisión por parte de empresas que han formado o forman parte de cárteles secretos que afectan a la Comunidad.

En torno a la dispensa del pago de la multa, sostiene que la Comisión dispensará del pago de la multa que de otro modo se le hubiera impuesto a toda empresa que revele su participación en un presunto cartel que afecte a la Comunidad cuando sea la primera en facilitar información y elementos de prueba que, a juicio de la Comisión, permitan a ésta: efectuar una inspección oportunamente orientada sobre el presunto cártel[343]; o determinar la existencia de una infracción al artículo 81 del Tratado CE en relación con el presunto cártel.

Finalmente, en cuanto al procedimiento de rigor, plantea el referido documento que la empresa que desee solicitar la dispensa del pago de una multa deberá ponerse en contacto con la Dirección de la Comisión. La empresa podrá optar entre pedir inicialmente un indicador que reserve su puesto según el orden de presentación o proceder inmediatamente a presentar una solicitud formal de dispensa a la Comisión con objeto de cumplir las condiciones del punto (8), letras a) o b), según proceda. La Comisión podrá deses-

---

y limitará el acceso a las personas que por su labor requieran conocer dichas informaciones, quienes deben previamente ser habilitadas para tener acceso autorizado, conforme se establece en el artículo 29 de este reglamento.

342 Artículo 3 de la Ley 107-13, numeral 20, sobre principios de la actuación administrativa. En el marco del respeto al ordenamiento jurídico en su conjunto, la Administración Pública sirve y garantiza con objetividad el interés general y actúa, especialmente en sus relaciones con las personas

343 La evaluación de este requisito se llevará a cabo *ex ante,* es decir, sin tener en cuenta si una determinada inspección ha sido o no fructífera o si ha efectuado o no. La evaluación se basará exclusivamente en la índole y la calidad de la información presentada por el solicitante.

timar toda solicitud de dispensa del pago de multas que se haya presentado después de la expedición del pliego de cargos.

3.12.2. Reglamento de procedimiento simplificado

Como ya es sabido, en el transcurso de una investigación dirigida por la Dirección Ejecutiva de Procompetencia, los agentes económicos podrían entregar información falsa o alterada a los fines de evadir sus responsabilidades y así lograr impunidad. Es por ello que, el Consejo Directivo, a petición de la instancia investigadora, votó el precitado reglamento, en pleno uso de su potestad normativa.

En ese tenor, se trata de un documento de doce artículos, cuyo objeto establece en el artículo 1, que procura «el establecimiento del procedimiento aplicable en casos de indicios de prácticas o actos de entrega de información falsa por parte de agentes económicos que, teniendo información vinculada con una investigación de prácticas anticompetitivas en curso, proporcionen información falsa o alterada a la Dirección Ejecutiva».

Esta importante disposición que busca minimizar esta mala práctica empresarial se aplicará a todos los agentes económicos, sean personas físicas o jurídicas, formen parte o no de un proceso administrativo ante Procompetencia, quienes tienen el deber de colaborar con la autoridad las veces que se les requiera, según hace constar su artículo 2.

Hay que precisar que, cuando en el marco de un procedimiento de investigación, la Dirección Ejecutiva detectara la conducta detallada anteriormente, emitirá una resolución ordenando el inicio de procedimiento simplificado, la cual deberá ser notificada a las partes dentro de los cinco (5) días hábiles siguientes, acompañada de evidencias que la sustente. Como forma de garantía, la Dirección Ejecutiva otorgará a las partes un plazo de veinte (20) días hábiles para que presenten su escrito de contestación, contentivo de los medios de defensa y alegatos sobre dicho procedimiento.

Es importante señalar que, como bien establece el artículo 5 del referido reglamento, que «el inicio de un procedimiento administrativo simplificado por presuntas prácticas o actos de entrega de información falsa o alterada, no interrumpe ni suspende la instrucción del procedimiento de investigación por prácticas anticompetitivas en el marco del cual se hubiere detectado indicios de la infracción administrativa objeto del mencionado procedimiento simplificado».

Asimismo, esta importante pieza contempla que, en los casos en los que la DE emita un informe, el Consejo Directivo contará con un plazo máximo de treinta (30) días hábiles para decidir, mediante resolución motivada, si admite o rechaza el informe rendido por la Dirección Ejecutiva, tal cual indica el artículo 8.

También, existe la posibilidad de celebrar audiencias, siempre y cuando el Consejo Directivo admita el expediente del procedimiento simplificado, por lo que, deberá notificar a las partes la resolución de admisión de dicho expediente en un plazo de cinco (5) días hábiles y convocará mediante el mismo acto a la celebración de una audiencia única de conclusiones, la que deberá llevarse a cabo dentro de los treinta (30) días hábiles siguientes a la notificación.

En ese tenor, en el artículo 10 de dicho texto se hace saber que las resoluciones dictadas respecto a los hechos mencionados serán susceptibles de los recursos administrativos, conforme establecen las leyes 13-07 y 107-13. El plazo máximo de duración del procedimiento simplificado será de doce (12) meses a contar desde el inicio formal del mismo mediante resolución de inicio de la DE y hasta el dictado de la decisión del CD.

Finalmente, es preciso resaltar que en la actualidad solo se ha conocido un caso por este hecho. La multa correspondió a tres millones ochocientos cincuenta mil pesos (RD$3,850,000.00), la cual fue cubierta a los pocos días, pese a que el agente económico decidió someter un recurso contencioso ante el Tribunal Superior Administrativo (TSA).

3.12.3. Reglamento para sometimiento de compromiso de cese

Se trata, pues, de otro instrumento jurídico fruto de la Ley 42-08 de Defensa de la Competencia. Su contenido se limita a trece (13) artículos en tres (3) capítulos que abordan el objeto, procedencia, contenido de los compromisos, procedimiento, tramitación, plazo de vigilancia, así como la posible reincidencia.

En tal sentido, esta parece ser una salida para el o los agentes económicos sujetos a un procedimiento de instrucción por presunta violación a la Ley núm. 42-08, para ofrecer, de manera individual o conjunta, en el plazo de veinte (20) días hábiles contados a partir de la notificación de la resolución de inicio del procedimiento de instrucción o investigación, una propuesta de compromiso de cese referido a la terminación anticipada del procedimiento administrativo, por medio del cual se comprometen en cesar la conducta objeto de investigación y a solucionar los perjuicios o efectos lesivos sobre la Competencia que hayan producido, que produzcan, o que puedan producir sus conductas en el mercado relevante, como claramente sostiene en su artículo 1.1.

Ahora bien, el artículo 2 plantea lo referente a los «Elementos de procedencia del compromiso de cese». Allí, se hace constar que para analizar la procedencia o no de una propuesta de compromiso de cese deberá tomarse en cuenta tres (3) aspectos importantes, partiendo de que el o los presuntos infractores reconozcan, libre y voluntariamente, la comisión de las presuntas conductas prohibidas por la Ley núm. 42-08 de Defensa de la Competencia e identificadas en la resolución de inicio del procedimiento de instrucción o investigación de las que sean responsables.

También, que la propuesta de compromiso de cese sea presentada en el plazo de veinte (20) días hábiles contados a partir de la notificación de la resolución de inicio del procedimiento de instrucción o investigación, de conformidad con las disposiciones del artículo 44, literal «b» de la Ley núm. 42-08 de Defensa de la Competencia y el artículo 21, párrafos I y II, del Reglamento 252-20 de aplicación de la Ley. Este plazo podrá ser prorrogado una sola vez por un período similar de veinte (20) días hábiles, a requerimiento de la parte interesada.

Y, que la propuesta contenga identificados los compromisos que el presunto infractor estaría dispuesto a asumir, así como una justificación de por qué estos compromisos se consideran adecuados y suficientes para posibilitar la terminación anticipada del procedimiento de instrucción.

Además, una serie de datos se solicitan como contenido mínimo de las propuestas de compromisos de cese, dentro de los que se encuentran en el artículo 3, desde datos del agente económico: personas físicas o jurídicas, sean de derecho público o privado, con o sin fines de lucro, nacionales o extranjeras, datos de su representante legal, objeto de la petición; medidas complementarias, pronunciamiento sobre lealtad procesal, entre otros.

Cabe resaltar el artículo 4, el cual indica que, aunque haya iniciado un procedimiento de instrucción o investigación, el o los presuntos infractores podrán proponer un compromiso de cese sobre las conductas investigadas. Ello conlleva que la Dirección Ejecutiva evalúe la propuesta y, en caso de estimarla satisfactoria, propondrá al Consejo Directivo la aprobación del compromiso, pudiendo sugerir las modificaciones y medidas que estime pertinentes.

De hecho, el artículo 5 plantea que la presentación y tramitación de una propuesta de compromiso de cese suspenderá el cómputo del plazo de instrucción del procedimiento de investigación, únicamente respecto al agente económico que la hubiere presentado, hasta que sea el Consejo Directivo quien se pronuncie sobre la aprobación o rechazo.

En tanto, el Consejo Directivo previo informe de recomendación de la DE, deberá emitir una resolución motivada aceptando, modificando rechazando la propuesta de compromiso en un plazo máximo de treinta días (30) hábiles luego de recibida la propuesta desde la DE.

Se hace necesario establecer que, el artículo 11 indica que, el plazo de vigilancia y seguimiento de los compromisos asumidos será de un (1) año, esto en caso de que sea aprobada la propuesta. En caso de que se presenten los siguientes supuestos, Procompetencia, previa solicitud o por iniciativa propia, puede reanudar el procedimiento, si se produce un cambio material en alguno de los hechos o datos que constituyeron elementos esenciales de la decisión; en caso de incumplimiento del compromiso por parte del agente económico que lo propuso; o si resulta que la decisión se basó en la entrega de informaciones falsas o alteradas facilitadas por el agente económico, debidamente comprobadas conforme el procedimiento establecido en el reglamento que establece el procedimiento simplificado aplicable en caso de indicios de entrega de información falsa.

En fin, es preciso señalar que hasta el momento este reglamento no ha surtido efecto, ya que ningún agente económico ha hecho uso del mismo, pero, su existencia es imprescindible para prever posibles situaciones. Esta herramienta es utilizada en jurisdicciones internacionales y su aplicación ha sido satisfactoria.

3.13. Relevancia del artículo 69 y los mercados regulados

Las disposiciones transitorias de la Ley 42-08 de Defensa de la Competencia, se encuentran recogidas a partir del artículo 66 hasta el 70, el cual establece que:

> Artículo 70.- Derogación. La presente ley deroga y sustituye cualquier otra legislación que le sea contraria, con excepción de lo dispuesto por legislaciones sectoriales en materia de competencia, en consonancia con lo establecido en el Artículo 19 de esta ley.

No obstante, los primeros tres (3) artículos, es decir, desde el 66 hasta el 68, hacen alusión a la instalación, entrada en vigor y plazo de presentación del Reglamento 252-20 de aplicación de la mencionada norma, el cual ya existe desde el año 2020 como bien se ha sostenido, pero que constituyó una ardua lucha hasta su aprobación.

Sin embargo, el artículo 69 de la legislación es de vital importancia para el marco institucional complementario, ya que, a diferencia de otras jurisdicciones, en el caso de Procompetencia solo tendrá las atribuciones conferidas por la Ley, en virtud de los mercados no regulados por otros sectores.

Asimismo, establece que en un plazo no mayor de dos (2) años a partir de la entrada en vigencia de la ley, la Comisión Nacional de Defensa de la Competencia convocará a las dependencias administrativas encargadas de regular los mercados de energía, hidrocarburos, transportes aéreo, marítimo y terrestre, telecomunicaciones, derechos de la propiedad intelectual (derechos de autor y derechos de la propiedad industrial), servicios profesionales de salud y educación, servicios financieros (servicios bancarios, seguros, pensiones y mercado de valores).

También, plantea que la idea de dicho mandato es para revisar, proponer y dictar de forma conjunta, la reglamentación de Competencia que regirá el funcionamiento de dichos mercados productivos y profesionales. Dicha reglamentación deberá quedar fundamentada en la normativa especial que regula su funcionamiento, la presente ley, la Constitución y los tratados, a fin de que el marco institucional del derecho de la competencia en el país, en las áreas de interés público y social, quede debidamente completado.

Además, en su párrafo, este artículo establece abarcar cualquier otra dependencia administrativa que fuera creada en el futuro con similares propósitos de regulación de determinado sector del mercado, ya que podrá ser convocado por la Comisión Nacional para los fines dispuestos en este artículo.

Es decir, se trata de un mandato legal para aunar esfuerzos de combate en conjunto entre instituciones estatales. Sin embargo, en la actualidad, no se ha logrado una disposición real en ese tenor. Procompetencia está llamada a jugar un rol de rector en la materia, pero organismo sectoriales y estamentos del Estado no comprende la importancia, ni mucho menos el papel que desempeña la mencionada institución en la sociedad.

Respecto a ello, Noboa sostiene que, a la fecha, esa atribución no ha sido activada por Procompetencia ni para ese o los demás mercados regulados. Vale mencionar que ese artículo transitorio es consistente con el *objetivo* de ley establecido en el art. 17 que ordena a Procompetencia a promover y garantizar:

> ...a existencia de la competencia efectiva para incrementar la eficiencia económica en los mercados de productos y servicios, mediante la ejecución y aplicación de las políticas y legislación de competencia **y el ejercicio de sus facultades** investigativas, de informe, **reglamentarias**, dirimentes, resolutivas y sancionadoras[344].

Es importante señalar que, Procompetencia ha sido criticada en diversas ocasiones por la aplicación y consumación de dicho artículo, pues, se entiende que es una pieza fundamental cuya iniciativa corresponde a la institución precitada, especialmente, al Consejo Directivo, llegando a establecer que para agentes económicos afectados de diversos sectores no es claro cúal sería el debido proceso a seguir.

En respuesta a dichas consideraciones, el Consejo Directivo de la Comisión Nacional de Defensa de la Competencia (Procompetencia), en su sesión del martes 2 de noviembre de 2021, aprobó, a unanimidad, dar cumplimiento a lo previsto en el artículo 69 de la Ley 42-08 sobre Defensa de la Competencia. Con dicha iniciativa, se procura la consolidación del marco institucional

344 (NOBOA, 2022). *Libre y leal competencia en el Tribunal Constitucional dominicano.* https://lalibrecompetencia.com/2021/02/23/libre-y-leal-competencia-en-el-tribunal-constitucional-dominicano-3/

complementario delegado por el legislador a Procompetencia y permitirá la resolución efectiva de conflictos sobre libre y leal competencia que pudieran suscitarse en estos mercados regulados.

3.14. Tendencias en la legislación de competencia

Es preciso decir que, el título de este apartado es más extenso. De hecho, originalmente es: «Informe sobre las últimas tendencias en la legislación de competencia efectiva y un análisis de referencia de las jurisdicciones internacionales para apoyar los esfuerzos de la República Dominicana para modificar su actual ley de competencia». Se trata, pues, de un documento elaborado por Antonella Salguiero en colaboración con Robert D. Anderson en abril de 2022, precisando que consiste en un primer borrador. Esto con la anuencia de la USAID, agencia que está coordinando los trabajos en la materia.

En tal sentido, inicia afirmando una expresión que hoy en día no está en duda: El Derecho y la política de la competencia son, hoy en día, no solo la preocupación de economías seleccionadas, sino un elemento esencial para el desarrollo y crecimiento de las economías de mercado en las economías desarrolladas y en desarrollo por igual. La tendencia hacia la promulgación de normas en materia de Competencia, es evidente.

Asimismo, cita que, en América Latina, el panorama político, económico y social ha cambiado en los últimos 10 años y ha florecido el interés por establecer regímenes de competencia. Plantea que países que no tenían un marco de Competencia promulgaron nuevas leyes (Paraguay) o están en proceso de hacerlo (Guatemala) y los países con leyes de Competencia las modificaron para mantenerse al día con las mejores prácticas internacionales (Argentina, Chile, Perú, Costa Rica).

También afirma que, esta ola ha llevado a una consolidación de los regímenes de competencia en la región. Para valorar el interés de República Dominicana (RD) en reformar su propio marco legal de competencia, la Ley No. 42-08 General de defensa a la competencia, lo define como encomiable. Relata la materialización de los anhelos de países con legislación reciente en el ámbito, los cuales incorporan en sus leyes los principales campos de Competencia, a saber, acuerdos anticompetitivos, abuso de posición dominante y control de fusiones.

Sin embargo, sostiene que «para aquellos que buscaron la reforma, los principales temas considerados incluyen la implementación y mejora del control de fusiones ex ante, la revisión de las conductas anticompetitivas, incluidos los acuerdos verticales, poderes de investigación más efectivos, la adopción de programas de clemencia o denunciantes, así como ajustes a los procedimientos administrativos existentes». Todos estos aspectos han de ser tomados en cuenta en la reforma que pretende llevarse a cabo de la ley dominicana en materia de competencia.

Es importante señalar que, partiendo del enfoque problemas actuales que afectan o podrían afectar el funcionamiento del mercado y la economía, incluidos, por ejemplo, el surgimiento de mercados digitales, el informe procura desarrollar un análisis de referencia de un conjunto de jurisdicciones, provenientes de diversas áreas jurídicas, culturales, económicas, y antecedentes de desarrollo con el fin de evaluar los elementos que vale la pena considerar con el fin de apoyar los esfuerzos de la República Dominicana para modificar su actual marco de Competencia. Para llevar a cabo el documento, parte de economías como Estados Unidos, España, México, Costa Rica y Perú.

Cabe resaltar que, los aspectos que fueron considerados son: (1) estructura institucional y marco legislativo; (2) características procesales; (3) facultades de ejecución; (4) recursos y sanciones disponibles; (5) daños y ejecución privada; (6) revisión de fusiones; y (7) otras preocupaciones de aplicación de la competencia, tales como restricciones verticales, relación con los reguladores sectoriales y el tratamiento de las Empresas Estatales (EE).

3.15. Informe de examen inter-pares OCDE/BID de 2023: República Dominicana

El 22 de enero de 2024, en un evento realizado en el Distrito Nacional, capital de la República Dominicana, se dio a conocer el informe del examen inter-pares, mejor conocido como *peer review,* por la autoridad de Competencia del país, Procompetencia, de manera conjunta con la OCDE y el BID.

Es preciso señalar, que República Dominicana es el último país en someterse a esta exhausta evaluación de normativa y política de competencia. Desde el 2003, la OCDE y el BID han colaborado en una serie de estudios similares en América Latina y El Caribe. Cabe resaltar, que este proceso proporciona una valiosa información al país objeto de estudio y promueve la transparencia y el entendimiento mutuo en beneficio de todos[345].

Es relevante establecer, que el Foro Latinoamericano y del Caribe (FLACC) los considera parte esencial de sí mismo. Países como Brasil, Chile, Perú, Argentina, México, El Salvador, Colombia, Panamá, Honduras, Costa Rica y Perú, han sido evaluados. El examen inter-par realizado a República Dominicana fue llevado a cabo en Quito, Ecuador[346].

En ese sentido, como si se tratara de un análisis FODA, —Fortaleza, Oportunidad, Debilidad y Amenaza—, en otros lugares denominado DAAFO, el

345 OECD/IDB (2024), *Exámenes Inter-Pares sobre el Derecho y Política de Competencia: República Dominicana, OECD Publishing,* París, https://doi.org/10.1787/82adc1ba-es.

346 En el marco del 21.° Foro Latinoamericano y del Caribe de Competencia el 28 de septiembre de 2023.

informe estableció que Procompetencia es un organismo descentralizado y autónomo. Es una entidad jurídicamente independiente, con personalidad jurídica y autonomía administrativa, presupuestaria y organizativa, lo que se lee como una fortaleza.

Ahora bien, una palpable debilidad es que el presupuesto anual de Procompetencia es considerablemente bajo para los estándares internacionales y regionales. El personal de Procompetencia también es inferior al de jurisdicciones comparables. Sólo un tercio de sus empleados están asignados directamente a actividades de competencia, el resto trabaja en actividades de apoyo administrativo.

Respecto a la planificación estratégica, otra debilidad evidente es que la Ley 42-08 de defensa de la competencia, no permite a Procompetencia establecer sus propias prioridades en materia de medidas de ejecución. La autoridad de competencia está obligada a investigar, al menos preliminarmente, todas las denuncias recibidas y no puede rechazarlas por motivos de prioridad.

Asimismo, sobre el marco de la ley de competencia incluye un régimen general de competencia (aplicado por Procompetencia) y regímenes de competencia sectoriales (aplicados por reguladores sectoriales clave). El marco jurídico existente no siempre es coherente, por lo que, constituye una amenaza, ya que da lugar a lo que considera un mosaico de diferentes normas de competencia aplicables a lo largo y ancho de la economía.

También, otra debilidad identificada es que la República Dominicana no dispone de un amplio régimen de control de las fusiones en materia de competencia que se aplique a toda la economía, aunque existen ciertos mecanismos de control de las fusiones en los sectores de las telecomunicaciones, la electricidad y las finanzas. Sólo el regulador de las telecomunicaciones analiza los efectos de las transacciones sobre la competencia, mientras que los sectores eléctrico y financiero se centran en aspectos reglamentarios[347].

Además, según cita el *peer review*, otras debilidades que también se consideran amenazas permanentes es que a Ley de Competencia prohíbe las prácticas colusorias y los abusos de posición dominante, basándose en la noción de barreras injustificadas. Los acuerdos colusorios se consideran infracciones per se a raíz de una decisión emitida por Pro-Competencia.

Asimismo, los acuerdos verticales anticompetitivos entre empresas activas en diferentes niveles de la cadena de suministro no están cubiertos por la Ley de Competencia. La Ley de Competencia no aborda los abusos de explotación (como los precios excesivos) que afectan negativamente a los

347 OECD/IDB (2024), *Exámenes Inter-Pares sobre el Derecho y Política de Competencia: República Dominicana, op. cit.* Pág. 198

consumidores. Las prácticas de competencia desleal también están tipificadas como infracción en la Ley 42-08 de defensa de la competencia, aunque no reciben multas económicas.

No obstante, el informe evidencia otra debilidad referente a las investigaciones, puesto que están sujetas a un plazo de prescripción de un año que empieza a contar a partir del cese de la supuesta práctica anticompetitiva, lo que parece muy corto en comparación con otras jurisdicciones. Además, las investigaciones están sujetas a un plazo de 12 meses para su conclusión, que también parece demasiado corto, especialmente en casos complejos. Además, el plazo de 12 meses sólo puede suspenderse en circunstancias muy limitadas.

En otro orden, se plantea el hecho de que, pese a que Procompetencia puede solicitar información al investigado y a terceros, la Ley de Defensa de la Competencia no prevé sanciones por falta de respuesta o retraso en la contestación, lo que se convierte en una oportunidad de mejora en una futura modificación de la Ley 42-08 de defensa de la competencia.

En cuanto a las multas máximas establecidas en la Ley 42-08 de defensa de la competencia, es sabido que son muy bajas y basadas en salarios mínimos, sin efectos disuasorios para las empresas. Además de ser una infracción administrativa que debe ser sancionada por Procompetencia (o los reguladores sectoriales con competencias en materia de competencia), la conducta de cártel es un delito penal en la República Dominicana que debe ser perseguido por el ministerio público.

En tanto, pese a que no existe una política de clemencia para luchar contra los carteles, Procompetencia ha adoptado un mecanismo interno, a partir de un reglamento, para reducir las multas (pero no para conceder inmunidad) a cambio de colaboración, con algunas similitudes con las políticas de clemencia. Procompetencia también ha introducido mecanismos de transacción y compromiso para una terminación anticipada de las investigaciones. Ninguno de estos se ha utilizado en la práctica, por lo que, existe una oportunidad de mejora, a los fines de diseñarlos más atractivos para aquellas personas físicas y/o jurídicas que sean objeto de investigación o que de manera voluntaria opten por acogerse.

Ahora bien, el informe plantea que las decisiones de Procompetencia pueden ser revisadas por el Tribunal Superior Administrativo (TSA). Los fallos del TSA pueden ser objeto de recurso de casación ante la Suprema Corte de Justicia, máximo órgano jurisdiccional de la República Dominicana.

También, se considera como una debilidad que muy bien puede convertirse en una oportunidad de mejora es que, aunque los jueces dominicanos encargados de revisar las decisiones de infracción de la competencia tienen una formación en derecho administrativo y constitucional y no están especializados en derecho de la competencia, se hace necesario retomar el programa de capacitación que algunos magistrados recibieron en derecho de la competencia en 2008, cuando se adoptó formalmente la Ley 42-08 de defensa de la competencia, ya que desde entonces los jueces no han recibido más formación sobre el tema.

Por último, otro aspecto a revisar con carácter de urgencia es a propósito de que los dictámenes de Procompetencia sobre iniciativas de abogacía no son vinculantes. La Ley 42-08 de defensa de la competencia obliga a las autoridades a justificar si optan por no seguir las recomendaciones de Procompetencia, pero esto no siempre ocurre en la práctica.

CAPÍTULO IV

PROCEDIMIENTO ADMINISTRATIVO DOMINICANO COMÚN EN LAS LEYES 42-08 DE DEFENSA DE LA COMPETENCIA Y 107-13 SOBRE LOS DERECHOS DE LAS PERSONAS EN SUS RELACIONES CON LA ADMINISTRACIÓN Y DE PROCEDIMIENTO ADMINISTRATIVO

El presente capítulo abordará lo concerniente al procedimiento administrativo dominicano, contenido tanto en la Ley 107-13 sobre los Derechos de las Personas en sus Relaciones con la Administración y de Procedimiento Administrativo, así como de manera específica, el establecido según la Ley 42-08 de Defensa de la competencia. Por tanto, se pretende analizar el origen del mismo, de dónde proviene su influencia, la distinción entre proceso y procedimiento, así como las particularidades de este, analizando una ley preconstitucional como la 42-08 de Defensa de la Competencia y otra postconstitucional como la 107-13 sobre los Derechos de las Personas en sus Relaciones con la Administración y de Procedimiento Administrativo.

Su importancia reside en resaltar las garantías y tutelas con las que cuenta el ciudadano al momento de iniciar un proceso desde la fase administrativa. El objetivo de la que pretende desarrollar es el concerniente a las particularidades del procedimiento administrativo sancionador contenido en la Ley 42-08 de Defensa de la Competencia y cómo se ajusta al planteado por la Ley 107-13 sobre los Derechos de las Personas en sus Relaciones con la Administración y de Procedimiento Administrativo.

4.1. Origen del procedimiento administrativo dominicano

A inicios del siglo XXI, es decir, en el año 2002, fue promulgada la Ley Monetaria y Financiera de la República Dominicana, número 183-02. En palabras de Prats y Victoria[348], «produjo un giro copernicano en el concepto, contenido, función y aplicación de la regulación monetaria y financiera».

En ese orden, el contagio de esta importante pieza legislativa que aun rinde sus frutos en un mercado regulado como el antes mencionado, sirvió para que, en lo adelante, importantes avances se notaran en el plano del derecho público, es decir, en el Derecho Administrativo dominicano.

Asimismo, esto porque, por vez primera desde la fundación del Banco Central dominicano, en 1947, entidades sujetas a regulación, así como los usuarios de los servicios, contaban con una legislación coherente y homogénea que recogía los principios y las reglas fundamentales que regulan el sistema.

Rodríguez Huertas, sostiene que, en materia de identificación de principios generales, la Ley Monetaria y Financiera, núm. 183-02, hizo un aporte importante al Derecho administrativo dominicano al identificar los siguientes: legalidad, seguridad jurídica, interdicción de la arbitrariedad, motivación de los actos que restrinjan la esfera jurídica de los interesados, jerarquía normativa, eficacia, razonabilidad, economía, transparencia, celeridad, preclusión de plazos, publicidad y debido proceso[349].

Agrega que, a estos principios debemos adicionar otros igualmente incorporados en la Ley Monetaria y Financiera 183-02, como el principio de inderogabilidad singular de los reglamentos, el de presunción de legalidad de los actos administrativos, el principio de ejecutoriedad, el principio de ausencia de efectos suspensivos de los recursos administrativos. También, indica que dicha norma prevé el dictado de un reglamento de procedimiento administrativo de acuerdo al cual, los órganos y entidades que conforman la Administración Monetaria y Financiera ejerzan las competencias administrativas que le sean asignadas.

El artículo 4, letra e) de la referida Ley, señala que ese reglamento deberá respetar los principios de legalidad, seguridad jurídica, interdicción de la arbitrariedad, motivación de los actos que restrinjan la esfera jurídica de los interesados, jerarquía normativa, eficacia, razonabilidad, economía, transparencia, celeridad, preclusión de plazos, publicidad y debido proceso.

En fin, décadas después, si se hace un balance justo, la Ley Monetaria y Financiera 183-02 resulta ser el motor que dinamizó el Derecho administrativo dominicano, cuestión que no era más que una deuda desde 1947. Otro paso importante se dio con la promulgación de la Ley 13-07 de traspaso de competencias del Tribunal Superior Administrativo (TSA) atribuidas

---

348 Jorge Prats, E. & Victoria, O. (2012). *Derecho de la Regulación Monetaria y Financiera.* Editora Búho, República Dominicana.

349 Rodríguez Huertas, O. (2009). «Derecho Administrativo dominicano y principios generales». *Revista de derecho de la Universidad de Montevideo*, Vol. 8, Núm. 16. Uruguay. Págs. 105-122.

en la antes mencionada Ley 1494 de 1947 y en otras leyes, así como las del Tribunal Contencioso Administrativo (TCA) de lo Monetario y Financiero, sean ejercidas por el Tribunal Contencioso Tributario (TCT) instituido en la Ley 11-92, de 1992, el que a partir de la entrada en vigencia de la presente se denominará Tribunal Contencioso Tributario y Administrativo.

Las razones que llevaron al legislador de entonces a crear la norma 13-07 de traspaso de competencias del Tribunal Superior Administrativo (TSA) plantean que, en el sistema constitucional de división de poderes de República Dominicana el monopolio de la función jurisdiccional del Estado reside en los Tribunales que conforman el Poder Judicial.

Y, pese a la época de dictadura que caracterizó aquel año de 1947, resulta paradójico que el sátrapa de entonces, considerara que con la Ley 1494, del año 1947, se instituyera el Tribunal Superior Administrativo (TSA) con el propósito de conocer la legalidad de las actuaciones de los órganos y entidades de la Administración Pública, aunque, la designación de sus jueces sería por el Poder Ejecutivo, lo que resultaría en ser aquel un sistema de justicia retenida, es decir, la Administración se juzgaría así misma.

Posteriormente, mediante la Ley 2998, de fecha 8 de julio de 1951, las competencias en el ámbito contencioso administrativo le fueron asignadas a la Cámara de Cuentas, órgano constitucional de control financiero externo del Estado, cuyos miembros son designados por el Senado de la República de una terna que le presenta el Poder Ejecutivo. Esto respondió a una coyuntura política del momento que, lamentablemente, continuó hasta el año 2004, época en que fue promulgada la actual legislación de la Cámara de Cuentas, número 10-04.

Más adelante, específicamente, el 20 del mes de mayo del año 1954, mediante la Ley 3835, se estableció un vínculo entre la jurisdicción contenciosa administrativa con el Poder Judicial, al disponerse que las decisiones del Tribunal Superior Administrativo podrán ser objeto de un recurso de casación por ante la Suprema Corte de Justicia.

En consonancia con lo anterior, una de las justificaciones primordiales de la Ley 13-07 de traspaso de competencias del Tribunal Superior Administrativo (TSA), es que se hizo necesario el voto y promulgación de una Ley de transición que pusiera en marcha el inaplazable proceso hacia el establecimiento de un sistema de control jurisdiccional de la actividad administrativa, adelantando algunos aspectos de la reforma, como lo constituyen la posibilidad de la adopción de medidas cautelares en el curso del proceso contencioso administrativo, la ampliación de la competencia y del plazo para acudir a la jurisdicción contenciosa administrativa, el carácter optativo de los recursos administrativos, así como el sistema de representación por ante esa jurisdicción de los órganos y entidades que conforman la Administración Pública.

También, se hace necesario indicar que la Ley 107-13 sobre los Derechos en sus Relaciones con la Administración y de Procedimiento Administrativo, impacta positivamente en materia de defensa de la competencia, ya que la autoridad de competencia, en este caso, Procompetencia, al ubicarse dentro del Estado dominicano y de manera específica, al Poder Ejecutivo, debe supeditar su actuación a los principios que rigen la Administración Pública. Las garantías y prerrogativas a favor del ciudadano contenidas en la Ley de 107-13 sobre los Derechos en sus Relaciones con la Administración y de Procedimiento Administrativo, son directamente vinculantes con las ya establecidas en la Ley 42-08 de Defensa de la Competencia, por lo que, se amplía su espectro.

Estos avances resultan ser relevantes y beneficiosos a favor del Derecho de la Competencia, porque con ello las personas y la misma Administración Pública, gozan de tutela judicial efectiva y un procedimiento administrativo claro que procura resolver sus diferencias de manera eficaz.

4.2. Influencia del procedimiento administrativo español

El Derecho Administrativo español ha influenciado de una manera impresionante. Sus postulados han hecho del ordenamiento jurídico dominicano una gran fuente de riqueza jurídica. La experiencia contada en años ha impactado también en la evolución del Derecho de la Competencia, pues, se sigue el mismo patrón de que las actuaciones de la CNMC y otras agencias, así como autoridades comunitarias, se subordinan a la norma de procedimiento administrativo.

Es relevante indicar que, la regulación del procedimiento administrativo español se encuentra contemplada en su Constitución, específicamente, a partir del artículo 105[350], el cual establece lo que la ley pretender regular, respecto a la audiencia de los ciudadanos, el acceso de estos a los archivos y registros administrativos, así como el procedimiento a través del cual deben producirse los actos administrativos.

Es preciso citar la sentencia STCE, n.º 77:1983, evacuada por el Tribunal Constitucional Español, donde sostiene lo siguiente:

> «No cabe duda que en un sistema que existiera, de manera estricta, sin fisuras la división de poderes del Estado, la potestad sancionadora deberá constituir un monopolio judicial, y no podría estar nunca en manos de la Administración, pero un sistema semejante no ha funcionado históricamente, y es lícito dudar de que fuera incluso viable».

En cuanto a la delimitación competencial entre Estado y Comunidades Autónomas, el artículo 149.1.18.º[351], plantea que «las bases del régimen jurí-

350 Constitución Española del 29/12/1978, publicada en BOE núm. 311, de 29/12/1978.

351 *Ibidem.*

dico de las Administraciones públicas y del régimen estatutario de sus funcionarios que, en todo caso, garantizarán a los administrados un tratamiento común ante ellas; el procedimiento administrativo común, sin perjuicio de las especialidades derivadas de la organización propia de las Comunidades Autónomas; legislación sobre expropiación forzosa; legislación básica sobre contratos y concesiones administrativas y el sistema de responsabilidad de todas las Administraciones Públicas».

Sin lugar a duda, ha habido un notable desarrollo del marco constitucional, a partir de la Ley 30/1992, sobre el Regimen Jurídico de las Administraciones Públicas y del procedimiento administrativo común, derogada por las leyes 39/2015 y 40/2015, ambas del 1 de octubre de 2015, sobre Procedimiento Administrativo Común y de Régimen Jurídico del Sector Público, respectivamente.

En torno a las leyes 39/2015 y 40/2015, hay que decir que comparten un nuevo objetivo desde entonces, que consiste en una Administración sin papel, pues los documentos y actuaciones están en un archivo electrónico, por tanto, facilita la transparencia y permite proporcionar al interesado una información ágil y actualizada.

En fin, la ley 107-13 sobre los Derechos en sus Relaciones con la Administración y de Procedimiento Administrativo ha sido vital en materia de Competencia, ya que resulta ser la norma que prevé el procedimiento supletorio al previsto por la Ley 42-08 de Defensa de la Competencia, en cuyo contenido se encuentra un catálogo de derechos y deberes del ciudadano y la Administración Pública, por lo que, los agentes económicos, es decir, las personas que se enfrenten a denuncias o inicio de procedimientos de investigación de oficio, cuentan no disposiciones legales que permiten defenderse bajo el principio del debido proceso y tutela judicial efectiva contenido en la Constitución de la República, en su artículo 69.

4.3. Diferencia entre proceso y procedimiento administrativo

Existe una vieja discusión entre proceso y procedimiento que aparentemente es inevitable. El alcance de estos términos siempre ha llamado la atención de diversos doctrinarios. Garcia del Rosario[352], considera que en República Dominicana se ha admitido la distinción entre ambos conceptos, pese a que como se ha dicho existen otras corrientes de pensamiento jurídico que han negado dicha separación.

En el caso de la palabra «proceso», no resulta ser exclusiva del Derecho, por lo que, su aplicación puede darse en cualquier ámbito de la vida, puesto

352 García del Rosario, A. (2016). *Derecho Procesal Administrativo.* Impresora Soto Castillo, República Dominicana. Pág. 25.

que, puede utilizarse como una especie de acontecimientos que modifica o cambian una determinada realidad[353]. Lo que es innegable es que se trata de una serie de actos coordinados para conseguir un fin específico y que ya en términos jurídicos procura una decisión jurisdiccional.

Ahora bien, cuando se hace alusión al término «procedimiento», García del Rosario lo define como la sucesión de actos ordenados y consecutivos, vinculados causalmente entre sí por virtud de lo cual cada uno es precedente necesario del que le sigue y éste, a su turno, consecuencia imprescindible de la anterior. Cabría señalar entonces, que las palabras «proceso» y «procedimiento» comparten elementos entre sí, porque ambos implican una sucesión de actos que ordenadamente solo conducen a un fin esperado jurisdiccionalmente hablando.

Según Fernando Pablo, la categoría acto administrativo se dice, tuvo su origen positivo en las Leyes revolucionarias de 16-24 de agosto de 1790 y 3 de septiembre de 1795 (la primera que utiliza la terminología acto administrativo), ya que allí se establecieron materialmente las consecuencias de calificar una actuación administrativa como «acto de administración»[354].

Bocanegra Sierra sostiene que, el procedimiento es el conjunto concatenado de actos o actuaciones administrativas de trámite destinadas a asegurar la legalidad, el acierto y la oportunidad de la resolución que le pone término, así como garantizar los derechos de los ciudadanos afectados y las exigencias de los intereses en juego[355].

Asimismo, en palabras de Rivero Ortega y Ortega Polanco, hablar de procedimiento administrativo es hacer alusión a aquellos fundamentos que debe seguir la Administración, para procurar la justa y adecuada tutela de los particulares y del interés general. Para ellos, procedimiento significa método o forma operacional[356].Por su lado, para Sánchez Morón, define el procedimiento administrativo como la forma de elaboración de las decisiones administrativas o la actividad administrativa en su expresión formal[357].

Sin embargo, para Muñoz Machado, es la sucesión de actuaciones ordenadas por el Derecho administrativo para la producción de los actos resolutorios de la Administración. Para Dates, es el conjunto de forma jurídicamente arregladas, cumplidas por y ante los órganos estatales o entes públicos no

---

353 *Ibidem.*

354 FERNANDO PABLO, M. (2022). *Sobre el acto administrativo: Historia y dogmática en España*. Documentos de trabajo. Universidad de Salamanca, España.

355 BOCANEGRA SIERRA, R. (2005). *La teoría el acto administrativo*. 1.ª Edición, Sociedad Anónima de Fotocomposición, Madrid. Pág. 93

356 RIVERO ORTEGA, R. & ORTEGA POLANCO, F. *Manual de Derecho administrativo.* Editora Búho, República Dominicana, 2016, p. 111.

357 SÁNCHEZ MORON, M. (2008). *Derecho administrativo. Parte general,* Editorial Tecnos (Grupo Anaya), Madrid, España.

estatales con funciones administrativistas, para preparar la emisión de actos que satisfagan concreta, directa e inmediatamente el bien común[358].

En ese sentido, se puede decir que procedimiento administrativo es el cauce formal de la función administrativista en su aspecto material y proceso administrativo, el aspecto formal de la función jurisdiccional. Se trata, pues, de la secuencia de actos y formalidades tendentes al dictado del acto administrativo o su ejecución.

Es importante señalar que, en el Derecho Administrativo como bien sostienen Rivero Ortega y Ortega Polanco, el procedimiento no es meramente instrumental. Sostiene que procura garantizar, el acierto de la decisión y contribuye a racionalizar el ejercicio de la función administrativa y la defensa de los derechos de los interesados antes de que la decisión sea adoptada. [359]

Así también, la finalidad del procedimiento reside en que este se reconoce en tantos países por su trascendencia desde el punto de vista del principio de legalidad de la Administración Pública, y en su condición de factor de eficacia y de oportunidad de la intervención administrativa.

El procedimiento administrativo es un mecanismo preventivo que coadyuva a sujetar las decisiones de la Administración Pública a las normas, en tanto formaliza su adopción. Pero, al mismo tiempo asegura un mayor acierto y calidad de los actos administrativos toda vez que muchos trámites procedimentales se dirigen a recabar la información necesaria para que la solución que se ofrezca a cada problema concreto sea la más idónea[360].

Es decir, que la finalidad del procedimiento administrativo es alcanzar una decisión justa basada en el principio cardinal que caracteriza a todo Estado social y democrático de derecho, porque ya es sabido, el derecho a una buena administración comprende las garantías básicas del procedimiento como bien lo consignan la Ley 107-13 sobre los Derechos en sus Relaciones con la Administración y de Procedimiento Administrativo, en su artículo 4, así como la Carta de los Derechos Fundamentales de la Unión Europea en su Artículo 41.

En el ámbito de la Defensa de la Competencia, el procedimiento administrativo resulta ser primordial, pues, este asegura que la Administración deba cuidar una serie de formalidades que, de no valorarse, serían recurribles ante el Tribunal Superior Administrativo, por lo que, Procompetencia, específicamente, el Consejo Directivo como órgano decisor, comprometería la imparcialidad que debe exhibir y garantizar a las personas en el marco de un proceso de investigación.

358 Muñoz Machado, S. (2005). *Diccionario de Derecho Administrativo,* Tomo I, Iustel, España.

359 Rivero Ortega, R. & Ortega Polanco, F. *Manual de Derecho administrativo. Op. Cit.* Pág. 111.

360 García del Rosario, A. (2016). *Derecho Procesal Administrativo.* Impresora Soto Castillo, República Dominicana. Pág. 25.

Por ejemplo, si en el marco de un proceso el Consejo Directivo de Procompetencia violenta el procedimiento decisorio contemplado en los artículos 46 y siguientes de la ley 42-08 de Defensa de la Competencia, ya sea limitando el plazo de quince (15) días hábiles para que el Consejo Directivo admita a trámite el expediente, y no notifica a los interesados, se le constriñe una prerrogativa respecto a la publicidad, por lo que, también se le violentaría el derecho que le asiste a la persona de solicitar audiencias públicas y proponer las pruebas que estime necesarias para su defensa, lo que se convierte en violación al principio de presunción de inocencia contenido en la Carta Magna, debido proceso y al principio de legalidad.

En tal sentido, en el Derecho Procesal Administrativo, el concepto de «procedimiento» hace alusión, no sólo a los pasos, plazos, y formas que se realizan en el curso de un proceso como comúnmente se trata en otras materias del Derecho, sino que, se refiere a aquel procedimiento común contemplado para el dictado de actos administrativos de toda la Administración Pública, cuya finalidad no es otra que garantizar el acierto de la decisión administrativa, asegurando la protección de los derechos de las personas[361].

También, la producción de actos que tienen efectos *ad intra* o dentro de las Administraciones Públicas y de su funcionamiento, que en la actualidad regula la Ley 39/2015 de régimen jurídico del sector público en el caso de España.

En materia de Defensa de la Competencia, las decisiones que se adoptan en dicha institución se hacen teniendo en cuenta el funcionamiento del órgano colegiado que la integra y permite controlar la legalidad de sus decisiones a través de resoluciones administrativas, votadas por mayoría simple. Es decir, de cinco (5) miembros, tres (3) deben votar a favor o en contra.

Es menester establecer que, el procedimiento que se lleva a cabo en sede jurisdiccional para la concesión del acto que finaliza el proceso o una parte del mismo, suele ser una serie de actos producidos por las partes y que el defecto o error contenido en tales actos generalmente pueden ser declarados nulos, pero, también, podrían ser salvados o convalidados su nulidad sin previamente haberse peticionado.

Si no se sigue estrictamente el procedimiento administrativo contemplado previamente por ley, podría ser anulado el acto sin que exista posibilidad alguna de subsanar o salvar, ya que se considerarán válidos aquellos actos administrativos que han sido dictados por un órgano competente.

Plantea García del Rosario que, el procedimiento no puede declarar el derecho de forma definitiva, el proceso sí. La noción de proceso administrativo implica elementos más amplios que la sola impugnación en sede judicial o administrativa de los actos públicos[362].

361 *Ibidem.*

362 García del Rosario, A. (2016). *Derecho Procesal Administrativo.* Impresora Soto Castillo, República Dominicana. Pág. 26.

En España se utiliza el término procedimiento, porque es cada vez más una forma de extender los derechos que antes existían en el proceso judicial al procedimiento administrativo. Igual sucede en dominicana con el reconocimiento constitucional de Derecho al debido proceso que se extiende a sede administrativa y judicial.

En España se identifican uno y otro del siguiente modo: procedimiento en sede administrativa y procedimiento en vía judicial, dejando claro que uno y otro han evolucionado de tal forma que no hay diferencia en cuanto son garantía de los derechos de las personas físicas y jurídicas en sus relaciones con la administración y en vía judicial. También, ambos tienen como finalidad descubrir la verdad, cumplir con la exigencia del principio de carácter contradictorio.

La función que cumple todo proceso judicial en términos generales no es otra que mantener la paz social, o restaurarla cuando una actuación indebida de la Administración Pública rompe con el anhelo de la sociedad. Sobre todo, garantizar el Estado de derecho, el sometimiento de la Administración Pública a las normas en beneficio de los interesados, de terceros y en defensa del interés general.

Es necesario aclarar que, desde inicio de siglo XXI, la República Dominicana ha visto desfilar distintas normas jurídicas que procuran garantizar los derechos de las personas y su relación con la Administración Pública. Es por ello, pues, que se hace necesaria la definición del Derecho Procesal Administrativo, ya que hoy en día su autonomía disciplinaria es inminente. Sin embargo, no sucede lo mismo en España, ya que ambas son garantías, pero no una disciplina separada del Derecho Administrativo.

Al respecto, Garcia del Rosario indica que se trata de una rama o disciplina del Derecho que se encarga de determinar las instituciones procesales y las normas referentes al proceso en materia administrativa, incluyendo allí acciones especiales como el amparo y las medidas cautelares[363].

Se puede decir entonces que, el Derecho Administrativo es la parte sustantiva de la que se nutre el Derecho Procesal Administrativo, con la finalidad de exponer los pasos, plazos y formas en que se debe llevar a cabo aquellas pretensiones de las personas en sede administrativa o contenciosa jurisdiccional.

Es importante señalar que, en el artículo 164[364] la Constitución dominicana del 26 de enero del año 2010 crea la Jurisdicción Contenciosa Administrativa

363 *Ibidem.*

364 Artículo 164.- Integración. La Jurisdicción Contencioso Administrativa estará integrada por tribunales superiores administrativos y tribunales contencioso administrativos de primera instancia. Sus atribuciones, integración, ubicación, competencia territorial y procedimientos serán determinados por la ley. Los tribunales superiores podrán dividirse en salas y sus decisiones son susceptibles de ser recurribles en casación.

como órgano judicial especializado, lo que constituye un precedente relevante para garantizar las prerrogativas de las personas frente a la Administración Pública, y viceversa.

En ese orden, Rivero Ortega y Ortega Polanco[365] clasifican el procedimiento administrativo, en general o especial y, de manera específica en: a) Declarativo, cuando su propósito es la elaboración de una declaración de voluntad de la Administración; b) Ejecutivo, cuando su propósito es realizar o ejecutar un acto concreto de la Administración, para coaccionar a las personas o a sus patrimonios y, c) De Simple Gestión, cuando vincule entre sí a los órganos o entes de la Administración, sin ningún efecto sobre los particulares.

Asimismo, el artículo 15 sobre normas comunes de procedimiento administrativo para el dictado de resoluciones singulares o acto administrativo de la Ley 107-13 sobre los Derechos en sus Relaciones con la Administración y de Procedimiento Administrativo, establece que, «el procedimiento administrativo previsto en este capítulo tiene por objeto establecer aquellas normas comunes a los procedimientos administrativos que procuran el dictado de resoluciones unilaterales o actos administrativos que afectan a los derechos e intereses de las personas, ya impliquen, entre otros, permisos, licencias, autorizaciones, prohibiciones, concesiones, o resolución de recursos administrativos o la imposición de sanciones administrativas y en general, cualquier decisión que pueda dictar la Administración para llevar a cabo su actividad de prestación o limitación».

En cuanto al debido proceso, Jorge Prats plantea que nace como derecho exigible durante el proceso judicial. Sin embargo, este derecho ha evolucionado y hoy exige su respeto en los procedimientos administrativos y legislativos[366].

En torno a los antecedentes al debido proceso administrativo, es relevante hacer referencia a la Ley General de Libre Acceso a la Información Pública, No. 200-04, de fecha 28 de julio del año 2004, la cual planteó por vez primera el deber que tenía la Administración Pública de publicar proyectos de reglamentos, así como otras disposiciones de carácter general.

Por igual, Brewer-Carías considera que uno de los principios que soporta el debido proceso es el contradictorio, que también rige en el procedimiento administrativo, y se expresa en la necesaria confrontación de criterios que debe existir antes de que la Administración Pública decida entre la Administración y los administrados.

365 Rivero Ortega, R. & Ortega Polanco, F. (2016). *Manual de Derecho administrativo.* Editora Búho, República Dominicana. Pág. 113.

366 Jorge Prats, E. *Derecho Constitucional.* Volumen II. Ius Novum. Amigo del Hogar, 2da. Edición, Santo Domingo, 2012. Pág. 358.

Sin embargo, aunque la Ley 42-08 de Defensa de la Competencia, es cinco (5) años más joven que la Ley 107-13 sobre los Derechos en sus Relaciones con la Administración y de Procedimiento Administrativo, esta contenía importantes asuntos de plazo y formalidades que respondieron a normas de la época y años antes. El artículo 35 es claro al indicar que, la Comisión Nacional de Defensa de la Competencia (Procompetencia) conocerá, en sede administrativa, exclusiva y privativamente de las reclamaciones y controversias que se susciten con motivo de la aplicación de la presente ley, así como cualquier otra que determinen otras leyes.

Por tanto, es evidente el impacto de la Ley 107-13 sobre los Derechos en sus Relaciones con la Administración y de Procedimiento Administrativo, en torno a la Competencia como rama del Derecho dominicano, sobre todo, según los postulados de la ley 42-08, ya que en virtud del procedimiento, las prerrogativas y los deberes de las personas y las Administración Pública, este garantiza el correcto desenvolvimiento de los procesos, como: Servicio objetivo a las personas, actuación administrativa basada en motivación y argumentación, igualdad de trato a las personas, eficacia en la actuación a favor de las personas, respeto al derecho de intimidad de las personas, seguridad jurídica, imparcialidad e independencia, coherencia en la actuación administrativa, confianza legítima, y respeto al debido proceso.

En fin, todo ello beneficia en gran manera al Derecho de la Competencia, una vez se suscite algún inconveniente legal y se inicie un proceso, cuyo procedimiento debe ser llevado de manera cautelosa por la institución, las personas y sus representantes.

4.4. Interamericanización del procedimiento administrativo

La Comisión Interamericana de Derechos Humanos (CIDH)[367], de la Organización de los Estados Americanos (OEA), considera que un aspecto que debe ser contemplado en materia de acceso a la justicia y tutela efectiva de derechos económicos, sociales y culturales, es el debido proceso en la esfera administrativa, en la cual se dirimen la mayoría de las adjudicaciones de prestaciones sociales.

Asimismo, sostiene que el Sistema Interamericano de los Derechos Humanos (SIDH), ha definido su postura respecto a la aplicación de garantías del debido proceso legal en ámbitos administrativos, por lo que ha indicado a los

367 La CIDH es un órgano principal y autónomo de la OEA, cuyo mandato surge de la Carta de la OEA y de la Convención Americana sobre Derechos Humanos, y que actúa en representación de todos los países miembros de la OEA. Está integrada por siete miembros independientes que se desempeñan en forma personal, que no representan a ningún país en particular y que son elegidos por la Asamblea General.

Estados, la obligación de contar con reglas claras para el comportamiento de sus agentes, con la finalidad de evitar la discrecionalidad en el ámbito administrativo, que puedan incentivar arbitrariedad o discriminación.

En tal sentido, el SIDH ha adelantado ciertos detalles sobre los parámetros del debido proceso legal que deben contemplar los procedimientos administrativos, como son: el plazo razonable, el derecho a la revisión judicial de las decisiones administrativas, a la posibilidad de un abogado, a una decisión fundamentada, a la publicidad y, por ende, transparencia del accionar de la Administración Pública, entre otros.

4.4.1. El debido proceso en el SIDH

El artículo 8 de la Convención Americana sobre Derechos Humanos (CADH), suscrita en la Conferencia Especializada Interamericana sobre Derechos Humanos, dada en San José, Costa Rica, entre el 7 al 22 de noviembre de 1969, mejor conocida como el «Pacto de San José», establece en su numeral 1, que:

> Toda persona tiene derecho a ser oída, con las debidas garantías y dentro de un plazo razonable, por un juez o tribunal competente, independiente e imparcial, establecido con anterioridad por la ley, en la sustanciación de cualquier acusación penal formulada contra ella, o para la determinación de sus derechos y obligaciones de orden civil, laboral, fiscal o de cualquier otro carácter[368].

En ese tenor, es justo resaltar que, la vigencia de las reglas del debido proceso legal en los procedimientos administrativos vinculados a derechos sociales es clara y evidente. La Corte Interamericana de Derechos Humanos (CIDH), ha insistido en la aplicación de la garantía en sede administrativa. Ya

---

368 2. Toda persona inculpada de delito tiene derecho a que se presuma su inocencia mientras no se establezca legalmente su culpabilidad. Durante el proceso, toda persona tiene derecho, en plena igualdad, a las siguientes garantías mínimas: a) derecho del inculpado de ser asistido gratuitamente por el traductor o intérprete, si no comprende o no habla el idioma del juzgado o tribunal; b) comunicación previa y detallada al inculpado de la acusación formulada; c) concesión al inculpado del tiempo y de los medios adecuados para la preparación de su defensa; d) derecho del inculpado de defenderse personalmente o de ser asistido por un defensor de su elección y de comunicarse libre y privadamente con su defensor; e) derecho irrenunciable de ser asistido por un defensor proporcionado por el Estado, remunerado o no según la legislación interna, si el inculpado no se defendiere por sí mismo ni nombrare defensor dentro del plazo establecido por la ley; f) derecho de la defensa de interrogar a los testigos presentes en el tribunal y de obtener la comparecencia, como testigos o peritos, de otras personas que puedan arrojar luz sobre los hechos; g) derecho a no ser obligado a declarar contra sí mismo ni a declararse culpable, y h) derecho de recurrir del fallo ante juez o tribunal superior. 3. La confesión del inculpado solamente es válida si es hecha sin coacción de ninguna naturaleza. 4. El inculpado absuelto por una sentencia firme no podrá ser sometido a nuevo juicio por los mismos hechos. 5. El proceso penal debe ser público, salvo en lo que sea necesario para preservar los intereses de la justicia.

se ha pronunciado en cuestiones que involucran derechos de los migrantes, trabajadores y de los pueblos indígenas. Se ha dedicado al establecimiento de estándares en el ámbito del debido proceso administrativo y el libre acceso a la información pública como derecho, en un asunto relativo al medio ambiente.

Asimismo, tanto la CIDH[369] y la Corte IDH[370] han estipulado que la labor de la Administración Pública posee límites concretos y que entre estos está el respeto de los derechos humanos. Al respecto, en casos que vinculan a sectores vulnerables, la Corte ha procurado vincular los alcances del debido proceso legal administrativo y la efectiva vigencia de la prohibición de discriminación.

También, el SIDH ha identificado aspectos que componen la garantía en sede administrativa. Es así, como la Comisión ha considerado que dentro de los componentes del debido proceso legal administrativo se encuentra la garantía de una audiencia para la determinación de los derechos envueltos. En ese mismo orden, la CIDH contempla: a) El derecho a ser asistido jurídicamente; b) El derecho a ejercer el derecho de defensa y, c) El derecho a disponer de un plazo razonable para preparar los alegatos y formalizarlos, y para promover y evacuar las correspondientes pruebas.

Además, la Comisión también ha considerado la notificación previa sobre la existencia misma del proceso como un componente básico de la garantía, así como el derecho a contar con una decisión fundada sobre el fondo del asunto y la necesidad de garantizar la publicidad de la actuación administrativa, han sido puntualizados tanto por la CIDH como por la Corte como elementos que integran el debido proceso legal.

De igual manera, lo concerniente al plazo razonable del proceso administrativo ha sido tema relevante para los precitados órganos del SIDH, como elementos de garantía. En cuanto este aspecto, la Corte IDH ha asumido un parámetro claro, y es que un retraso prolongado en un procedimiento administrativo es, en principio, una vulneración al artículo 8 de la Convención Americana, por lo que, el Estado debe probar que la demora del proceso se habría originado por la complejidad del caso o en la conducta de las partes en el mismo.

---

369 La Comisión Interamericana de Derechos Humanos es un órgano de la Organización de los Estados Americanos creado para promover la observancia y la defensa de los derechos humanos y servir como órgano consultivo de la Organización en esta materia. Para los fines del Estatuto de la Comisión por derechos humanos se entiende: los definidos en la Convención Americana sobre Derechos Humanos en relación con los Estados partes de la misma; y los derechos consagrados en la Declaración Americana de los Derechos y Deberes del Hombre, en relación con los demás Estados miembros.

370 La Corte Interamericana es una institución judicial autónoma de la Organización de los Estados Americanos cuyo objetivo es la aplicación e interpretación de la Convención Americana sobre Derechos Humanos y demás instrumentos interamericanos relativos a la protección de los derechos humanos. La Corte es un órgano convencional puesto que fue creada por la propia Convención, en su Capítulo VII. La Corte es un tribunal, ejerce función jurisdiccional y consultiva y, sus decisiones en el campo jurisdiccional son obligatorias.

Un último elemento de la garantía del debido proceso legal en sede administrativa que ha sido desarrollado en el SIDH es la prerrogativa a la revisión judicial de decisiones administrativas. En cuanto esto, la CIDH ha establecido que toda legislación o medida que obstaculice el acceso a los tribunales, y que no esté debidamente fundamentada por las «razonables necesidades» de la propia Administración de Justicia, debe interpretarse contraria al antes citado artículo 8.1 de la Convención Americana.

4.4.2. Sistema Interamericano de Protección de los Derechos Humanos

Ventura Robles establece que, el Sistema Interamericano de Protección de los Derechos Humanos (en adelante «SIDH» o «Sistema Interamericano») es el mecanismo regional encargado de promover y proteger los derechos humanos en América. Este sistema reconoce y define estos derechos y establece obligaciones tendientes a su promoción y protección, y crea órganos destinados a velar por su observancia, los cuales son: la Comisión Interamericana de Derechos Humanos y la Corte Interamericana de Derechos Humanos[371].

En ese mismo orden, Rodríguez lo considera como un mecanismo de promoción y protección de derechos humanos que depende de la estructura, organigrama y presupuesto de la Organización de los Estados Americanos (OEA). Fueron los Estados americanos miembros de la OEA los que crearon los tratados internacionales sobre derechos humanos que conforman ese sistema regional, en los cuales se reconocen todo tipo de derechos que los Estados deben respetar a todos sus habitantes, sin ningún tipo de discriminación, en sus territorios. El principal tratado regional es la Convención Americana sobre Derechos Humanos o Pacto de San José de Costa Rica de 1969, la cual reconoce derechos civiles y políticos y, de manera muy tenue, derechos colectivos en su artículo 26 (derechos económicos, sociales y culturales)[372].

Asimismo, Ventura indica que, las graves violaciones a los derechos humanos acaecidas durante la Segunda Guerra Mundial generaron la coherencia y

371 Juez y ex vicepresidente de la Corte Interamericana de Derechos Humanos; Miembro ex-oficio del Instituto Interamericano de Derechos Humanos; Miembro de la «International Law Association»; Miembro de la «American Society of International Law»; Miembro Correspondiente de la Asociación Argentina de Derecho Internacional; Miembro del «Consejo Editorial de la Revista do Instituto Brasileiro de Direitos Humanos»; Presidente Honorario del Instituto Colombiano de Derechos Humanos.

372 Rodriguez Rescia, V. (2009). *Las sentencias de la Corte Interamericana de Derechos Humanos. Guía modelo para su lectura y análisis.* 1.ª Edición. Instituto Interamericano de Derechos Humanos. San José. Pág. 9.

cohesión de voluntades necesarias para la emisión de la Declaración Universal de Derechos Humanos, el 10 de diciembre de 1948.

También, se establece que dada la evolución que han sufrido los derechos humanos se ha conformado una nueva rama del derecho llamada «Derecho Internacional de los Derechos Humanos», la que se puede definir como aquel derecho que regula la protección de las personas y grupos de personas en contra de las violaciones cometidas por los Estados, de sus derechos internacionalmente garantizados y la promoción de esos derechos.

En tal sentido, el sistema interamericano de protección de los derechos humanos de la Organización de los Estados Americanos está compuesto por una serie de tratados y dos órganos de protección, la Comisión Interamericana de Derechos Humanos (CIDH), con sede en Washington, D.C. y la Corte Interamericana de Derechos Humanos (Corte IDH) con sede en San José, Costa Rica.

4.4.3. Impacto de sentencias interamericanas

Las sentencias de la Corte Interamericana de Derechos Humanos representan la etapa última del esfuerzo —cuando no «lucha»— que inicia una persona por el reconocimiento de sus derechos humanos, luego de haber tenido que hacer reclamaciones legales en su país (agotamiento de recursos internos), pasando por una primera fase de reclamo ante el Sistema Interamericano de Protección de Derechos Humanos en la Comisión Interamericana de Derechos Humanos. Finalmente, culmina con aquella sentencia declaratoria de derechos que, además, establece reparaciones integrales por el daño causado que emite la Corte IDH[373].

En ese tenor es importante establecer que, para alcanzar una sentencia de la Corte Interamericana, se precisa de una ruta procesal agotadora y compleja, que inicia con una denuncia ante entidades administrativas y judiciales del país en cuestión, interposición de recurso de apelación hasta la casación o podría ser un recurso de amparo o tutela judicial constitucional.

Asimismo, se puede sostener que, los mecanismos de control contemplados por la Convención Americana comprenden, un sistema de «peticiones» individuales y un sistema de «comunicaciones» estatales, cuyo procedimiento se instituyeron en el Convenio Europeo para la Protección de los Derechos Humanos y de las Libertades Fundamentales, mejor conocida como la Convención Europea, suscrita en Roma, el 4 de noviembre de 1950.

En consonancia con lo anterior, la garantía que brinda este proceso ante la Corte IDH es que, si aún no se obtiene una sentencia favorable en el ámbito interno, entonces se abre la opción de carácter subsidiario para plantear el

---

373 *Ibidem.*

caso ante el SIDH, a partir de una solicitud an te la CIDH, con sede en Washignton D.C. y, en caso de que sea acogida, se envía a la Corte IDH en San José, Costa Rica. Este proceso finalizaría con una sentencia definitiva de la Corte Interamericana.

Es menester indicar que, el artículo 44 reviste vital importancia en la estructura de la Convención, puesto que permite acceder a los órganos internacionales encargados de supervisar el cumplimiento por parte de los Estados de las obligaciones que éstos han asumido en el marco de la Convención[374].

Por otro lado, en torno a las comunicaciones de los Estados, es el artículo 45.1 el que establece que: «Todo Estado parte puede, en el momento del depósito de su instrumento de ratificación o adhesión de esta Convención, o en cualquier momento posterior, declarar que reconoce la competencia de la Comisión para recibir y examinar las comunicaciones en que un Estado parte alegue que otro Estado parte ha incurrido en violaciones de los derechos humanos establecidos en esta Convención».

Los demás numerales plantean lo relativo a la admisión y examen de las comunicaciones, las declaraciones en torno al reconocimiento de competencia, así como el depósito de dichas declaraciones[375].

Por consiguiente, una vez se haya emitido el fallo, este se notifica a las partes. Es importante señalar que, las sentencias de la Corte IDH son de carácter vinculantes, esto es, obligatorias en cuanto acatamiento, por lo que los Estados gozan de un plazo de cumplimiento. En caso de que no sea acatada, entonces las Corte IDH puede establecerlo en su informe anual dirigido a la Asamblea general de la OEA, con la finalidad de que se pronuncie una resolución invitando al Estado envuelto a acogerse al fallo.

Es importante establecer que, la fórmula de la Convención Americana difiere de la adoptada por la Convención Europea, pues esta última contempla la procedencia del sistema de quejas o denuncias estatales en forma automática, derivada de la sola circunstancia de ser Estados partes en la Convención; en cambio, la Convención Americana lo admite en forma opcio-

374 Artículo 44: Cualquier persona o grupo de personas, o entidad no gubernamental legalmente reconocida en uno o más Estados miembros de la Organización, puede presentar a la Comisión peticiones que contengan denuncias o quejas de violación de esta Convención por un Estado parte.

375 2. Las comunicaciones hechas en virtud del presente artículo sólo se pueden admitir y examinar si son presentadas por un Estado parte que haya hecho una declaración por la cual reconozca la referida competencia de la Comisión. La Comisión no admitirá ninguna comunicación contra un Estado parte que no haya hecho tal declaración. 3. Las declaraciones sobre reconocimiento de competencia pueden hacerse para que ésta rija por tiempo indefinido, por un período determinado o para casos específicos. 4. Las declaraciones se depositarán en la Secretaría General de la Organización de los Estados Americanos, la que transmitirá copia de las mismas a los Estados miembros de dicha Organización.

nal, sólo si el Estado lo acepta expresamente, mediante una declaración formulada al momento del depósito de su instrumento de ratificación o adhesión, o en cualquier otro momento posterior[376].

4.4.4. Procedimiento de rigor

El procedimiento a seguir depende de otras variables, respecto a la competencia de la Corte y a la legitimación activa de quienes pueden recurrir a la misma. Ante todo, se debe subrayar que la Corte carece de competencia *ipso iure* y, para que pueda conocer de una controversia, se requiere la aceptación expresa de su competencia por parte del Estado denunciado, ya sea mediante una declaración especial formulada por el mismo o mediante una convención especial. En este aspecto el artículo 62.1 de dicho texto normativo contempla que, «Todo Estado parte puede, en el momento del depósito de su instrumento de ratificación o adhesión de esta Convención, o en cualquier momento posterior, declarar que reconoce como obligatoria de pleno derecho y sin convención especial, la competencia de la Corte sobre todos los casos relativos a la interpretación o aplicación de esta Convención»[377].

Asimismo, respecto a la declaración, sostiene el 62.2 puede ser hecha incondicionalmente, o bajo condición de reciprocidad, por un plazo determinado o para casos específicos. También, que deberá ser presentada al secretario general de la Organización, quien transmitirá copias de la misma a los otros Estados miembros de la Organización y al secretario de la Corte.

En ese mismo orden, el 62.3 contempla que «la Corte tiene competencia para conocer de cualquier caso relativo a la interpretación y aplicación de las disposiciones de esta Convención que le sea sometido, siempre que los Estados parte en el caso hayan reconocido o reconozcan dicha competencia, ora por declaración especial, como se indica en los incisos anteriores, ora por convención especial».

Ahora bien, en caso de que el Estado denunciado haya aceptado someterse a la jurisdicción de la Corte, es indefectible que la Comisión o alguno de los Estados involucrados en el caso particular decida someterlo a la Corte[378].

En cuanto a su competencia, la Comisión debe examinar los siguientes aspectos: i) la naturaleza de las personas que intervienen en el procedimiento,

376 Argentina, Chile, Colombia, Costa Rica, Ecuador, Jamaica, Perú, Uruguay y Venezuela han aceptado la competencia de la Comisión para conocer de comunicaciones de otro Estado parte alegando violaciones de los derechos humanos consagrados en la Convención.

377 Artículo 61.1. Sólo los Estados parte y la Comisión tienen derecho a someter un caso a la decisión de la Corte. 2. Para que la Corte pueda conocer de cualquier caso, es necesario que sean agotados los procedimientos previstos en los artículos 48 a 50.

378 La CADH establece en su artículo 61.1 que: Sólo los Estados partes y la Comisión tienen derecho a someter un caso a la decisión de la Corte.

ya sea como denunciante o denunciado; ii) la materia objeto de la petición o comunicación; iii) el lugar —o la jurisdicción— en que han ocurrido los hechos objeto de la denuncia; y, iv) el momento en que se habría cometido la supuesta violación del derecho humano amparado por la Convención, en relación con la entrada en vigor de la misma respecto del Estado denunciado.

4.5. Constitucionalización del procedimiento administrativo dominicano

Schmitt establece que la Constitución es la unidad política de un pueblo. Puede significar también, un sistema cerrado de normas o una serie de leyes de cierto tipo. La Constitución en término absoluto puede significar una regulación legal fundamental, es decir, un sistema de normas supremas y últimas. Es la norma de normas[379].

El presente apartado trata sobre el procedimiento administrativo dominicano, así como de los principios fundamentales y esenciales que sirven de base al proceso administrativo desde la fase en sede administrativa, hasta la jurisdiccional. Se abordan los principios cardinales que sustentan el correcto desenvolvimiento del procedimiento en materia de Defensa de la Competencia, cónsono al procedimiento administrativo común. Hoy en día las personas cuentan con mayores garantías procesales previstas en la Carta Magna y en las leyes relacionadas, tal cual se concibe en un Estado de derecho.

En ese tenor, la Constitución del 26 de enero de 2010, contempló en su artículo 138.2, que la ley regulará el procedimiento a través deben producirse las resoluciones y actos administrativos, garantizando la audiencia de las personas interesadas, con las excepciones que establezca la ley, es decir, básicamente la Ley 107-13 sobre los Derechos de las Personas en sus Relaciones con la Administración y de Procedimiento Administrativo.

García del Rosario estima que el carácter fragmentario del procedimiento administrativo sancionador dificulta su descripción. Agrega, pues, que se trata de un procedimiento que suele tener más de un amparo normativo y que puede variar según el área de la Administración Pública de que se trate[380].

Por consiguiente, existen otros principios esenciales que asisten al procedimiento administrativo, tales como el contradictorio, de economía procesal, el in dubio pro actione, de oficialidad o inquisitivo, el de publicidad, de imparcialidad, entre otros, contenidos en el artículo 3 de la ley 107-13 sobre los Derechos de las Personas en sus Relaciones con la Administra-

---

379 Schmitt, C. (2011). *Teoría de la Constitución.* (1.ª Edición). Alianza Editorial, Madrid, España. Págs. 35-40.

380 García del Rosario, A. (2016). *Derecho Procesal Administrativo.* Impresora Soto Castillo, República Dominicana. Pág. 315.

ción y de Procedimiento Administrativo, por cuanto son abordados, ya que son los procedimientos que se aplican en materia sancionadora también por mandato constitucional.

La potestad que ejerce Procompetencia está sujeta al principio de legalidad. Es normal que los agentes económicos traten de desconocer dicha facultad, pues, sus actuaciones en materia de Competencia no eran supervisadas por institución alguna. La Ley 42-08 de Defensa de la Competencia vino a llenar ese vacío y ello crea consecuencias nunca vistas previo a 2017, fecha en la que se designó por vez primera la Dirección Ejecutiva.

4.5.1. Principio de legalidad

Concebido como sostén del Estado de derecho, éste constituye uno de sus fundamentos, por lo que, la Administración Pública supone estar sometida plenamente a la ley y al Derecho. En ese mismo tenor, en el orden jurisdiccional este principio «implica que la acción administrativa debe necesariamente adecuarse a la totalidad del sistema normativo escrito o no escrito, o sea, a lo que solemos llamar bloque de legalidad (...) en todo momento requiere de una habilitación normativa que a un propio tiempo justifique y autorice la conducta desplegada para que esta pueda considerarse lícita, y más que lícita, no prohibida»[381].

En palabras de González Camacho, se trata de un nuevo modelo a seguir en lo contencioso-administrativo, lo cual resulta de total aplicación cuando de procedimientos administrativos se habla, toda vez que permite observar ya no solo la potestad sancionadora que tiene el ente estatal, sino que además se pueden visualizar las actuaciones que dentro de la misma se generen, bajo una óptica garantista, donde el procedimiento administrativo sancionador se constituya en una verdadera garantía a favor de la persona, evitando actuaciones arbitrarias y la consecuente imposición de sanciones cuyo único fin sea mostrar el poder estatal[382].

Por consiguiente, se afirma que solo por ley se regula toda la materia reservada por el legislador —reserva de ley— y, como bien se ha desarrollado anteriormente, en materia reglamentaria, se amplía y complementa la norma. Sobre ello, Nieto García considera que «la reserva legal podría articularse dentro del Derecho punitivo del Estado a lo ancho de círculos concéntricos en los que se iría diluyendo el rigor de su exigencia desde el interior a

381 Sala Primera de la Corte Suprema de Justicia de Costa Rica. Voto No. 40-95. Por su parte, la Sala Constitucional de forma clara y precisa ha señalado que el principio de legalidad constituye un principio rector del procedimiento administrativo. En tal sentido, sólo si el acto es conforme al ordenamiento jurídico se tendrá como válido. Voto N.° 1731-93.

382 GONZALEZ CAMACHO, O. (2001). *La Justicia Administrativa.* Tomo I. San José, Costa Rica: Editorial Investigaciones Jurídicas S.A. Primera Edición. Págs. 215-245.

la periferia. El círculo central sería el Derecho Penal; luego vendría del Derecho Administrativo Sancionador de protección del orden general y un tercero para las relaciones especiales de sujeción. A los que aún podría añadirse un cuarto círculo para el Derecho disciplinario»[383].

Ahora bien, Ferrajoli[384] desarrolla la estructura normodinámica[385] del Derecho moderno como la que impone distinguir entre los derechos y sus garantías, en virtud del principio de legalidad como norma de reconocimiento de las normas positivamente existentes; la que obliga a reconocer que los derechos existen si y sólo si están normativamente establecidos, así como las garantías constituidas por las obligaciones y las prohibiciones correspondientes existen y solo si también ellas se encuentran normativamente establecidas.

Asimismo, establece Araujo Juárez que, se entiende como garantías constitucionales las instituciones o procedimientos de seguridad creados a favor de las personas, para que dispongan de los medios que hacen efectivo el disfrute de sus derechos fundamentales y legales. Estas normas procuran evitar que la administración dicte actos ilegales, arbitrarios, irregulares o incorrectos y de garantizar la legalidad, la regularidad y la corrección, con resultados idóneos[386].

En tanto, Muñoz Machado sostiene que no existe infracción ni sanción sin que una ley previa lo establezca. Infracción administrativa es la conducta tipificada como tal por la norma administrativa y susceptible de sanción[387]. Como ya es sabido, aquella frase «nullum crimen, nulla poena sine lege», no hay crimen ni pena sin una ley previa es el fundamento de este principio, pues en estos tiempos no se concibe que una conducta pueda ser sancionada, sin previamente estar contenida en una ley.

Lo mismo sucede en materia tributaria, pues el principio de legalidad se acoge a la expresión «nullum tributtum sine lege previa», lo que en castellano se traduce como «no hay impuesto, infracción tributaria ni sanción sin habilitación legal» y, en ese sentido, solo el Congreso está habilitado legalmente para crear tributos generales, así como los ayuntamientos, arbitrios municipales, según el artículo 200 de precitada Carta Sustantiva[388].

---

383 Nieto García, A. (1994). *Derecho Administrativo Sancionador*. Madrid, España: Editorial TECNOS S.A., Segunda Edición ampliada. Pág. 250

384 Ferrajoli, L. (2019). *Derechos y garantías.* (1.ª. Reimpresión). Editorial Trotta, S.A. España. Pág. 63.

385 Ferrajoli se refiere en «Derechos y garantías», a la moral y como sería un sistema de derecho natural fundado sobre principios de razón.

386 Araujo Juárez, J. (1998). *Tratado de Derecho Administrativo Formal.* Vadell Hermanos Editores. Pág. 158.

387 Muñoz Machado, S. (2005). *Diccionario de Derecho Administrativo,* Tomo I, Iustel, España.

388 Arbitrios municipales. Los ayuntamientos podrán establecer arbitrios en el ámbito de su demarcación que de manera expresa establezca la ley, siempre que los mismos no colidan

En ese mismo orden, García de Enterría destaca que la jurisprudencia española deduce de la aplicación de este principio en el Derecho Administrativo sancionador una doble garantía: una, de índole material, exigencia de la predeterminación normativa de las conductas ilícitas y sanciones correspondientes que permita predecirlas con certeza y sus consecuencias. La otra, formal, la necesidad de que estén contestes con la reserva de ley en materia sancionadora[389].De igual modo, la Constitución europea en sus artículos II-109 y el Convenio Europeo para la Protección de los Derechos Humanos en su artículo 7, integran el principio de legalidad.

En el caso dominicano, la Carta Magna de la nación, contempla en su artículo 40.15, que a nadie se le puede obligar a hacer lo que la ley no manda ni impedírsele lo que la ley no prohíbe. Este mandato constitucional, muchas veces pasado por alto por las autoridades, es el principio fundamental en el que descansa un Estado social y democrático de Derecho.

Es por ello que, la Ley 107-13 sobre los Derechos de las Personas en sus Relaciones con la Administración y de Procedimiento Administrativo, en su artículo 35, plantea respecto a la potestad sancionadora y haciendo alusión a la reserva de ley, que sólo podrá ejercerse en virtud de habilitación legal expresa. Su ejercicio corresponde exclusivamente a los órganos administrativos que la tengan legalmente atribuida.

Por tanto, este principio es primordial a los fines de que toda disposición que adopte Procompetencia, sea desde el ámbito operativo y funcional, como en el procedimiento administrativo contenido en la Ley 42-08 de Defensa de la Competencia, independientemente del establecido en la Ley 107-13 sobre los Derechos de las Personas en sus Relaciones con la Administración y de Procedimiento Administrativo, ya que posee particularidades por tratarse de una materia especial el Derecho de la Competencia. Es decir, toda acción llevada a cabo por la entidad pública debe someterse al imperio de la ley.

En fin, no se concibe que se ignore o se actúe si la ley no lo contempla. Si no fuese el caso, los agentes económicos no tendrían seguridad jurídica, lo que se traduce en incertidumbre en sus operaciones y, por ende, la discrecionalidad y la arbitrariedad fueran manifestaciones asiduas, ya que la autoridad no tendría límites, pero tampoco las empresas conocerían los parámetros por los que deben comportarse de manera leal en los mercados.

---

con los impuestos nacionales, con el comercio intermunicipal o de exportación ni con la Constitución o las leyes. Corresponde a los tribunales competentes conocer las controversias que surjan en esta materia.

389 García de Enterría, E., y Fernandez, T. (2006). *Curso de Derecho administrativo,* Tomo II, La Ley. Edición argentina.

4.5.2. Principio de tipicidad

Ahora bien, por tipicidad se entiende aquella exigencia realizada a la Administración Pública para que antes de la conducta reprendida, se encuentren establecidas las infracciones que pudiera cometer el sujeto, así también las consecuencias que le podrían ser impuestas de ser comprobado el hecho que se le imputa, con lo que se pretende resguardar el principio de seguridad jurídica, vital en un Estado de Derecho.

En ese mismo sentido, la Ley 107-13 sobre los Derechos de las Personas en sus Relaciones con la Administración y de Procedimiento Administrativo, refiere en su artículo 36, en cuanto a la tipicidad, que, «son infracciones administrativas los hechos o conductas así tipificados en la ley, que establecerá las sanciones administrativas correspondientes».

La Ley 107-13 sobre los Derechos de las Personas en sus Relaciones con la Administración y de Procedimiento Administrativo, plantea a partir de su artículo 47 que serán recurribles los actos administrativos que pongan fin a un procedimiento, imposibiliten su continuación, produzcan indefensión, lesionen derechos subjetivos o produzcan daños irreparables podrán ser directamente recurridos en vía administrativa. Sostiene en el artículo 48 que los recursos administrativos se presentarán por escrito en los registros de los órganos competentes para resolverlos, que deberá admitirlos y tramitarlos siempre que de su contenido se pueda deducir la actuación administrativa recurrida, la voluntad de impugnación y los motivos concretos de inconformidad[390].

Más adelante, los artículos 53 y 54 de la referida norma, sostienen los recursos y el plazo de interposición de los mismos, planteando el primero que el recurso de reconsideración es aquel que consiste en aquella instancia cuyos actos administrativos podrán ser recurridos ante los órganos que los dictaron en el mismo plazo de que disponen las personas para recurrirlos a la vía contencioso-administrativa. El órgano competente para resolver este recurso administrativo dispondrá de un plazo de treinta (30) días para dictar su decisión. Además, plantea que, si el recurso de reconsideración no fuera resuelto dentro del plazo fijado, el interesado podrá reputarlo denegando tácitamente, pudiendo interponer a su opción el recurso jerárquico, si procede, o el contencioso administrativo, sin plazo preclusivo.

Asimismo, en consecuencia, con la parte in fine del párrafo anterior, el recurso jerárquico, el 54 plantea que este procede contra los actos dictados por órganos sujetos al control jerárquico de otros superiores, sin que sea necesario haber deducido previamente recurso de reconsideración, normando cómo procede según la naturaleza y forma jurídica de la Administración.

390 Ley No.107-13 sobre los Derechos de las Personas en sus Relaciones con la Administración y de Procedimiento Administrativo. G. O. No. 10722 del 8 de agosto de 2013.

En ese orden, señala en su párrafo tercero que la interposición de un recurso jerárquico tendrá que efectuarse en el mismo plazo de que disponen las personas para interponer el recurso contencioso administrativo. El recurso deberá ser en todo caso resuelto en un plazo no mayor de treinta (30) días. Si el recurso jerárquico no fuera resuelto dentro del plazo fijado, el interesado podrá reputarlo denegado tácitamente, pudiendo interponer, sin plazo preclusivo, el recurso contencioso administrativo.

Ahora bien, lo cierto es que la conducta susceptible de sanción administrativa debe estar clara y previamente descrita. No hay cabida a discrecionalidad y arbitrariedad. La Carta Sustantiva dominicana en su artículo 40.13 contempla que, nadie puede ser condenado o sancionado por acciones u omisiones que en el momento de producirse no constituyan infracción penal o administrativa.

En el ámbito penal, este principio de tipicidad se entiende y se fundamenta en aquella famosa frase de que «no hay pena si la conducta no le es reprochable al autor», lo que quiere decir que el juez de lo penal puede interpretar por analogía para favorecer la libertad o el ejercicio de los derechos y facultades del imputado, esto, por aplicación del principio de favorabilidad, según el cual los procedimientos, enfoques y actos procesales deben favorecer la presunción de inocencia[391].

Sostiene García de Enterría que, en el caso de España, la jurisprudencia ha proscrito la aplicación en materia administrativa sancionadora de cláusulas generales o indeterminadas, que permitiría al órgano sancionador «un excesivo árbitro» en perjuicio de la prudencia y la razonabilidad resultantes de la especificación normativa[392].

Es decir, sin el principio de tipicidad las personas no tendrían certeza de lo que se le investigue o acuse. Este va de la mano con el principio de legalidad, en virtud de que la ley debe contemplar sus acciones, así como, la tipicidad especificar de manera concreta con base a qué las personas pueden ser afectadas por una inconducta por negligencia u omisión.

Ahora bien, para que la Ley 42-08 de Defensa de la Competencia pueda sancionar y reprochar a los agentes económicos que incurran en prácticas que afecten el interés público como son el abuso de posición dominante, prácticas colusorias (carteles), competencia desleal.

Sobre esta última conducta es preciso señalar que, justamente recibe un tratamiento distinto a las anteriores, ya que se plantea como un asunto privado entre empresas, en principio, aunque, dependiendo de su afectación al ámbito público, podría dicha conducta ser reprochada, pero la Ley 42-08 no tipifica multas al respecto.

---

391 Rivero Ortega, R. & Ortega Polanco, F. (2016). *Manual de Derecho administrativo.* Editora Búho, República Dominicana. Pág. 133.

392 García De Enterria, E. y Fernandez, T. (2022). *Curso de Derecho Administrativo. Op. Cit.* 119

4.5.3. Principio de culpabilidad

Pese a que este principio viene del Derecho penal, cuenta con características propias. Constituye uno de los límites al *ius puniendi* del Estado y quiere decir que, para poder imponer una pena se hace necesario que se le pueda culpar o responsabilizar sobre el hecho que ocurre para su posible imposición. Este se puede expresar en otros principios como: el de responsabilidad por el hecho, el de dolo o culpa y el de personalidad de las penas.

En fin, como bien sostienen Rivero y Ortega, la aplicación de una sanción administrativa requiere un vínculo moral (dolo o culpa), entre la acción u omisión y el responsable. La responsabilidad subjetiva es un requisito para aplicar la sanción. La culpa es la imprevisión de un daño a los bienes jurídicos basa en el deber del individuo socialmente integrado de preservarlos y prever cualquier consecuencia antijurídica. Contiene un acto u omisión inicial voluntario, falta de previsión de su efecto y posibilidad de prevenirlo. La ley castiga el dolo con mayor severidad que la culpa, ya que es conlleva un presupuesto delictivo o deseo de causar un mal[393].

Asimismo, plantean que, en el procedimiento administrativo español, la responsabilidad subjetiva está prevista en el artículo 25 de la Constitución y la ley adjetiva, que prevé sanciones para las personas físicas o jurídicas aún por su simple falta:[394]

Ahora bien, la Constitución dominicana expresa a partir del artículo 40, numeral 14 que, «nadie es penalmente responsable por el hecho de otro». En adición, la Ley 107-13 sobre los Derechos de las Personas en sus Relaciones con la Administración y de Procedimiento Administrativo, en el artículo 37, «establece que solo podrán ser sancionadas por hechos constitutivos de infracciones legalmente establecidas las personas físicas y jurídicas que resulten responsables, tras el pertinente Reglamento General de la potestad sancionadora de la Administración».

4.5.4. Principio de proporcionalidad

Este hace alusión, a que la sanción debe corresponderse con la infracción. Ni más ni menos, aunque lo más cercano a lo justo. Lo ideal es que, en el procedimiento administrativo, la sanción deba aplicarse a partir de parámetros de gradualidad, como, por ejemplo: intencionalidad, reiteración, perjuicios o reincidencia.

---

393 Rivero Ortega, R. & Ortega Polanco, F. (2016). *Manual de Derecho administrativo.* Editora Búho, República Dominicana, Pág. 133.

394 Rivero Ortega, R. & Ortega Polanco, F. *Op. Cit.* Pág. 134.

En el caso español, corresponde y deviene de la jurisprudencia del Tribunal Europeo de Derechos Humanos y el Tribunal Constitucional.

También, el principio de proporcionalidad evoca un criterio de justicia, siempre en clave de garantía de máxima intangibilidad de la esfera de intereses del individuo frente a la intervención pública. Concepción, indica que este principio opera dentro de la lógica regla-excepción, donde la regla es la máxima operatividad del derecho o libertad y la excepción es su restricción o limitación[395].

4.5.5. Principio del debido proceso administrativo

Considera García del Rosario que, el debido proceso es una garantía, un derecho y un principio y de ahí su complejidad en tratar de llegar a un concepto unitario del mismo. En el caso dominicano, se ubica en el artículo 69 de la Carta Magna, específicamente en su inciso décimo[396].

En ese sentido, indica que:

> 10) Las normas del debido proceso se aplicarán a toda clase de actuaciones judiciales y administrativas.

Asimismo, la realidad es que el contenido esencial del debido proceso se describe, de manera no limitativa, en todo el artículo 69 de la misma Constitución. Debido proceso involucra: derecho de acceso a la justicia, derecho de defensa, contradicción, representación en justicia, derecho a ser juzgado en un plazo razonable, derecho a ser citado u oído previo a cualquier decisión, derecho a la comunicación previa del recurso administrativo, entre otros[397].

De igual modo, la Ley 107-13 sobre los Derechos de las Personas en sus Relaciones con la Administración y de Procedimiento Administrativo, artículo 3, inciso 22, lo contempla como tal, de la siguiente manera:

> Principio de debido proceso: Las actuaciones administrativas se realizarán de acuerdo con las normas de procedimiento y competencia establecidas en la Constitución y las leyes, con plena garantía de los derechos de representación, defensa y contradicción.

En tal sentido, se trata de un principio garantista para que las personas puedan llevar un proceso justo en todas sus etapas. Se debe reconocer que el legislador de la primera década del siglo XXI fue visionario, aunque ya

---

395 Concepcion, F. (2016). *Ley 107-13 apuntada.* Impresora Soto Castillo, 1.ª Edición. Santo Domingo, Rep. Dom. Pág. 83.

396 García del Rosario, A. (2016). *Derecho Procesal Administrativo.* Impresora Soto Castillo, República Dominicana, Pág. 59.

397 *Ibidem.*

tenía razones y lo había manifestado en normativas anteriores, pues se debe reconocer que esta ley preconstitucional fue cónsona con la Constitución de 2010, así como con la ley 107-13 sobre los Derechos de las Personas en sus Relaciones con la Administración y de Procedimiento Administrativo.

Finalmente, para Procompetencia, especialmente para su Consejo Directivo como órgano superior de la entidad, es vital observar este principio, ya que, de no hacerlo, sería un mal precedente para las personas envueltas en los procesos, además de que la Jurisdicción Contenciosa reprocharía a través de sus sentencias tales inobservancias, y ni decir del Tribunal Constitucional como guardián de la Carta Magna.

4.5.6. Principio contradictorio

Partiendo del principio de carácter contradictorio del procedimiento, este consiste en la posibilidad de hacer valer los distintos intereses en juego y que éstos sean adecuadamente confrontados en presencia de sus respectivos titulares antes de adoptar una decisión definitiva por la administración. El artículo 26, párrafo IV de la Ley 107-13, contempla las alegaciones hasta la resolución definitiva.

4.5.7. Principio de economía procesal

Este procura y conjuga el principio de eficacia, con racionalización y agilidad de procedimientos, economía, suficiencia y adecuación estricta de los medios a los fines institucionales. Aquí se hacen importantes repercusiones al valorar los vicios de forma del procedimiento y se manifiesta en varias técnicas como bien lo establece el artículo 14, párrafo III, en cuanto a se conservarán los elementos de los actos no afectados por vicios de invalidez. La invalidez de un acto no se trasmitirá necesariamente a los sucesivos del procedimiento que sean independientes del nulo o anulable.

Los actos inválidos que contengan elementos constitutivos de otro válido producirán los efectos de éste. Los actos anulables podrán ser convalidados subsanando sus defectos de competencia o procedimiento, con efectos desde su fecha o retroactividad para el caso de ser favorables y cumplir los requisitos del artículo 9 de Ley 107-13.

4.5.8. Principio *in dubio pro actione*

Se refiere a que, en caso de duda sobre la validez de un trámite o los derechos de las partes, se hace valer la interpretación más favorable para el ejercicio del derecho o para llegar a una resolución definitiva. Se hace constar que el procedimiento no es una carrera de obstáculos, sino un cauce ordenado capaza de garantizar la legalidad y el acierto de las decisiones.

En ese tenor, es de obligado cumplimiento para los tribunales, pues su aplicación se basa en el principio de presunción de inocencia. Se vincula con los principios de legalidad e irretroactividad. Como deviene del Derecho penal, así como para poder juzgar a una persona esta tiene que haber cometido un acto penado por la ley con antelación a la comisión de la infracción, lo mismo acontece en el Derecho administrativo.

4.5.9. Principio de oficialidad

Contempla que el procedimiento se impulsará de oficio en todos sus trámites. Sus principales manifestaciones consisten en que los actos de instrucción o investigación se realizarán de oficio y, en general, las actuaciones de obtención y tratamiento de la información adecuada para el fin perseguido, como bien lo plantea el párrafo I del artículo 26, y lo reitera el párrafo II del mismo artículo. De lo que se trata es de recabar todas las pruebas necesarias para adoptar la mejor decisión.

Conocido también como de impulso de oficio, este procura evitar malas prácticas que sean fraudulentas en defensa de sus intereses o que busquen adelantar juicios simulados que después sirvan para defraudar a las partes.

Ciertamente, una crítica que la comunidad jurídica hace constantemente, así como otros sectores de la sociedad, es el pobre desempeño de la Dirección Ejecutiva de Procompetencia para llevar a cabo investigaciones de oficio, ya que la gran mayoría de los casos se abren por denuncia, si tiene mérito. La razón que expresa el órgano instructor es el aspecto económico, es decir, el poco presupuesto para accionar como se reclama.

4.5.10. Principio de publicidad

Plantea el derecho de acceso al expediente para revisar y copiar documentos y consignar cualquier tipo de escritos relativos a alegatos y pruebas, fundamentado en la cláusula de Estado democrático[398] contenido en el artículo 21, párrafo III, que establece:

> Párrafo III. Los interesados tendrán, durante toda la sustanciación del procedimiento, el derecho de acceder al expediente para revisar y copiar documentos y consignar cualquier tipo de escritos contentivos de alegatos y pruebas.

398 Para Roberto Medina, la cláusula del Estado Social y Democrático de Derecho obliga a la adopción de medidas que garanticen de forma progresiva los derechos sociales de las personas, para lo cual el Estado puede asociarse con el sector privado (artículo 218 de la Constitución), pero bajo un marco regulatorio compartido. Reconoce que, la República Dominicana ha experimentado una transformación estatal como consecuencia del reconocimiento de la cláusula del Estado Social y Democrático de Derecho en la reforma constitucional del 26 de enero de 2010 (artículo 7 de la Constitución). Este

Asimismo, Concepción sostiene que este principio lleva a la transparencia de la función administrativa permitiendo el control de sus actuaciones ilegitimidad en sus actos. La publicidad de los actos comporta excepciones, como son los asuntos de seguridad nacional. Considera, además, que la transparencia está íntimamente vinculada a la publicidad, esto en razón de que toda actividad administrativa es del dominio público, y, por consiguiente, toda persona puede conocer las actuaciones de la administración, salvo reserva legal[399].

También, añade que bajo este principio las autoridades deben dar a conocer al público y a los interesados, en forma sistemática y permanente que, sin que medie petición alguna, sus actos, contratos y resoluciones mediante las comunicaciones, notificaciones y publicaciones, incluyendo el empleo de tecnologías que permitan difundir de manera masiva tal información[400].

En fin, este principio es fundamental en un Estado de derecho, sobre todo, porque se trata de transparencia. Contempla el Considerando cuarto de la Ley 107-13 sobre los Derechos de las Personas en sus Relaciones con la Administración y de Procedimiento Administrativo «...que en un Estado Social y Democrático de Derecho los ciudadanos no son súbditos, ni ciudadanos mudos...»; lo que quiere decir, que tienen derecho a conocer toda información pública y las instituciones están en la obligación de garantizar sus pretensiones. Sin duda alguna, la ley 200-4 de Libre Acceso a la Información ha sido una gran hazaña del legislador dominicano.

4.5.11. Principio de imparcialidad

Procura cautela al aplicarlo, pues la Administración resulta ser «juez» y «parte» en el procedimiento. El artículo 19 de la Ley 107-13 sobre los Derechos de las Personas en sus Relaciones con la Administración y de Procedimiento Administrativo, aborda la objetividad de los órganos y sostiene que, ninguna autoridad o funcionario puede participar en el dictado de un acto administrativo cuyo contenido afecte a sus intereses personales o los de las personas con las que mantiene una relación de consanguinidad, parentesco, amistad, enemistad o servicios profesionales.

---

modelo no sólo obligó al constituyente a reconocer nuevos derechos y garantías a favor de los ciudadanos, sino que además transformó la naturaleza de la relación existente entre el Estado y las personas. Decimos esto, pues en un Estado Social y Democrático de Derecho las personas son los verdaderos protagonistas de las políticas públicas, de modo que los órganos estatales están obligados a garantizar el respeto de su dignidad humana.

399 Concepción, F. (2016). *Ley 107-13 apuntada.* Impresora Soto Castillo, 1.ª Edición. Santo Domingo, Rep. Dom. Pág. 66.

400 *Ibidem.*

En ese tenor, Procompetencia no es la excepción, sobre todo, por el doble grado, uno de decisor como lo es el Consejo Directivo y, el de instrucción, la Dirección Ejecutiva. Este doble grado debe ser preservado en todo momento. Hay sistemas de Competencia que este doble grado está garantizado, por lo que no compromete su imparcialidad, como es el caso de Chile.

4.6. El procedimiento administrativo en la Ley 42-08 de Defensa de la Competencia

En un esquema de nación que se declara desde la Constitución como disposición política de convivencia social de los individuos y, en el marco de la cláusula de un Estado social y democrático de derecho, las arbitrariedades no tienen cabida. Es por ello que, aquellos tiempos de regímenes absolutos, quedaron atrás, aunque aún persisten ciertas expresiones disfrazadas de modelos democráticos. Se busca impedir que los caprichos incidan en quienes dirigen la cosa pública, a fin de lograr seguridad jurídica en sentido amplio, pero, sobre todo, el respeto de los derechos ciudadanos.

Desde el ámbito de la Ley 42-08 de Defensa de la Competencia, se hace necesario resaltar la importancia del principio de legalidad, puesto que en él descansa la base constitucional que permite que pueda ser coherente la ley con el mandato de la Constitución. En palabras llanas: si la Constitución no contempla disposición alguna en cuanto al interés de que se desarrolle la libertad de empresa (art. 50) como derecho fundamental, no da directrices al respecto y tampoco expresa su voluntad de cómo debe resguardarse y desarrollarse el mismo, simplemente sería imposible que exista una institución llamada Procompetencia y otros mercados regulados.

En tal sentido, el principio de legalidad puede ser interpretado en dos vertientes: vinculación positiva y vinculación negativa. La primera plantea que, la Administración Pública se somete a la legalidad, por lo que, solo puede actuar cuando la Ley se lo permita y tal cual indique. La segunda, sostiene que la Ley es únicamente una especie de límite externo a las intervenciones administrativas.

De las interpretaciones anteriores, la que prevalece es la primera. La sujeción de la Administración a la norma es lo que se pretende alcanzar. Esto, aplicándolo al ámbito económico, procura que la discrecionalidad no sea la regla, sino, la excepción, dada que se encuentra presente en diversos aspectos de la intervención económica de la Administración Pública.

Asimismo, una manifestación evidente del principio de legalidad es lo atinente a la diferencia entre sanciones y penas. Las primeras son impuestas por la Administración, mientras que las penas, son impuestas por los tribunales penales por la comisión de crímenes y delitos. Es importante señalar que, ambas deben ser establecidas por las leyes.

En alusión de lo anterior, en el caso español, el artículo 25.1 de su Constitución así lo indica:

> Nadie puede ser condenado o sancionado por acciones u omisiones que en el momento de producirse no constituyan delito, falta o infracción administrativa, según la legislación vigente en aquel momento.

Finalmente, este mismo principio se contempla en la Constitución dominicana en su artículo 69.7:

> Ninguna persona podrá ser juzgada sino conforme a leyes preexistentes al acto que se le imputa, ante juez o tribunal competente y con observancia de la plenitud de las formalidades propias de cada juicio;

Por su parte, la Corte Constitucional de Colombia en sentencia C-032-2017, planteó que, en el ámbito del derecho administrativo sancionador, «el principio de legalidad se aplica de modo menos riguroso que en materia penal, por las particularidades propias de la normatividad sancionadora, por las consecuencias que se desprenden de su aplicación, de los fines que persiguen y de los efectos que producen sobre las personas».

En ese mismo sentido, indica la referida sentencia que, el Derecho administrativo sancionador suele contener normas con un grado más amplio de generalidad, lo que en sí mismo no implica un quebrantamiento del principio de legalidad si existe un marco de referencia que permita precisar la determinación de la infracción y la sanción en un en asunto particular.

Por consiguiente, el principio de legalidad ha sido concebido como sostén del Estado de derecho, por lo que constituye uno de sus fundamentos, razón primordial que hace que la Administración suponga estar sometida plenamente a la ley y al derecho. En ese mismo tenor, en el orden jurisdiccional este principio «implica que la acción administrativa debe necesariamente, adecuarse a la totalidad del sistema normativo escrito o no escrito, o sea a lo que solemos llamar bloque de legalidad (...) en todo momento requiere de una habilitación normativa que a un propio tiempo justifique y autorice la conducta desplegada para que esta pueda considerarse lícita, y más que lícita, no prohibida»[401].

Laguna Paz, plantea que las autoridades de Defensa de la Competencia pueden priorizar unas investigaciones sobre otras, o incluso, acordar o no el inicio del procedimiento sancionador. Las actuaciones previas permiten

401 Sala Primera de la Corte Suprema de Justicia de Costa Rica. Voto No. 40-95. Por su parte, la Sala Constitucional de forma clara y precisa ha señalado que el principio de legalidad constituye un principio rector del procedimiento administrativo. En tal sentido, sólo si el acto es conforme al ordenamiento jurídico se tendrá como válido. Voto No. 1731-93.

verificar si está justificada la apertura del procedimiento sancionador. La autoridad administrativa debe probar la infracción y, con ello, destruir la presunción de inocencia[402].

Asimismo, señala que el derecho de defensa exige que el interesado haya sido adecuadamente informado de la infracción, que tenga acceso al expediente, se respete su derecho a no declarar contra sí mismo y a la confidencialidad de las comunicaciones profesionales con su abogado. La normativa favorece el reconocimiento anticipado de la responsabilidad por parte del infractor. La Administración también puede aceptar el compromiso de cese inmediato de la infracción como alternativa a la tramitación del procedimiento sancionador.

Silié Ruiz, sostiene que, el procedimiento administrativo sancionador ante Procompetencia debe en todo momento respetar los principios y derechos consagrados en la Ley 107-13 sobre Derechos de las Personas en sus Relaciones con la Administración y Procedimiento Administrativo[403].Cuestión que se comparte en su totalidad, más que República Dominicana adopta una filosofía de Estado social democrático y de derecho desde 2010[404].

En palabras de Marte, la República Dominicana está viviendo una revolución en materia de Derecho de la Competencia fruto del incremento vertiginoso de procedimientos sancionadores que han sido abiertos en los últimos meses por el Consejo Directivo de la Comisión Nacional de Defensa de la Competencia (Procompetencia), a raíz de la investigación que realiza su Dirección Ejecutiva, y sobre la base de presuntos indicios de violación a la Ley 42-08 de Defensa de la Competencia, que han sido identificados en distintos mercados[405].

Es importante señalar que, esa evolución de la que habla Marte en el párrafo anterior sucede en los términos que el legislador dominicano de 2008 contempló para el ejercicio práctico de la Ley 42-08 de Defensa de la Competencia. Es evidente que, el *vacatio legis* prolongado de la norma ya es cosa de ayer, pero ciertamente retrasó una valiosa década de implementación de garantías y precedentes interesantes.

Asimismo, se hace preciso recordar que para 2008, la República Dominicana no contaba con una moderna Constitución como la que existe hoy, tam-

---

402 Laguna Paz, J. (2023). «El procedimiento administrativo sancionador en materia de defensa de la competencia». *Anuario de Libre Competencia 2023*. Edición 1. FR Multiservicios, SRL, Santo Domingo, República Dominicana.

403 Silié Ruiz, M. *Las potestades de investigación de la Dirección Ejecutiva de PROCOMPETENCIA*, *Gaceta Judicial,* n.º 395, 2020, págs. 64-69.

404 Sin embargo, ya existían disposiciones encaminadas a asumir tal filosofía de Estado.

405 Marte, L. (2019). *Garantías mínimas y otros aspectos del procedimiento sancionador en materia de competencia.* Gaceta Judicial, año 22, núm 382. Pág. 13.

poco existía un Tribunal Constitucional, el cual surge precisamente a partir de esa Carta Maga de 2010, cuyos precedentes vinculantes forman parte hoy en día de la justicia dominicana.

Tampoco existía una ley de procedimiento administrativo común que sirviera de referencia y estableciera los principios que delimitan la actuación administrativa como lo es la Ley 107-13 sobre los Derechos de las Personas en su Relaciones con la Administración y de Procedimiento Administrativo[406].

En tal sentido, es precisamente ello lo que explica que el Derecho de la Competencia se ejerza en base a diversos textos y se planteen situaciones complejas precisamente por la época en la fue dictada la norma, así como el contexto político de ese momento. Es por eso que, más que entrar en contradicción, la Ley 107-13 sobre los Derechos de las Personas en sus Relaciones con la Administración y de Procedimiento Administrativo y la 42-08 de Defensa de la Competencia deben complementarse, pues el principio de jerarquía normativa así lo plantea en estos casos.

4.7. Fases del procedimiento sancionador según la Ley 42-08: iniciación y desarrollo

Este apartado contempla lo referente al inicio del procedimiento administrativo, el cual puede ser de oficio o a instancia de parte interesada. En torno a la iniciación de oficio contenida en el párrafo I, artículo 22 de la Ley 107-13 sobre los Derechos de las Personas en sus Relaciones con la Administración y de Procedimiento Administrativo, establece diversas modalidades: a) Por propia iniciativa del órgano competente; b) Por resolución de un órgano superior; c) Por petición de otros órganos administrativos o del poder público (sugerencia informativa); y, d) Por denuncia (nominativa y tampoco obliga).

En ese tenor, se desarrolla el ámbito típico referente a procedimientos desfavorables, especialmente el sancionador. Existe entonces la posibilidad de abrir un período de información previa para conocer las circunstancias del concreto caso y la conveniencia de abrir o no un procedimiento, en virtud del artículo 22, párrafo II. Un aspecto relevante es que hay la posibilidad de adoptar medidas provisionales y provisionalísimas, en cuanto al artículo 25, párrafo I.

En otro orden, sobre la iniciación a instancia de parte, hay que observar los caracteres particulares de dicho trámite, como son: normal, en cuanto a constitución de situaciones activas favorables, así como, a solicitud en caso de equívoco.

Por su lado, el artículo 23 establece cierta flexibilidad en cuanto al contenido. En ese sentido, el escrito *ad hoc* o impreso normalizado, desde el enca-

406 *Ibidem.*

bezamiento: nombre y apellidos (o, en su caso, del representante), los generales de ley y lugar o medio de notificación, respecto al cuerpo del escrito: hechos, razones y petición y documentos precisos para completar. Además, el lugar y fecha, firma y órgano, el cual es conveniente indicarlo desde el comienzo.

En adición, el párrafo I del artículo 23, aborda la pluralidad de pretensiones, siempre y cuando tengan un fundamento idéntico o sustancialmente similar, podrían formularse en una única solicitud. Otra garantía contenida en el párrafo II del mismo artículo es lo relativo a la posibilidad de exigir recibo de la fecha de entrada en ese registro de la solicitud. El párrafo III hace a alusión a los modelos normalizados en todas las oficinas públicas y páginas web, lo cual constituye una obligación para la Administración Pública y es de uso voluntario para el particular.

Por consiguiente, el mismo artículo 23 contempla en su párrafo IV, lo concerniente a la subsanación para que en diez (10) días se realice, de lo contrario, se considerará desistido, salvo la ampliación por otros cinco (5) días por petición. En ese mismo aspecto, ningún funcionario se podrá negar a recibir una petición, de hacerlo, compromete su responsabilidad personal, tal cual establece el artículo 24, párrafo V.

Es relevante plantear lo que señala el artículo 38 de la Ley 42-08 de Defensa de la Competencia, donde se reconoce que si la denuncia fuera declarada improcedente o la Dirección Ejecutiva no se pronunciare en el plazo establecido, el denunciante podrá hacer uso del recurso jerárquico por ante el Consejo Directivo de la Comisión Nacional de Defensa de la Competencia, dentro de un plazo de diez (10) días hábiles, contados a partir de la fecha de notificación de la decisión de la Dirección Ejecutiva, o del vencimiento del plazo para que la Dirección Ejecutiva se pronunciare sobre la procedencia de la denuncia.

Asimismo, el Consejo Directivo, mediante resolución, deberá pronunciarse sobre dicho recurso en un plazo no mayor de treinta (30) días hábiles. Esta resolución no admite recurso administrativo ulterior y se limitará a determinar si el denunciante ha aportado indicios suficientes en que basar la procedencia o no de la investigación, y no emitirá juicios sobre los comportamientos denunciados.

Por igual, tal como se indicó anteriormente, el procedimiento administrativo sancionador establecido en la Ley núm. 42-08 de Defensa de la Competencia y en la Ley núm. 107-13 sobre los Derechos de las Personas en sus Relaciones con la Administración y de Procedimiento Administrativo, está compuesto de varias fases, siendo cada una fundamentales para que el órgano decisor se edifique, valore y pondere en su justa medida los argumentos y los elementos probatorios que son planteados por el órgano de instrucción y por los agentes económicos presuntamente responsables.

En tal sentido, la Dirección Ejecutiva de Procompetencia puede iniciar una investigación de oficio o por denuncia, mediante resolución, la cual «ordena el inicio del procedimiento de investigación, con motivo de la observación de indicios razonables de la existencia de prácticas contrarias a la Ley General de Defensa de la Competencia núm. 42-08, en el mercado objeto en la República Dominicana», a los fines de comprobar la existencia de posibles malas prácticas.

Asimismo, el Consejo Directivo, mediante resolución, deberá pronunciarse sobre dicho recurso en un plazo no mayor de treinta (30) días hábiles. Esta resolución no admite recurso administrativo ulterior y se limitará a determinar si el denunciante ha aportado indicios suficientes en que basar la procedencia o no de la investigación, y no emitirá juicios sobre los comportamientos denunciados.

A raíz de lo anterior, se realizan diversas actuaciones por el órgano instructor, con el objetivo de sustanciar el expediente y validar los supuestos que motivaron el inicio de la investigación.

4.7.1. Efectos de la iniciación del procedimiento en la Ley 42-08

El artículo 25 de la Ley 107-13 sobre los Derechos de las Personas en sus Relaciones con la Administración y de Procedimiento Administrativo, sostiene que el inicio del procedimiento, sea de oficio o a instancia de parte, obliga a la Administración Pública a tramitar por su orden temporal el procedimiento y resolverlo en el plazo establecido y la faculta, en los casos establecidos por las leyes a adoptar, razonada y motivadamente, de oficio o a instancia de parte, las medidas provisionales que estime pertinentes para asegurar la eficacia de la resolución que, en el caso, ponga fin al procedimiento.

En efecto, el párrafo I del artículo 25 plantea que, las medidas provisionales en el procedimiento administrativo pueden acordarse de forma simultánea o inmediatamente posterior al inicio del procedimiento. Podrán motivadamente adoptarse con anterioridad al inicio del procedimiento, de oficio o a instancia de parte, cuando medie una situación de urgencia y sea necesaria la protección provisional de los intereses implicados.

También, en el párrafo II del recién citado artículo establece que, motivadamente, si hay una situación de urgencia y es necesario proteger provisionalmente los intereses implicados, antes del inicio del procedimiento serán confirmadas, modificadas o levantadas en el acuerdo de iniciación.

Es así como, simultáneo o justo después de la iniciación podrán ser levantadas o modificadas durante la tramitación por causas durante la tramitación por causas sobrevenidas, según se lee en el artículo 25, párrafo III. Claro está, dichas medidas provisionales se extinguen con el acto resolutorio.

El principio del debido proceso administrativo es abordado por García del Rosario, quien considera que es una garantía, un derecho y un principio y, de ahí su complejidad en tratar de llegar a un concepto unitario del mismo. En el caso dominicano, se ubica en el artículo 69 de la Carta Magna, específicamente en su inciso décimo[407].

En ese sentido, indica que:

> 10) Las normas del debido proceso se aplicarán a toda clase de actuaciones judiciales y administrativas.

En ese orden, la realidad es que el contenido esencial del debido proceso se describe, de manera no limitativa, en todo el artículo 69 de la misma Constitución. Debido proceso involucra: derecho de acceso a la justicia, derecho de defensa, contradicción, representación en justicia, derecho a ser juzgado en un plazo razonable, derecho a ser citado u oído previo a cualquier decisión, derecho a la comunicación previa del recurso administrativo, entre otros[408].

Herrera Carbuccia, considera que el debido proceso, aunque se ha desarrollado ampliamente en el contexto del proceso penal, se aplica no solamente a las decisiones que se refieren a los derechos de las personas, sino, también, a todo el ámbito judicial y a las decisiones administrativas[409].

De igual modo, la Ley 107-13 sobre los Derechos de las Personas en sus Relaciones con la Administración y de Procedimiento Administrativo, artículo 3, inciso 22, lo contempla como tal, de la siguiente manera:

> Principio de debido proceso: Las actuaciones administrativas se realizarán de acuerdo con las normas de procedimiento y competencia establecidas en la Constitución y las leyes, con plena garantía de los derechos de representación, defensa y contradicción.

4.7.2. El expediente administrativo en materia de Competencia

Este se entiende como un conjunto de documentos en cualquier soporte, sea físico o electrónicos, indiciados y ordenados cronológicamente por la Administración Pública sobre un asunto. Es por ello que, cuando del contenido de la denuncia o tras analizar los datos obtenidos en la Información

407 García del Rosario, A. (2016). *Derecho Procesal Administrativo.* Impresora Soto Castillo, República Dominicana, Pág. 59.

408 *Ibidem.*

409 Herrera Carbuccia, O. (2023). Jueza de la Corte Penal Internacional (CPI), autora del Prefacio de la obra *Procedimiento Penal Apuntado*, creación del magistrado Francisco Ortega Polanco.

reservada[410] se cuente con indicios racionales de la existencia de conductas prohibidas, se inicia o incoa el expediente sancionador.

Asimismo, la información reservada tiene como fin, determinar, cuando proceda, el alcance territorial de los efectos de las conductas al objeto de determinar la autoridad competente (autoridad nacional o la respectiva Comunidad Autónoma). Contrastar la veracidad de los hechos denunciados para saber si son verosímiles o indiciariamente ilícitos.

La Dirección de Competencia realizará las investigaciones que considere suficientes para fundamentar el acuerdo de incoación o la propuesta de archivo de la denuncia, en su caso. También, determinar los posibles responsables, dato imprescindible para incoar un expediente.

Ahora bien, respecto a la averiguación de los hechos, hay que tener presente que la información reservada constituye un procedimiento, de apertura discrecional, sumario, inquisitivo y no contradictorio. Sumario, aunque ni la LDC ni el RDC contemplan plazo para esta fase, la misma no debe dilatarse en el tiempo y, por congruencia con el procedimiento general no debería ser superior a tres meses.

De hecho, el principio de economía procesal procura y conjuga el principio de eficacia, con racionalización y agilidad de procedimientos, economía, suficiencia y adecuación estricta de los medios a los fines institucionales. Aquí se hacen importantes repercusiones al valorar los vicios de forma del procedimiento y se manifiesta en varias técnicas como bien lo establece el artículo 14, párrafo III, en cuanto a se conservarán los elementos de los actos no afectados por vicios de invalidez. La invalidez de un acto no se trasmitirá necesariamente a los sucesivos del procedimiento que sean independientes del nulo o anulable.

Los actos inválidos que contengan elementos constitutivos de otro válido producirán los efectos de éste. Los actos anulables podrán ser convalidados subsanando sus defectos de competencia o procedimiento, con efectos desde su fecha o retroactividad para el caso de ser favorables y cumplir los requisitos del artículo 9 de Ley 107-13 sobre los Derechos de las Personas en sus Relaciones con la Administración y de Procedimiento Administrativo.

---

410 Establece la CNMC que este procedimiento corresponde al caso en que los hechos denunciados se podrían tipificar como conductas prohibidas por la LDC pero se carece de los indicios necesarios que justifiquen la iniciación de un procedimiento sancionador. La información reservada puede finalizar de dos maneras: con la propuesta al Consejo de la CNMC del archivo de las actuaciones o bien con la incoación de expediente sancionador. La misma regulada en los artículos 49.2 de la LDC y 25-27 del RDC, está constituida por un conjunto de actuaciones preliminares de carácter sumario, inquisitivo y no contradictorio, en el que la DC no tiene obligación de realizar todas las investigaciones que el denunciante solicite, sino aquéllas que considere suficientes para fundamentar, con carácter preliminar, si concurren circunstancias que justifiquen el acuerdo de incoación o la propuesta de archivo de la denuncia en su caso.

Sin embargo, el principio in dubio pro actione, se refiere a que, en caso de duda sobre la validez de un trámite o los derechos de las partes, se hace valer la interpretación más favorable para el ejercicio del Derecho o para llegar a una resolución definitiva. Se hace constar que el procedimiento no es una carrera de obstáculos, sino un cauce ordenado capaza de garantizar la legalidad y el acierto de las decisiones.

En ese tenor, es de obligado cumplimiento para los tribunales, pues su aplicación se basa en el principio de presunción de inocencia. Se vincula con los principios de legalidad e irretroactividad. Como deviene del Derecho Penal, así como para poder juzgar a una persona esta tiene que haber cometido un acto penado por la ley con antelación a la comisión de la infracción, lo mismo acontece en el Derecho Administrativo.

Por su parte, el artículo 21, párrafo I de la Ley 107-13 sobre los Derechos de las Personas en sus Relaciones con la Administración y de Procedimiento Administrativo es que plantea el hecho de que los responsables de la tramitación de los procedimientos tienen la obligación de dejar constancia documental de todas sus actuaciones, ordenando y archivando los expedientes para posibilitar el acceso a la información y el control posterior de la Administración Pública. La no documentación de las actuaciones administrativas dará lugar en todo caso a la exigencia de responsabilidad disciplinaria.

Por consiguiente, se considera que la alteración, sustracción o pérdida de los expedientes administrativos dará lugar a la exigencia de responsabilidades disciplinarias y, en su caso, penal o civil de las autoridades o funcionarios competentes, tal como se indica en el párrafo II del artículo mencionado. En torno a los interesados, el párrafo III sostiene que los interesados tendrán, durante toda la sustanciación del procedimiento, el derecho de acceder al expediente para revisar y copiar documentos y consignar cualquier tipo de escritos contentivos de alegatos y pruebas.

4.7.3. Instrucción del procedimiento en la Ley 42-08 de Defensa de la Competencia

En esta fase se determina, conoce y comprueba los datos en virtud de los que deba dictarse la resolución final. Al respecto, la norma define que la Administración ha de adoptar decisiones bien informadas. El procedimiento administrativo constituye el instrumento para la obtención y el tratamiento de la información necesaria para adoptar la mejor decisión de que se trate en cada caso. La Administración Pública de oficio, deberá recabar todas las pruebas necesarias para adoptar la mejor decisión, en resguardo del derecho de los interesados.

En esta parte, es menester contemplar el principio de oficialidad. Este sostiene que el procedimiento se impulsará de oficio en todos sus trámites. Sus principales manifestaciones consisten en que los actos de instrucción o investigación se realizarán de oficio y, en general, las actuaciones de obtención y tratamiento de la información adecuada para el fin perseguido, como bien lo plantea el párrafo I del artículo 26, y lo reitera el párrafo II del mismo artículo. De lo que se trata es de recabar todas las pruebas necesarias para adoptar la mejor decisión.

Conocido también como de impulso de oficio, este procura evitar malas prácticas que sean fraudulentas en defensa de sus intereses o que busquen adelantar juicios simulados que después sirvan para defraudar a las partes.

Ahora bien, el artículo 26 de la Ley-107-13 sobre los Derechos de las Personas en sus Relaciones con la Administración y de Procedimiento Administrativo, establece en su párrafo I, que para la adopción de la resolución que proceda en cada caso deberán llevarse a cabo todas las actuaciones de instrucción o investigación que resulten necesarias y, en general, aquellas actuaciones de obtención y tratamiento de la información que sean adecuadas para el fin perseguido. Al órgano que tramite el procedimiento le corresponde apreciar los actos y actuaciones que hayan de practicarse para asegurar una decisión bien informada, sin perjuicio de las que el interesado pueda solicitar o proponer.

Asimismo, en su párrafo II, plantea que los actos de instrucción e investigación se realizarán de oficio, sin perjuicio del derecho de los interesados a proponer aquellas actuaciones que consideren pertinentes.

Sostiene el párrafo III, que, no obstante, lo dicho en el párrafo anterior, el interesado podrá colaborar activamente en la instrucción del procedimiento siempre que las normas aplicables del sector de que se trate no lo prohíban, asumiendo entonces la responsabilidad de presentar con su solicitud de permiso o autorización, o su mera comunicación, según proceda, los estudios pertinentes, sean de carácter técnico, científico, económico, legal o medioambiental, costeados por el propio interesado. En tal caso, la Administración Pública habrá de constatar la fiabilidad y consistencia de los estudios aportados.

Y, por último, respecto a aportar documentos, sostiene el IV párrafo que, en todo caso, los interesados que deseen hacerlo, así como datos que consideren relevantes, también hacer las alegaciones y observaciones oportunas sobre éstos, a lo largo de todo el procedimiento, hasta el momento anterior a la resolución definitiva. La Administración Pública estará obligada a valorar los alegatos y pruebas aportados por las partes durante la sustanciación del procedimiento.

En ese mismo orden, tiene relevancia establecer que el principio de publicidad plantea el derecho de acceso al expediente para revisar y copiar documentos y consignar cualquier tipo de escritos relativos a alegatos y pruebas, fundamentado en la cláusula de Estado democrático.

Asimismo, Concepción sostiene que este principio lleva a la transparencia de la función administrativa permitiendo el control de sus actuaciones ilegitimidad en sus actos. La publicidad de los actos comporta excepciones, como son los asuntos de seguridad nacional. Considera, además, que la transparencia está íntimamente vinculada a la publicidad, esto en razón de que toda actividad administrativa es del dominio público, y, por consiguiente, toda persona puede conocer las actuaciones de la administración, salvo reserva legal[411].

Añade que bajo este principio las autoridades deben dar a conocer al público y a los interesados, en forma sistemática-permanente que, sin que medie petición alguna, sus actos, contratos y resoluciones mediante las comunicaciones, notificaciones y publicaciones, incluyendo el empleo de tecnologías que permitan difundir de manera masiva tal información[412].

Ahora bien, el artículo 27 de la Ley 107-13 sobre los Derechos de las Personas en sus Relaciones con la Administración y de Procedimiento Administrativo, enumera los actos de instrucción o investigación, los cuales podrán consistir en cualquier medio de prueba admitido en Derecho y practicado de conformidad con los principios característicos de la legislación procesal; informes, análisis, evaluaciones y, en general, estudios, que resulten pertinentes u obligatorios, sean o no vinculantes, no obstante, la participación activa de todos los interesados.

También, otras posibilidades son estipuladas en el párrafo I, del artículo referente a la cooperación, asistencia e intercambio de información con otras administraciones, además de consultas a expertos y, según plantee el órgano judicial, otros Estados u organismos internacionales.

Para finalizar con el artículo 27, en su párrafo II, sostiene que todos los actos y actuaciones estarán sujetos a los principios de transparencia, igualdad, contradicción y fiabilidad o consistencia, siendo esto congruente con otras disposiciones como la española que procuran blindar de garantías el proceso.

Luego de dictada la referida resolución, se notifican los agentes económicos que, según la investigación preliminar realizada por la Dirección Ejecutiva, podrían tener participación en la conducta prohibida, y se les otorga un plazo de veinte (20) días hábiles para el depósito del escrito de contestación y de sus medios de pruebas.

Seguido, la Dirección Ejecutiva procede a sustanciar el expediente y a recolectar medios probatorios para determinar la existencia o no de las posibles prácticas concertadas, y las partes a aportar los medios para su defensa, así como a realizar requerimientos de información y otras actuaciones procesales.

---

411 Concepcion, F. (2016). *Ley 107-13 apuntada.* Impresora Soto Castillo, 1.ª Edición. Santo Domingo, Rep. Dom. Pág. 66.

412 *Ibidem.*

Posteriormente, la Dirección Ejecutiva procede a invitar a reuniones al agente o a cuantos fueran para conocer detalles sobre su funcionamiento y operaciones en el o los mercados objeto de investigación, así como a requerir en cualquier momento de esta fase información que sea de importancia. Es normal que el órgano instructor solicite información relevante a otras instituciones, a los fines de edificarse más sobre el o los agentes investigados.

Plantea Silié Ruíz que, en jurisdicciones como la Unión Europea, se hace una distinción entre solicitudes de simple información y aquellas realizadas por medio de una decisión. Estas últimas, según indica, a un mayor formalismo, como las indicaciones de su objeto y la base jurídica que lo sustenta. Hace una crítica interna, en el sentido de que en República Dominicana no se hace tal distinción, y mucho menos se detallan los límites o la forma en que deberá realizarse[413].

Un asunto importante que podría suscitarse es que la Dirección Ejecutiva solicite al Consejo Directivo autorización para practicar diligencias probatorias que consistan en una visita de inspección a las oficinas centrales del o los agentes económicos envueltos en el proceso, siempre y cuando tenga sospecha de que existan informaciones que sirvan para esclarecer el caso.

En atención con lo anterior, lo que manda es que el Consejo Directivo convoque o conozca dentro de sus sesiones —ordinarias o extraordinarias— tal petición, la cual consiste en autorizar al órgano instructor a requerir la aprobación judicial correspondiente para acceder con auxilio del Ministerio Público a dichas instalaciones con el fin de obtener y asegurar medios de prueba relacionados con la presunta comisión de infracciones a la Ley núm. 42-08 de Defensa de la Competencia.

En virtud de lo anterior, en cumplimiento con el procedimiento legal establecido, la Dirección Ejecutiva procede a depositar ante la Procuradora Fiscal de la jurisdicción correspondiente, una «Solicitud de tramitación de autorización judicial ante el Juez Coordinador de los Juzgados de la Instrucción de dicha jurisdicción, con el objeto de realizar diligencias probatorias establecidas en el artículo 42 de la Ley General de Defensa de la Competencia, núm. 42-08». Queda a la soberana apreciación del Juez acoger o no la mencionada solicitud de diligencias probatorias, la cual, en caso de ser aprobada, es emitida una Orden Judicial de Allanamiento.

En torno al acceso a lugares privados, es importante resaltar la potestad que le otorga la Ley 42-08 de Defensa de la Competencia a Procompetencia para ejecutar ese fin. En torno a esto, plantea Rebollo que no hay problemas con lugares públicos, más bien el tema es con respecto a espacios privados que dependen del inspeccionado. Esta va de la mano con aquella potestad

413 Silié Ruiz, M. *Las potestades de investigación de la Dirección Ejecutiva de PROCOMPETENCIA*, *Gaceta Judicial*, n.º 395, 2020, págs. 64-69.

de la Administración Pública de recabar información y, hasta exigir respuestas a las preguntas que se formulen, tanto del inspeccionado como, en su caso, si está previsto, de su personal y de terceros[414].

Continuando con el interín, generalmente los representantes legales del agente económico solicitan copias, presentan escritos, prórrogas, entre otras peticiones que entiendan pertinentes, quedando en el órgano instructor valorar las mismas y dar respuesta oportuna a tales demandas.

Otras actuaciones en la etapa de instrucción consisten en citar a diversas entidades relacionadas con el mercado o los mercados en investigación, para que en calidad de agentes económicos participantes en el mercado objeto de la investigación pudiesen exponer su funcionamiento y las operaciones que realiza en este.

Un sinnúmero de resoluciones pueden ser dictadas por la Dirección Ejecutiva en el curso del procedimiento de investigación, con la finalidad de decidir sobre el material probatorio aportado por las partes y/o recolectados por el órgano instructor. La cantidad de resoluciones no es estática, sino que dependerá del contexto de cada caso objeto de investigación.

Es deber de la Dirección Ejecutiva notificar a los agentes económicos envueltos en la investigación, la finalización de dicha fase, y otorgar un plazo de diez (10) días para que formule sus alegatos al respecto. Los agentes económicos deben depositar un escrito de alegatos y medios de defensa relativos a pruebas recabadas en el expediente correspondiente al procedimiento de investigación.

4.7.4. Fin de la etapa de instrucción en la Ley 42-08 de Defensa de la Competencia

Una vez concluidos y depositados los alegatos, la Dirección Ejecutiva puede culminar por no encontrar razones suficientes para el seguimiento del proceso y notificar al Consejo Directivo dicho conclusión o rendir un informe de instrucción del procedimiento de investigación, donde recomiende al órgano superior imponer una sanción, con lo cual se iniciaría el procedimiento administrativo sancionador por presunta violación a conductas prohibidas por la Ley 42-08 de Defensa de la Competencia. Esta decisión del Consejo debe ser plasmada en una resolución[415].

414 Rebollo Puig, M. (2013). «La actividad inspectora». *Actas del VIII Congreso de la Asociación Española de Profesores de Derecho Administrativo: La función inspectora, INAP*, Madrid. Págs. 55-116

415 Ley núm. 42-08, artículos 46 y 47: «Artículo 46.- Admisión a trámite del expediente. El Consejo Directivo, recibido el expediente, deberá resolver sobre su admisión o inadmisión, mediante resolución motivada, en un plazo máximo de treinta (30) días hábiles, teniendo en cuenta si se han aportado al mismo los antecedentes necesarios».

Es relevante señalar en esta parte el principio de tipicidad. En tal sentido, por tipicidad se entiende aquella exigencia realizada a la Administración Pública para que antes de la conducta reprendida, se encuentren establecidas las infracciones que pudiera cometer el sujeto, así también las consecuencias que le podrían ser impuestas de ser comprobado el hecho que se le imputa, con lo que se pretende resguardar el principio de seguridad jurídica, vital en un Estado de derecho.

En ese mismo sentido, la Ley 107-13 sobre los Derechos de las Personas en sus Relaciones con la Administración y de Procedimiento Administrativo, refiere en su artículo 36, en cuanto a la tipicidad, que, «son infracciones administrativas los hechos o conductas así tipificados en la ley, que establecerá las sanciones administrativas correspondientes».

4.8. Diligencias probatorias de la Dirección Ejecutiva

Ciertamente, ante el abanico de diligencias que puede gestionar la Dirección Ejecutiva, en muchos casos se cuestiona el por qué si la Ley 42-08 de Defensa de la Competencia, a través de su artículo 34, literal h), le permite solicitar y administrar en nombre de la Comisión el auxilio de la fuerza pública, en los casos que proceda, ésta en ciertos asuntos no hace uso de esa facultad. Obviamente, es un aspecto discrecional de la DE determinar cuándo es prudente y necesario llevarlo a cabo.

4.9. Procedimiento ante el Consejo Directivo

La Dirección Ejecutiva remite un informe donde plantea su postura, el Consejo Directivo decide si existen méritos suficientes y bien sustentados para acoger o no acoger dicho documento. En caso de ser acogido por el órgano sancionador, ordena a través de una resolución, el inicio del procedimiento sancionador por la presunta violación contenida en la Ley 42-08 de Defensa de la Competencia, la cual debe ser debidamente motivada. Todas las garantías del debido proceso deben ser otorgadas a las partes.

Se les otorga un plazo de veinte (20) días hábiles para que las partes presente un escrito de contestación. También, se fija la audiencia pública a los fines de que sean presentados los medios de defensa por parte de los agentes económicos involucrados. se inicia el procedimiento decisorio en el cual en cumplimiento con lo dispuesto por el legislador se realizan una serie de actuaciones procesales referentes a la fase probatoria.

En tal sentido, el Consejo Directivo acorde al procedimiento establecido en los artículos 31, 46[416] y siguientes de la Ley núm. 42-08 de Defensa de la

416 *Cfr.* Ley núm. 42-08, artículos 46 y 47: «Artículo 46.- Admisión a trámite del expediente. El Consejo Directivo, recibido el expediente, deberá resolver sobre su admisión o inadmisión,

Competencia, decide mediante resolución admitir el expediente y dar inicio al procedimiento administrativo sancionador. Con esta apertura se procede a realizar las actuaciones procesales contempladas en la Ley núm. 42-08 de Defensa de la Competencia con respecto a la fase probatoria para la sustanciación del expediente y la protección del derecho de defensa de los agentes económicos investigados, quienes han podido exponer sus argumentos y consideraciones sobre los alegatos y pruebas presentadas por la Dirección Ejecutiva.

En cumplimiento a lo dispuesto en la resolución precedente, el deber del Consejo es notificar dicha resolución a la Dirección Ejecutiva y a los agentes económicos involucrados, conjuntamente con el informe de instrucción, iniciando a partir de ahí el plazo de veinte (20) días indicado en el documento decisorio, para que depositen ante el Consejo Directivo sus escritos de contestación. Cuando llega la fecha de las audiencias se debaten puntos importantes sobre el proceso, se escuchan testigos si los hubiera y cada parte concluye.

Posteriormente, luego del Consejo Directivo haber estudiado y deliberado el caso, de conformidad con lo dispuesto en los artículos 46 al 50 de la Ley núm. 42-08 de Defensa de la Competencia y luego de que el Consejo conociera y decidiera con respecto a la etapa probatoria, en la resolución se decidirá sobre los planteamientos preliminares vinculados al fondo del procedimiento administrativo sancionador, y en caso de que proceda y sea necesario, conocerá y decidirá sobre las imputaciones contenidas en el informe de instrucción y los argumentos de defensa de las partes del procedimiento.

Es preciso señalar la competencia del órgano (Consejo Directivo), por lo que, se hace constar que es el órgano encargado de conocer y decidir los procedimientos administrativos sancionadores que sean instruidos en contravención de las disposiciones contenidas en la Ley núm. 42-08, en atención a lo que disponen los artículos 46 al 50 de la referida normativa.

En ese tenor, el principio de imparcialidad procura cautela al aplicarlo, pues la Administración Pública resulta ser «juez» y «parte» en el procedimiento. El artículo 19 de la Ley 107-13 sobre los Derechos de las Personas en sus Relaciones con la Administración y de Procedimiento Administrativo,

---

mediante resolución motivada, en un plazo máximo de treinta (30) días hábiles, teniendo en cuenta si se han aportado al mismo los antecedentes necesarios.
Artículo 47.- Fase probatoria. En la fase probatoria el procedimiento decisorio ante el Consejo Directivo de la Comisión Nacional de Defensa de la Competencia es el siguiente: 1. Si el Consejo Directivo admitiese a trámite el expediente, lo pondrá de manifiesto mediante oficio notificado a los interesados, quienes en un plazo de quince (15) días hábiles, podrán solicitar la celebración de audiencia pública y proponer las pruebas que estimen necesarias, sobre cuya pertinencia resolverá el Consejo Directivo; 2. El Consejo Directivo podrá disponer la práctica de cuantas pruebas estime procedentes, dando intervención a los interesados, siempre que no sean reproducción de las practicadas ante la Dirección Ejecutiva».

aborda la objetividad de los órganos y sostiene que, ninguna autoridad o funcionario puede participar en el dictado de un acto administrativo cuyo contenido afecte a sus intereses personales o los de las personas con las que mantiene una relación de consanguinidad, parentesco, amistad, enemistad o servicios profesionales.

De hecho, agrega lo siguiente:

> Párrafo I. Los interesados en los procedimientos administrativos podrán hacer constar la concurrencia de cualquier motivo de abstención de los funcionarios o autoridades, recusando su participación y exigiendo responsabilidades.

Asimismo, en el ejercicio de las atribuciones conferidas en el literal k, del artículo 31 de la Ley núm. 42-08 de Defensa de la Competencia, este Consejo Directivo conoce y decide los asuntos de fondo presentados en los procedimientos administrativos sancionadores. Una vez concluye la fase probatoria, el Consejo Directivo tiene cuarenta y cinco (45) días hábiles para fallar.

4.10. Conocimiento y ponderación del daño para fines de sanciones

Un tema que ha generado diversos debates a lo interno del Consejo Directivo de la institución es, lo relativo a la ponderación del daño. Los principales directivos de Procompetencia han ponderado la conveniencia de que en el informe de instrucción la Dirección Ejecutiva, sin violentar ninguna disposición de la Ley, pueda incluir todo lo que tenga que ver con el tema del daño y los aspectos vinculados al artículo 62 de la Ley 42-08 de Defensa de la Competencia, que son los que se requieren para que el Consejo Directivo tome la decisión[417].

En tal sentido, los consejeros han presentado la inquietud, porque hay muchos aspectos que ponderar en la parte de estimación del daño y de desarrollo del articulo 62[418] en la resolución final del Consejo que no necesariamente se exponen a debate en el curso del procedimiento, entonces eso lleva a que quizás la resolución final pueda estar más blindada.

Por tanto, los mencionados criterios son: a) Modalidad y alcance de la restricción de la libre competencia; b) La dimensión del mercado afectado; c) El efecto de la restricción de la libre competencia, sobre otros competidores efectivos o potenciales, sobre otras partes del proceso económico y sobre los consumidores y usuarios; d) La premeditación e intencionalidad; e) La participación del agente económico en el mercado y capacidad económica,

---

417 Acta de reunión ordinaria de Procompetencia número 018-2021, de fecha 24 de junio de 2021.

418 Artículo de la Ley 42-08 que aborda lo relativo a los criterios para imposición de sanciones.

así como el tamaño de los mercados afectados; f) El tiempo que ha durado el acuerdo, práctica o conducta prohibida; y, g) Reincidencia y antecedentes del infractor.

Como respuesta a tales inquietudes, la Dirección Ejecutiva aclaró que el tema de la ponderación del daño no se tiene que hacer en todos los casos. Recordó que los criterios para la estimación del daño se pensaron inicialmente para las conductas desleales, atendiendo a que la Ley no establece sanción para las mismas, y considerando éstas como de interés privado, se elaboró ese mecanismo que permitiría estimar el daño del acto desleal y que los agentes afectados pudiesen ir al Tribunal a exigir reparación por daños.

En ese sentido, ponderó que el mandato del Consejo Directivo conforme el artículo 62 es el efecto de la conducta a partir de las evidencias y los levantamientos de información realizados por la Dirección Ejecutiva.

En torno a los criterios para la imposición de sanciones, indicó que internamente se pudieran buscar elementos que permitan facilitar y fortalecer la valoración del Consejo, es decir, la Dirección Ejecutiva sí podría en el marco del levantamiento de las evidencias de los medios probatorios y de sus propios argumentos para sustentar el informe de instrucción, motivar algunos de esos aspectos, pero sin ingresar directamente en el artículo 62, ya que esto es labor del Consejo.

4.11. Garantía de acceso a la vía judicial como instrumento revisor de los actos administrativos en materia de Competencia

Pese a que la Ley 42-08 de Defensa de la Competencia es previa a la 107-13 sobre los Derechos de las Personas en sus Relaciones con la Administración y de Procedimiento Administrativo, la jurisdicción contenciosa ya existía en virtud de la Ley 1494 de 1947. De hecho, a partir de la Ley 13-07, se efectúa en virtud de su artículo 1, lo concerniente al traspaso de competencias del Tribunal Superior Administrativo atribuidas en la referida Ley No. 1494, de 1947, y en otras normas, así como las del Tribunal Contencioso Administrativo de lo Monetario y Financiero, sean ejercidas por el Tribunal Contencioso Tributario instituido en la Ley 11-92, de 1992, el que a partir de la entrada en vigencia de la presente ley se denominará Tribunal Contencioso Tributario y Administrativo[419].

419 Párrafo: Extensión de Competencias.-El Tribunal Contencioso Tributario y Administrativo tendrá competencia además para conocer: (a) de la responsabilidad patrimonial del Estado, de sus organismos autónomos, del Distrito Nacional, de los municipios que conforman la provincia de Santo Domingo, así como de sus funcionarios, por su inobservancia o incumplimiento de las decisiones emanadas de autoridad judicial competente, que diriman controversias relativas a actos inherentes a sus funciones ; (b) los actos y disposiciones de las corporaciones profesionales adoptados en el ejercicio de potestades

En ese sentido, el artículo 51 de la Ley 42-08 de Defensa de la Competencia establece las decisiones dictadas por el Consejo Directivo de la Comisión Nacional de Defensa de la Competencia serán objeto de un recurso contencioso administrativo, conocidas en última instancia por el Tribunal Superior Administrativo (TSA), el cual tendrá las atribuciones previstas en esta ley y se regirá por el procedimiento establecido en la norma que instituye la Jurisdicción Contencioso- Administrativa.

Posteriormente, el artículo 52 de la mencionada Ley de Competencia contempla que de manera específica las atribuciones del Tribunal Superior Administrativo en materias tratadas por esta ley, como conocer y resolver en última instancia jurisdiccional los procesos relacionados con las materias objeto de la presente ley que hayan sido decididas por el Consejo Directivo de la Comisión Nacional de Defensa de la Competencia.

Además, conocer y resolver en última instancia sobre medidas correctivas o la imposición de cargos por incumplimiento de las disposiciones a las que se refiere la presente ley. Disponer que el Procurador General Administrativo ejecute sentencias, con el auxilio de la fuerza pública y, en general, conocer y resolver en última instancia acerca de las acciones previstas en esta ley, contra las cuales se hayan agotado los recursos contemplados en la misma.

No obstante, plantea a partir del 53, respecto al Procurador General Administrativo en sede judicial, que:

> El interés público estará representado ante el Tribunal Superior Administrativo por el Procurador General Administrativo, quien tendrá las facultades conferidas por la ley que instituye la Jurisdicción Contencioso Administrativa.

Y, en torno al recurso de casación, sostiene que las sentencias del Tribunal Superior Administrativo se considerarán dictadas en última instancia y serán susceptibles del recurso de casación conforme las disposiciones establecidas para la materia civil y comercial por la Ley de Procedimiento de Casación, No.3726, del 29 de diciembre de 1953, y sus modificaciones, o por la que la sustituya[420].

4.12. Terminación del procedimiento administrativo

La Ley 107-13 sobre los Derechos de las Personas en sus Relaciones con la Administración y de Procedimiento Administrativo, en su artículo 28, los ordena de la siguiente manera: Resolución, desistimiento del solicitante:

---

públicas; (c) los procedimientos relativos a la expropiación forzosa por causa de utilidad pública o interés social; y (d) los casos de vía de hecho administrativa, excepto en materia de libertad individual.

420 Esta legislación y otras fueron derogadas por la Ley 2-23 sobre Recurso de Casación, publicada en G. O. No. 11095 del 17 de enero de 2023.

voluntad de poner fin al procedimiento, renuncia: declaración unilateral de extinción del derecho, solo si es renunciable, imposibilidad material sobrevenida, caducidad y terminación convencional.

Ahora bien, en cuanto a la constancia escrita de las circunstancias de terminación, el párrafo I del artículo 28, que se dejará por escrito las circunstancias de terminación de cada procedimiento, explicando los motivos de legalidad y permitiendo su conocimiento conforme a lo establecido en la Ley General 200-04 de Libre Acceso a la Información Pública.

En torno a la falta de resolución contenida en el artículo 28, párrafo II, plantea lo concerniente a la inactividad administrativa (silencio), responsabilidad personal del funcionario y el derecho a la tutela judicial efectiva.

Ahora bien, en cuanto al silencio positivo contenido en el párrafo III del mismo artículo, una garantía efectiva a favor del ciudadano es que la ley podrá establecer que la inactividad de la Administración Pública en resolver el procedimiento dentro del lapso establecido en la ley será considerada como aceptación de la previa petición formulada por el interesado.

En tal supuesto, la Administración Pública deberá emitir, dentro de los cinco (5) días siguientes, una constancia que indique tal circunstancia, sin perjuicio del derecho de los ciudadanos a la tutela judicial efectiva frente a la inactividad de la Administración. En estos casos la Administración sólo podrá resolver la previa petición en sentido desfavorable, previo procedimiento administrativo.

CAPITULO V

CASOS SANCIONADOS POR EL CONSEJO DIRECTIVO DE PROCOMPETENCIA

Este capítulo comprende los casos sancionados por Procompetencia desde la entrada en vigor de la Ley 42-08 de Defensa de la Competencia, en 2017. Se pretende demostrar los efectos jurídicos alcanzados posterior a su implementación, a través del análisis de cada procedimiento y la magnitud de las multas impuestas. Se ha probado y concluido que el impacto de la norma ha sido favorable para el ordenamiento jurídico dominicano.

Por tanto, se empieza desarrollando el concepto de la potestad sancionadora desde una óptica teórica, ya que sin esta facultad sería imposible materializar las sanciones impuestas hasta el momento a los agentes económicos, aunque de forma crítica se exponen posturas en torno a la modificación que debe surtir la norma para estar a la vanguardia de las mejores prácticas que hoy en día son tendencia a nivel internacional.

5.1. Potestad sancionadora

En palabras de Sánchez Sánchez, en todos los países preocupa el alcance y la delimitación que la potestad sancionadora tiene en las distintas instituciones de la Administración Pública que ostenta dichas potestades en diversos órganos. A su entender, los tribunales han logrado avanzar en la definición, alcance y límites. Y es que la Administración debe jugar su potestad de policía, conjuntamente con la sancionadora. Es decir, vigila y juzga el comportamiento de las personas[421].

421 SÁNCHEZ SÁNCHEZ, Z. «La potestad Administrativa Sancionadora». *Revista de Derecho de la Hacienda Pública*, Vol. 6, 2016, págs. 95-110.

También, destaca el hecho de que, si bien es cierto que la potestad sancionadora debe ser reconocida por una norma con rango de ley de forma expresa, la competencia concreta de los órganos encargados de resolver el procedimiento sancionador puede atribuirse reglamentariamente[422].

En el caso dominicano, Guerrero establece que las sanciones administrativas se estipulan «a propósito de la ocupación norteamerica de 1916, dando lugar al choque de dos sistemas de derecho bien diferenciados, el originario, de raigambre romano-germánica, producto de la traducción y adaptación de los códigos franceses, y el nuevo, "montado" en los tanques militares, de la tradición anglosajona (common law)»[423].

Asimismo, sostiene que, «el fundamento jurídico de la capacidad sancionatoria de la Administración es similar al que justifica el cumplimiento exorbitante de ésta, paralelo al que legitima la ejecutoriedad de los actos Administrativos: ni la Administración tiene que recurrir a los tribunales civiles ordinarios, ni tampoco a los tribunales de la jurisdicción represiva»[424].

Existen indicios de que, en sus orígenes, el Derecho Administrativo Sancionador formó parte del Derecho Penal, lo que significó poca autonomía del mismo. Obviamente, con el proceso de evolución y desarrollo del Derecho Administrativo, sobre todo la actividad jurisprudencial, hoy en día se trata de un procedimiento administrativo sancionador sólido, regido por principios y figuras particulares.

Asimismo, es de rigor saber que ese procedimiento sancionador, en cualquier etapa, debe ser garante del respeto de los derechos las personas y sus intereses legítimos, procurando evitar arbitrariedades de parte de la Administración Pública. Por tanto, la objetividad debe ser el norte, a los fines de velar para que dicho procedimiento administrativo sancionador sea justo, apegado a la verdad.

En tal sentido, Escola sostiene que el Derecho Sancionador tiene como finalidad mantener el orden del sistema y reprimir por medios coactivos, aquellas conductas contrarias a las políticas del ente estatal. Un sector de la doctrina define el poder sancionador dado a la Administración como aquel en virtud del cual «pueden imponerse sanciones a quienes incurran en la inobservancia de las acciones u omisiones que le son impuestas por el ordenamiento normativo administrativo, o el que sea aplicable por la Administración Pública en cada caso»[425].

---

422 *Ibid.*

423 Guerrero, J.M. (2011). «Constitucionalismo Dominicano y Potestad Sancionatoria de la Administración. No. 5. Santo Domingo», República Dominicana: *Revista de Administración Pública*. Pág. 144.

424 *Ibidem.*

425 Escola, H. (1984). *Compendio de Derecho Administrativo*. Tomo I. Buenos Aires, Argentina: Editorial Desalma. Pág. 207.

En suma, se ha ido entendiendo que lo sancionador del Derecho Administrativo es una rama de la misma, por lo cual, la aplicación de los principios básicos del Derecho Penal debe estar dirigido a garantizar los derechos fundamentales de la persona, lo que se traduce en una autonomía plena del Derecho Administrativo frente al Derecho Penal, lo que demuestra que no existe subordinación del primero al segundo, siendo su diferencia esencial el nivel de desarrollo alcanzado en materia sancionadora por el Derecho Penal.

En tanto, Guerrero plantea que, «Nieto se distancia de otras tesis acerca del poder punitivo único del Estado, estableciendo que esta potestad no es más que una anexa a la potestad general de gestión de los intereses públicos atribuida a la Administración. Es por ello, dice, que Nieto aboga por la reformulación del concepto de Derecho Administrativo Sancionador, diferenciándolo del Derecho Penal, para, a partir de esa diferencia, ubicarlo en el Derecho Público Estatal»[426].

En ese sentido, Peña Solís plantea que «debe quedar claro, no obstante, que a pesar de que la potestad sancionatoria de la Administración Pública es una manifestación de la potestad punitiva única del Estado, los actos derivados del ejercicio de la misma son administrativos, ya que ese ejercicio corresponde a órganos administrativos, los cuales deben actuar regidos por un procedimiento indudablemente administrativo, y en su actuación están sujetos al control de los órganos de la jurisdicción contenciosa-administrativa»[427].

Por su parte, cabe señalar lo expuesto por Robles Planas en torno a la denominada «Teoría de las normas» de Binding, llamada así en honor a este último. La también conocida como teoría dualista de las normas, distingue entre normas de conducta y normas de sanción. Para Binding las normas que existen tienen un carácter público y son diferentes a las penales[428].

De igual modo, una característica del procedimiento administrativo sancionador es que se hace por escrito, lo que hace necesario la conformación de un expediente que contenga todas las actuaciones realizadas, tanto por la Administración, como por el sujeto investigado, de forma tal que se pueda comprobar la existencia o no de los hechos indagados, con fines de identificar la responsabilidad correspondiente. Por tanto, procedimiento como tal se refiere a los trámites y formalidades que debe desarrollar de manera coherente la Administración Pública en el marco de sus facultades, en cuanto a la formación del acto administrativo.

---

426 Guerrero, J.M. (2011). *Constitucionalismo Dominicano y Potestad Sancionatoria de la Administración. Op. Cit.* Pág. 149.

427 Peña Solis, J. (2005). *La potestad sancionatoria de la administración pública.* Caracas, Venezuela: Tribunal Supremo de Justicia.

428 Robles Planas, R. (2021). *Teorías de las normas y sistema del delito.* Atelier, Barcelona, España. Págs. 15-16.

5.2. Ilícitos en materia de Competencia en virtud de la Ley 42-08 de Defensa de la Competencia

La conducta susceptible de sanción administrativa debe estar clara y previamente descrita. No hay cabida a discrecionalidad y arbitrariedad. La Carta Sustantiva dominicana en su artículo 40.13 contempla que, nadie puede ser condenado o sancionado por acciones u omisiones que en el momento de producirse no constituyan infracción penal o administrativa.

En el ámbito penal, este principio de tipicidad se entiende y se fundamenta en aquella famosa frase de que «no hay pena si la conducta no le es reprochable al autor», lo que quiere decir que el juez de lo penal puede interpretar por analogía para favorecer la libertad o el ejercicio de los derechos y facultades del imputado, esto, por aplicación del principio de favorabilidad, según el cual los procedimientos, enfoques y actos procesales deben favorecer la presunción de inocencia[429].

Sostiene García de Enterría que, en el caso de España, la jurisprudencia ha proscrito la aplicación en materia administrativa sancionadora de cláusulas generales o indeterminadas, que permitían al órgano sancionador «un excesivo árbitro» en perjuicio de la prudencia y la razonabilidad resultantes de la especificación normativa[430].

La Ley 42-08 de Defensa de la Competencia, tipifica tres (3) conductas: abuso de posición dominante y todo acuerdo y prácticas contrarias a la libre competencia (colusión/carteles) y Competencia Desleal.

Desde que entró en vigor la Ley 42-08 de Defensa de la Competencia, solo cuatro (4) casos han sido sancionados por el Consejo Directivo de Procompetencia: uno (1) por abuso de posición dominante, (1) por prácticas colusorias (carteles), uno (1) por información falseada, y otro por Competencia Desleal.

En tal sentido, en las próximas líneas se pretende analizar cada caso en concreto, sus motivaciones y el desenlace de cada cual. La idea es conocer los aspectos del proceso y las argumentaciones de las partes. Este ejercicio nos dará oportunidad de exponer con criterios objetivos aquellos aspectos relevantes de la norma.

Por su parte, el principio de culpabilidad también proviene del Derecho Penal y cuenta con características propias. Constituye uno de los límites al *ius puniendi* del Estado y quiere decir que, para poder imponer una pena se hace necesario que se le pueda culpar o responsabilizar sobre el hecho que

---

429 Rivero Ortega, R. & Ortega Polanco, F. *Manual de Derecho administrativo.* Editora Búho, República Dominicana, 2016, p. 133.

430 García de Enterria, E. y Fernandez, T. (2022). *Curso de Derecho Administrativo*. Tomo II. La Ley. Edición argentina.

ocurre para su posible imposición. Este se puede expresar en otros principios como: el de responsabilidad por el hecho, el de dolo o culpa y el de personalidad de las penas.

En ese sentido, el Tribunal Constitucional dominicano (TC) ha planteado al respecto, que:

> ...únicamente permite la pena por los actos que cometa la persona y descarta que se castigue por su condición o por lo que desee, sienta o piense, se percibe claramente que el principio de culpabilidad está fundamentado en la voluntad, o sea, en la facultad de ordenar y decidir la propia conducta[431].

Rivero y Ortega sostienen que la aplicación de una sanción administrativa requiere un vínculo moral (dolo o culpa), entre la acción u omisión y el responsable. La responsabilidad subjetiva es un requisito para aplicar la sanción. La culpa es la imprevisión de un daño a los bienes jurídicos basa en el deber del individuo socialmente integrado de preservarlos y prever cualquier consecuencia antijurídica. Contiene un acto u omisión inicial voluntario, falta de previsión de su efecto y posibilidad de prevenirlo. La ley castiga el dolo con mayor severidad que la culpa, ya que conlleva un presupuesto delictivo o deseo de causar un mal[432].

Ahora bien, la Constitución dominicana expresa a partir del artículo 40, numeral 14 que: «nadie es penalmente responsable por el hecho de otro». En adición, la Ley 107-13 sobre los Derechos de las Personas en sus Relaciones con la Administración y de Procedimiento Administrativo, en el artículo 37, «establece que solo podrán ser sancionadas por hechos constitutivos de infracciones legalmente establecidas las personas físicas y jurídicas que resulten responsables, tras el pertinente Reglamento General de la potestad sancionadora de la Administración».

5.2.1. Abuso de posición dominante

La Ley 42-08 de Defensa de la Competencia establece en su sección II, artículo 6[433], lo concerniente al abuso de la posición dominante, y enumera

---

431 Sentencia TC/0162/13. Expediente número TC- 01-1998-0005, relativo a la acción directa de inconstitucionalidad incoada por Fuentes y Negocios, C. por A. y/o Walter Neurauter en contra del artículo 211 del Código de Trabajo.

432 Rivero Ortega, R. & Ortega Polanco, F. (2016). *Manual de Derecho administrativo.* Editora Búho, República Dominicana, Pág. 133.

433 a) Subordinar la decisión de venta a que el comprador se abstenga de comprar o de distribuir productos o servicios de otras empresas competidoras; b) La imposición por el proveedor, de precios y otras condiciones de venta a sus revendedores, sin que exista razón comercial que lo justifique; c) La venta u otra transacción condicionada a adquirir o proporcionar otro bien o servicio adicional, distinto o distinguible del principal; d) La venta u otra transacción sujeta a la condición de no contratar servicios, adquirir, vender o pro-

aquellas conductas prohibidas y tendentes a crear barreras injustificadas a terceros. específicamente seis (6) se incluyen dentro de los abusos de posición dominantes.

Asimismo, el apartado 2 del artículo 7 de la referida norma, en torno a la calificación de una conducta anticompetitiva, indica respecto a las imputaciones de abuso de posición dominante, están condicionadas al examen de la contribución o reducción de dicha conducta a la eficiencia económica mediante el análisis del efecto neto de dicha conducta, para evaluar si sus efectos son competitivos o anticompetitivos.

En tal sentido, en párrafos posteriores del mismo artículo 7, sostiene que quien persigue una sanción debe demostrar el efecto anticompetitivo de la conducta, mientras que quien es investigado le corresponde demostrar los posibles efectos pro-competitivos o de eficiencia económica.

Además, el demandante tendrá que evidenciar indicios que muestren la capacidad individual o colectiva de los investigados para generar barreras injustificadas a terceros en el mercado. Para ello, deberá comprobar que los investigados tienen posición individual o colectiva dominante sobre el mercado relevante. Al final, el citado artículo concluye estableciendo que una posición dominante en el mercado o su incremento por sí sola no constituye violación a la Ley 42-08 de Defensa de la Competencia.

También, la determinación de una posición dominante según el artículo 9 de la Ley 42-08 dependerá de considerar ciertos elementos, como son: la naturaleza y magnitud de barreras existentes al intentar penetrar al mercado; la participación en el mercado y el poder de fijar precios unilateralmente o de restricción de abastecimiento en el mercado relevante; participación de mercado en términos porcentuales (cuota de mercado); posibilidades de acceso de los demás participantes a fuentes de insumo; y, relación concurrencial y comportamiento reciente de participantes.

Por su parte, el mercado relevante para fines de su determinación deberá considerar seis (6) elementos, según señala el artículo 8 de la 42-08 de Defensa de la Competencia, que van desde: identificación del producto o

porcionar bienes producidos, distribuidos o comercializados por un tercero; e) La negativa a vender o proporcionar, ha determinado agente económico, bienes y servicios que de manera usual y normal se encuentren disponibles o estén ofrecidos a terceros; y cuando no existan, en el mercado relevante, proveedores alternativos disponibles y que deseen vender en condiciones normales. Se exceptúan aquellas acciones de negativa a negociar, por parte del agente económico, cuando exista incumplimiento de obligaciones contractuales por parte del cliente o potencial cliente, o que el historial comercial del cliente o potencial cliente demuestre un alto índice de devoluciones o mercancías dañadas, o falta de pago, o cualquier otra razón comercial similar; f) La aplicación, en las relaciones comerciales o de servicios, de condiciones desiguales para prestaciones equivalentes, que coloquen a unos competidores en situación de desventaja frente a otros sin que exista alguna razón comercial que lo justifique.

servicio cuyo mercado relevante se va a determinar; identificación del área geográfica correspondiente; probabilidad de sustituibilidad del bien o servicio por otro similar en cuanto a función, precio y características; costo de distribución del bien o servicio, teniendo en cuenta fletes, seguros, aranceles y cualquier otra medida que afecte su comercio; sustitución de la demanda para que consumidores puedan acudir a otros mercados alternos; y, restricciones normativas nacionales o internacionales que limiten acceso de consumidores a fuentes alternativas.

5.2.1.1. Informe de instrucción por abuso de posición dominante

Esta constituye la primera y única resolución sancionada por el Consejo Directivo de Procompetencia por abuso de posición dominante. Se inició con el Informe de instrucción mediante Resolución núm DE-001-2017, de fecha 31 de enero de 2017, dictada por la Dirección Ejecutiva, por constatar indicios razonables de prácticas contrarias a la Ley 42-08, en el mercado de producción, comercialización y distribución de la cerveza en la República Dominicana.

En ese sentido, dicha investigación tiene como antecedente el «Estudio de competencia en el mercado de cervezas de la República Dominicana post fusión: Cervecería Nacional Dominicana (CND) y Amber», llevado a cabo en junio del año 2015[434]. Según dicho estudio, CND-AMBEV se consolidó como la empresa líder en el mercado de cervezas con una participación de 99.1 % del mercado. En ese mismo documento se contempló que ocurrían prácticas anticompetitivas por parte de dicha compañía, con fines de imposición de barreras para comercializar, no solo cervezas, sino, otros productos.

Dentro de las motivaciones de la Dirección Ejecutiva para investigar el caso, cita que, en la práctica internacional de los regímenes de Defensa de la Competencia, un alto nivel de concentración de mercado o la detentación de una empresa de una participación de mercado superior al cincuenta (50 %) del mismo de forma sostenida, podría ameritar la atención de la autoridad de Competencia, puesto que su estructura podría tener ciertas ineficiencias.

Dicho órgano de investigación reconoce, además, que Procompetencia no posee la facultad de control de concentraciones, a los fines de prevenir efectos restrictivos de la competencia a partir de ese tipo de operaciones económicas.

---

434 Realizado por el economista Jaime Aristy Escuder y financiado por el Proyecto «Caribbean Compete» del Banco Interamericano de Desarrollo (BID). El objetivo fue analizar el comportamiento de mercado de cevezas luego de la fusión realizada en abril del año 2012, por la Cervecería Nacional Dominicana (CND) y AmBev Brasil Bebidas.

Sin embargo, ambas empresas eran competidoras y sus índices de concentración era altos de por sí, por lo que dicha fusión modificó inmediatamente la estructura de la industria en la que se llevó a cabo, pasando a conformar el 99 % del mercado en cuestión, lo que, sin lugar a dudas, afecta la competencia, pues disminuye el número de competidores efectivos, lo que puede facilitar el monopolio del mercado. Un mercado que le permite a dicha empresa por su amplia red de distribución, suplir más de treinta (30) mil clientes.

Por tanto, de manera concreta, la Dirección Ejecutiva en virtud de los artículos 36 y 42 de la Ley 42-08, como órgano de investigación de Procompetencia, al momento de observar dicho mercado, analizó el gran poder de mercado de CND-AMBEV, el alto índice de concentración de dicha empresa, así como los planteamientos sobre posibles conductas y hechos que afectaron el mercado en cuestión.

Al momento de remitir al Consejo Directivo el Informe de instrucción, la Dirección Ejecutiva responsabilizó a CND de ser la persona jurídica responsable de haber incurrido en prácticas violatoria del artículo 6, literales «a», «b» y «d» de la Ley 42-08, por lo que recomendó imponer sanciones conforme el artículo 61, literal «c», equivalentes de treinta (30) veces el salario mínimo a un máximo de tres mil (3,000) veces el salario mínimo del momento.

Para finalizar con esta etapa del proceso, la Dirección Ejecutiva también recomendó, además, que sea tomada en cuenta por el Consejo Directivo, la premeditación e intencionalidad y el alcance exclusorio de dichas conductas, de conformidad con el artículo 62 de la misma norma, así como decretar la suspensión de los actos infractores en el cuerpo de dicho informe.

5.2.1.2. Resolución 018-2018 dicta por el Consejo Directivo

Una vez culminada la fase de instrucción, la Dirección Ejecutiva traslada el caso al Consejo Directivo a través de un informe, a los fines de que dicho órgano decisor, en virtud de los artículos 31, 46 y siguientes de la ley 42-08 de Defensa de la Competencia, resuelva sobre su admisión o inadmisión, a partir de resolución debidamente motivada, en un plano de treinta (30) días hábiles, tomando en consideración los aportes de indicios necesarios.

En ese orden, para el caso en cuestión, el Consejo Directivo estimó que los argumentos y pruebas sustentadas en el Informe de Instrucción poseían fundamentos suficientes, por lo que emitió en fecha cinco (5) de enero del año 2018, la Resolución 001-2018, que ordena el inicio del Procedimiento Administrativo Sancionador contra la Sociedad Comercial Cervecería Nacional Dominicana, S.A., por observación y constatación de indicios razonables de la existencia de prácticas contrarias a la Ley 42-08 de Defensa de la Competencia, en el mercado de cervezas en la República Dominicana.

En tal sentido, por disposición del artículo 47, numeral 1) de la Ley 42-08 de Defensa de la Competencia, en fecha 9 de enero del 2018, la Dirección Ejecutiva notificó a CND la Resolución 001-2018 del Consejo Directivo, así como una versión no confidencial del Informe de instrucción. La respuesta de CND al Consejo Directivo, fue copia certifica del expediente. Lo cual hizo en fecha 17 de enero de 2018.

Asimismo, con la finalidad de darle cumplimiento a los artículos 69, 74.4 y 138 de la Constitución Dominicana y 31.c, 46 y 47 de la Ley 42-08 de Defensa de la Competencia, el Consejo Directivo notificó a la Dirección Ejecutiva el escrito de formulación de alegatos presentado por CND en contra del Informe instrucción y contra la Resolucción 001-2018 del Consejo Directivo.

En fecha 8 de febrero de 2018, el Consejo Directivo de Procompetencia convocó a la Dirección Ejecutiva y a CND, a los fines de comparecer a la audiencia de formulación y discusión de pruebas a celebrarse en fecha 5 de marzo de 2018, en virtud de los artículos 69, 74.4 y 138 de la Constitución Dominicana y 31.c, 46 y 47 de la Ley 42-08 de Defensa de la Competencia, así como, los artículos 4.9, 4.15, 4.29, 42 y 43 de la Ley 107.13 de procedimiento administrativo.

Tras la dinámica de las audiencias, los alegatos vertidos, la defensa expuesta, la presentación de documentación y otras cuestiones que surgen en las mismas, en la Resolución 018-2018, el Consejo Directivo indicó que no se considera ilegal la intención para una empresa, de triunfar sobre sus rivales, aun sea esta dominante.

Señaló que es precisamente por el poder de mercado de los dominantes, que existe responsabilidad especial de previamente conocer el impacto de su comportamiento en los que mercados y evitar aquellas estrategias que busque limitar o anular la libre y leal competencia.

Respecto a la determinación de la sanción, el Consejo Directivo estimó que la Dirección Ejecutiva sustentó en tiempo oportuno y en respeto del derecho de defensa del agente económico las acusaciones señaladas a faltas presumibles cometidas. Es sabido, que dentro de las atribuciones del Consejo Directivo se encuentra sancionar aquellos procesos administrativos sometidos por la Dirección Ejecutiva.

En tal aspecto, en virtud del artículo 4 de la Ley 107-13 sobre los Derechos de las Personas en sus Relaciones con la Administración y de Procedimiento Administrativo, la Administración Pública debe motivar sus actuaciones con la finalidad de justificar ante los administrados sus conclusiones, procurando con ello la transparencia debida y su estricto apego al Derecho. Por tanto, se hace necesario que la autoridad de Competencia siga los lineamientos vertidos por la referida norma.

También, al momento de valorar la sanción, el Consejo Directivo valoró los requisitos del principio de proporcionalidad: test de idoneidad, test de necesidad y test de proporcionalidad. Según hace constar, las tres conductas tipificadas por la Dirección Ejecutiva fueron contrastadas por el Consejo Directivo, por lo que declaró la «gravedad» del caso y de ahí la severidad de la sanción.

Y, bajo el criterio de que las empresas con posición dominante en un mercado tienen una especial responsabilidad de cara al mercado por el poder que poseen, el Consejo Directivo sostuvo que el agente económico utilizó su posición dominante para limitar la competencia en el mercado de cervezas, lo que catalogó de haber generado un mercado particular con condiciones desfavorables para la competencia igualitaria.

Es relevante señalar, que el principio de proporcionalidad hace alusión a que la sanción debe corresponderse con la infracción. Ni más ni menos, aunque lo más cercano a lo justo. Lo ideal es que, en el procedimiento administrativo, la sanción deba aplicarse a partir de parámetros de gradualidad, como, por ejemplo: intencionalidad, reiteración, perjuicios o reincidencia.

En ese aspecto, el artículo 38 de la Ley 107-13 sobre los Derechos de las Personas en sus Relaciones con la Administración y de Procedimiento Administrativo, indica a partir de sus párrafos I y II, que las sanciones pecuniarias aplicables a la comisión de las infracciones tipificadas no podrán ser más beneficiosas para el infractor que el cumplimiento de las normas infringidas. Además, que en la imposición de las sanciones a que haya lugar se deberá guardar la debida adecuación entre el hecho constitutivo de la infracción y la sanción efectivamente aplicada.

También, el principio de proporcionalidad evoca un criterio de justicia, siempre en clave de garantía de máxima intangibilidad de la esfera de intereses del individuo frente a la intervención pública. Concepción, indica que este principio opera dentro de la lógica regla-excepción, donde la regla es la máxima operatividad del derecho o libertad y la excepción es su restricción o limitación[435].

En consecuencia, a esas razones y otras más específicas contenidas en la Resolución 018-2018, el Consejo Directivo impuso la sanción de tres (3) mil salarios mínimos, es decir, en ese momento, cuarenta y seis mil trescientos cuarenta y dos mil ochocientos pesos dominicanos (46, 342, 800.00), partiendo de que en ese momento el salario mínimo de las empresas grandes fue de quince mil cuatrocientos cuarenta pesos con sesenta centavos (15,447.60).

Finalmente, es importante señalar que en caso desacatar el pago de la sanción impuesta, el artículo 61, párrafo IV de la Ley 42-08 de Defensa de la Competencia, plante el aumento de un tres (3 %) por ciento mensual del monto original en caso de retardo en la realización del pago. Sobre el cese

435 Concepción, F. (2016). *Ley 107-13 apuntada.* Impresora Soto Castillo, 1.ª Edición. Santo Domingo, Rep. Dom. Pág. 83.

inmediato de la conducta, la norma ordena la paralización de la distorsión provocada por el comportamiento del infractor, lo que hizo el Consejo a través de la resolución.

5.2.1.3. Plan de cumplimiento

En fecha 17 de febrero de 2022, la Dirección Ejecutiva de Procompetencia, mediante el oficio núm. CD-IN-2021-1568 que remitió el Plan de Cumplimiento Cervecería Nacional Dominicana, en lo adelante, CND, recibido mediante instancia C-0936-2021, de fecha 15 de diciembre de 2021. Es preciso resaltar que, hasta la fecha, es el único plan de cumplimiento en la materia en República Dominicana.

Sin embargo, siempre será oportuno resaltar los antecedentes importantes que dan al traste con la toma de posiciones en la actualidad. Una forma de justificar el sometimiento del citado plan al Consejo Directivo de la entidad es a raíz la aprobación de la Resolución núm. 013-2017 del órgano decisor de Procompetencia, mediante la cual el mismo estableció los *«Lineamientos generales para planes de cumplimiento en materia de políticas de competencia»,* con el interés de poner a disposición de los agentes económicos lineamientos generales acordes con las disposiciones de la Ley General de Defensa de la Competencia, núm. 42-08, para la elaboración de sus planes de cumplimiento, según hizo constar la directora ejecutiva en la antes mencionada misiva.

Es importante resaltar que, un Plan de cumplimento, conocido por su denominación anglosajona como *«compliance programme»*, es un programa elaborado por iniciativa propia o facultativa de los agentes económicos con el objetivo de informar e instruir a los miembros de la empresa (directivos y empleados) sobre las conductas anticompetitivas prohibidas por las disposiciones legales vigentes, así como para evitar que incurran en dichas prohibiciones[436].

En el apartado IV, página 18 de la Resolución 013-2017, sobre los lineamientos aprobados enuncia una lista requisitos mínimos que un programa de cumplimiento debe contener para, a entender de Procompetencia, obtener los beneficios que conlleva la implementación de estas medidas a lo interno de las empresas, y adicionalmente, poder ser objeto de revisión y reconocimiento en el portal Web de esta institución en caso de que los mismos estén preparados conforme los indicados lineamientos.

Asimismo, para el Plan de Cumplimiento CND fueron considerados criterios para la evaluación de compatibilidad, que van desde identificar los

---

436 Tomado de los Lineamientos generales para planes de cumplimiento en materia de política de competencia, aprobados por Procompetencia mediante Resolución núm. 013-2017, Apartado III, p. 8

posibles riesgos de infracción, actuales o potenciales, que posee su empresa en materia de libre competencia, reconocer las áreas y/o actividades de su empresa más propensas a incumplir la Ley, construir una matriz con controles para cada tipo de riesgo, identificar por áreas de riesgos qué contenidos de la normativa son relevantes a la hora de educar a sus empleados y colaboradores sobre el cumplimiento de la Ley 42-08 de Defensa de la Competencia, hasta remitir a Procompetencia el Plan de Cumplimiento actualizado de manera semestral para fines monitoreo y archivo.

También cabe destacar que, el Plan de Cumplimiento CND hace referencia dentro de su propio contenido a la existencia de cuatro documentos relevantes, tales como: la Matriz de Control de Riesgos de Infracción a la Ley núm. 42-08 de Defensa de la Competencia, levantada por CND, que figura como el anexo I del Plan de Cumplimiento CND, la *«Política de Cumplimiento en materia de defensa de la libre competencia de Cervecería Nacional Dominicana»*, de fecha 19 de agosto de 2021 (en lo adelante, «Política DLC»), que figura como el anexo II del Plan de Cumplimiento CND, la *«Política del Denunciante ABI»*, cuya fecha de emisión se desconoce, documento que no ha sido aportado a Procompetencia en el marco de la solicitud; y, el «Reglamento de Cumplimiento en materia de competencia de la Compañía», cuya fecha de emisión se desconoce, documento que no ha sido aportado a Procompetencia en el marco de la solicitud[437].

En ese orden de las cosas, la Dirección Ejecutiva llamó la atención sobre la existencia de dos documentos que, conforme se desprende de la lectura del Plan de Cumplimiento CND y la Política DLC que lo complementa en su anexo 2, contienen contenido de valor para la presente evaluación. Sin embargo, precisa el órgano persecutor que dichos documentos no fueron aportados, por lo que, al ser desconocido para Procompetencia, las referencias a los mismos contenidas en el plan no podrán ser consideradas como acordes a los lineamientos para planes de cumplimiento aprobados por Procompetencia.

De igual manera, indica la DE que lo ideal habría sido que el Plan de Cumplimiento CND y la Política DLC que lo complementa, contemplen dentro su contenido, toda la información y/o instrucciones que sean necesarias para establecer procedimientos de detección de posibles conductas anticompetitivas, y en su caso, establecer medidas que permitan minimizar los riesgos que puede enfrentar la empresa en materia de Defensa de la Competencia. Agrega que, eviten hacer remisiones a otros documentos de la empresa, de manera que se conviertan en un documento autónomo y autosuficiente.

437 Se indica que la Política de Cumplimiento en materia de defensa de la libre competencia de Cervecería Nacional Dominicana, es parte integral del Reglamento de Cumplimiento en materia de competencia de la compañía y que debe leerse junto con este. «Política de Cumplimiento en materia de defensa de la libre competencia de Cervecería Nacional Dominicana», p. 5.

Es preciso señalar que, en cuanto a la identificación de riesgos, el Plan de Cumplimiento CND, presenta un análisis de riesgos que se circunscribe a la identificación de las prácticas prohibidas por la Ley 42-08 de Defensa de la Competencia, dentro de la cual CND expone el nivel de exposición de la empresa a cada conducta a partir de lo establecido en la Resolución núm. 018-2018 que la sancionó y a los requerimientos del Plan de Desmonte que le fue requerido en virtud de aquella.

Desde la perspectiva de la Dirección Ejecutiva, la llamada identificación de riesgos presenta errores o inconsistencias tendentes a limitar las conductas retenidas y sancionadas por Procompetencia, mediante Resolución núm. 018-2018 del Consejo Directivo y al *Plan de Desmonte presentado por CND en cumplimiento de las disposiciones de la Resolución núm. 018-2018 del Consejo Directivo de Procompetencia*, sin contemplar acciones, actividades u omisiones, basadas en antecedentes y eventos futuros de la política del agente económico, que conlleven la exposición a riesgos en relación a las conductas prohibidas por la Ley 42-08.

En torno a las conductas que no fueron observadas o retenidas por Procompetencia, señaló la DE que CND establece que ésta, ni sus asesores y consultores no detectaron *«ningún riesgo particular o significativo de infracción a este numeral»,* lo cual llama poderosamente la atención del órgano de investigación, puesto que a modo de ejemplo, el simple hecho de que la empresa es distribuidora de un amplio catálogo de productos, la expone al riesgo de que puedan establecerse estrategias comerciales de ventas atadas o condicionadas que podrían configurar la conducta tipificada en el literal «c» del artículo 6, que dicha conducta no fuera sancionada u observada en la resolución núm. 018-2018, no elimina el indicado riesgo al que se expone la empresa atendiendo a su tamaño y entramado empresarial.

Ahora bien, resalta la DE que, respecto a las medidas de control, se verifica que las mismas se concentran en la realización de capacitaciones y en la modificación o eliminación de condiciones específicas de los contratos que celebra CND con sus clientes, conforme las exigencias de Procompetencia.

Sin embargo, a juicio es la misma Dirección Ejecutiva (DE), quien sostuvo que las mencionadas medidas no garantizan el control o seguimiento del respeto de la política de cumplimiento de la empresa por parte de los trabajadores. La DE contempla el ejemplo, de que un agente de ventas puede asistir a todas las capacitaciones que imparte la empresa, pero eso no garantiza que, en el ejercicio de sus labores, de cumplimiento estricto a la política de cumplimiento elaborada por la empresa.

De igual manera, indica el órgano de instrucción que no todas las relaciones de CND se encuentran sustentadas en contratos comerciales, por lo que entiende que el hecho de que se haya eliminado cláusulas contractuales calificadas como anticompetitivas no garantiza que en las relaciones de comercialización y venta no se impongan condiciones abusivas a clientes que no posean suficiente poder de negociación.

No obstante, la DE pide Recordar ante el Consejo Directivo que dicha herramienta no sólo implica la adopción de medidas de información y capacitación a los trabajadores y directivos sobre las conductas prohibidas y cómo evitar la vulneración de dichas prohibiciones, sino que, además, la función de estos programas es controlar y vigilar el cumplimiento normativo, es decir, prevenir y detectar. Es por ello que planteó que las medidas de control propuestas no tienen vocación de cumplir dicha función de vigilancia y control del cumplimiento.

En sus conclusiones, la DE recomendó al CD, devolver al agente económico Cervecería Nacional Dominicana, S. A., El *«Plan de Cumplimiento en materia de política de competencia para Cervecería Nacional Dominicana»*, depositado mediante instancia de fecha 15 de diciembre de 2021 por sus abogados, y sus anexos, a los fines de que puedan subsanar las insuficiencias y completar su contenido, de conformidad con los planteamientos expuestos anteriormente, y sea nuevamente sometido a revisión por parte de Procompetencia.

Y, en un segundo punto, recomendar a la Cervecería Nacional Dominicana, S. A. que instrumente el contenido de su plan de cumplimiento de manera consolidada bajo un único documento que, al margen de cualquier remisión, directa o indirecta a otro documento, permita que Procompetencia pueda evaluar su compatibilidad con los «Lineamientos generales para planes de cumplimiento en materia de políticas de competencia» de Procompetencia, aprobados mediante la Resolución núm. 013-2017 del Consejo Directivo.

5.2.1.4. Estado del Plan de cumplimiento

El 14 de junio de 2022, en una comunicación dirigida al Consejo Directivo de Procompetencia, la oficina que representa al agente económico antes citado solicitó una prórroga en torno al Informe Anual de Desmonte, donde hace constar que, hasta un máximo de cinco (5) años, se realizará la verificación del cumplimiento de las obligaciones sobre contratos de exclusividad de promoción, vetas y neveras por parte dicha empresa sancionada.

Agregaron estar conscientes de su responsabilidad de entre del primer informe anual cuya fecha límite era el sábado 18 del mencionado mes y año o el siguiente día laborable, que sería el 20.

En cuanto a ese único aspecto, el Consejo Directivo votó de manera unánime para que le sea otorgada la prórroga antes solicitada, siendo coherentes con el principio de buena administración, coherencia y razonabilidad. Además, el agente económico a través de sus representantes hizo lo correcto de manera respetuosa y a tiempo.

5.2.2. Prácticas colusorias (Cartel)

En fecha 9 de febrero de 2018, la Dirección Ejecutiva de Procompetencia, inició de oficio a través de la resolución número DE-003-2018, una investigación con motivo de la observación de «indicios razonables» de existencia de prácticas contrarias a la Ley 42-08 de Defensa de la Competencia, en el mercado de medicamentos en la República Dominicana, con la finalidad de comprobar de ciertas prácticas concertadas y acuerdos anticompetitivos según lo contemplado en el artículo 5 de la referida norma. Esta constituyó la fase de inicio del proceso.

El 9 de marzo de 2018, la Dirección Ejecutiva de Procompetencia procedió a notificar la precitada resolución, a los fines de otorgarle un plazo de 20 días hábiles para que presenten sus respectivos escritos de contestación con los argumentos y medios de defensa.

Posteriormente, la Dirección Ejecutiva de Procompetencia solicitó al Consejo Directivo, autorización para practicar una diligencia probatoria para visitar a modo de inspección a las oficinas de uno de los agentes económicos investigados. El Consejo Directivo aprobó la solicitud del órgano instructor para requerir autorización judicial correspondiente con el auxilio del Ministerio Público, siendo el 19 de noviembre de 2018 cuando se depositó ante la procuradora fiscal del Distrito Nacional, dicha solicitud.

Más adelante, el 13 de diciembre de 2018, fue realizada la inspección en las instalaciones de uno de los cuatro agentes económicos investigados, donde se recogieron documentos e informaciones a través del Acta de Entrega Voluntaria de Objetos de la misma fecha., tal como lo ordenó el juez coordinador de los juzgados de instrucción del Distrito Nacional.

Fin de la etapa de instrucción. El 15 de enero de 2019, la Dirección Ejecutiva presentó ante el Consejo Directivo el «Informe de instrucción del procedimiento de investigación iniciado mediante Resolución núm DE-003-2018, de fecha 9 de febrero de 2018», en contra de los cuatro agentes económicos envueltos, en el que la Dirección Ejecutiva consideró que se habían acreditado conductas contrarias y violatorias a la Ley 42-08, por lo que podrían ameritar sanciones.

Asimismo, la Dirección Ejecutiva solicitó al Consejo Directivo imponer sanción a los agentes económicos, en virtud del artículo 61.a[438], de la Ley 42-08, entre 30 y 3000 veces el salario mínimo. Solicitó tomar en consideración a

438 De las sanciones. A quienes incurran en las prácticas y conductas prohibidas señaladas en esta ley, la Comisión Nacional de Defensa de la Competencia, sin perjuicio de las sanciones penales y civiles, atendiendo a la gravedad de la infracción, podrá aplicar las siguientes sanciones: a) Por haber incurrido en las prácticas contempladas en el Artículo 5, Incisos a), c), d) y e), multas mínimas equivalentes a 30 veces el salario mínimo, y máximas equivalentes a 3000 veces el salario mínimo.

dos de los cuatro agentes económicos por haber experimentado descenso en las utilidades económicas derivadas de los productos objeto de investigación, uy por haberse distanciado en la práctica del cartel en cuestión. Y, por último, realizar los cálculos de la estimación del daño de conformidad con los «Criterios técnicos para la determinación y cuantificación del daño ocasionado por prácticas contrarias a la libre competencia»[439].

Procedimiento ante el Consejo Directivo. Posteriormente, en fecha 22 de febrero de 2019, el Consejo Directivo emitió la resolución número 003-2019 «Que acoge el informe de instrucción presentado por la Dirección Ejecutiva en el marco del procedimiento de investigación iniciado a través de la Resolución 003-2018 y ordena el procedimiento administrativo sancionador en contra de las sociedades comerciales en cuestión, por observarse indicios razonables de presuntas prácticas concertadas y acuerdos anticompetitivos en el mercado de comercialización, venta y/o distribución de medicamentos en la República Dominicana».

En ese tenor, el Consejo Directivo decidió ordenar la celebración de una audiencia pública a los fines de ser presentados y discutidos los medios de defensa de los agentes económicos imputados. Esto en rigor del artículo 69 de la Constitución dominicana, en cuanto a la tutela judicial como garantía. Esta fase probatoria conlleva una serie de actuaciones procesales, en virtud de los artículos 31, 46 y siguientes de la Ley 42-08 de Defensa de la Competencia, a los fines de admitir y dar inicio al procedimiento administrativo sancionador.

Una vez notificado por el Consejo Directivo de Procompetencia, todos los agentes económicos presentaron sus escritos y solicitudes. Fue el 30 de mayo de 2019 cuando se conoció la primera audiencia de cuestiones preliminares, conforme lo ordena el artículo 47, numeral 1) de la ley 42-08 de Defensa de la Competencia[440].

Asimismo, en esta primera audiencia el Consejo Directivo acogió peticiones de dos de los cuatro agentes económicos investigados, además de una petición que formuló la dirección Ejecutiva, por lo que se convocó una nueva audiencia.

El Consejo Directivo indicó como doctrina que «el proceso administrativo es la herramienta que permite obtener las informaciones requeridas en el

439 Dichos «Criterios» dieron aprobados por el Consejo Directivo de Procompetencia a través de la Resolución núm. 021-2017, de fecha 26 de octubre de 2017.

440 Fase probatoria. En la fase probatoria el procedimiento decisorio ante el Consejo Directivo de la Comisión Nacional de Defensa de la Competencia es el siguiente: 1. Si el Consejo Directivo admitiese a trámite el expediente, lo pondrá de manifiesto mediante oficio notificado a los interesados, quienes en un plazo de quince (15) días hábiles, podrán solicitar la celebración de audiencia pública y proponer las pruebas que estimen necesarias, sobre cuya pertinencia resolverá el Consejo Directivo...

curso de los procedimientos, para luego de recolectar la información adoptar la mejor decisión de conformidad con cada casuística»[441].

También, lo señalado por el artículo 26 de la ley 107-13 sobre los Derechos de las Personas en sus Relaciones con la Administración y de Procedimiento Administrativo, en el sentido de que «la Administración de oficio, deberá recabar todas las pruebas necesarias para adoptar la mejor decisión...»

Ahora bien, en el marco de la primera audiencia el Consejo Directivo dejó claro que «se debe recordar que es en la fase instructora donde se dispone la recolección de pruebas por parte del órgano instructor»[442], por lo que le fueron rechazada las referidas solicitudes en aquella primera audiencia del 30 de mayo de 2019.

Sin embargo, agregó que cuando sea de interés y para edificarse mejor, «el Consejo Directivo de conformidad con lo que dispone el numeral 2 del artículo 47 de la Ley 42-08 de Defensa de la Competencia, puede disponer la práctica de medios probatorios que estime necesarios, siempre y cuando sea una reproducción de los practicados por el órgano instructor»[443].

Más adelante, en fecha 28 de junio de 2019 fue la segunda audiencia. Uno de los agentes económicos solicitó tener acceso completo al expediente y otro requirió les fueran entregadas versiones confidenciales en reuniones sostenidas por la Dirección Ejecutiva. Sobre lo primero, el Consejo Directivo le requirió a todas las artes envueltas que se expresaran, por lo que todas estuvieron de acuerdo a la entrega de dichos documentos confidenciales, cumpliendo el Consejo Directivo con la voluntad de las partes En cuanto a lo segundo, el órgano sancionador decidió suspender la audiencia, a los fines de ponderar y decidir respecto a la precitada solicitud.

En consecuencia, el 19 de agosto de 2019, fueron convocados a la tercera audiencia de pruebas del asunto en cuestión, que se celebraría el 5 de septiembre de 2019. No fue posible en esta fecha, pues el Consejo fue apoderado de un recurso de reconsideración interpuesto por uno de los agentes económicos en fecha 3 de septiembre de 2019, y debía decidir antes, siendo decidido el mismo mediante Resolución 010-2019, de fecha 11 de noviembre de 2019.

Por consiguiente, se conoció el 12 de enero de 2020 la audiencia pendiente. Al final, cinco (5) audiencias fueron llevadas a cabo, siendo la última en mayo de 2021, donde se presentaron incidentes y fueron acumulados para ser fallado con el fondo, los cuales fueron rechazados todos los presentados por cada agente económico.

---

441 Cita del Consejo directivo en la Resolución 010-2021, publicada en: https://procompetencia.gob.do/wp-content/uploads/2021/06/resolucion-num-010-2021-version-publica.pdf

442 Párrafo 99, Resolución 010-2021, publicada en: https://procompetencia.gob.do/wp-content/uploads/2021/06/resolucion-num-010-2021-version-publica.pdf

443 Párrafo 100, Resolución 010-2021, publicada en: https://procompetencia.gob.do/wp-content/uploads/2021/06/resolucion-num-010-2021-version-publica.pdf

En conclusión, declaró responsable de violar el literal a) del artículo 5 de la ley 42-08, respecto a prácticas concertadas y acuerdos anticompetitivos por acordar precios y descuentos, a los cuatro agentes económicos, en virtud de los artículos 61 y 62 de la referida norma.

Las sanciones oscilan desde 38 salarios mínimos, a la sazón, unos RD$669,200.80 pesos dominicanos, al agente económico J.GASSO GASSO; MERCANTIL FARMACEUTICA, a 167 salarios mínimos, específicamente RD$2,940,970.20 pesos dominicanos; al agente económico PROFARMA INTERNACIONAL, a 315 salarios mínimos, equivalente a RD$5,547,339.00; y, por último, al agente económico SUED & FARGESA, por 281 salarios y un monto de RD$4,948,578.60 pesos dominicanos.

Dichos montos deben ser pagado en un plazo no mayor de treinta (30) días a partir de la notificación de la resolución y, de no hacerlo en esa fecha, será aumentado en un 3 % de interés mensual en caso de retardo en la realización del mismo, en virtud del artículo 61, párrafo IV de la Ley 42-08 de Defensa de la Competencia.

5.2.3. Competencia desleal

En noviembre de 2022, el Consejo Directivo de la Procompetencia, decidió mediante Resolución núm. 009-2022, hacer uso de sus facultades como órgano decisor, a los fines de la tutela de la libre y leal competencia, en virtud de la Ley 42-08 de Defensa de la Competencia. Lo relevante de dicha resolución es que, se delimitan los bienes jurídicos envueltos, entre la recién citada legislación en materia de competencia y la Ley 20-00 sobre protección de la Propiedad Industrial. Ambos derechos fundamentales contenidos en los artículos 50 y 52 de Carta Magna dominicana.

Asimismo, la antes mencionada decisión cita a Medina, quien se sostiene que el «conjunto de principios y reglas que condicionan la actuación administrativa para la sujeción al derecho fundamental a la Buena Administración, permiten que las instituciones gubernamentales puedan adoptar las medidas que consideren necesarias para garantizar los derechos de las personas, "siempre y cuando actúen dentro de sus competencias y no adopten medidas *contra legem* o *contra ius*"»[444].

Es preciso establecer que, se trata de que el Consejo Directivo decida si el caso será admitido o inadmitido a etapa decisoria, por lo que previamente, siempre que sea el interés de la Dirección Ejecutiva, ésta elabora el Informe de Instrucción y organiza las piezas del expediente que lo acompaña, entonces el caso debe pasar a la fase decisoria, resolución que debe ser emitida

444 Medina Reyes, R. (2020). *La administración del Estado Social y Democrático de Derecho*. Librería Jurídica Internacional, República Dominicana, p. xxxi

por el Consejo Directivo, de acuerdo con lo establecido en el artículo 46 de la Ley núm. 42-08 de Defensa de la Competencia, citado a continuación:

> «Admisión a trámite del expediente. El Consejo Directivo, recibido el expediente, deberá resolver sobre su admisión o inadmisión, mediante resolución motivada, en un plazo máximo de treinta (30) días hábiles, teniendo en cuenta si se han aportado al mismo los antecedentes necesarios».

También, esta resolución aborda lo relativo al principio de separación entre la función instructora y la sancionadora, consagrado en el artículo 42 de la Ley núm. 107-13 sobre los Derechos de las Personas en sus Relaciones con la Administración y de Procedimiento Administrativo, por lo que, «es atribución de este órgano, como parte de su motivación, apreciar los actos administrativos previos, así como las actuaciones de investigación practicadas por la Dirección Ejecutiva, para adoptar una decisión bien informada en relación con este expediente».

En ese sentido, al Consejo Directivo le corresponde contrastar la solicitud formulada por el órgano instructor, en el informe de instrucción con la comprobación de cada uno de los elementos establecidos en el artículo 43, numeral 1, de la Ley núm. 42-08 de Defensa de la Competencia sobre el contenido de un informe de instrucción, citado a continuación[445]:

> 1. Informe de instrucción. Una vez instruido el expediente, la Dirección Ejecutiva lo remitirá al Consejo Directivo, acompañándolo de un informe que exprese las conductas observadas, las evidencias que la demuestran, sus antecedentes, sus autores, los efectos producidos en el mercado, la calificación que le merezcan los hechos y las responsabilidades que corresponden a los autores.

En ese tenor, hace alusión a que «un acto de admisión a trámite debe comprobar que el acto de instrucción contiene: a) los antecedentes del caso; b) los agentes económicos señalados como autores de las conductas; c) las conductas tipificadas por la Ley núm. 42-08 de Defensa de la Competencia observadas durante la fase de investigación con las evidencias que lo demuestran; d) los efectos producidos por la conducta en el mercado; e) la calificación que le merezcan los hechos; y d) responsabilidad que corresponden a los autores»[446].

La importancia que reviste este fallo consiste en que se trata de una decisión cuyos efectos futuros serán precedentes vinculantes, pues permite delimitar, tal cual se estableció anteriormente, los actos de competencia desleal que plantean los artículos 10 y 11 de la Ley 42-08 de Defensa de la Competencia, en contraste, con lo que plasma al respecto, una ley anterior, la 20-00, a partir del artículo 176.

445 Resolución número 009-2022, emitida por el Consejo Directivo de la Procompetencia.

446 *Ibidem.*

Es por lo que, se edifica en torno al propósito de esa etapa transicional, la cual consiste «en agotar una evaluación niveladora del control imparcial del órgano decisor, a fin de evitar que la parte denunciada sea sometida de forma arbitraria e injustificada a los rigores de un procedimiento administrativo sancionador; entiéndase no solo a los rigores económicos para la institución y para las partes, sino en cuanto al costo social que implica la publicidad de los procesos en confrontación con la dignidad del agente económico investigado, la protección de su honra, su reputación empresarial y el estricto respeto al debido proceso en su favor»[447].

Agrega que, los actos de Competencia Desleal han representado la causa más común de recibir denuncias por violación de la norma. Desde 2017 a 2022, de los veintiún (21) casos investigados por la Dirección Ejecutiva desde el inicio del ejercicio de su función, nueve (9) expedientes han versado sobre presunta comisión de actos de competencia desleal. Sin embargo, llama la atención que, de las ocho (8) investigaciones este es el primero con una solicitud de determinación y sanción por dicha causal.

5.2.3.1. Incidencia del derecho a la buena administración

La Ley 107-13 sobre los Derechos de las Personas en sus Relaciones con la Administración y de Procedimiento Administrativo en su artículo 4, plantea que se reconoce el derecho de las personas a una buena Administración Pública. Según indica, este se concreta, en derechos subjetivos de orden administrativo, como son: a la tutela administrativa efectiva, a la motivación de las actuaciones administrativas, a una resolución administrativa en plazo razonable, e una resolución justa de las actuaciones administrativas, a presentar por escrito peticiones, a una respuesta oportuna y eficaz de las autoridades administrativas, a ser informado, a ser tratado con cortesía y cordialidad, entre otras prerrogativas recogidas en una catalogo en treinta y dos numerales.

Ahora bien, en la resolución de marras, se hace constar que la Dirección Ejecutiva, hasta el Informe de Instrucción, había comprendido su deber de Buena Administración en la Defensa de la Competencia Desleal, pero, a modo de crítica se sostiene que «ninguno de los actos tipificados por la cláusula general del artículo 10 de la Ley núm. 42-08 de Defensa de la Competencia o las modalidades de actos de Competencia Desleal del catálogo del artículo 11 de la citada norma, ha motivado, hasta la fecha, investigaciones promovidas de oficio por la Dirección Ejecutiva»[448].

En ese sentido, se presenta una oportunidad para sentar un precedente vital en los siguientes casos que se diluciden, ya que el Consejo Directivo

447 Resolución 009-2022, *op. cit.* Pág. 1

448 Resolución 009-2022, *op. cit.* Pág. 4

estableció aquellos criterios que en su opinión deben motivar los actos administrativos de inicio de investigación, así como la instrucción de un expediente sancionador por alguna de las causales de competencia desleal tipificadas por la Ley 42-08 de Defensa de la Competencia.

Es menester sostener que, el legislador dominicano no obstante haber otorgado «la facultad decisoria de declarar una violación de conductas previstas en los artículos 10 y 11 de la Ley núm. 42-08 de Defensa de la Competencia; le confiere, además, en virtud del artículo 50 de la misma ley, la potestad de imponer una sanción administrativa de especial valor para los agentes económicos afectados por estas conductas: la orden de cese»[449].

En ese mismo orden, este acto administrativo resulta ser un gran referente en la materia, ya que en torno a las garantías derivadas por la parte que se ve afectada por el caso de una conducta declarada desleal por el órgano administrativo, indica que «aquel el agente económico lesionado, que, una vez dictada una decisión sancionadora, presente una acción judicial en reparación en daños y perjuicios en la instancia jurisdiccional competente, de conformidad con la vía habilitada en el artículo 63[450] de la Ley núm. 42-08 de Defensa de la Competencia, obtiene un beneficio especial».

Así también lo señala el párrafo I del artículo 15 de la Ley 107-13 sobre los Derechos de las Personas en sus Relaciones con la Administración y de Procedimiento Administrativo, al establecer que es finalidad del procedimiento administrativo expuesto en la referida norma, garantizar el acierto de la decisión administrativa, al tiempo que se asegura la protección de los derechos e intereses de las personas.

Por lo tanto, se hace constar que el Consejo Directivo es la instancia decisora con potestad sancionadora, además de ser la responsable principal del organismo rector de la Política de Competencia en la jurisdicción nacional. Esto se afirma aún más haciendo constar que este se encuentra en la «capacidad de ofrecer al tribunal de derecho común, un análisis económico de una conducta de Competencia Desleal determinada, así como de sus efectos adversos al interés público económico. Para acceder a la valiosa contribución a esa teoría general de las obligaciones prevista por la Ley núm. 42-08 de Defensa de la Competencia, los agentes económicos de los diferentes mercados afectados por actos de competencia desleal son acreedores de una garantía particular»[451].

449 *Ibidem*

450 Artículo 63.- De los daños y perjuicios causados. Los agentes económicos que hayan demostrado durante el procedimiento administrativo sancionador de una conducta restrictiva de la competencia, haber sufrido daños y perjuicios por causa de la misma, podrán deducir su acción por la vía judicial, para obtener la indemnización correspondiente.

451 Resolución 009-2022, *op. cit.* Pág. 6

Un ejemplo de Buena Administración fue cuando la Dirección Ejecutiva, debido a informaciones vertidas en la denuncia eran imprecisas, por lo que, esta última solicitó al agente económico denunciante que «identifique de manera precisa en cuál de las modalidades o tipo infractor contenidos en el artículo 11 de la Ley núm. 42-08 de Defensa de la Competencia, se enmarcan los hechos descritos en su denuncia como actos de competencia desleal»[452].

5.2.3.2. Decisión del caso

Luego de haberse agotado la fase de instrucción e investigación, la Dirección Ejecutiva presentó al Consejo Directivo el *«Informe de Instrucción del procedimiento de investigación iniciado mediante Resolución núm. DE-020-2021, de fecha 11 de octubre de 2021, que ordena el inicio de un Procedimiento de Investigación con motivo de la denuncia interpuesta por la sociedad comercial Loto Real Cibao, S.A. contra el señor Jhonny Zabala Alcántara, en su calidad de propietario de bancas de lotería denominadas "Banca Mi Esperanza", por la presunta comisión de actos de competencia desleal que podrían configurar una infracción a la Ley General de Defensa de la Competencia, núm. 42-08»*.

Asimismo, se hace constar en la comentada resolución que, la Dirección Ejecutiva decidió declarar confidencial ciertas informaciones sumistradas, en respeto al apego constitucional y legal que plantea le norma 42-08 de Defensa de la Competencia, su Reglamento de aplicación 252-20 y la Ley 200-04 de Libre Acceso a la Información, lo que consideró el Consejo Directivo, como garante de tales derechos.

En otro orden, un aspecto que tomó en consideración el Consejo Directivo al momento de analizar el presente caso, es lo relativo a alegados usos contrarios a la buena fe y derechos de un titular de signos distintivos registrados ante la Oficina Nacional de Propiedad Industrial (ONAPI), en cuya Ley 20-00, artículo 177, se establece que «constituyen actos de Competencia desleal los siguientes, entre otros: a) Los actos susceptibles de causar confusión o un riesgo de asociación con respecto a los productos, los servicios, la empresa o el establecimiento ajenos; (...) c) Usar o propagar indicaciones o alegaciones susceptibles de engañar o causar error con respecto a la procedencia empresarial, el origen geográfico, la naturaleza, el modo de fabricación, la aptitud para su empleo o consumo, la cantidad u otras características de productos o servicios propios o ajenos».

Sin embargo, es menester sostener el énfasis que hace la resolución de marras en cuanto lo que plantea el artículo 70 de la Ley 42-08 de Defensa de la Competencia, respecto a que dicha «ley deroga y sustituye cualquier otra

452 *Ibidem.*

legislación que le sea contraria, con excepción de lo dispuesto por legislaciones sectoriales en materia de competencia, en consonancia con lo establecido en el Artículo 19 de esta ley». Es decir, en asuntos de signos distintivos se debe respetar lo que plantea en este asunto la Ley 20-00.

Es así, pues, como el Consejo Directivo consideró que el caso presentado por la Dirección Ejecutiva no podía ser admitido por cuatro motivos, que parten de que los actos de confusión y engaño tipificados por la Ley núm. 20-00 sobre Propiedad Industrial protegen un bien jurídico distinto a los actos de confusión y engaño, de la Ley núm. 42-08 de Defensa de la Competencia. Y explica que los primeros se relacionan con la protección efectiva de derechos de propiedad industrial y, los segundos, protegen la Competencia efectiva y la eficiencia económica; esto quiere decir que ambas leyes garantizan tutelas de Competencia Desleal para la protección de bienes jurídicos que responden a «vértices constitucionales diferenciados».

También, que el alcance material de las prohibiciones del artículo 177 de la Ley núm. 20-00 y las del artículo 11 la Ley núm. 42-08 de Defensa de la Competencia son notoriamente distintas, esto en el mismo sentido que el motivo anterior. Es relevante indicar que la reserva legal del artículo 183 de la Ley núm. 20-00 sobre Propiedad Industrial, se mantiene. Y, por último, que es menester respetar la regla de subsidiariedad contenida en el Principio de Unidad de Ordenamiento del artículo 2 de la Ley núm. 42-08 de Defensa de la Competencia, reiterada por los artículos 69 y 70 para la materia de propiedad industrial.

Es relevante hacer valer un aporte doctrinal del Consejo Directivo, a raíz del presente caso, en el que Consejo Directivo en virtud del principio de ejercicio normativo del poder, consagrado en la Ley núm. 107-13 sobre los Derechos de las Personas en sus Relaciones con la Administración y de Procedimiento Administrativo, estima que las competencias y potestades de los órganos internos de Procompetencia, en lo que respecta a los actos de Competencia Desleal, una disciplina originalmente perteneciente al ámbito del Derecho Privado, únicamente debe trasladarse a la misión institucional de Procompetencia.

En ese sentido, esto quiere decir, que cuando esté en juego el orden público económico, a través de una primero, indiciada y luego, comprobada afectación al interés público de las conductas de Competencia Desleal tipificadas en la Ley núm. 42-08 de Defensa de la Competencia, no así en leyes especiales y sectoriales, en virtud de la regla contenida en el Principio de Unidad de Ordenamiento de la Ley núm. 42-08 de Defensa de la Competencia y el Principio de Juridicidad de la Ley núm. 107-13 sobre los Derechos de las Personas en sus Relaciones con la Administración y de Procedimiento Administrativo, en tanto, la primera no deroga o modifica ninguna ley anterior con misiones institucionales de protección a la libre y leal competencia.

5.2.4. Información falseada

En fecha 17 de junio de 2021, en reunión ordinaria del Consejo Directivo de Procompetencia, se debatió la interposición de un recurso jerárquico realizado por un agente económico denominado V. Energy, S.A., en contra de la Resolución dictada por la Dirección Ejecutiva, número DE-006-2021, fruto de una denuncia recibida y cuya investigación culminó con una desestimación mediante comunicación C-407-2021.

A juicio de la entonces directora, el caso tenía mérito a partir de las evidencias que el mismo *stakeholder* presentó y que se han ventilado en los tribunales, donde una de las sentencias incluso procuró que las partes llegaran a un acuerdo para la rescisión del contrato entre V Energy y el arrendatario de la estación de servicios. En realidad, se trata de intereses de un denunciante que ha agotado procesos ante la justicia ordinaria y ante Procompetencia.

Para contextualizar, este asunto se basó en un arrendamiento de una estación de servicios por parte de V Energy al señor David Levy, el cual está relacionado comercialmente con Eco Petróleo y Sodetransp. De acuerdo a V Energy las ventas de la estación arrendada al señor Levy disminuyeron, lo provocó que ellos desplegaran una investigación interna para verificar sus sospechas de que David Levy se estaba abasteciendo de combustible de otra empresa.

En tal sentido, V Energy presentó audiovisuales donde se puede apreciar camiones que no están claramente identificados, pero que Sodetransp si manifestó al inicio de la investigación que ellos habían hecho descargas en esa estación, aunque después lo negaron.

En ese mismo tenor, la denuncia de V Energy se sustentó en el hecho de que un productor de gasolina descargue combustible en una estación que no es de su marca es un ilícito administrativo conforme a la Ley de Comercio Ilícito[453]. Explicó que la regulación y fiscalización de esa actividad está a cargo del Ministerio de Industria, Comercio y MiPymes (MICM)[454].

Asimismo, sostuvo que, desde el inicio, la Dirección Ejecutiva estuvo en contacto con el MICM, frente a lo cual ese ministerio informó que iniciaría un procedimiento de investigación para verificar el incumplimiento de la Ley, el cual llevaron a cabo, sin embargo, no pusieron en conocimiento a la Comisión

453 Ley No. 17-19 sobre la Erradicación del Comercio Ilícito, Contrabando y Falsificación de Productos Regulados. G. O. No. 10934 del 28 de febrero de 2019.

454 El MICM es el órgano rector y el encargado de la formulación, adopción, seguimiento, evaluación y control de las políticas, estrategias, planes generales, programas, proyectos y servicios de los sectores de la industria, exportaciones, el comercio interno y el comercio exterior, las zonas francas, regímenes especiales y las Mipymes , incluida la comercialización, el control y el abastecimiento del mercado de derivados del petróleo y demás combustibles, conforme a los lineamientos y prioridades del Gobierno Central.

Nacional de Defensa de la Competencia (Procompetencia). De hecho, en un encuentro con el ministro del MICM, conjuntamente con el viceministro de Comercio Interior de dicha institución y los miembros del Consejo Directivo de Procompetencia, se acordó definir canales de comunicación para estar acorde y comunicados de los hechos relevantes que son de interés mutuo.

Asimismo, al término del plazo, la Dirección Ejecutiva se vio imposibilitada de determinar el incumplimiento a normas, es decir, el acto de Competencia Desleal por incumplimiento a normas, porque de acuerdo a lo establecido en la Ley 42-08 de Defensa de la Competencia, el incumplimiento tiene que estar verificado por el ente que regula la supuesta norma. Dentro de esas dificultades para lograr cierta información está precisamente un requerimiento hecho al MICM, pero que nunca se dio respuesta a Procompetencia, lo que afectó el correcto desenvolvimiento del proceso.

Es importante señalar que, la antes citada denuncia versó sobre supuestos actos de engaño y confusión, pero solamente para David Levy, puesto que él es el arrendatario de V Energy, por lo que se percataron de que si él está vendiendo un combustible como de V Energy, pero es de otro, ese hecho podría tipificarse como actos de engaño y confusión, pero sujeto también a la verificación de que ciertamente se suplió de otro agente económico que es lo que se procuró comprobar con el MICM, pero no se logró.

Es entonces en base a todo esto que la Dirección Ejecutiva, observando que se agotó el plazo establecido para la instrucción sin una respuesta del ente regulador de la norma, y sin evidencias concretas sobre el despacho de combustible de los otros agentes denunciados, procedió a desestimar la denuncia, resaltando en la resolución que el MICM tiene indicios válidos para iniciar el procedimiento y verificar si efectivamente en dicha estación hubo descargas de combustible de Eco Petróleo.

Es menester establecer que, la Dirección Ejecutiva (DE) está llamada, tal y como lo plantea el artículo 37, párrafo II, de la Ley 42-08 de Defensa de la Competencia, a realizar investigaciones preliminares a fin de obtener dicha evidencia, para lo cual podrá requerir informes o documentos relevantes, así como citar a declarar a quienes tengan relación con los casos de que se trate, previo a pronunciarse sobre la admisibilidad de la denuncia, la que deberá quedar debidamente justificada.

A través de la Resolución 012-2021, el Consejo Directivo procedió a decir sobre el citado recurso jerárquico interpuesto por V Energy, S.A., en contra de la resolución de la Dirección Ejecutiva, número DE-006-2021, que desestima el procedimiento de investigación y ordena su archivo definitivo, con motivo de la denuncia interpuesta por el citado agente económico en contra de Sodetransp, S. A., Eco Petróleo dominicana, S. A., y del señor David Levy Raposo, por la supuesta comisión de actos de competencia desleal en violación a la ley general de defensa de la competencia, núm. 42-08 de Defensa de la Competencia.

El numeral 2, del artículo 43 de la Ley 42-08 de Defensa de la Competencia, indica sobre la resolución de desestimación que, cuando tras la instrucción necesaria, la Dirección Ejecutiva considere que no se ha acreditado la existencia de prácticas prohibidas, redactará la resolución de desestimación que se notificará a los interesados para que en el plazo de diez (10) días hábiles hagan las alegaciones oportunas.

En torno al plazo de los diez (10) días, en virtud del artículo 74.4 de la Constitución dominicana, el cual dice que los poderes públicos interpretan y aplican las normas relativas a los derechos fundamentales y sus garantías, en el sentido más favorable a la persona titular de los mismos y, en caso de conflicto entre derechos fundamentales, procurarán armonizar los bienes e intereses protegidos por esta Constitución, por lo que a favor de las partes se le conceden treinta (30) días hábiles para que hagan sus alegaciones oportunas como es el mandato de la norma 42-08 de Defensa de la Competencia.

Se hace necesario señalar que el órgano instructor, dígase, la Dirección Ejecutiva (DE), en fecha 13 de febrero de 2020, en ánimos de cumplir con el debido proceso, solicitó la colaboración del Ministerio de Industria, Comercio y MiPymes (MICM), a los fines de recibir la posición de dicha institución respecto al posible incumplimiento de normas, por la alegada violación a la Ley núm. 17-19 sobre la Erradicación del Comercio Ilícito, Contrabando y Falsificación de Productos Regulados.

Fue el 16 de marzo de 2020, cuando el Ministerio de Industria, Comercio y MiPymes (MICM), remitió su respuesta a la solicitud de información, indicando que se llevarían a cabo las investigaciones de lugar para determinar la existencia o no del incumplimiento a la citada Ley núm. 17-19 y el inicio del correspondiente procedimiento administrativo sancionador. Una respuesta muy tarde y poco diligente para un proceso minado de plazos que se agotan y muchas veces provocan que, como sucedió en este asunto, culminen.

No obstante, en atención a la respuesta recibida por el MICM, en fecha 18 de marzo de 2020, la DE envió una comunicación a ese Ministerio, en la que hace constar la necesidad de su pronta respuesta en tiempo prudente, resaltando que el órgano instructor cuenta con un plazo de doce (12) meses para realizar el procedimiento de investigación y emitir su decisión al respecto.

Como ya es sabido, en virtud del estado de emergencia producto de la pandemia por el COVID-19, fueron suspendidos los plazos y términos de los procedimientos administrativos[455], por lo que, en fecha 25 de mayo de 2020, la Dirección Ejecutiva remitió a V Energy, la comunicación de respuesta a su solicitud de fecha 18 de marzo de 2020, suministrándole un disco compacto

455 Decreto Núm. 137-20 que suspendió el plazo de cómputos de los plazos y términos de los procedimientos administrativos instrumentados ante los órganos que integran la administración pública.

(CD) contentivo de la versión pública del Escrito de Contestación depositado por los abogados apoderados de David Levy Raposo, en fecha 17 marzo 2020 y sus anexos[456].

Sin embargo, hay que destacar como la Dirección Ejecutiva (DE) procuró ser garante del proceso, pues el recurrente (V Energy, S.A.) solicitó en fecha 6 de marzo de 2020, copia de los escritos de contestación y medios de defensa depositados en ocasión de la Resolución núm. DE-002-2020, por parte de Sodetransp y Eco Petróleo dominicana, de manera que, la Dirección Ejecutiva respondió a dicha solicitud en fecha 10 de marzo de 2020, remitiendo copias fotostáticas de los documentos solicitados, lo que habla muy bien de lo diligente y transparente que actúa dicha instancia de Procompetencia.

Ahora bien, de conformidad con el Decreto núm. 137-20, los plazos administrativos se reanudarían el día 6 de julio de 2020, por lo que la Dirección Ejecutiva notificó en fecha 3 de julio de a las partes envueltas en el proceso, la fecha de reanudación y nuevo cómputo de los plazos administrativos relativos al procedimiento de investigación.

Cabe resaltar lo importante que fue para este proceso la respuesta del MICM que, en fecha 6 de julio de 2020, ya que la Dirección Ejecutiva reiteró la solicitud de información al Ministerio de Industria, Comercio y MiPymes (MICM), requiriendo que le fuera remitida copia del acto administrativo mediante el cual se dispone el inicio del procedimiento administrativo sancionador.

En ese tenor, como negligente se puede catalogar el trato recibido por el MICM a Procompetencia, pues nueva vez en fecha 30 de octubre de 2020, el órgano instructor reiteró la solicitud de colaboración efectuada al MICM, insistiendo en la relevancia de la determinación por parte de dicha entidad reguladora, del incumplimiento a normas denunciado por V Energy. A lo cual, en fecha 01 de diciembre de 2020, el Ministerio respondió indicando que la investigación se encontraba en proceso. Este es el vivo ejemplo de cómo el mismo Estado puede comprometer su responsabilidad por actuaciones tan deplorables.

Dentro de las motivaciones de la resolución que desestima el presente proceso se establece que, si bien el Consejo Directivo reconoce que el legislador ha dispuesto de manera enunciativa diferentes actuaciones para la etapa de instrucción y en el caso de marras se ha evidenciado que no fueron realizadas todas y cada una de ellas, tal y como así lo argumentó la recurrente, no es menos cierto, que el órgano instructor tiene la facultad de decidir y ejecutar las acciones que considere para sustanciar el expediente, lo cual confirma lo sostenido anteriormente sobre la discrecionalidad de la DE para llevar a cabo las diligencias que entienda en cada proceso[457].

456 El día 18 de marzo de 2020, V ENERGY solicitó el escrito de contestación y medios de defensa depositados por el señor David Levy Raposo.

457 Resolución 012-2021 del Consejo Directivo en virtud del recurso jerárquico interpuesto por V ENERGY, S.A., en contra de la resolución de la Dirección Ejecutiva, número DE-006-

Siendo así, la revisión de las actuaciones realizadas por el órgano instructor y lo dispuesto en el precitado artículo 42 de la Ley núm. 42-08 de Defensa de la Competencia, se evidencia que la Dirección Ejecutiva actúo dentro del marco de lo que la ley le ha atribuido y con la finalidad de instruir el expediente y recolectar las pruebas que le permitieran sustentar los hechos y alegaciones planteadas por las partes. De esto no hay duda.

Asimismo, este asunto plantea algunas reflexiones relevantes sobre el deber de los entes públicos de colaborar facilitando información, datos y todo lo requerido por los órganos de instrucción, para que, en el curso de los procedimientos administrativos sancionadores, la administración pueda validar y verificar los supuestos de hecho sobre los cuales está investigando. El Consejo Directivo pudo constatar que fueron requeridas informaciones por ante el Ministerio de Industria y Comercio (MIC) y la Dirección General de Impuestos Internos (DGII) sin que existiera respuesta de parte de dichos entes[458].

También, la DE como órgano instructor, se expresó en su escrito de contestación al aseverar que no hubo cooperación ni colaboración, tanto por parte de los agentes económicos envueltos en el procedimiento, como de parte de las instituciones estatales[459].

2021, que desestima el procedimiento de investigación y ordena su archivo definitivo, con motivo de la denuncia interpuesta por el citado agente económico en contra de sodetransp, S. A., Eco Petróleo dominicana, S. A. Y del señor David Levy Raposo, por la supuesta comisión de actos de competencia desleal en violación a la ley general de defensa de la competencia, núm. 42-08.

458 La Dirección General de Impuestos Internos (DGII) también fue requerida en diversas ocasiones y tampoco colaboró, sosteniendo que respetan la confidencialidad de los datos que manejan y no los pueden proveer, cuestión que es debatible, puesto que la Ley de Libre Acceso a la Información Pública número 200-04, indica parámetros y plazos para el manejo de las mismas.

459 *Vid.* Oficio interno identificado con el número DE-IN-2021-1254, p. 11: «Que, en efecto, como se estableció en la Resolución hoy recurrida, ante la falta de respuesta por parte de los agentes económicos en cuestión, incluyendo a la hoy recurrente, y con el interés de obtener información fidedigna que permitiera a esta Dirección Ejecutiva estar en condiciones para realizar un análisis eficaz y completo de las conductas denunciadas, este órgano instructor recurrió a solicitar la colaboración de las instituciones que podían poseer las informaciones y documentaciones necesarias para verificar la existencia o no de las causas investigadas (...). Sin embargo, pese a todas las diligencias probatorias realizadas y los requerimientos efectuados durante la fase de instrucción por esta Dirección Ejecutiva, no fueron recibidas ninguna de las informaciones, documentaciones y asistencias solicitadas a estas instituciones y los agentes económicos (...)» (...) «Atendiendo a lo anterior, es preciso afirmar que, en la especie, esta Dirección Ejecutiva no obtuvo cooperación ni asistencia de ninguno de los entes involucrados o relacionados con el proceso».

5.2.4.1. Criterio adoptado por la Dirección Ejecutiva

Es importante señalar, un importante criterio adoptado en esta resolución, y es que respecto a la suspensión del plazo de instrucción, el agente económico V Energy expuso «que si bien el artículo 57 de la Ley núm. 42-08 de Defensa de la Competencia dispone como plazo máximo de duración de la fase del procedimiento que tiene lugar por ante la Dirección Ejecutiva será de doce (12) meses, a contar desde el inicio formal del mismo hasta la remisión del expediente al Consejo Directivo, no menos cierto es que el Reglamento para la aplicación de dicha ley, dispone en su artículo 38, que ese plazo se suspende "ante la negativa del denunciado en dar cumplimiento a algún requerimiento que formule la Dirección Ejecutiva y que conlleve el agotamiento de trámites ante los órganos jurisdiccionales competentes"»[460].

No obstante, agrega que tanto la Ley 42-08 de Defensa de la Competencia como su Reglamento de Aplicación 252-20, ofrecen soluciones, a las que pudo perfectamente apelar la Dirección Ejecutiva, para resolver la falta de colaboración de los agentes económicos, y al mismo tiempo no verse compelida a festinar la instrucción ante la inminencia del vencimiento del plazo para la instrucción.

Por lo tanto, la Administración no puede refugiarse en la pasividad, desentendiéndose de toda indagación sobre la concurrencia de la culpa: por el contrario, se le exige el nivel de diligencia específicamente dirigido a acreditar la culpa del infractor, o al menos, un deber de diligencia específicamente dirigido a acreditar la culpa del infractor, o al menos a realizar las valoraciones oportunas sobre los hechos que induzcan a presumir razonablemente que la culpa no existe[461].

En conclusión, lo que el recurrente expuso fue que la Dirección Ejecutiva debió suspender el plazo del procedimiento de instrucción hasta tanto les dieran respuesta a sus requerimientos de información.

Para dar respuesta a este planteamiento, la institución entendió que el artículo 38 del Reglamento de Aplicación de la Ley núm. 42-08 de Defensa de la Competencia, dispone, en torno a la caducidad que:

> ...el plazo de caducidad de doce (12) meses que establece el artículo 57 de la Ley correrá a partir de la notificación de la resolución de inicio del procedimiento y el emplazamiento formal del agente económico investigado, dispuesto en el artículo 39 de la Ley.

Además, sostiene el precitado artículo que, el cómputo del plazo de caducidad se suspenderá por la recusación del Director Ejecutivo o de alguno de los miembros del Consejo Directivo durante la tramitación del expediente y,

460 Comunicación C-0407-2021 contentiva de Recurso Jerárquico, pp. 27.

461 *Ídem.*

ante la negativa del denunciado en dar cumplimiento a algún requerimiento que formule la Dirección Ejecutiva y que conlleve el agotamiento de trámites ante los órganos jurisdiccionales competentes.

El argumento del recurrente, referente a la suspensión por la negativa del denunciado a dar cumplimiento a requerimientos de información, que implique el agotamiento de trámites jurisdiccionales, es decir tribunales del Poder Judicial, no existen evidencias de que en el proceso se agotaron trámites ante la vía judicial a estos fines, por lo que no resulta posible la aplicación de suspensión de la caducidad propuesta por el hoy recurrente, fue rechazado en todas sus partes.

El Consejo Directivo acorde al procedimiento establecido en los artículos 31, 46 y siguientes de la Ley núm. 42-08 de Defensa de la Competencia, decide mediante resolución admitir el expediente y dar inicio al procedimiento administrativo sancionador. Con esta apertura se procede a realizar todas las actuaciones procesales contempladas en la Ley núm. 42-08 de Defensa de la Competencia con respecto a la fase probatoria para la sustanciación del expediente y la protección del derecho de defensa de los agentes económicos investigados, quienes han expuesto sus argumentos y consideraciones sobre los alegatos y pruebas presentadas por la Dirección Ejecutiva.

En la resolución mediante la cual se admite y da inicio al procedimiento administrativo sancionador, se debe contemplar que el Consejo Directivo notificará, así como la resolución del Informe de Instrucción, tanto al agente o a los agentes económicos en el caso, así como a la Dirección Ejecutiva, iniciando a partir de ello el plazo de veinte (20) días establecido en la misma resolución del Consejo, otorgado para que los agentes económicos depositen ante este órgano sus escritos de contestación. Depositados los referidos escritos, se notifica al agente o agentes económicos y a la Dirección Ejecutiva, la fecha de la audiencia donde se debatirán las cuestiones preliminares de forma exclusiva.

Durante el conocimiento de esta audiencia, las partes hacen peticiones y generan alegatos con la finalidad de fundamentar sus pretensiones, cumpliendo así las disposiciones del artículo 47 numeral 1 de la Ley núm. 42-08 de Defensa de la Competencia. Se presentan cuestiones incidentales que deben ser conocidas por el Consejo Directivo en el marco del proceso. El fallo en ocasiones puede ser inmediato y puede ser acumulado para ser conocido al fondo, pero antes de emitir la resolución definitiva.

En virtud del artículo 26 de la Ley 107-13 sobre los Derechos de las Personas en sus Relaciones con la Administración y de Procedimiento Administrativo, la Administración, de oficio, deberá recabar todas las pruebas necesarias para adoptar la mejor decisión, por lo que es importante indicar que el proceso administrativo es la herramienta que permite obtener las informaciones requeridas en el curso de los procedimientos, para luego de recolectar la información adoptar la mejor decisión de conformidad con cada casuística.

En muchas ocasiones tiende a confundirse las distintas fases del procedimiento, por lo que se hace menester aclarar que corresponde a la fase instructora disponer la recolección de pruebas por parte del órgano instructor. Consecuencia de lo anterior, el Consejo no puede disponer la práctica de medios probatorios porque esa etapa concluyó en la instrucción.

Sin embargo, es menester señalar que el Consejo Directivo puede de conformidad con lo que dispone el artículo 47 en su numeral 2, ordenar la práctica de las pruebas que estime necesarias, siempre que no sean reproducción de las practicadas por el órgano instructor.

En Procompetencia, hasta el momento se han conocido:

a) Recursos de reconsideración: cinco (5) recursos

b) Recursos jerárquicos: Seis (6) recursos (el primero interpuesto en fecha 5 de junio de 2017)

Dirección Ejecutiva

- Recursos de reconsideración: ocho (8) recursos (2017-2023*)

Casos sancionados por procompetencia (2017-2023)			
Tipificación	**Cantidad**	**Agente económico**	**Decisión**
Abuso de posición dominante Resolución 018-2018	1	CND-AMBEV	Sanción máxima establecida de 3,000 salarios mínimos, ascendente a RD$ 46,342,800.00 pesos dominicanos.
Practicas colusorias (Carteles) Resolución 010-2021	1	PROFARMA INTERNACIONAL (SRL), GASSO & GASSO (SAS), SUED Y FARGESA (SRL), MERCANTIL FARMACEUTICA (S.A)	Multa múltiple por distinta cantidad de salarios. Combinación total ascendente a RD$ 14,106,090.60 pesos dominicanos.*
Competencia desleal Resolución 009-2022	1	JHONNY ZABALA Y LOTO REAL DEL CIBAO, S.A.	Declarado inadmisible informe de instrucción presentado por Dirección Ejecutiva
Información falseada Resolución 001-2022	1	SODETRANSP	Multa ascendente a RD$ 3,850,000.00 pesos dominicanos.

* Profarma Internacional 315 salarios mínimos del sector, a Sued & Fargesa 281 salarios mínimos, a Mercantil Farmacéutica 167 salarios mínimos y a J. Gassó Gassó 38 salarios mínimos. La ley 42-08 dispone que se tome como base para el cálculo de las multas el salario mínimo del sector de que trate, que para empresas grandes es RD $17,610.60. La combinación de las multas hace un total ascendente a RD$14,106,090.60 pesos.

CAPITULO VI

LA JURISDICCIÓN CONTENCIOSA COMO GARANTÍA DE LOS DERECHOS DE LAS PERSONAS EN SUS RELACIONES CON PROCOMPETENCIA

Este apartado pretende analizar la importancia de la Jurisdicción Contenciosa Administrativa (JAC), a partir de la Constitución de 2010, y cómo su existencia garantiza la tutela judicial efectiva consagrada en el artículo 69 de la misma Carta Magna. Procompetencia conoce en fase administrativa procedimientos, y como entidad perteneciente a la Administración Pública, debe brindar respeto a las personas y asegurar sus prerrogativas, así como cumplir las leyes.

Este capítulo procura comprobar que las personas cuentan con seguridad jurídica en sus asuntos frente a la Administración Pública. Por tanto, además de la fase administrativa, cuentan con una jurisdicción especializada en asuntos de la misma naturaleza de la materia, y con atribuciones en cuestiones que las personas o la misma institución, en este caso, Procompetencia, decida recurrir ante el Poder Judicial, por tanto, se ejerce control por otro poder del Estado.

6.1. La Jurisdicción Contenciosa Administrativa

El artículo 68 de la Constitución dominicana garantiza la efectividad de los derechos fundamentales, a través de los mecanismos de tutela y protección, que ofrecen a la persona la posibilidad de obtener la satisfacción de sus derechos, frente a los sujetos obligados o deudores de los mismos. Los derechos fundamentales vinculan a todos los poderes públicos, los cuales deben garantizar su efectividad en los términos establecidos por la presente Constitución y por la ley.

Por su parte, el artículo 164 de la Carta Magna plantea que Jurisdicción Contencioso Administrativa (JCA) estará integrada por tribunales superiores administrativos y tribunales contencioso administrativos de primera instancia. Sus atribuciones, integración, ubicación, competencia territorial y procedimientos serán determinados por la ley. Los tribunales superiores podrán dividirse en salas y sus decisiones son susceptibles de ser recurribles en casación.

Asimismo, el párrafo I indica que los jueces del Tribunal Superior Administrativo (TSA) deberán reunir los mismos requisitos exigidos a los magistrados de Cortes de Apelación.

Ahora bien, a partir del artículo 165 de la Carta política de la nación dominicana, se contempla cuatro (4) atribuciones del TSA, sin perjuicio de las demás dispuestas por la ley[462].

Respecto a la Jurisdicción Contenciosa Administrativa (JCA), hay que precisar que se constitucionalizó a partir de 2010. También, que desde una década se han integrado distintas comisiones a los fines de trabajar una ley especial para dicha jurisdicción, pero hasta la fecha no se tiene grandes resultados. Está siendo impulsado por el Ministerio de Administración Pública (MAP), fue votada en primera lectura por el Senado de la República.

Solo se cuenta con el Tribunal Superior Administrativo (TSA), que es el órgano de alzada, cuando lo que debería ser y es un mandato constitucional como lo señala el artículo 164, el Tribunal Contencioso Administrativo (TCA) la primera instancia a la cual debería recurrir cualquier ciudadano.

En la actualidad, una vez agotada la fase administrativa, el ciudadano tiene garantizado su derecho de tutela judicial, tal cual indica el artículo 69 de la Carta Magna, pero, como se sostuvo anteriormente, el mismo se encuentra limitado a solo una instancia dentro de la Jurisdicción Contenciosa Administrativa (JCA).

Por su parte, Fernando Pablo indica que: «La jurisdicción administrativa es una verdadera "jurisdicción", y ante ella se ejercen la totalidad de las garantías que forman parte del contenido de tal derecho fundamental». También, plantea que «los tribunales controlan la legalidad de toda la acción administrativa»[463].

---

462 1) Conocer de los recursos contra las decisiones en asuntos administrativos, tributarios, financieros y municipales de cualquier tribunal contencioso administrativo de primera instancia, o que en esencia tenga ese carácter; 2) Conocer de los recursos contenciosos contra los actos, actuaciones y disposiciones de autoridades administrativas contrarias al Derecho como consecuencia de las relaciones entre la Administración del Estado y los particulares, si éstos no son conocidos por los tribunales contencioso administrativos de primera instancia; 3) Conocer y resolver en primera instancia o en apelación, de conformidad con la ley, las acciones contencioso administrativas que nazcan de los conflictos surgidos entre la Administración Pública y sus funcionarios y empleados civiles; 4) Las demás atribuciones conferidas por la ley.

463 Fernando Pablo, M. (2014). *Op. Cit.* Pág. 86.

Ahora bien, Kelsen plantea que la justicia constitucional es un medio para asegurar el ejercicio de las funciones del Estado, de modo que, sin la posibilidad de anulabilidad de los actos inconstitucionales, la Constitución carece de obligatoriedad[464].

En ese tenor, tras la Ley Jurisdiccional de 1998, García de Enterría indica que, el contencioso-administrativo español se ha construido históricamente como el proceso a un acto, como un procedimiento dirigido al enjuiciamiento de una declaración administrativa previa que la Administración Pública fijaba su posición y sin cuyo acto previo no era posible sencillamente abrir el procedimiento, el proceso judicial. Resulta relevante decir que, ese carácter revisor de la Jurisdicción contencioso-administrativo continúa siendo todavía hoy un elemento básico del sistema jurisdiccional.

Reconoce Rivero que, el repunte del Derecho Administrativo en República Dominicana está acunado en la Constitución de 2010 (modificada el 13 de junio de 2015), pues ese texto elevó al rango sustantivo a la Jurisdicción Contenciosa Administrativa (JCA), en el aspecto de sujeción de ésta a los principios de eficacia, jerarquía, objetividad, igualdad, transparencia, economía, publicidad y coordinación. Y ni se diga que su actuación está condicionada a la juridicidad y control ciudadano, según el artículo 164 de la referida Carta Magna.

Asimismo, plantea Rivero que la Jurisdicción Contenciosa-Administrativa (JCA) se organizó originalmente al estilo del Consejo de Estado Francés (1797) o el Consejo Real Español (1845) como órgano único, de jurisdicción nacional y con el sistema de justicia retenida, se consolidó en la Constitución de 2010 como una jurisdicción propia del orden judicial.

Es, pues, con la Ley 13-07 que se instaura la justicia cautelar como contrapeso a la presunción de legalidad de la actuación administrativa y los privilegios exorbitantes que se deducían de la regla de la autotutela declarativa y ejecutiva, así como la incorporación del carácter optativo de los recursos en sede administrativa, con excepción de la carrera civil y la carrera administrativa.

Como ya es sabido, las garantías se encuentran en la Carta Magna. Dentro de las garantías jurisdiccionales están: el amparo, el hábeas data y el hábeas corpus. Las garantías en el ámbito del Derecho Administrativo están ligadas al concepto de interés público, considerada como la razón de ser de la citada rama del Derecho.

Asimismo, la Ley 107-13 sobre los Derechos de las Personas en sus Relaciones con la Administración y de Procedimiento Administrativo, sustenta el control jurisdiccional de la discrecionalidad, pues sanciona con la nulidad

464 Kelsen, H. (2001). *La Garantía Jurisdiccional de la Constitución*. Universidad Nacional Autónoma de México.

absoluta la carencia de motivación de los actos administrativos, según el artículo 14 de su contenido. Es importante señalar que, en su artículo 164 de la Ley de leyes, se propone que:

> La Jurisdicción Contencioso Administrativa estará integrada por tribunales superiores administrativos y tribunales contencioso administrativos de primera instancia. Sus atribuciones, integración, ubicación, competencia territorial y procedimientos serán determinados por la ley. Los tribunales superiores podrán dividirse en salas y sus decisiones son susceptibles de ser recurribles en casación.

No obstante, en su párrafo I sostiene que los jueces de los tribunales superiores administrativos deberán reunir los mismos requisitos exigidos a los jueces de cortes de apelación. Mientras que, en su párrafo II, señala que los jueces de los Tribunales Contencioso Administrativos deberán reunir los mismos requisitos exigidos a los jueces de Primera Instancia.

El concepto de la constitucionalización es de décadas y se remonta a 1948 por Couture[465]. Actualmente, existe un Tribunal Superior Administrativo y Contenciosos Administrativos Municipal de conformidad con el artículo 3 de la Ley 13-07 de fecha, que dispone:

> «El Juzgado de Primera Instancia en sus atribuciones civiles, con la excepción de los del Distrito Nacional y la Provincia de Santo Domingo, serán competentes para conocer, en instancia única, y conforme al procedimiento contencioso tributario, de las controversias de naturaleza contenciosa administrativa que surjan entre las personas y los municipios...».

Además, se incluyen las demandas en responsabilidad patrimonial contra el municipio y sus funcionarios por actos inherentes a sus funciones, con la sola excepción de las originadas con la conducción de vehículos de motor, así como los casos de vía de hecho administrativa incurrido por el municipio.

6.2. El recurso contencioso-administrativo

Se trata de la vía de impugnación por excelencia del acto administrativo formal en sus diferentes vertientes. Es importante señalar que, esta acción judicial debe ser ejercida por cualquier persona interesada ante el Tribunal Superior Administrativo (TSA) contra un acto de la Administración Pública que considere lesivo.

En este sentido, los requisitos que debe reunir son señalados en el artículo 1 de la Ley 1494, y van desde actos contra los cuáles se haya agotado toda reclamación jerárquica dentro de la propia Administración o de los órganos

465 Couture, E. (1948). *Estudios de Procesal Civil*. 3.ª Edición, bajo el cuidado de Santiago Santís Melendo. Buenos Aires Depalma, Págs. 21-22

administrativos autónomos; actos de la Administración o de los órganos administrativos autónomos en el ejercicio de aquellas de sus facultades que estén regladas por las leyes, los reglamentos o los decretos.

También, actos que vulneren un derecho, de carácter administrativo, establecido con anterioridad a favor del recurrente por una ley, un reglamento un decreto o un contrato administrativo, y que constituyan un ejercicio excesivo, o desviado de su propósito legítimo, de facultades discrecionales conferidas por las leyes, los reglamentos o los decretos.

Bocanegra Sierra indica que, «actos de la Administración pública sujetos al Derecho Administrativo y otras similares con las que las leyes vigentes... definen el objeto del recurso contencioso-administrativo han de entenderse comprendidos los actos administrativos expresos, tácitos y presuntos, y las actuaciones de la Administración que constituyen simple vías de hecho»[466].

6.3. Primer precedente en materia de Competencia en la Jurisdicción Contenciosa

La primera sanción administrativa impuesta por Procompetencia fue en contra de un agente económico del mercado de las cervezas: AMBEV-CND. Ante tal situación, dicha empresa decidió recurrir la resolución 018-2018, en virtud de la cual se le impuso una multa de cuarenta y seis millones de pesos (RD$46,000,000), aunque, se le impuso un 3 % de mora por no haber pagado el mencionado monto el plazo establecido por la Ley 42-08 de Defensa de la Competencia.

En ese tenor, en fecha 2 de octubre de año 2020, Procompetencia recibe una notificación vía correo electrónico, con el auto núm. 04296/2020 de fecha 30 de septiembre de año 2020, por medio del cual se fijó una audiencia pública para el día 14 del mes de octubre de año 2020.

Más adelante, el catorce (14) de octubre de año 2020 se conoce entonces la referida audiencia, en la cual es que se le notifica a la recurrida el motivo y causa de celebración de la misma, ya que los recurrentes no habían notificado a Procompetencia los documentos que justificaban su solicitud de medidas de instrucción. Debido a eso, la audiencia fue aplazada para el uno (1) de diciembre del presente año 2020, a los fines de que la recurrida tomara conocimiento y fuera debidamente instruida sobre la solicitud de medidas de instrucción.

En consecuencia, en fecha 11 de noviembre de año 2020 fue notificado a Procompetencia el acto de alguacil núm. 789-2020, instrumentado por el Ministerial Samuel Armando Sención Billini, Alguacil Ordinario del Tribunal

466 Bocanegra Sierra, R. *La teoría el acto administrativo.* (2005). 1.ª Edición, Sociedad Anónima de Fotocomposición, Madrid. Pág. 22

Superior Administrativo, contentivo de i) el acta de audiencia levantada en fecha 14 de octubre de 2020 relativa al expediente núm. 030-2018-ETSA-02215, y ii) la instancia depositada en fecha cuatro (4) de septiembre de 2019 por la CND solicitando medidas de instrucción.

El doce (12) de noviembre de año 2020, de igual forma la secretaria del Tribunal, le notifica a la recurrida la sentencia núm. 030-04-2020-TSEN-00022 de fecha 30 de octubre de año 2020, por medio de la cual se autorizó a la parte recurrente a notificar a la recurrida la instancia contentiva de solicitud de medidas de instrucción.

En tal sentido, el uno (1) de diciembre del año 2020, fue conocida la audiencia para conocer de la solicitud de medidas de instrucción planteada por la CND, en la cual ambas partes concluyeron y fue otorgado a la recurrida un plazo de 5 días para depósito de escrito ampliatorio de conclusiones en atención a la solicitud de medidas de instrucción.

En ese plazo de cinco (5) días Procompetencia procede a pronunciarse respecto a las medidas de instrucción, por lo que el tribunal quedó apoderado del pedimento de CND y los cuestionamientos de la Administración sobre los mismos y, por lo tanto, tenía la obligación de estatuir sobre los mismos, máxime cuando aplazó la audiencia para responder los pedimentos mediante sentencia y a tales fines fijo para el 19 de enero la próxima audiencia, en la cual se daría lectura a la decisión.

A raíz de lo anterior, en fecha 18 de enero de año 2021, le fue notificado a Procompetencia el acto marcado con el núm. 28-21 instrumentado por el ministerial Samuel Armando Sención Billini, Alguacil Ordinario del Tribunal Superior Administrativo, contentivo de la sentencia núm. 0030-04-2020-TSEN-00030 de fecha 15 de diciembre de año 2020.

El 19 de enero del 2021, se conoció una audiencia la cual estaba prevista para dar lectura a la decisión del tribunal y se aplazó a los fines de que las partes suministren la terna de peritos al Tribunal.

El día 8 de febrero de 2021 vía la Secretaría del Tribunal se convocó a los abogados representantes donde se les informa que el día 9 de febrero de 2021 sería juramentada la empresa ALPHA Consulting como perito para realizar el análisis de mercado ordenado en la precitada sentencia.

Como resultado de esto, Procompetencia presentó el día 9 de febrero de 2021 previo a la juramentación del perito una terna de peritos. El 13 de abril de 2021 fue conocida una audiencia a los fines de validar lo expuesto en la terna sobre recusación de los peritos. El 14 de abril fue depositada por Procompetencia una instancia sobre la elección de los peritos y la presentación de la cualificación de los peritos presentados.

Así también, el 20 de abril de 2021 fue conocida una audiencia para juramentar a los peritos propuestos tanto por Procompetencia y Cervecería Nacional Dominicana, sin embargo, solo se presentó una y sus representantes informaron no quererse juramentar, por lo que debió posponerse la audiencia.

En audiencia respecto al caso, el uno (1) de febrero de 2022, el Tribunal informó que el último perito designado había declinado participar en el peritaje ordenado por el tribunal, por lo que, a solicitud de la parte recurrida, se ordenó una nueva terna de peritos para realizar el informe ordenado mediante sentencia de instrucción, fijando la continuación para el 8 de marzo de 2022, en la cual, a solicitud de las partes, se dejó sin efecto la decisión que ordenaba el peritaje, procediendo entonces esta últimas a concluir como figura en otro apartado de la sentencia, otorgando un plazo de cinco (05) días para las partes para la fundamentación de sus conclusiones.

Es en ese sentido que, vía auto de designación número 2022-. S03-00215, de fecha 27 de abril de 2022, emitido por la Presidencia de esta Tercera Sala, dicho caso fue asignado para fallo.

La Tercera Sala del Tribunal Superior Administrativo, se declaró competente y, en virtud de ello, precisó que tras la reforma constitucional del 26 de enero del 2010, específicamente, en los artículos 164, 165 y 166 de la carta magna se instituye la jurisdiccion contenciosa administrativa y crea los Tribunales Superiores Administrativos, estableciendo en su título XV de las Disposiciones Generales y Transitorias, Capitulo II, Disposición Transitoria, VI, que el Tribunal Contencioso Administrativo y Tributario existente pasará a ser el Tribunal Superior Administrativo creado por la Constitucion.

En ese mismo orden, para justificar su competencia el tribunal considera que es de principio legal que toda jurisdicción apoderada de un asunto deba determinar su competencia por lo que, el TSA comprobó que se trató de un recurso sobre materia Contencioso-Administrativa, motivo por el cual justificó su facultad para conocer deliberar y fallar en virtud de lo que plantea el Artículo 51 de la Ley Núm. 42-08 sobre la Defensa de la Competencia del 25 de enero del año 2008, que dispone que:

> «...las decisiones dictadas por el Consejo Directivo de la Comision Nacional de Defensa de la Competencia serán objeto de un recurso contencioso administrativo, conocidas en última instancia por el Tribunbal Superior Adminsitrativo, el cual tendrá las atribuciones previstas en esta Ley y se regirá por el procedimiento establecido».

Lo propio, según el auto de asignación Núm. 00508-2020 de fecha 17 de marzo del año 2020, emitido por la Presidencia del Tribunal Superior Administrativo donde designa la Tercera Sala del Tribunal Superior Administrativo para conocer sobre el asunto.

Asimismo, en cuanto a la valoración probatoria el tribunal contempla que, conforme al principio general de la prueba, establecido en el Artículo 1315 del Código Civil Dominicano:

> El que reclama la ejecución de una obligación, debe probarla. recíprocamente, el que pretende estar libre, debe justificar el pago o el hecho que ha producido la extinción de su obligación.

Ahora bien, en cuanto a la aplicación del derecho a los hechos, el Artículo 139 de la Constitucion Dominicana, son los Tribunales los encargados de controlar la legalidad en los actos de la administración pública, por lo que el Tribunal Superior Administrativo (TSA) al ser un órganos jurisdiccional miembro del poder judicial de la República Dominicana es parte del Estado Dominicano, por lo que es el responsable de velar por la protección de los Derechos de las personas que acudan al sistema de justicia cuestión que va en consonancia con las disposiciones del Artículo 8 de la Constitucion política de la República.

Como ya es sabido, el caso de marras consiste en una resolución dictada por el Consejo Directivo de Procompetencia, en la que sancionó al agente económico en cuestión por abuso de posición dominante, según el artículo 6 de la Ley 42-08 de Defensa de la Competencia.

Es relevante señalar que, esta decisión judicial constituye un precedente jurisdiccional, no tanto por la decisión del fallo, sino por la valía de ser la primera decisión que adopta el TSA, en la que utiliza y analiza para bien o para mal terminología y figuras del Derecho de la Competencia. Según la Tercera Sala del Tribunal Superior Administrativo, antes de determinar una posición dominante, es preciso identificar el denominado «mercado relevante», sobre el cual se tiene la referida posición dominante. En este sentido, la Corte estimó que era pertinente realizar un análisis de diversos aspectos como: a) Mercado Relevante; b) La posición Dominante y c) El Abuso de posición Dominante.

Asimismo, se hace preciso definir lo que se entiende como mercado relevante, por lo que se debe citar el literal f) del artículo 3, que sostiene:

> f) El ramo de la actividad económica y la zona geográfica correspondiente, definido de forma que abarque todos los bienes o servicios sustituibles, y todos los competidores inmediatos, a los que el consumidor podría acudir a corto plazo si una restricción o abuso diera lugar a un aumento significativo de los precios;

No obstante, el artículo 8 de la precitada norma de Competencia dominicana, señala los elementos que deben ser considerados a los fines de determinar el Mercado Relevante.

Por tanto, el tribunal menciona el concepto de Mercado Relevante otorgado por la dirección Ejecutiva y confirmado por el Agente económico, así como por el Consejo Directivo de Procompetencia en que lo define como «la producción, comercialización y distribución de cerveza en toda la República Dominicana» lo que facilitó la comprensión y evitó una discusión más extensa.

Entonces, el tribunal pasó a evaluar y determinar si el agente económico en cuestión ocupa la denominada posición dominante en el mercado de la producción, comercialización y distribución de cerveza en todo el territorio de la República Dominicana.

Bien se ha dicho anteriormente que por posición dominante se entiende lo contenido en el Articulo 4 literal g) de la Ley 42-08 de Defensa de la Competencia, la cual según la Tercera Sala del Tribunal Superior Administrativo (TSA), resultó inspirada en la jurisprudencia comunitaria europea, que en el año 1978 fijó la definición de la posición dominante que se ha venido reproduciendo en las jurisprudencias relacionadas, definiéndolas como: la fortaleza económica que disfruta un proveedor y que le permite obstaculizar el mantenimiento de una competencia efectiva en el mercado relevante al proporcionarle el poder de comportarse con suficiente independencia de sus competidores, clientes y, en última instancia, de los consumidores[467].

Por consiguiente, el Artículo 9 de la Ley 42-08 de Defensa de la Competencia, indica aquellos elementos que deberá considerar la Comisión Nacional de Defensa de la Competencia para determinar si una empresa o un conjunto de ellas, poseen posición dominante en el Mercado Relevante.

Tal y como sucedió con la determinación del mercado relevante, tras la Dirección Ejecutiva haber indicado en su Informe de Instrucción la forma en la que se configuran cada uno de los precitados elementos que determinan la posición dominante del agente económico en cuestión se comprobó que este ostenta aproximadamente el 98.37 % de participación, cifra que no fue negada por el mismo agente económico y confirmada por el propio Consejo Directivo de Procompetencia, razón por la cual se procedió a ratificar este aspecto sin mayores esfuerzos.

En torno a la evaluación de abuso de posición dominante por parte de la sala del TSA, se hace necesario señalar que el ostentar una posición dominante en el mercado o su incremento, por sí solo, no constituye una violación, de conformidad con la última parte del literal g) de la norma de Competencia local, cuestión reiterada en el párrafo IV de su artículo 7.

Sin embargo, en cambio se constituye una violación el abuso de posición dominante, tal y como se encuentra consagrado en el artículo 6 de la Ley núm. 42-08, al disponer que quedan prohibidas las conductas que constituyan abusos de posición dominante de agentes económicos según mercado relevante susceptibles de crear barreras injustificadas a terceros.

En ese mismo orden, el TSA sostuvo que, para determinar la veracidad de las imputaciones de abuso de posición dominante, se es preciso destacar lo que plantea el artículo 7 de la 42-08 de Defensa de la Competencia, en cuanto a que la evaluación de las imputaciones de abuso de posición dominante, se examinará la contribución o reducción de dicha conducta a la eficiencia económica, mediante el análisis del efecto neto de dicha conducta;

467 Sentencia del Tribunal de Justicia de las Comunidades Europeas (TJCE) de fecha 14 de febrero del 1978, en el caso 27/76, United Brands Company y United Brands Continental BV vs Comisión de las Comunidades Europeas Pág. 207, Párr. 38.

es decir, si sus efectos anticompetitivos superan los efectos competitivos, o de incremento de la eficiencia económica o viceversa.

Una consideración importante es que, el tribunal indicó que las libertades de asociarse, contratar, comerciar y ejercer toda industria lícita están sujetas a los límites establecidos en la Constitución y en las leyes que reglamentan su ejercicio, siempre que no desnaturalicen las sustancias de aquellas. La misma Ley 42-08 de Defensa de la Competencia de la República Dominicana procura disuadir la distorsión del mercado y el abuso de posición dominante.

Un aspecto fundamental contenido en el acto administrativo que sancionó al agente económico en cuestión fue lo relativo a los contratos de exclusividad, ya que fueron parte de las pruebas fundamentales que determinaron la sanción a la empresa por abuso de posición dominante, y que, la Tercera Sala del Tribunal Superior Administrativo (TSA) precisó la licitud de dichos acuerdos exclusivos en el marco de la libre competencia, indicando, que «a pesar de su reiterado uso, el ordenamiento jurídico dominicano no contiene una definición expresa actualmente».

En ese mismo orden, dicho tribunal, para justificar la decisión adoptada citó a los autores Ortiz, Renfigo y Valderrama quienes coinciden en que las cláusulas de exclusividad son pactos accesorios a los contratos que limitan o restringen la actividad empresarial de quienes las pactan[468]. Es preciso decir que el tribunal destaca que ninguno de los autores mencionados desconoce que las cláusulas puedan llegar a producir eficiencias económicas y que por esa razón son cláusulas que en la actualidad se presentan como usuales en casi todos los contratos de distribución.

También, el TSA menciona que la jurisprudencia europea ha sido constante en considerar como ilícitos los acuerdos de exclusividad o análogos siempre y cuando estos contratos sean celebrados por empresas supradominantes con sus distribuidores, que encuentran justificación en la naturaleza cuasi monopólicas de las empresas condenadas[469].

En ese mismo orden de ideas, el tribunal sentó otro precedente al dejar por establecido que, en la evaluación de las imputaciones de abuso de posición dominante, se debe examinar la contribución o reducción de dicha conducta a la eficiencia económica, mediante el análisis del efecto neto de la misma; es decir, si sus efectos anticompetitivos superan los efectos pro competitivos o de incremento de la eficiencia económica o viceversa de conformidad con el numeral 2 del Artículo 7 de la Ley 42-08 de Defensa de la Competencia.

468 Rengifo García, E. (2004). *Del abuso del derecho al abuso de la posición dominante*. Universidad Externado de Colombia, Bogotá, Págs. 243-244.

469 Sentencia número 26, de 5 de agosto de 2005, sobre denuncia de Philip Morris en contra de Chiletabacos.

Según establece el tribunal dominicano, resulta evidente que en su ordenamiento no se ha adoptado la «regla persé» que se encuentra fundamentada en el juicio de que existen ciertas conductas cuya sola ocurrencia alcanza para categorizarlas como practicas sancionables, sino por el contrario, el legislador ha establecido la denominada «regla de la razón», que establece que las conductas sólo resultan punibles en determinados contextos, esto es, siempre y cuando sus efectos anti competitivos superen los efectos pro competitivos por lo que, de no demostrarse lo anterior, la referida conducta resultaría legítima o justificable.

En este sentido se hace necesario hacer mención de algunos aspectos relevantes sobre la discusión entre ambas reglas que en países como Colombia han sido discutidas. En un foro organizado por el Departamento de Derecho Económica de la Universidad Externado de Colombia denominado «¿es viable la aplicación de la regla de la razón y la regla per se de Colombia?», para el exsuperintendente de Industria y Comercio José Miguel de La Calle, no se necesita adoptar una regla de la razón para que la autoridad de competencia tenga en cuenta las consecuencias de un acto, para determinar su ilegalidad.

Ese mismo criterio es compartido a nivel institucional por Procompetencia, al determinar que existen ciertas prácticas anticompetitivas que no precisan el uso de la «regla de la razón», ya que el mero hecho de estar tipificadas en la Ley 42-08 de Defensa de la Competencia son muestras evidentes de que no son lícitas y, por ende, sancionables y reprochables *ipso facto*.

Se conoce como precedente judicial, aquella norma o disposición jurídica de carácter general y abstracto declarada o creada por los órganos judiciales en ejercicio de su función jurisdiccional. En Colombia, existen dos clases de precedentes judiciales: el que elabora la Corte Constitucional y el que elaboran los demás tribunales y juzgados del país. El primero existe desde la sentencia C-104 de 1993; el segundo, desde la sentencia C-836 de 2001[470].

En el caso de la República Dominicana no es distinto. De hecho, desde la creación del Tribunal Constitucional a partir de la Constitución de 2010 y su Ley 137-11, se habla de manera natural del precedente constitucional. Ray Guevara[471] ha afirmado que «el precedente es un pilar de la seguridad jurídica, un valladar para la arbitrariedad del juez y una vacuna contra la corrupción judicial. Cuando un tribunal ha establecido un principio de derecho como aplicable a una situación de hecho, se mantendrá en esa posición y la extenderá a todos los casos futuros cuando los hechos sean sustancialmente los mismos. La consecuencia del precedente es la *stare decisis* que significa adherir a los casos decididos».

470 Contreras Calderón, J. (2011). «El precedente judicial en Colombia: Un análisis desde la teoría del derecho». *Revista de la Facultad de Derecho y Ciencias Políticas*, Vól. 41. No. 115, Universidad Pontificia Bolivariana, Medllín, Colombia.

471 Primer presidente del Tribunal constitucional dominicano (TC) hasta diciembre de 2023.

Por su parte, en cuanto a los precedentes administrativos, para Jorge Prats son entendidos como la respuesta o decisión adoptada con anterioridad por una misma Administración, aunque no tienen valor normativo, porque según plantea, admitir este valor implicaría aceptar que la rutina administrativa crea Derecho, se entiende que vinculan a la Administración en virtud de los principios de igualdad y seguridad jurídica[472].

Y agrega, además que, «lógicamente, la Administración puede apartarse de sus precedentes en un caso concreto, pero ello requiere una justificación y motivación de su decisión, motivación que viene exigida por el artículo 4.e de la LMF»[473].

Para Fermín, lo que hace importante al precedente administrativo es su fuerza vinculante para la Administración. Esto es, que la Administración, ante un supuesto similar, no podrá zafarse de su obligación de dar el mismo trato; no al menos sin dar motivos suficientes que justifiquen, de cara al interés general, el porqué del cambio de criterio[474].

Asimismo, parte de la doctrina ha hecho sus aportes al indicar que, existirá precedente administrativo vinculante cuando, confrontado con una situación sujeta a resolución administrativa actual, existe un acto administrativo legítimo proveniente de la misma persona jurídica pública estatal, resuelto frente a idénticas o sustancialmente análogas circunstancias, sin que la concreta valoración del interés público justifique una solución diversa a la ya adoptada[475].

6.4. Litispendencia en materia del Derecho de la Competencia: las sanciones penales

Se ha entendido que el Derecho de la Competencia es una disciplina esencialmente pública y de interés social, —pese a diversas opiniones contrarias— por tanto, es un instrumento de justicia constitucional. Esta garantía constitucional de la libre y leal competencia, consagrada en nuestra Carta Magna, justifica la intervención del derecho penal para disuadir la comisión de prácticas anticompetitivas que afecten al mercado y el bien jurídico protegido más importante: el consumidor y/o usuario.

472 JORGE PRATS, E. & VICTORIA, O. (2012). *Derecho de la Regulación Monetaria y Financiera.* Editora Búho, República Dominicana. Pág. 61.

473 *Ibidem.*

474 FERMIN CABRAL, M. (2020). *Precedente administrativo: fundamento y fuerza vinculante.* Recuperado el 8 de junio de 2020, desde https://acento.com.do/opinion/precedente-administrativo-fundamento-y-fuerza-vinculante-8800277.html

475 COMADIRA, G. (2009).«Los precedentes administrativos». En ALBERTSEN, J., *et. al. Cuestiones de Acto Administrativo, Reglamento y otras fuentes del Derecho Administrativo*. 1.° ed. RAP, Buenos Aires. P. 324).

Es en ese sentido que se plantea que la norma suprema, al ubicarse en la cúspide de la pirámide de todo el ordenamiento jurídico, proporciona las bases para la articulación de la regulación infra constitucional, sea en el ámbito público como privado, no solo del mercado, sino de todo aquello que afecte a la sociedad en su conjunto.

Es importante señalar que, la Constitución como Carta Magna, cónsona con el principio de supremacía, en su artículo 6, al ubicarse en el tope en nuestro ordenamiento jurídico, proporciona las bases para la articulación de la regulación infra constitucional tanto en el ámbito público como privado, no solo del mercado sino de todo aquello que afecte a la sociedad en su conjunto.

También, por el principio democrático, existe una presunción de constitucionalidad de las normas dictadas por el Congreso Nacional, las cuales son consideradas meramente constitucionales, hasta tanto sean expulsadas del ordenamiento interno, tras agotar el mecanismo de acción directa de inconstitucionalidad.

Obviamente, esto obedece a que el Congreso Nacional, entendido como Poder Constituido, agota unas fases de investigación, estudio, diálogo y consenso cuantificado hasta lograr la creación de las normas, proceso que realizada como mandatario del Poder Constituyente, es decir el pueblo, de ahí que una vez una ley es aprobada bajo estos estándares democráticos, no pueden ser anuladas ni expulsadas sin un justificativo que acredite el agravio que cause la norma cuya constitucionalidad se presume, hasta tanto el Tribunal Constitucional en el ejercicio del control abstracto, establezca lo contrario o ante la creación de una nueva norma que refuerce la protección del derecho o garantía que propone derogar.

El constituyente consideró que, una norma posterior nunca podrá ser menos garantista que una norma anterior, siendo esto cónsono con el principio de Seguridad Jurídica, indicando que en ningún caso los poderes públicos o la ley podrán afectar o alterar la seguridad jurídica derivada de situaciones establecidas conforme a la legislación anterior (Art. 110 CD).

Esta perspectiva constitucional resulta de extrema relevancia principalmente luego de la encontrarse instaurada la cláusula del Estado social y democrático de Derecho, la cual enfatiza el sistema de frenos y contrapesos que tiene como fin principalísimo que todos los órganos, entes y Poderes del Estado respeten los límites en su toma de decisiones y el ejercicio de sus funciones en general.

Asimismo, es relevante indicar que el legislador al aprobar la Ley núm. 42-08 de Defensa de la Competencia, no derogó o modificó el Código Penal, por lo que la acción penal y las responsabilidades personales establecidas en esos artículos se mantienen y podrían ser puestas en curso, desde esta institución. En consecuencia, «el juez penal apoderado para conocer algún presupuesto de violación del artículo 419, luego de la puesta en vigencia de la Ley núm. 42-08 de Defensa de la Competencia, ha quedado en mejores condiciones para edificarse sobre los hechos, el derecho, el daño y la pena que le corresponde aplicar».

En efecto, este tipo de prácticas entre empresas competidoras, tipificadas en el Código Penal vigente y la Ley General de Defensa de la Competencia núm. 42-08, son consideradas como las conductas más nocivas para el mercado y los consumidores, debido a que dañan, inevitablemente, el proceso competitivo y la libre concurrencia en los mercados en los que se materializan, conllevando graves repercusiones sobre el bienestar de los consumidores: provocando, por un lado, precios mayores a los que prevalecerían en una situación de Competencia; y por otro, disminuyen la cantidad de bienes o servicios producidos, afectando el crecimiento de la economía.

Es por ello, que la existencia de los artículos que han sido excluidos del proyecto de Código Penal en discusión no fue ignorada por el legislador al momento de aprobar la Ley General de Defensa de la Competencia, núm. 42-08, puesto que el artículo 61 de dicha normativa recoge que las sanciones económicas, a imponerse a quienes incurran en las prácticas prohibidas por dicha norma, podrán ser aplicables *«sin perjuicio de las sanciones penales y civiles»*. En consecuencia, la propia Ley núm. 42-08 de Defensa de la Competencia reconoce la preexistencia de tipos penales relacionados con prácticas anticompetitivas.

En tal virtud, los tipos penales referentes a prácticas anticompetitivas, actualmente recogidos en los artículos 419 y 420 del Código Penal vigente, en el proyecto de modificación, deben mantenerse y adecuarse, pues eso facilitaría la eventual sanción de estos delitos mediante la correspondiente acción penal y, por ende, la aplicación de penas privativas de libertad a las personas físicas involucradas en prácticas colusorias, que tanto daño producen al mercado y las finanzas públicas.

Si se logra elevar los niveles de Competencia, se fomenta la disminución o eliminación de las prácticas restrictivas que traerán como resultado un mejor desarrollo de los recursos en todos los ámbitos para beneficio de la sociedad en su conjunto.

En cuanto a ello, se debe afirmar que, con la entrada en vigor de la Ley 42-08 de Defensa de la Competencia y a medida que avanza en República Dominicana la aplicación del Derecho de la Competencia, se hace más efectiva la investigación y sanción de este tipo de prácticas anticompetitivas, conocidos como carteles o colusiones. Lo anterior, facilitará el ejercicio de las acciones penales correspondientes al tiempo que permitirá elevar el nivel de disuasión a las empresas y ejecutivos que intervienen en esos asuntos.

6.5. Observaciones de Procompetencia al Proyecto de Código Penal

Desde hace décadas, el Código Penal dominicano ha recibido un sinnúmero de críticas tendentes a mejorar aquella adquisición —traducción del Código Penal francés de Napoleón—, ya que ciertamente el contexto social dominicano ha cambiado y muchas de las penas no tienen razón, se quieren modificar, revisar el monto paupérrimo del pago de las cuantías, así como los años de castigos a imponer.

Resulta entonces que, en el interés de que ciertos artículos del citado texto se mantengan en una nueva versión más moderna y contextualizada al tiempo de hoy, Procompetencia decidió enviar una comunicación en el mes de noviembre de 2020, al presidente de la Comisión Bicacameral que analiza el proyecto de modificación del Código Penal Dominicano.

Es necesario explicar el momento histórico en el que República Dominicana decidió sobre el mismo, así como el interés institucional que tiene Procompetencia en el tema. Señala la misiva que es en el Decreto-Ley núm. 2274, del 20 de agosto de 1884, a través del cual, y cuando se sanciona el Código Penal dominicano, traducido desde el año 1867. En aquel entonces, el legislador introdujo ilícitos penales que se vinculan directamente a la materia de nuestra competencia, tipificando como delitos aquellos actos que procuren falsear los precios resultantes del libre mercado a partir de maniobras ilegítimas o «artificios», tanto en relación con la fijación de precios como el desabastecimiento intencional de bienes y servicios[476].

Asimismo, se trata de ilícitos estrechamente vinculados al orden económico y social, que, lejos de ser excluidos, deben ser adecuados conforme a las tendencias nacionales e internacionales de proyección a los mercados y consumidores, bien jurídico protegido del Derecho de competencia y que ha sido reconocido, en la Ley General de Defensa de la Competencia, núm. 42-08[477].

Una justificación acertada es la que refiere a que la Ley 42-08 de Defensa de la Competencia, «tiene por objeto, con carácter de orden público, promover y defender la competencia efectiva para incrementar la eficiencia económica en los mercados de bienes y servicios, a fin de generar beneficio y valor en favor de los consumidores y usuarios de estos bienes y servicios en el territorio nacional». Precisamente es este carácter de orden público que se la ha otorgado al régimen de Competencia lo que amerita que existan sanciones penales, independientemente de las sanciones administrativas que puedan ser impuestas por la comisión de las faltas descritas en dicha ley.

Por lo tanto, se hace necesario entender entonces que la exclusión de todos los tipos penales de esa naturaleza podría dar lugar a que cualquier desaprensivo atente contra el orden económico establecido en República Dominicana, sin enfrentar consecuencias penales por esa conducta. Cues-

476 Comunicación marcada con el número PR-IN-2021-0710.

477 Artículo 1.- Objeto. La presente ley tiene por objeto, con carácter de orden público, promover y defender la competencia efectiva para incrementar la eficiencia económica en los mercados de bienes y servicios, a fin de generar beneficio y valor en favor de los consumidores y usuarios de estos bienes y servicios en el territorio nacional.

tión que sería muy lamentable y restaría garras al ordenamiento de la defensa de la competencia para enfrentar prácticas que vayan en contra de la ley.

En la actualidad, no se ha logrado consenso, pues otros temas del Código Penal no han logrado aceptación entre los representantes legislativos, no obstante, el repudio de la sociedad en general en cuestiones muy sensibles.

Sin embargo, sin explicación alguna, los artículos que se relacionan con la labor de Procompetencia, es decir, el 419 y 420, fueron excluidos, por lo que, no fueron tomados en consideración en el nuevo proyecto que es objeto de estudio[478].

Es menester sostener que, los antes citados artículos 419 y 420 del actual Código Penal, sin importar el tiempo transcurrido desde su incorporación en el mismo, engloban una importante visión de los mercados y la Competencia, por lo que, sirven de complemento a las sanciones administrativas y civiles contempladas en leyes especializadas.

Por lo que, excluir esos artículos debilitaría un importante elemento de la economía. Sin embargo, el proyecto de Código Penal soslaya la tipificación de esa conducta, a pesar de que, sorpresivamente, y de manera dispersa, la plantea con carácter de exclusividad para los funcionarios públicos, sin extender la tipificación hacia las empresas y personas físicas particulares que deliberadamente puedan cometer acciones atentatorias a las normas de orden público establecidas em la citada Ley 42-08 de Defensa de la Competencia.

Cabe señalar que la legislación internacional o comparada sanciona esa conducta para todos los ciudadanos, configurada como circunstancias agravantes de la pena cuando en la acción incurran funcionarios públicos.

478 Ver anexo 3.

CONCLUSIONES Y RECOMENDACIONES

Pese al vacatio legis de la Ley 42-08 de Defensa de la Competencia, existe un antes y un después desde la óptica de la Competencia en República Dominicana, ya que a pocos años de entrar en vigencia la precitada norma, se puede concluir que se ha avanzado tanto en la organización de la institución, como en investigaciones y tomas de decisiones pertinentes en la materia.

Solo basta visitar su página web y verificar el progreso, así como las decisiones que de manera dinámica a nivel institucional y como principal autoridad en la materia se adoptan. Por tanto, se evidencia los efectos jurídicos que la Ley 42-08 de Defensa de la Competencia ha surtido hasta el momento.

En tal sentido, a los fines de que Procompetencia continúe ejerciendo su rol y la correcta aplicación de los dictados de la Ley 42-08 de Defensa de la Competencia, se recomienda el fortalecimiento de su Política de Competencia como instrumento para evitar los abusos de posición dominante y las actuaciones concertadas entre agentes económicos tendentes a crear barreras injustificadas en el mercado.

Igualmente, se sugiere promover con mayor esfuerzo la importancia de la eficiencia de los mercados para así hacer posible mejores condiciones para el crecimiento económico. Esto incentivaría la capacidad de innovación y el aprovechamiento de nuevas oportunidades de inversión y tecnología.

Asimismo, es indudable el rol que ha jugado Procompetencia en la aplicación de la Ley 42-08 de Defensa de la Competencia. Por lo que, se recomienda aunar esfuerzos para hacer entender a los distintos poderes del Estado, la importancia que reviste el tema para el desarrollo y crecimiento económico del país. Se hace necesaria mayor difusión del contenido de la Ley 42-08 de Defensa de la Competencia, no solo en espacios jurídicos y profesionales, sino, concienciar y gestionar desde el ámbito sociocultural el conocimiento del tema, su importancia e impacto en los agentes económicos y consumidores.

Sin embargo, una debilidad evidente es que todavía hay niveles insuficientes de cooperación entre Procompetencia y los reguladores sectoriales en la aplicación de la Ley 42-08 de defensa de la competencia. Por ejemplo, los reguladores sectoriales no siempre consultan a Procompetencia, a pesar de la obligación legal que establece la ley de competencia.

Es importante destacar que, el *peer review* destaca que Procompetencia ha desarrollado canales de cooperación con varias autoridades y entidades gubernamentales en la República Dominicana, especialmente reguladores sectoriales con poderes de aplicación de la ley de competencia. Por ejemplo, Procompetencia ha firmado varios acuerdos bilaterales de cooperación para formalizar y regular los procedimientos de consulta y derivación de asuntos.

De hecho, un punto a favor de Procompetencia, es que el examen interno señala que, a nivel internacional, Procompetencia ha promovido la cooperación principalmente a través del intercambio de experiencias y conocimientos. Procompetencia ha participado activamente en foros internacionales de competencia y este examen inter-pares voluntario muestra el compromiso del país por continuar desarrollando su política y legislación de competencia en línea con las prácticas internacionales.

En otro orden, la Ley 42-08 de Defensa de la Competencia contempla un marco normativo que debe ser revisado, sobre todo, cuestiones relativas al procedimiento sancionador, ya que hay nuevas tendencias y figuras que deben ser insertadas para estar a la vanguardia. Lo cierto es que hay consenso en que el régimen de Defensa de la Competencia no protege intereses particulares en el sentido de derechos subjetivos, sino, justamente intereses generales.

Además, se recomienda que la institución promueva a través de agencias internacionales estudios y análisis que le permitan diseñar y profundizar sobre una legislación adaptada para asumir los retos del presente, puesto que, para alcanzar lo anteriormente escrito conlleva redoblar esfuerzos en el ámbito administrativo, funcional y financiero, así como una coordinación sostenida con los entes reguladores sectoriales para asegurar el buen funcionamiento de los mercados. Sin una ley cónsona con los principios que rigen la Administración Pública, no podrá garantizarse el debido proceso de rigor.

Además, Procompetencia se ha empeñado en crear precedentes en el ámbito jurídico y económico que impacten en el ámbito social. Ha sido un proceso lento, pero, ciertamente se ha ido comprendiendo poco a poco el rol que Procompetencia debe jugar en procura de que malas conductas sean reprochadas y sancionadas en virtud de las facultades que la misma ley le otorga.

En tal sentido, dos instancias están llamadas a jugar su papel desde sus respectivas facultades: la Dirección Ejecutiva y el Consejo Directivo, sin intromisión, solo actuando por mandato de la Constitución de la República, así como desempeñando la misión impuesta por el poder de imperio de la Ley 42-08 de Defensa de la Competencia.

En ese tenor, se sugiere a Procompetencia proponerse como tarea, lograr en el futuro próximo que una sola autoridad de Competencia conozca todos los campos de la materia o al menos la gran mayoría, como sucede en la actualidad con España, que pasó a concentrar en la CNMC una serie de mercados que anteriormente no estaban bajo su vigilancia y facultad. Esto, en el entendido de que el tamaño de nuestra economía lo permite y que con ello se lograría unificar criterios, puesto que ha sido difícil hasta hoy cumplir con el mandato del artículo 69 de la ley 42-08 de Defensa de la Competencia.

En el caso dominicano, la realidad consiste, pues, que, en materia de telecomunicaciones, energía, lo monetario y financiero, entre otros mercados, se rigen por leyes e instituciones particulares, aunque ello no impide que Procompetencia vaya cumpliendo su facultad de emitir consideraciones no vinculantes sobre temas de interés para esos mercados.

En ese sentido, una de las principales recomendaciones del informe es adoptar un marco común de competencia, que incluya normas sustantivas y de procedimiento, y que se aplique de manera uniforme en todos los sectores.

De igual modo, debería suceder con las fusiones. Otra importante recomendación fue la de adoptar un régimen de control ex ante de las fusiones en línea con las normas de la OCDE y las mejores prácticas internacionales. En materia de telecomunicaciones lo conoce el Instituto Dominicano de las Telecomunicaciones (INDOTEL) y, en el ámbito financiero la Junta Monetaria presidida por el Banco Central, pero debería suceder en otros mercados también. Sin embargo, la falta de control previo de fusiones es preocupante en sectores conocedores del tema.

También, es imperante que las empresas asuman una cultura de competencia y buenas prácticas. No es necesario tener que ser sancionado en virtud de la ley por no tener un comportamiento leal en el mercado. Si fuera por desconocimiento, previamente notificaran sus actuaciones, aunque no es una exigencia de la normativa de competencia dominicana. Quedaría pendiente la fijación de umbrales para que sea una obligación previa a materializar en cualquier actividad, la notificación de acuerdo a parámetros específicos que la autoridad de Competencia procure conocer con anterioridad.

Por tanto, se recomienda que Procompetencia como órgano rector sensibilice al poder político y social, a los fines de que el Poder Ejecutivo y el Poder Legislativo asuman como política nacional, una reforma en el sentido de otorgar facultades de inspección, control previo de fusiones y concentraciones, así como dote de potestad sancionadora a Procompetencia para poder actuar en los mercados actuales y futuros.

Sin embargo, buenas prácticas de países como España a través de la CNMC pueden ser imitadas desde el ámbito de promoción de la competencia. Estados Unidos ha sido duro sancionando, incluso, a sus propias empresas, cuestión que no era asumido como referente internacional por un tema de intereses políticos coyunturales, pero, que desde hace pocos años se ha asumido con firmeza por el gobierno norteamericano, lo cual envía un mensaje importante a tomar en consideración por su influencia internacional.

En ese mismo orden, solo basta ir al preámbulo de la Ley 3/2013 de creación de la Comisión Nacional de los Mercados y la competencia (CNMC), donde se precisa que esta ejercerá funciones, con carácter singular, en determinados sectores y mercados regulados, donde la aplicación de la normativa de defensa de la competencia resulta insuficiente para garantizar la existencia de una competencia efectiva. Estos sectores o ámbitos son los siguientes: las comunicaciones electrónicas y la comunicación audiovisual, los mercados de la electricidad y de gas natural, el sector postal, las tarifas aeroportuarias y determinados aspectos del sector ferroviario.

Agrega, además, que las funciones que la Comisión ejercerá sobre los citados sectores han sido tradicionalmente desempeñadas por los organismos reguladores sectoriales, por requerirse la independencia respecto de los intereses públicos que pudiesen confluir. En particular, abarcan funciones de supervisión y control, así como funciones de resolución de conflictos, más amplias y flexibles que las de mero arbitraje.

En otro orden, desde el ámbito contencioso queda pendiente la capacitación de los jueces del Tribunal Superior Administrativo (TSA), de la Suprema Corte de Justicia (SCJ) y del Tribunal Constitucional (TC), para que comprendan los términos y aspectos legales contenidos en la norma general 42-08 de Defensa de la Competencia. Lo ideal sería que cuando esos casos lleguen después de un procedimiento sancionador llevado a cabo en Procompetencia, estos puedan conocer la ley y los aspectos técnicos que ésta contempla para tomar decisiones justas.

Queda mucho por hacer, porque nunca es suficiente. Solo se espera que en la República Dominicana se asuma una política unificada desde el Poder Ejecutivo que permita que los funcionarios no hagan declaraciones sobre cuestiones para las que no están facultados, en cuanto a fijación de precios y asignación de servicios públicos.

En ese mismo orden, una nueva oportunidad florece. A mediano plazo habrá que revisar la Ley 42-08 de Defensa de la Competencia, porque sus errores materiales son evidentes y producen confusiones entre los interesados. Ha sido mucho lo esperado, mientras esta ley ha surtido efectos, pues aquella primera sanción emitida en la resolución 018-2018, sirvió como demostración de que Procompetencia está decidida a jugar su rol.

El hecho de que en lo jurisdiccional no se comprenda en su totalidad las implicaciones de un tema tan importante para la seguridad jurídica del país, no puede ser una excusa para que Procompetencia pueda hacer su labor correctamente. Un ejemplo claro fue en plena pandemia por el COVID-19. Este importante precedente para la humanidad que marca un antes y un después del mundo, precisó que autoridades de Competencia se desenvolvieran con prudencia y cautela.

En tal sentido, Procompetencia declaró en plena crisis, que «se mantiene en constante monitoreo del comportamiento empresarial en los mercados de bienes y servicios esenciales para toda la población en estos momentos de crisis sanitaria, que su prioridad en esta y cualquier situación de emergencia, es garantizar el suministro y proteger los consumidores, por lo cual respalda las iniciativas adoptadas por Proconsumidor y las demás instituciones de gobierno, para que en coordinación con las empresas, pueda lograrse el correcto abastecimiento y racionamiento de bienes»[479].

Asimismo, que «con el monitoreo, la institución busca evitar que agentes económicos en mercados sensibles para enfrentar con éxito la pandemia del coronavirus, aprovechen las condiciones actuales para incurrir en prácticas prohibidas por la Ley General de Defensa de la Competencia, núm. 42-08 y que la institución no tolerará condiciones abusivas o colusiones, ni el intercambio de información a largo plazo que puedan incidir en las estrategias individuales de negocios o en el establecimiento de precios. En caso de detectar la existencia de indicios razonables de prácticas contrarias a las disposiciones de la Ley 42-08 de Defensa de la Competencia, Procompetencia en sus facultades legales, iniciaría el correspondiente procedimiento de investigación en el tiempo más prudente».

De igual modo, en otro comunicado la Comisión Nacional de Defensa de la Competencia (Procompetencia) anunció, haber solicitado a la Dirección General y Contrataciones Públicas (DGCP), los expedientes administrativos correspondientes a los procesos de compras y contrataciones de emergencia realizadas por las autoridades del Sistema de Salud Pública Nacional, para adquirir los productos médicos y de higiene esenciales para contrarrestar los efectos del COVID-19.

Según indica el mismo comunicado, la finalidad de tal solicitud es *«para el análisis de dichos procesos desde el punto de vista de la libre y leal competencia, para verificar si existen indicios razonables de prácticas que pudieran configurar una infracción a la Ley General de Defensa de la Competencia»*[480].

En tal sentido, Procompetencia debe jugar su rol siempre, sin importar las circunstancias. Llegó para quedarse. El legislador al crearla le concedió facultades muy precisas, aunque deben mejorarse constantemente. Se necesita fortalecer su marco normativo.

Solo resta que los poderes del Estado hagan su parte, en especial el Ejecutivo. A corto plazo otras decisiones serán tomadas. Los agentes nunca estarán satisfechos, pero no podrán jamás ignorar que el impacto de la norma 42-08 es evidente y que sus efectos tendrán que producirse, como de hecho está sucediendo, pues de lo contrario, la misma ley tiene la potestad de juzgar la reincidencia.

---

479 «PROCOMPETENCIA Monitorea Comportamiento Empresarial Durante Emergencia por el Coronavirus», publicado en su página web en fecha 23 de marzo del 2020

480 https://procompetencia.gob.do/pro-competencia-solicita-a-la-direccion-general-de-compras-y-contrataciones-publicas-informaciones-sobre-procesos-de-emergencia-por-covid-19/

En fin, el agente económico sancionado con tres (3) mil salarios mínimos, unos 46 millones de pesos, que es lo mismo que, más o menos, unos 700 mil euros, se acogió a un plan de cumplimiento donde se comprometió a cesar muchas malas prácticas, pese a que la Tercera Sala del Tribunal Superior Administrativo, dictó la sentencia núm. 0030-04- 2022-SSEN-00218[481], de fecha 28 de abril de 2022, que revocó en todas sus partes la resolución 018-2018. Procompetencia recurrió en Casación ante la SCJ y el resultado fue ratificar el fallo del TSA en la sentencia SCJ-TS-23-1707[482], donde la alta corte consideró que:

> «...el estudio general de la sentencia impugnada pone en relieve que el tribunal a quo hizo una correcta apreciación de los hechos y documentos de la causa, los que dentro del examen adoptado por los jueces de fondo justifican la decisión adoptada, permitiendo verificar que, en la especie, se ha hecho una correcta aplicación de la ley y valoración de los elementos probatorios»

481 Primera sentencia sancionada por Procompetencia impugnada ante la Suprema Corte de Justicia.

482 Primer fallo de la Suprema Corte de Justicia en materia de competencia, específicamente, en abuso de posición dominante.

BIBLIOGRAFÍA

Alonso Soto, R. (2006). «Derecho de la competencia (II). La defensa de la libre competencia en España» en *Curso de Derecho Mercantil* (coordinado por Aurelio Menéndez y Rodrigo Uria), tomo I, Civitas Ediciones.

Álvarez Cantalapiedra, S. & Villarejo Galende, H. (2003). «La regulación de los grandes centros comerciales: una aproximación sociológica y jurídica». *Revista de derecho (Valdavia)* Vol. 15, número 2. Valdavia, España.

Álvarez Rubio, J. (2017). *La protección del consumidor en el Derecho de la Competencia*. Granada, España: Editorial Comares, S.L.

Araujo Juárez, J. (1998). *Tratado de Derecho Administrativo Formal*. (Ed. 3.ª). Vadell hermanos Editores.

Baker, J. (2001). *A Preface to Post-Chicago Antitrust.* Washington Collage of Law, America University.

Bassols, M. (1980). «Sobre los principios originarios del derecho administrativo y su evolución», en *libro homenaje al profesor Juan Galván Escutia*, Valencia.

Bassols, M. (1985). *Constitución y sistema económico*. Pág. 137., citado por Laguna de Paz, J.C. (2020). *Derecho Administrativo Económico.* (3.ª ed.). España: Rodona Industria Gráfica, SL.

Beneyto. J.M. y Maillo. (2017). «El campo de aplicación del derecho de la competencia: los instrumentos jurídicos de aplicación». *Tratado de Derecho de la competencia*. Tomo I. Unión Europea y España.

Bercovitz Rodriguez-Cano, A. (1975). «La formación del Derecho de la Competencia», en *Actas de Derecho Industrial y Derecho de Autor.* Tomo II, Montecorvo, Madrid.

Bercovitz Rodriguez-Cano, A. (2021). *Apuntes de Derecho Mercantil.* Ed. 22.ª, Editorial Aranzadi, España, pág. 161.

Bocanegra Sierra, R. (2012). *Lecciones sobre el acto administrativo*. Editorial Arandazi, SA, 4.ª Edición, España.

Bocanegra Sierra, R. (2005). *Teoría de acto administrativo*. Sociedad Anónima de Fotocomposición, Madrid, España.

Bodenheimer, E. (1964). *Teoría del Derecho*. México.

Blau, P. y Scott, R. (1962). *Formal Organization*. Ed. Chandler, San Francisco.

Brewer-Carías, A. (1979). «Les conditionnements politiques de l'administration publique dans les pays d'Amérique Latine», en *Revue Internationale des Sciences Administratives*, Vol. XLV, N.º 3, Institut International des Sciences Administratives, Bruselas.

Brewer-Carías, A. (1983). «El concepto del Derecho Administrativo en Venezuela», en *Revista de Administración Pública*, N.º 100-102, Vol. I, Madrid.

Brewer-Carias, A. (2008). *Reflexiones sobre la revolución norteamericana (1776), la revolución francesa (1789) y la revolución hispanoamericana (1810-1830) y sus aportes al constitucionalismo moderno*, 2.ª Edición Ampliada, Serie Derecho Administrativo No. 2, Universidad Externado de Colombia, Editorial Jurídica Venezolana, Bogotá.

Calvo Caravaca, A. L. y Carrascosa González, J. (2001). *Intervenciones del Estado y libre competencia en la Unión Europea*. Madrid.

Campuzano, A.B., Palomar Olmeda, A. & Calderón, C. (2019). *El Derecho de la Competencia.* (2.ª ed.). Tirant Lo Blanch, España.

Carbajo Cascón, F. *Violación de normas, en AA.VV., Comentarios a la ley de competencia desleal*. Dir. A. Bercovitz Rodríguez-Cano, cit., pág. 405 y ss.

Cassagne, J.C. (1981). *El acto administrativo*. Buenos Aires: Abeledo Perrot.

Coloma, G. (2009). *Defensa de la Competencia.* (2.ª ed.). Buenos Aires-Madrid: Ciudad Argentina.

Comadira, G. (2009). «Los precedentes administrativos». En Albertsen, J., *et. al. Cuestiones de Acto Administrativo, Reglamento y otras fuentes del Derecho Administrativo*. 1.º ed. RAP, Buenos Aires.

Contreras Calderon, J. (2011). «El precedente judicial en Colombia: Un análisis desde la teoría del derecho». *Revista de la Facultad de Derecho y Ciencias Políticas*, Vol. 41. No. 115, Universidad Pontificia Bolivariana, Medllín, Colombia.

Correa, C. (2009). *Derechos de Propiedad Intelectual, Competencia y Protección del Interés Público.* Buenos Aires, Argentina: Euros Editores S.R.L

COUTURE, E. (1948). *Estudios de Procesal Civil*. 3.ª Edición, bajo el cuidado de Santiago Santís Melendo. Buenos Aires Depalma, Págs.

D´AMORE, M. *Defensa de la Competencia y Propiedad Intelectual.* Buenos Aires, Argentina: Euros Editores S.R.L

DE LA QUADRA-SALCEDO JANINI, T. (2022). *Los derechos fundamentales económicos en el Estado social*. Marcial Pons, Madrid, España.

DEMICHEL, A. (1978). *Le droit administratif. Essai de réflexion théorique*. París.

DIEZ, M. (1961). *El acto administrativo.* Buenos Aires: Tipográfica Editora Argentina.

DILORENZO, THOMAS J. (2003). «The Case Against All Antitrust Legislation». Cátedra en *Mises University* 18, Ludwig Von Mises Institute.

DOMÍNGUEZ PÉREZ, E.M. (2003). *Competencia desleal a través de actos de imitación sistemática*. Ed. Aranzadi.

DOMÍNGUEZ PÉREZ, E.M. (2023). «Consideraciones sobre las prácticas desleales y sus efectos en los contratos celebrados por el consumidor a raíz de las recientes reformas de la Ley de Competencia desleal y del Texto Refundido de Consumidores y Usuarios». *Homenaje al Prof. Bercovitz Rodriguez-Cano*, dir. J.A. GARCIA-CRUCES GONZALEZ, ed. Tirant lo Blanch, 2023.

DOMINGUEZ PEREZ, E.M. (1990). «Derecho de la competencia: marcas y competencia desleal». *Revista Crítica de Derecho Inmobiliario*, Año n.º 80, N.º 684, 2004.

DOMINGUEZ PEREZ, E.M. (2012). «Consideraciones sobre los "actos de engaño" y "la participación en el mercado con fines concurrenciales" al hilo de la sentencia de la AP de Islas Baleares de 19 de octubre de 2011 (Sección 5.ª)», *ADI*, 2011-2012, pág. 501 y ss.

DOMINGUEZ PEREZ, E.M. «Problemática de la práctica promocional mediante premio: entre la práctica engañosa y la práctica agresiva. A propósito de la sentencia del TJUE de 18 de octubre de 2012». 2012-2013, pág. 481 y ss.

DROMI, J. (1975). *Presunción de legitimidad: Acto y procedimiento administrativo*. Buenos Aires: Plus Ultra.

ESCOLA, H. (1984). *Compendio de Derecho Administrativo*. Tomo I. Buenos Aires, Argentina: Editorial Desalma.

FERNANDEZ ORDOÑEZ, M. (2000). *La competencia.* Alianza Editorial, Madrid, España.

FERNANDO PABLO, M. (2014). «El contencioso-administrativo de la unidad de mercado: ¿Objetivización de la jurisdicción contenciosa?» *Revista Europea de Derechos Fundamentales*, vol. 23

Fernando Palblo, M. (2022). *Sobre el acto administrativo: Historia y dogmática en España*. Documentos de trabajo. Universidad de Salamanca, España.

Ferrajoli, L. (2019). *Derechos y garantías.* (1.ª Reimpresión). Editorial Trotta, S.A. España.

Galán Corona, E. (1977). *Prácticas restrictivas de la Competencia*. Editorial Montecorvo.

Gamero Casado, E. (2021). *La Potestad Administrativa*. Valencia, España: Tirant Lo Blanch.

García Álvarez, G. (2006). «Los poderes normativos de las Administraciones independientes en el ámbito económico». *Revista de Administración Pública*, núm. 171, septiembre-diciembre, Madrid.

Garcia del Rosario, A. (2017). *Fundamentos de la Responsabilidad Patrimonial del Estado.* 2da. Edición. Consejo del Poder Judicial, República Dominicana: Talleres Gráficos.

Garcia Del Rosario, A. (2016). *Derecho Procesal Administrativo.* Impresora Soto Castillo, República Dominicana.

García de Enterria. (1979). *La lucha contra las inmunidades del poder en el derecho administrativo*. Madrid, Civitas.

Garcia de Enterria, E. (1985). *La Constitución como norma y el Tribunal Constitucional*, Madrid.

García de Enterría, E. & Fernández, T. (2022). *Curso de Derecho Administrativo I.* (18.ª ed.). España: Aranzadi, S.A.U.

García Monteys, R. (2007). *Procedimientos en la nueva Ley de Defensa de la Competencia*. número extraordinario del Instituto de Derecho y Ética Industrial, núm. 48, octubre-diciembre.

Garcia-Verdugo, J. & Gomez, L. (2020), *Estimating the impact of competition enforcement by the Spanish Competition Authority (Revised Methodology)*, Document AE-01/20(0529).

García-Verdugo, J., & Gómez, L. (2018). *Impacto de las intervenciones de la CNMC en defensa de la competencia*.

Garrido, F. (2002). *Tratado de Derecho Administrativo, I.* 13.ª Edición. Tecnos, Madrid.

Garrigues, J. (1964). *La defensa de la competencia mercantil: cuatro conferencias sobre la ley española de 20 de julio de 1963 contra prácticas restrictivas de la competencia*. Sociedad de Estudios y Publicaciones, Madrid.

Gonzalez Camacho, O. (2001). *La Justicia Administrativa.* Tomo I. San José, Costa Rica: Editorial Investigaciones Jurídicas S.A. Primera Edición.

Gordillo, A. (2013). *Tratado de Derecho Administrativo y obras selectas*. Tomo 8, 1.ª Edición, Buenos Aires.

Gordillo, A. (1969). *El acto administrativo*. 2.ª Ed. Buenos Aires: Abeledo Perrot.

Guevara Inciarte, G. (2008). «El Tratamiento de las prácticas y comportamientos colusorios en Venezuela (1992-2006): Problemas teóricos y prácticos». *Revista Derecho Competencia*. Bogotá, Colombia. Vol. 4, Núm 4.

Guillen Carames, J. (2016). *La ejecución del Derecho Comunitario de la Competencia por las autoridades nacionales: un modelo de aplicación descentralizada de la legislación europea, Memorial para la reforma del Estado. Estudios en homenaje al profesor Santiago Muñoz Machado.* Vol. III (Baño León, J.M., Coord.), Iustel, Madrid.

Hernández G. J. (2018). *Comentarios a la Ley Antimonopolio.* (1.ª ed) Venezuela: Colección Compactos.

Hierro-Sánchez-Pescador, L. (1991). «Una introducción a la ley 16/1989 de Defensa de la competencia: la tradición norteamericana y el contexto comunitario». *Ekonomiaz-Revista vasca de economía*, núm. 21.

Hylton, K. (2003). *Antitrust Law: Economic Theory and Common Law Evolution*, ed. Cambridge University Press.

Illescas Ortiz. R y Robles Martín-Laborda. A. (2007). *Derecho europeo de la competencia: antitrust, control de concentraciones y procedimientos de aplicación, Pace*, L.F, Madrid.

Jaeckel Kovaks, J. & Montoya Naranjo, C. (2013). «La deslealtad en la competencia desleal: qué es, cómo se establece en las normas, qué se debe probar y quién la debe probar». *Revista Derecho Competencia*, Vol. 9 N° 9, pp. 139-155, Bogotá, Colombia.

Jiménez Cardona, N. (2021). *La dimensión constitucional del Derecho de la Competencia*. (1.ª ed.) Europa. Juruá Editorial.

Jorge Prats, E. (2013). «El Tribunal Constitucional y la cláusula constitucional del Estado regulador». *Anuario 2012 del Tribunal constitucional dominicano*, Primera edición, pág. 80. Imprenta AMSI, SRL.

Jorge Prats, E. & Victoria, O. (2012). *Derecho de la Regulación Monetaria y Financiera.* Editora Búho, República Dominicana.

Jorge Prats, E. *Derecho Constitucional.* Volumen II. Ius Novum. Amigo del Hogar, 2da. Edición, Santo Domingo, 2012.

Josune Real, M. (2019). *Derecho del mercado,* 2.ª edición: Madrid, España.

Kelsen, H. (2001). *La Garantía Jurisdiccional de la Constitución*. Universidad Nacional Autónoma de México.

Kip Viscusi, W. *Et al.* (2018). *Economics of Regulation and Antitrust*. (5.ª Ed.). Massachusetts Institute of Technology (MIT).

Kovacic, W. y Shapiro, C. (1999). *Antitrust Policy: A Century of Economic and Legal Thinking*. Competition Policy Center. University of California, Berkeley. Pág. 2.

Laguna De Paz, J.C. (2020). *Derecho Administrativo Económico.* (3.ª ed.). España: Rodona Industria Gráfica, SL.

López Escudero, M. (2011). «La Unión Europea ante la crisis económica y financiera». *Revista de Derecho Comunitario Europeo*, núm. 39.

López Valles, J. *La mejora de la regulacióncomo elemento central de la política de competencia.* (2019). ICE: La mejora de la regulación, n.º 907.

Marco Alcalá, L.A. (1999). «Prácticas engañosas por confusión para los consumidores», en Bercovitz Rodríguez-Cano, A., *Comentario a la Ley de competencia desleal*, AA. VV., cit., pág. 545 y ss.

Marte, L. (2019). *Garantías mínimas y otros aspectos del procedimiento sancionador en materia de competencia.* Gaceta Judicial, año 22, núm 382.

Massaguer Fuentes, J. (1999). *Comentarios a la Ley de competencia desleal*. ed. Civitas, España.

Mayer, O. (1949). *Derecho Administrativo alemán.* Editorial Depalma, Buenos Aires, Argentina.

Méndez, J. (2005). *Fundamentos de Economía.* (4.ª ed.). México: McGrawHill.

Menéndez Menéndez, A. (1988). *La competencia desleal*. ed. Civitas, Madrid, España.

Merkl, A. (1935). *Teoría general del derecho administrativo*. Madrid.

Miranda Londoño, A. (2002). «Anotaciones sobre el Derecho Antimonopolístico en los Estados Unidos de Norteamérica». En *CEDEC III*, Colección Seminarios 10. Javegraf, Reimpresión, Bogotá.

Motta, M. (2018). *Política de competencia.* (1.ª ed.). México: Fondo de Cultura Económica.

Muñoz Delgado, C. *et. al.* (2015). «Introducción al derecho mercantil (ADE)». *Manuales Universitarios*. Editorial Thomson Reuters Aranzadi, España.

Muñoz Machado, S. (2005). *Diccionario de Derecho Administrativo,* Tomo I, Iustel, España.

Neale, A. D. (1970). *The Antitrust Laws of the United States of America*. 2.ª, ed. Cambridge Univ. Press, Cambridge.

Nieto, A. (1994). *Derecho Administrativo Sancionador*. Madrid, España: Editorial TECNOS S.A., Segunda Edición ampliada.

Nieto, A. (2011). *Derecho Administrativo Sancionador*. (5.ª ed.). Madrid, España: Editorial Tecnos.

Nihoul, P. (2005). *Introducción al derecho de la competencia.* (1.ª ed.). Colombia: Digiprint editores.

Nipperdey, C. (1930). *Wettbewerb und Existenzvernichtung,* e. C.H. Beck, Berlin.

Noboa Pagán, A. (2020). *Libre y Leal Competencia en la República Dominicana (1994-2020).* (1.ª ed.). Santo Domingo-Ciudad de México: Colección NPA.

Noriega Sandberg, R. & Ariño Sánchez, R. (2005). *Definición de mercado geográfico en servicios de acceso a telecomunicaciones desde ubicación fija.* Núm. 22.

Ortega Polanco, F. (2015). *Derecho Administrativo Intensivo.* Editora Corripio, República Dominicana.

Palomar Olmeda, A. (2019). *La evolución normativa de la Defensa de la Competencia en España. La incidencia del Derecho Comunitario.* 2.ª edición. Tirant lo Blanch, Valencia, España.

Posner, Richard. (2001). *Antitrust Law*. (2.ª ed.). United States of América: University of Chicago.

Prazmowski, P. & Sala-I-Martin, X. (2020). *Gazebo: Retos que enfrenta la República Dominicana y las acciones para enfrentarlos.* Amigos del Hogar, Primera edición, República Dominicana.

Prieto Sanchís, L. (1990). *Estudios sobre derechos fundamentales*. 1.ª Edición. Editorial Debate, España.

Rebollo Puig, M. (2013). «La actividad inspectora» *Actas del VIII Congreso de la Asociación Española de Profesores de Derecho Administrativo*: La función inspectora, INAP, Madrid.

Recio, A. (2021). *Procesos en el Contencioso Administrativo.* 1.ª edición. Imprenta Soto Castillo.

Rengifo García, E. (2004). *Del abuso del derecho al abuso de la posición dominante*. Universidad Externado de Colombia, Bogotá.

Robles Planas, R. (2021). *Teorías de las normas y sistema del delito. Colección Justicia Penal.* Atelier, Barcelona, España.

Rodríguez-Arana, J. (2013). *Ponencia sobre el Derecho Fundamental a la Buena Administración*. Universidad UNIBE, Santo Domingo, República Dominicana.

Rodriguez de Santiago, J. Domenech Pascual, G., & Arroyo Jiménez, L. (Coord.). (2021). *Tratado de Derecho administrativo,* Vol. I. Marcial Pons, Madrid, España.

Rodriguez Rescia, V. (2009). *Las sentencias de la Corte Interamericana de Derechos Humanos. Guía modelo para su lectura y análisis.* 1.ª Edición. Instituto Interamericano de Derechos Humanos. San José.

Roldan, Xopa. J. (2018). *La ordenación constitucional de la economía.* Fondo de cultura económica, México.

Rivero Ortega, R. & Ortega Polanco, F. (2016). *Manual de Derecho Administrativo.* (1.ª ed.). República Dominicana: Editora Buho.

Ruiz, C.E. (2002). «Bases económicas del derecho de la competencia». *Revista Contexto*.

Ruiz D., G. (2000). «Definición del Mercado relevante y Políticas de competencia». THEMIS *Revista de Derecho*, (41).

Sánchez Moron, M. (2008). *Derecho administrativo. Parte genenral,* Editorial Tecnos (Grupo Anaya), Madrid, España.

Sánchez Sánchez, Z. (2023). *El procedimiento administrativo y el Sistema Interamericano de Derechos Humano.* 1.ª edición. Editorial Colex. España.

Sánchez, Z. (2016). «La potestad Administrativa Sancionadora». *Revista de Derecho de la Hacienda Pública*, Vol. 6.

Schmidt-Assmann, E. (2003). *La teoría general del Derecho administrativo como sistema.* INAP-Marcial Pons, Madrid.

Schmitt, C. (2011). *Teoría de la Constitución.* (1.ª Edición). Alianaza Editorial, Madrid, España.

Schwartz, B. (1991). *Administrative Law*, 3 ed., ed. Little, Brown and Co, Boston.

Silié Ruiz, Melissa. (2020). *Las potestades de investigación de la Dirección Ejecutiva de PROCOMPETENCIA.* Gaceta Judicial, n.º 395.

SILOS RIBAS, M. «La promoción de la competencia: pilar básico de una política de competencia eficaz». Artículo para el *Anuario de Competencia de la Fundación del Instituto de Crédito Oficial (Fundación ICO)*.

TEROL GÓMEZ, R. (2023). *Competencia y derecho administrativo.* (Primera edición). Editorial Aranzadi. Director: PALOMAR OLMEDA, *Las 10 esenciales del Derecho Administrativo*.

VILLAREJO GALENDE, H. (2008). «La simplificación administrativa en la Directiva relativa a los servicios en el mercado interior. Sus repercusiones en la Administración electrónica española y el desafío que plantea su transposición». *Revista de la Unión Europea*, número 14-1er. Semestre 2008. España.

VILLAREJO GALENDE, H. (2011). «El nuevo régimen de las autorizaciones comerciales en España. Una lectura Hitchcockiana de los efectos de la Directiva de servicios: ¿De psicosis a sabotaje?» *Revista catalana de dret públic*, número 42.

WITKER, JORGE. (2000). *Derecho de la Competencia en América. Canadá, Chile, Estados Unidos y México.* Fondo de Cultura Económica, Chile.

WU, T. (2018). *The curse of bigness*. Columbia Global Reports, United States of America.

ZULLITA FELLINI, G. Y PÉREZ MIRANDA, R. (2001). «El derecho frente a los monopolios», en *Estudios de Derecho Económico IV*, 1A. REIMP., Universidad Nacional Autónoma de México: 1983. Págs. 65-121. NEUMANN, M. *Competition Policy: history, theory and practice*. Edward Elgar Publishing, Great Britain: 2001.

Otros textos

- Anuario de la Libre Competencia. (2023). Edición 1, impreso por FR Multiservicios SRL, Santo Domingo, República Dominicana.
- Asunto C-134/15, Limdl GmbH & Co. KG y Freistaat Sachsen, EU:C:2016498, margs. 29-34, citado por LAGUNA DE PAZ, J.C. (2020). *Derecho Administrativo Económico*. (3.ª ed.). España: Rodona Industria Gráfica, SL.
- Civil Aeronautics Board, Federal Communications Commission, Federal Maritime Commission, Federal Reserve Board, National Labor Relations Board, Nuclear Regulatory Commission, Federal Energy Regulatory Commission, Securities Exchange Commission, Federal Trade Commission. 80 véase la sentencia Humphrey Executor v. U. S., 295 U. S. 602 (1935).

- Comentarios a la Ley de competencia desleal, dir. Bercovitz Rodriguez-Cano, A, 2011, ed. Thomson Reuters.
- Comunicación 2008/C, 167/01 de la Comisión, sobre el desarrollo de los procedimientos de transacción con vistas a la adopción de decisiones con arreglo a los artículos 7 y 23 del Reglamento (CE) 1/2003 del Consejo en casos de cártel (DOUE-C 2 julio 2008).
- Conferencia de las naciones unidas sobre comercio y empleo, acta final y documentos conexos, e/conf.2/ 78, La Habana, Cuba, 21 de noviembre de 1947, 24 de marzo de 1948. También conocida como Carta de la Habana.
- ICN Report on the Objectives of Unilateral Conduct Laws, Assessment of Dominance/Substantial Market Power, and State-Created Monopolies.
- Editorial CEPAL, DR-CAFTA: aspectos relevantes seleccionados del Tratado y reformas legales que deben realizar a su entrada en vigor los países de Centroamérica y la República Dominicana. (Consultado el 2 de mayo de 2021).
- **Fermin Cabral, M.** (2020). «Precedente administrativo: fundamento y fuerza vinculante». Artículo de opinión ublicado en *Acento.com.do*
- **OCDE** (2022). «Tendencias sobre competencia en Latinoamérica y el Caribe» 2022, *OECD Business and Finance Policy Papers, OECD Publishing*, Paris, https://doi.org/10.1787/f19a5033-es.
- Organización para la Cooperación y el Desarrollo Económico (OCDE). (2019). *Herramientas para la Evaluación de la Competencia.* Versión 4.0, Paris, Francia.
- World Bank's worldwide governance and doing business indicators (2019 a y 2019 b).

NORMATIVAS

- Constitución de la República Dominicana, proclamada en fecha trece (13) de junio de 2015 Gaceta Oficial No. 10805 del 10 de julio de 2015.
- Constitución de España, BOE núm. 311, de 29/12/1978.
- Ley 42-08 de Defensa de la Competencia, del 25 de enero de 2008, publicada en la Gaceta Oficial. Ley 15/2007, de 3 de julio, de Defensa de la Competencia y su Versión consolidada.
- Ley 107-13 sobre los derechos de las personas en sus relaciones con la sobre los Derechos de las Personas en sus Relaciones con la Administración y de Procedimiento Administrativo. G. O. No. 10722 del 8 de agosto de 2013.
- Artículos 101 a 109 del Tratado de Funcionamiento de la Unión Europea (TFUE).
- Ley 3/2013, de 4 de junio, de creación de la Comisión Nacional de los Mercados y la Competencia (CNMC). RD 657/2013, de 30 de agosto, por el que se aprueba el Estatuto Orgánico de la CNMC. Reglamento de Funcionamiento interno de la CNMC.
- Las distintas normas autonómicas que asumen competencias en materia de la aplicación de la Ley 15/2007, y crean los distintos órganos autonómicos de defensa de la competencia.
- Ley 15/2007, de 3 de julio, de Defensa de la Competencia.
- Ley 39/2015, de 1 de octubre, del Procediminiento Administrativo Común de las Administraciones Públicas. BOE núm. 236, de 02/10/2015.
- Ley 40/2015, de 1 de octubre, de Régimen Jurídico del Sector Público. BOE núm, de 02/10/2015.
- Ley 6/2007, de 26 de junio, de la Comunidad Autónoma de Andalucía de Defensa de la Competencia. El Decreto 289/2007, de 11 de diciembre, aprueba los Estatutos de la Agencia de Defensa de la competencia de Andalucía.

- Ley 2/2005, de 24 de junio, de la Comunidad Autónoma de Extremadura, que crea el Jurado de Defensa de la Competencia.
- Ley 14/2005, de 23 de diciembre, de medidas de la Comunidad Autónoma Valenciana (el Capítulo XXV crea el Tribunal de Defensa de la Competencia de la Comunitat Valenciana).
- Ley 1/2009, de 12 de febrero de la Comunidad Autónoma de Cataluña, que crea la Autoridad Catalana de la Competencia.
- Ley 1/2012, de 2 de febrero, de la Autoridad Vasca de la competencia.
- Ley 1/2002, de 21 de febrero, de Coordinación de las competencias del Estado y las Comunidades Autónomas en materia de Defensa de la Competencia.
- Real Decreto 2295/2004, de 10 de diciembre, relativo a la aplicación en España de las normas comunitarias de competencia.
- Real Decreto 602/2006, de 19 de mayo, por el que se aprueba el Reglamento de exención de determinadas categorías de acuerdos de intercambio de información sobre morosidad.
- Decreto 15/2009, de 5 de febrero del Consejo de Gobierno de Castilla y León, que crea el Tribunal para la Defensa de la competencia de Castilla y León.
- Decreto 50/2012, de 23 de marzo, por el que se crea la Comisión de Defensa de la Competencia de la Comunidad Valenciana.
- Decreto 13/2004, de 13 de febrero, por el que se asignan funciones en materia de defensa de la competencia y se crea el Servicio Regional de Defensa de la Competencia de Murcia.
- Decreto 29/2006, de 24 de enero que crea y regula los órganos de Defensa de la Competencia.
- Reglamento de aplicación de la Ley 42-08 General de Defensa de la Competencia número 252-20.
- Reglamento (CE) n.º 139/2004 del Consejo, de 20 de enero de 2004, sobre el control de las concentraciones entre empresas.
- Reglamento (CE) n.º 802/2004 de la Comisión, de 21 de abril de 2004, por el que se aplica el Reglamento (CE) n.º 139/2004 del Consejo sobre el control de las concentraciones entre empresas.
- Reglamento de ejecución (UE) n.º 1269/2013 de la Comisión de 5 de diciembre de 2013, por el que se modifica el Reglamento n.º 802/2004.
- Reglamento (CE) n.º 1/2003 del Consejo, de 16 de diciembre de 2002, relativo a la aplicación de las normas sobre competencia previstas en los artículos 81 y 82 del Tratado [actuales artículos 101 y 102 TFUE]. Regla-

mentos de procedimiento en relación con la aplicación de los artículos 101 y 102 del TFUE (Reglamento (CE) n.º 773/2004, de la Comisión, de 7 de abril de 2004) y su modificación en lo relativo a los procedimientos de transacción en casos de cártel (Reglamento (CE) n.º 622 de la Comisión, de 30 de junio de 2008 y el control de concentraciones (Reglamento (CE) n.º 802/2004, de la Comisión, de 7 de abril de 2004).

- Reglamentos de exención por categorías, en relación con los acuerdos de especialización (Reglamento (CE) n.º 1218/2010 de la Comisión, de 14 de diciembre de 2010, que ha sucedido al Reglamento (CE) 2658/2000., acuerdos de investigación (Reglamento (CE) n.º 1217/2010 de la Comisión, de 14 de diciembre de 2010, (DO L 335 de 18.12.2010). Este acuerdo ha sucedido al Reglamento (CE) 2659/2000), acuerdos de transferencia de tecnología (Reglamento (CE) n.º 772/2004, de la Comisión, de 27 de abril de 2004), acuerdos verticales en general (Reglamento (CE) n.º 330/2010, de la Comisión, de 20 de abril de 2010) y acuerdos verticales sector vehículos de motor (Reglamento (CE) n.º 461/2010, de 27 de mayo).
- Reglamento de Defensa de la Competencia, aprobado por el Real Decreto 261/2008, de 22 de febrero.
- Reglamento para el establecimiento de un regimen de reducción de sanciones (RSS).
- Reglamento que establece el procedimiento simplificado por indicios de entrega de información falsa o alterada.
- Reglamento para el sometimiento y aprobación de compromisos de cese.
- Reglamento (UE) n.º 316/2014, de la Comisión, de 21 de marzo de 2014, relativo a acuerdos de transferencia de tecnología.
- Reglamento (CE) n.º 330/2010 de la Comisión: exime determinadas categorías de acuerdos verticales de suministro y distribución entre empresas competidoras y no competidoras. Actualmente está en proceso de revisión.
- Reglamento (CE) n.º 461/2010 de la Comisión: exime determinadas categorías de acuerdos verticales en el sector de los vehículos a motor.
- Reglamento (CE) n.º 1217/2010 de la Comisión: exime determinadas categorías de acuerdos de cooperación horizontal para la investigación y el desarrollo.
- Reglamento (CE) n.º 1218/2010 de la Comisión: exime determinadas categorías de acuerdos de cooperación horizontal para la especialización empresarial.
- Reglamento (CE) n.º 358/2003 de la Comisión: exime determinadas categorías de acuerdos en el sector de los seguros (intercambio de informa-

ción, establecimiento de condiciones tipo, constitución de consorcios de seguros y establecimiento de prescripciones técnicas).

- Reglamento (CE) n.º 772/2004 de la Comisión: exime determinados acuerdos de concesión de licencias de tecnología.
- Comunicación de la Comisión Nacional de la Competencia sobre la cuantificación de las sanciones derivadas de infracciones de los artículos 1, 2 y 3 de la Ley 15/2007, de 3 de julio, de Defensa de la Competencia y de los artículos 81 y 82 del Tratado de la Comunidad Europea (febrero de 2009)
- Comunicación sobre Terminación Convencional de Expedientes Sancionadores (octubre 2011).
- Comunicación sobre el Programa de Clemencia (junio 2013). Comunicación sobre los supuestos a los que resulta de aplicación el formulario abreviado en los procedimientos de concentración.
- Diversas comunicaciones de la Comisión Europea, en las que se desarrolla su práctica en la aplicación de la normativa de competencia relacionada con acuerdos y abuso de posición de dominio, y con control de concentraciones[484].

484 Estas comunicaciones se recogen en: http://ec.europa.eu/competition/antitrust/legislation/legislation.html y en http://ec.europa.eu/competition/mergers/legislation/legislation.html

JURISPRUDENCIA

- Sentencia del Tribunal de Justicia de las Comunidades Europeas (TJCE) de fecha 14 de febrero del 1978, en el caso 27/76, United Brands Company y United Brands Continental BV vs Comisión de las Comunidades Europeas Pág. 207, Párr. 38.
- Sentencia C-104 de 1993 de la Corte Constitucional colombiana que elabora los precedentes judiciales constitucionales.
- Sentencia Tribunal de Justicia de la Unión Europea (Sala Gran Sala) de 14 febrero 2012, que resuelve petición de decisión prejudicial que versa sobre la interpretación de los artículos 3.1 y 11 del presente Reglamento.
- Sentencia número 26, de 5 de agosto de 2005, sobre denuncia de Philip Morris en contra de Chiletabacos.
- Sentencia del Tribunal Constitucional TC/0049/13, de fecha 9 de abril de 2013, donde fija precedente importante sobre la liberatad de empresa.
- -Sentencia TC/0162/13. Expediente número TC- 01-1998-0005, relativo a la acción directa de inconstitucionalidad incoada por Fuentes y Negocios, C. por A. y/o Walter Neurauter en contra del artículo 211 del Código de Trabajo.
- Sentencia del Tribunal de Justicia de la Unión Europea de 10 de abril de 2014, en relación con el concepto de empresa.
- Sentencia del Tribunal de la Comunidad Europea de 9 de octubre de 2014 se refiere a la delimitación del concepto de ayuda en los supuestos en los que el beneficio procede del reconocimiento de una ventaja fiscal.
- Sentencia del Tribunal Constitucional de la República Dominicana que confirmó la Sentencia núm. 00416-2016, de la Segunda Sala del Tribunal Superior Administrativo el ocho (8) de diciembre de dos mil dieciséis (2016), donde se ordena, entre otras medidas, que la autoridad responsable de la regulación del transporte de pasajeros ejecute las acciones necesarias para eliminar toda especie de prácticas anticompetitivas en dicho mercado de servicios.

- Sentencia de la Corte Constitucional de Colombia, C-032-2017, planteó que, en el ámbito del derecho administrativo sancionador, el principio de legalidad se aplica de modo menos riguroso que en materia penal, por las particularidades propias de la normatividad sancionadora, por las consecuencias que se desprenden de su aplicación, de los fines que persiguen y de los efectos que producen sobre las personas.
- Sentencia número 1287/2019 de la Sala de lo Contencioso-Administrativo del Tribunal Supremo, consideró en su contenido la interposición por la Abogacía del Estado recurso de casación contra la sentencia de la Sección Sexta de la Sala de lo Contencioso-Administrativo de la Audiencia Nacional, de fecha 13 de junio de 2018.
- Sentencia del Tribunal constitucional dominicano bajo el número TC/0626/19, en cuyo numeral 8.4 le define como: «un documento oficial dimanado de una autoridad administrativa, mediante el cual se le comunica a otro funcionario recomendaciones, instrucciones u órdenes para llevar a cabo determinadas gestiones de orden administrativo», comunicación, resolución, Decretos u otros actos de efectos particulares.
- Sentencia C-836 de 2001 de la Corte Constitucional colombiana que elabora los precedentes tribunales y juzgados del país.
- Sentencia del Tribunal Constitucional (TC) dominicano TC/0045/22.
- Sentencia Tribunal de Justicia de la Unión Europea (Sala Gran Sala) de 14 febrero 2012, que resuelve petición de decisión prejudicial que versa sobre la interpretación de los artículos 3.1 y 11 del presente Reglamento.
- Tribunal de Justicia de la Comunidad Andina, sentencia de fecha 8 de mayo, 2020, proceso 625-I,P-2018, párr. 1.3 al 1.6, Quito, Ecuador.
- SCJ-TS-23-1707 de la Suprema Corte de Justicia que ratifica el fallo del TSA en contra de Procompetencia.

RESOLUCIONES SANCIONADAS

- Resolución 018-2018 que multa al agente económico CND-AMBEV con tres mil salarios mínimos por abuso de posición dominante en el mercado de cervezas de la República Dominicana, publicada por mandato del Consejo Directivo, en la página web de la institución: https://procompetencia.gob.do/wp-content/uploads/2020/02/cd018-2018.pdf
- Resolución núm. 010-2021 que decide sobre el procedimiento administrativo sancionador iniciado mediante la resolución núm. 003-2019 del consejo directivo de la comisión nacional de defensa de la competencia (pro-competencia), con motivo de la observación de indicios razonables de prácticas contrarias en el mercado de comercialización, venta y/o distribución de medicamentos de la marca glaxosmithkline (gsk) en la república dominicana, en virtud de la existencia de hechos que pudieran constituir indicios razonables para presumir la realización de prácticas concertadas y acuerdos anticompetitivos, por parte de los agentes económicos Profarma Internacional, SRL, Sued & Fargesa, SRL, J. Gassó Gassó, SAS y Mercantil Farmacéutica, SA, publicada en la página web de la institución: https://procompetencia.gob.do/wp-content/uploads/2021/06/resolucion-num-010-2021-version-publica.pdf
- Resolución 015-2021 mediante la cual el Consejo directivo procedió a decidir sobre el citado recurso jerárquico interpuesto por V ENERGY, S.A., en contra de la resolución de la Dirección Ejecutiva, número DE-006-2021, que desestima el procedimiento de investigación y ordena su archivo definitivo, con motivo de la denuncia interpuesta por el citado agente económico en contra de sodetransp, S. A., Eco Petróleo dominicana, S. A. y del señor David Levy Raposo, por la supuesta comisión de actos de competencia desleal en violación a la Ley General de Defensa de la Competencia, núm. 42-08, publicada por mandato del Consejo Directivo, en la página web de la institución: https://procompetencia.gob.do/wp-content/uploads/2021/08/resolucion-015-2021-firmada-y-sellada.pdf
- Que decide sobre el procedimiento iniciado mediante resolución núm. 019-2021 del Consejo Directivo de la Comisión Nacional de Defensa de la Competencia (Pro-Competencia) con motivo de la alegada entrega de

información falsa a la Dirección Ejecutiva por parte Sodetransp, s.a., en el marco del procedimiento de investigación iniciado mediante la resolución núm. DE-002-2020 de fecha 31 de enero de 2020, publicada en la página de la institución:https://procompetencia.gob.do/wp-content/uploads/2022/01/cd-001-2022-firmada-y-sellada.pdf

- Resolución 357/2016, que estimó el recurso contencioso administrativo interpuesto por la representación de Doña María Aláez Usón contra la resolución del Consejo de la Comisión Nacional de los Mercados y la Competencia (CNMC) de 26 de mayo de 2016 (expediente S/DC/0504/14 AIO), que anuló por ser contraria a derecho.

ANEXO 1

NUEVOS REGÍMENES DE LA COMPETENCIA SEGÚN LA OCDE[485]

- La primera ley de competencia de El Salvador se promulgó en 2004 y entró en vigor en enero de 2006 al tiempo que se creó la Superintendencia de Competencia. Esta ley fue objeto de importantes modificaciones en 2007, destinadas principalmente a aumentar las facultades de aplicación de la ley por parte de la autoridad.
- En Nicaragua, se promulgó la Ley 601 para la promoción de la competencia en septiembre de 2006 y se ha reformado tres veces desde entonces.
- En Panamá, aunque la primera ley de competencia se promulgó en 1996, la autoridad de competencia (ACODECO) se creó en 2006.
- La República Dominicana promulgó la Ley 42-08 para la Defensa de la Competencia en 2008. No obstante, su entrada en vigor se condicionó al nombramiento del Comité Directivo y al Director Ejecutivo de la Comisión Nacional para la Defensa de la Competencia, que tuvo lugar en 2011 y 2017, respectivamente, lo cual significa que la ley no fue plenamente vigente hasta 2017.
- En Ecuador, la Ley Orgánica de Regulación y Control del Poder de Mercado se aprobó en 2011, creando la Autoridad de Competencia *(Superintendencia de Control del Poder de Mercado)*, que está activa desde 2012.
- Paraguay fue uno de los últimos países en LAC que aprobó su ley de competencia. La Ley 4956 se promulgó en 2013 y la autoridad de competencia encargada de su aplicación *(Comisión Nacional de la Competencia — CONACOM)* se creó por el Decreto 3842 en julio de 2015.

485 OCDE (2022), *Tendencias sobre competencia en Latinoamérica y el Caribe 2022, op. cit.* 12

ANEXO 2

ESTUDIOS PUBLICADOS POR PROCOMPETENCIA

- Estudio sobre el Impacto de las Ayudas Estatales.
- Estudio de Condiciones de competencia en el mercado de las Administradoras de Fondos de Pensiones (AFP) en la República Dominicana.
- Estudios de Condiciones de competencia en el Mercado del Pan de Agua y Sobao.
- Estudios de Condiciones de competencia en el Mercado de Medicamentos.
- Estudio de Condiciones de competencia en el Mercado de Transporte de la República Dominicana.
- Estudios de Condiciones de competencia en el Mercado de cervezas de la República Dominicana.
- Estudios de Condiciones de competencia en el Mercado de Seguros.
- Estudio «El impacto de las ayudas estatales desde la perspectiva de la competencia».
- Estudio de condiciones de Competencia en el mercado de venta de vehículos para el transporte terrestre privado y el rol de las plataformas digitales.

Guías publicadas por Procompetencia

- Guía Metodológica para Ayudas Estatales
- Guía básica de la Ley General de Defensa de la Competencia.
- Guía orientativa sobre la Ley General de Defensa de la Competencia, número 42-08.
- Guía para la prevención de Colusión en la Contratación Pública.
- Guía Básica de Libre Competencia para Asociaciones Empresariales y Gremiales.

ANEXO 3

ARTÍCULOS DEL CÓDIGO PENAL DOMINICANO

Art. 419.- Los que esparciendo falsos rumores o usando de cualquier otro artificio, consigan alterar los precios naturales, que resultarían de la libre concurrencia de las mercancías, acciones, rentas públicas o privadas o, cualesquiera otras cosas que fueren objeto de contratación, serán castigados con prisión de quince días a tres meses, y multa de diez a cien pesos. Podrán quedar además sujetos a la vigilancia de la alta policía, durante dos años a lo más.

El acuerdo entre dos o más industriales, productores o comerciantes, sea cual fuere la forma en que intervenga, por el cual se convenga en que alguno o algunos de ellos dejen de producir determinados artículos o de negociar en ellos con el propósito de alterar el precio de éstos, será castigado con prisión correccional de un mes a dos años y multa de veinticinco a quinientos pesos, o una de estas penas solamente, que se impondrá a todos cuantos hubieren participado en el acuerdo, si son personas físicas, y a los gerentes, administradores o directores, si se trata de compañías o empresas colectivas.

Art. 420.- Cuando el fraude expresado en el artículo anterior recayere sobre mantenimientos y otros artículos de primera necesidad, se duplicarán las penas que señala dicho artículo.

ANEXO 4[486]

PRIMERAS VECES DE LA DIRECCIÓN EJECUTIVA DE PROCOMPETENCIA

- Primer informe de instrucción en materia de competencia desleal, con ocasión de procedimiento de investigación iniciado por denuncia en las modalidades de actos de engaño y actos de confusión prohibidos por el artículo 11 literales «a» y «b» de la Ley núm. 42-08. (Decidido por el CD mediante Resolución 009-2022).
- Primera vez que se pronuncia y reconoce la facultad cautelar de la Dirección Ejecutiva y dicta medidas cautelares a solicitud de parte, en el marco del inicio de un procedimiento de investigación por denuncia (Resolución DE-004-2023).
- Primera vez que decide solicitud de archivo del expediente por desistimiento del denunciante y ordena la continuación de oficio del procedimiento de investigación sobre la base de la protección del interés general y el orden público económico (Resoluciones DE-002-2023 y DE-005-2023).
- Primer allanamiento (simultáneo) realizado al momento de la notificación del inicio del procedimiento de investigación y no en el transcurso de la instrucción (procedimiento iniciado por Resolución DE-003-2023).
- Primera vez que se pondera la competencia de la Dirección Ejecutiva para investigar prácticas anticompetitivas en las compras públicas de sectores regulados que no sean directamente relevantes al quehacer natural de su regulación (Resolución DE-014-2022).
- Primera vez que se pondera el concepto de ventaja competitiva significativa en una decisión sobre competencia desleal por incumplimiento de normas. Este caso constituye la primera vez en que ha sido acreditado el

486 Documento elaborado por la Dirección Ejecutiva de Procompetencia, 2023.

incumplimiento de la norma por parte de la autoridad competente, pero no se verificó la existencia de una ventaja competitiva significativa por parte de la Dirección Ejecutiva, por lo que no se configuró la conducta (Resolución DE-007-2023).

- Primer informe de instrucción por entrega de información falsa en el marco de la instrucción de un procedimiento de investigación en la Dirección Ejecutiva. (Decidido por el CD mediante Resolución 001-2022)

Cód. 03-07

Made in United States
Orlando, FL
04 November 2026

90200716R00177